a i d e - m é m o i r e

Droit du travail

Brigitte Hess-Fallon
Professeur agrégé

Sandrine Maillard-Pinon
Maître de conférences,
Directrice des études de l'IEJ de l'Université Paris-Sud

Anne-Marie Simon
Agrégée de l'Université, Avocat honoraire à la Cour

SIREY

24e édition

› Avertissement

Comme il est indiqué sur la couverture, cet « Aide-mémoire » est un ouvrage pédagogique d'initiation et de révision.
Pour la mise en œuvre concrète d'une action juridique en droit du travail (procès, contrat...), on consultera un ouvrage professionnel, un Code du travail à jour ou un praticien spécialisé.

Éditions DALLOZ
31-35 rue Froidevaux, 75685 Paris Cedex 14

ISBN : 978-2-247-13673-5
978-2-247-14859-2

Sommaire

Chapitre 9
Les pouvoirs du chef d'entreprise

Chapitre 10
La durée du travail

Chapitre 11
Les repos et les congés

Chapitre 12
La santé et la sécurité au travail

Chapitre 13
Le salaire

Chapitre 14
La représentation des salariés : étude d'ensemble

Chapitre 18
Le droit d'expression des salariés

Chapitre 19
La négociation collective

Chapitre 20
Le Conseil de prud'hommes

Chapitre 21
Les conflits collectifs du travail

Chapitre 22
Les accidents du travail et les maladies professionnelles

Chapitre 23
L'emploi

Liste des abréviations

AAH . . . . Allocation aux adultes handicapés
AFPA . . . . Association pour la formation professionnelle des adultes
AGIRC . . . . Association générale des institutions de retraite des cadres
AGEFIPH . . . . . . Association de gestion du fonds pour l'insertion professionnelle de personnes handicapées
AGS . . . . Association (nationale) pour la gestion (du régime d'assurance) des salariés
ANACT . . . . Agence nationale pour l'amélioration des conditions de travail
ANI . . . . Accord national interprofessionnel
APEC . . . . Association pour l'emploi des cadres
ARRCO . . . . Association des régimes de retraite complémentaire
Art. L. . . . . Article de loi
ASS . . . . Allocation de solidarité spécifique
Ass. plén. . . . . . . Arrêt de la Cour de cassation, assemblée plénière
ARE . . . . Allocation d'aide au retour à l'emploi
ATA . . . . Allocation temporaire d'attente
CA . . . . Conseil d'administration ou Cour d'appel (ex. : CA Aix, 2003)
CAF . . . . Caisse d'allocations familiales
CAPE . . . . Contrat d'appui au projet d'entreprise
CAPEB . . . . Confédération des artisans et petites entreprises du bâtiment
Com. . . . . Arrêt de la Cour de cassation, chambre commerciale
Crim. . . . . Arrêt de la Cour de cassation, chambre criminelle
CATS . . . . Cessation anticipée d'activité de certains travailleurs salariés
C. civ. . . . . Code civil
CDAPH . . . . Commission des droits et de l'autonomie des personnes handicapées
CE . . . . Comité d'entreprise (ou Conseil d'État ou Communauté européenne)
CEE . . . . Comité d'entreprise européen
CESEDA . . . . Code de l'entrée et du séjour des étrangers et du droit d'asile
CESU . . . . Chèque emploi service universel
CET . . . . Compte épargne temps

CFA .... Centre de formation d'apprentis
CFDT .... Confédération française démocratique du travail
CFTC .... Confédération française des travailleurs chrétiens
CGC .... Confédération générale des cadres
CGPME .... Confédération générale des petites et moyennes entreprises
CGT .... Confédération générale du travail
CGT-FO .... Confédération générale du travail – Force ouvrière
Ch. mixte ..... Chambre mixte (arrêt de la Cour de cassation)
CHSCT .... Comité d'hygiène, de sécurité et des conditions de travail
CIF .... Congé individuel de formation
Circ. .... Circulaire
Civ. .... Arrêt de la Cour de cassation, chambre civile
CJCE .... Cour de justice des Communautés européennes (jusqu'en 2009)
CJUE .... Cour de justice de l'Union européenne (depuis 2009)
CJD .... Centre des jeunes dirigeants d'entreprise
CMU .... Couverture maladie universelle
CNIL .... Commission nationale informatique et libertés
CNAM .... Confédération nationale de l'artisanat et des métiers
CNAV .... Caisse nationale d'assurance vieillesse
Cons. prud'h. .... Conseil de prud'hommes
CPAM .... Caisse primaire d'assurance maladie
CPF .... Compte personnel de formation
CRAM .... Caisse régionale d'assurance maladie
CRDS .... Contribution au remboursement de la dette sociale
CSG .... Contribution sociale généralisée
CSS .... Code de la sécurité sociale
C. pén. .... Code pénal
C. trav. ...... Code du travail
CTT .... Contrat de travail temporaire
CUI .... Contrat unique d'insertion
D .... Précède les articles de décrets simples
DDASS .... Direction départementale de l'action sanitaire et sociale
DDTEFP .... Direction départementale du travail, de l'emploi et de la formation professionnelle (avant le 1er janvier 2010)
DIF .... Droit individuel à la formation
DIRECCTE ...... Direction des entreprises, de la concurrence, de la consommation, du travail et de l'emploi (depuis le 1er janvier 2010)
DS .... Délégué syndical
DP .... Délégué du personnel
DPAE .... Déclaration préalable à l'embauche
EPA .... Établissement public administratif
ETT .... Entreprise de travail temporaire
FACT .... Fonds d'amélioration des conditions de travail
FNE .... Fonds national pour l'emploi
FNGS .... Fonds national de garantie des salaires
FONGECIF ...... Fonds de gestion de congé individuel de formation

GMR .... Garantie mensuelle de rémunération
HALDE........ Haute autorité de lutte contre les discriminations et pour l'égalité
INRS .... Institut national de recherche et de sécurité
IPP............ Incapacité permanente partielle
IR............. Impôt sur le revenu
ITT............ Incapacité totale temporaire
JO .... Journal officiel (de la République française)
L.............. Loi
LR .... Lettre recommandée
MEDEF .... Mouvement des entreprises de France
NAF........... Nomenclature d'activités française d'où est extrait un code APE (Activité principale exercée) par l'entreprise, le tout attribué par l'INSEE
NTIC .... Nouvelles technologies de l'information et de la communication
OIT .... Organisation internationale du travail
OFFII.......... Office français de l'immigration et de l'intégration
OPACIF .... Organisme paritaire à compétence (régionale) interprofessionnelle
OPCA.......... Organisme paritaire collecteur agréé
OPJ .... Officier de police judiciaire
Ord............ Ordonnance
PARE .... Plan d'aide au retour à l'emploi
PEE .... Plan d'épargne entreprise
PEI............ Plan d'épargne inter-entreprise
PERCO........ Plan d'épargne pour la retraite collective
PME........... Petites et moyennes entreprises
PPAE .... Projet personnalisé d'accès à l'emploi
PSE .... Plan de sauvegarde de l'emploi
PUCE.......... Périmètre d'usage de consommation exceptionnel
RCS .... Registre du commerce et des sociétés
RI............. Règlement intérieur
RMA........... Revenu minimum d'activité
RMI .... Revenu minimum d'insertion
RSA .... Revenu de solidarité active
RSS .... Représentant de la section syndicale
RTT .... Réduction du temps de travail
SICAV......... Société d'investissement à capital variable
SMIC .... Salaire minimum interprofessionnel de croissance
SMIG.......... Salaire minimum interprofessionnel garanti
Soc. .... Arrêt de la Cour de cassation, chambre sociale
SRJ............ Salaire de référence journalier
SUD........... Solidaires, unitaires et démocratiques (syndicat)
TEPA (loi) ..... Loi en faveur du travail de l'emploi et du pouvoir d'achat
TI............. Tribunal d'instance
UES .... Unité économique et sociale
UNEDIC....... Union nationale pour l'emploi dans l'industrie et le commerce
URSSAF .... Union de recouvrement des cotisations de sécurité sociale et d'allocations familiales
VRP .... Voyageur représentant placier

Chapitre 1

Les caractères et le domaine du droit du travail

> I

Les caractères du droit du travail

Un droit relativement jeune	Il n'a commencé à s'affirmer que dans la seconde moitié du XIXe siècle.
Un droit protecteur	L'employeur semblant la partie la plus forte : la protection du plus faible est donc l'essence même du droit du travail. Son rôle premier et essentiel est de protéger les salariés ; cependant, cet objectif peut parfois s'opposer aux nécessités de la flexibilité et de la croissance.
Un droit évolutif	– Limité tout d'abord au monde ouvrier et à l'industrie (on utilisait l'expression « droit ouvrier »), il s'est étendu à toutes les formes de travail subordonné. – Il réglementait essentiellement à l'origine les rapports individuels de travail (employeur-salarié), puis a concerné les relations collectives : droit de la négociation collective, de la formation professionnelle...

	Les évolutions contemporaines se caractérisent par : – La diversification des formes d'emploi : les réalités du salariat sont actuellement souvent éloignées de la norme du salarié à temps plein et sous contrat à durée indéterminée ; la loi du 25 juin 2008 portant modernisation du marché du travail affirme cependant toujours (C. trav. art. L. 1221-2) : « le contrat de travail à durée indéterminé est la forme normale et générale de la relation de travail ». – Les évolutions technologiques et celles relatives à l'organisation du travail (entreprise « en réseaux », externalisation des activités, travail à distance…) entraînent le développement de nouvelles formes de travail dans lesquelles le lien de subordination, qui caractérise traditionnellement le contrat de travail, est plus difficile à appréhender. – La mondialisation des échanges et de la production s'accompagne de la constitution d'entreprises ou de groupes transnationaux et rend moins aisée l'identification des lieux de pouvoir et de décision ainsi que les règles de droit applicables ; les délocalisations liées à la mondialisation ne peuvent pas ne pas poser problème.
Un droit impératif mais aussi négocié collectivement	– Le droit du travail est constitué de nombreuses règles impératives qui constituent un minimum intangible au profit du salarié : c'est ce qu'on appelle l'**ordre public social** ; il correspond à la volonté d'établir une meilleure justice sociale et de protéger les plus faibles. – Les lois du travail sont pour la plupart des lois impératives : elles s'appliquent à toutes les entreprises sur le territoire français (Ass. plénière 10 juillet 1992 : en matière de licenciement de salariés protégés). – Ces lois sont très généralement d'application immédiate ; elles concernent les effets d'un contrat de travail en cours. En matière de négociation collective, demeure le principe selon lequel les conventions et accords ne peuvent contenir des dispositions moins favorables pour les salariés que celles prévues par les lois et règlements (« principe de faveur »), néanmoins, le domaine des accords dérogatoires s'est progressivement accru et la loi du 4 mai 2004 a élargi ces possibilités (v. p. 350).
Un droit répressif, sanctionné pénalement et civilement	Le Conseil de prud'hommes est la juridiction « naturelle » en droit du travail puisqu'il est compétent pour les litiges individuels relatifs au contrat de travail. Mais la « pénalisation » du droit du travail s'est accrue, dans des domaines tels que : la sécurité, les institutions représentatives du personnel (délit d'entrave, de discrimination syndicale…), le temps de travail (délit de travail dissimulé) l'obstacle aux fonctions de l'inspecteur du travail… L'inspecteur du travail a un pouvoir de contrôle (v. p. 36) et les tribunaux répressifs sont compétents en cas d'infraction.
Un droit parfois ineffectif	– Le travail « dissimulé » peut échapper à tout contrôle ; – dans certaines branches d'activité, les salariés sont parfois moins exigeants en ce qui concerne l'application du droit du travail et les syndicats sont moins présents dans les PME ; – les inspecteurs du travail exercent leur mission dans des conditions difficiles, avec des moyens souvent jugés insuffisants ;

	– le recours à l'externalisation de certaines tâches et à l'utilisation de « faux » sous-traitants, la transformation de salariés en travailleurs indépendants, apparaissent parfois comme un moyen de contourner une législation du travail considérée comme contraignante ; – dans les relations collectives, les épreuves de force continuent à jouer un rôle non négligeable.

Le contexte économique et social des années postérieures à la Deuxième Guerre mondiale : les « Trente Glorieuses »[(1)] dans lequel le progrès social allait de pair avec la croissance économique a disparu ; dans une économie mondialisée et de plus en plus concurrentielle, la relation de travail a perdu de sa sécurité.
Depuis quelques années la régulation des rapports de travail soulève plusieurs questions essentielles :

– La *nécessité de concilier le besoin de flexibilité pour les entreprises et celui de la sécurité* pour *les salariés* : c'est le thème de la « *flexisécurité* » qui s'est imposé ces dernières années dans les débats ; il s'inspire des modèles sociaux des pays de l'Europe du Nord, notamment du Danemark.
  – la flexibilité pour les entreprises suppose une législation souple en matière de licenciement ;
  – la sécurité pour les salariés se traduit par une indemnisation élevée et un accompagnement fort des personnes sans emploi ;
  – l'idée d'un besoin de « sécurisation des parcours professionnels » face aux aléas de l'emploi. La loi du 24 novembre 2009 relative à la formation professionnelle a prévu des mesures pour faciliter l'accès à la formation des demandeurs d'emploi et des salariés les moins qualifiés ainsi que pour renforcer le droit individuel à la formation.

– *Les places respectives de la loi et de la convention dans la création de règles :*

En France, la suprématie a été traditionnellement accordée à la loi « qui libère », par rapport à la liberté « qui opprime » (Lacordaire) pour rétablir un certain équilibre dans la relation employeur-salarié.
Actuellement, la négociation entre les partenaires sociaux est souvent privilégiée et elle est encouragée par le législateur lui-même. On peut, par exemple, noter que le nouveau Code du travail, en vigueur depuis le 1er mai 2008 s'ouvre par un chapitre préliminaire (comportant 3 articles) intitulé « dialogue social » ; son article 1 prévoit que « tout projet de réforme envisagé par le Gouvernement qui porte sur les relations individuelles et collectives de travail… fait l'objet d'une concertation préalable avec les organisations syndicales de salariés et d'employeurs… en vue de l'ouverture éventuelle d'une… négociation ».
En vue d'essayer de mieux surmonter la « crise économique », le Conseil d'analyse économique (CAE) a également préconisé, dans deux rapports, des adaptations du droit français :

(1) Expression employée par J. Fourastié dans un ouvrage paru en 1977; elles correspondent à la période 1945-1975.

– en janvier 2010[1], il a recommandé de donner une place prépondérante aux accords collectifs de travail ;
– en avril 2011, le CAE a établi un constat selon lequel l'Allemagne a mieux contenu la poussée du chômage grâce à un meilleur dialogue social (les partenaires sociaux ayant accepté des concessions réciproques : sacrifices sur les salaires pour les salariés, préservation de l'emploi pour les entreprises) ; le CAE a proposé que les partenaires sociaux s'inspirent de ce « modèle » et que soit négocié un accord national interprofessionnel encadrant les conditions dans lesquelles pourraient être temporairement modifiés certains éléments du contrat de travail (*ex.* : salaire, temps de travail...) en contrepartie de garanties de la part des employeurs (*ex.* : maintien de l'emploi...).

Pour créer un million d'emploi, le MEDEF propose de circonscrire le domaine de la loi à « la fixation d'un cadre général » pour « se simplifier drastiquement et laisser les détails se définir au niveau des entreprises ou des branches », les propositions du MEDEF, septembre 2014.

Le débat reste ouvert quant à l'articulation entre la loi et le contrat ; si celui-ci devait primer sur la loi, c'est toute l'architecture actuelle du droit du travail qui serait modifiée.

> II
Le domaine du droit du travail

■ Le droit du travail est l'ensemble des règles juridiques applicables aux relations individuelles et collectives qui naissent entre les employeurs privés et leurs salariés, à l'occasion du travail.

Le droit est l'ensemble des règles qui organisent la vie des hommes en société ; ceux-ci ont des rapports de nature diverse :
– *Le droit du travail est le droit du travail subordonné.*
– Il règle les rapports des salariés avec leur employeur, sous l'autorité duquel ils accomplissent un travail et reçoivent en échange un salaire.
– Le droit du travail régit les *relations privées* de travail, qu'elles soient :
  – *individuelles :* durée du travail, salaire, licenciement... ;
  – *collectives :* représentation du personnel, conventions collectives, grèves...

L'entreprise constitue le cadre des relations de travail et donc de l'application du droit de travail ; cependant :
– les textes ou les tribunaux font parfois référence à d'autres structures : établissement, unité économique et sociale, groupe ;

(1) « Refondation du droit social : concilier protection des travailleurs et efficacité économique ».

– la taille de l'entreprise est prise en compte : le Code du travail prévoit des obligations différentes en fonction des seuils d'effectifs.

Rapports…

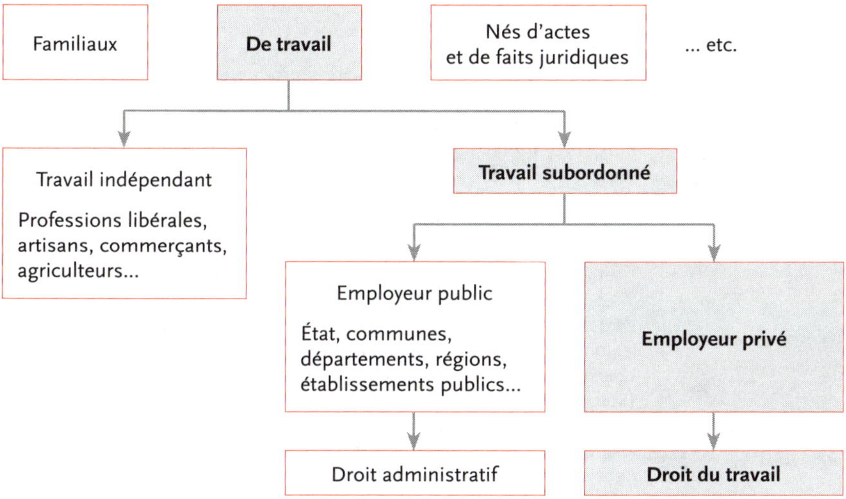

Remarque :

Certains secteurs d'activité ont, dans le Code du travail, des règles particulières (spectacle, publicité, mode, concierges d'immeubles, services à la personne…).

› Les différents cadres de l'application du droit du travail

L'entreprise	Autrefois les juristes connaissaient les commerçants, le fonds de commerce ; la notion d'entreprise fut introduite dans la vie des affaires par les économistes, au XIXe siècle. Elle est devenue la cellule de base en droit commercial et en droit du travail, même si elle recouvre des situations hétérogènes.
L'établissement distinct	Il se définit comme un groupement de salariés constituant une communauté de travail ayant des intérêts propres et travaillant sous une direction unique, dès lors qu'il existe sur place un représentant de l'employeur. Dans une décision du 6 mars 2002, le Conseil d'État a déterminé trois critères pour la reconnaissance d'un établissement distinct : – une implantation géographique distincte ; – une stabilité dans le temps (ce qui exclut, par exemple, un chantier provisoire) ; – une autonomie suffisante tant pour l'exécution du service que pour la gestion du personnel.

	La reconnaissance du caractère d'établissement distinct se fait par accord collectif ou, à défaut, par décision de l'autorité administrative (le directeur de la DIRECCTE, v. p. 35). • ***Utilité de la notion*** Des délégués du personnel, un comité d'établissement et des délégués syndicaux peuvent être désignés dans un établissement distinct, en fonction de l'effectif.
L'Union économique et sociale (UES)	• ***Notion*** Une unité économique et sociale regroupe des sociétés et/ou des entreprises individuelles juridiquement distinctes mais qui constituent un groupement de fait. Plusieurs critères sont pris en compte pour décider ou non de l'existence d'une UES : – critères *économiques* : unité de direction, similarité ou complémentarité des activités, existence de services communs... ; – critères *sociaux* : communauté de salariés soumis au même statut et ayant des conditions de travail similaires (*ex. :* règlement intérieur commun, interchangeabilité des salariés...). L'existence d'une UES peut être reconnue par accord collectif (Soc. 23 juin 1988) ou par décision de justice (compétence du TI). L'existence de l'UES est appréciée à la date de la requête introductive (Soc. 27 juin 1990). Mais si la reconnaissance d'une UES permet l'expression des salariés, elle ne se substitue pas aux entités juridiques qui la composent et ne peut être l'employeur des salariés (Soc. 16 déc. 2008). • ***Utilité de la notion*** La notion d'UES a été dégagée par la jurisprudence (à partir des années 1970), d'abord pour la désignation de délégués syndicaux ; actuellement, elle est prise en compte par le Code du travail pour la mise en place de la participation (v. p. 288), d'un CE, de délégués du personnel, d'un système d'épargne salariale, d'organisation du temps de travail et pour l'obligation d'établir un plan de sauvegarde de l'emploi en cas de licenciement économique.
Le groupe	• ***Notion de groupe*** Les groupes constituent une force économique certaine. Cependant, aucun texte ne leur a donné la personnalité juridique. Il peut être défini « comme un ensemble de sociétés juridiquement indépendantes les unes des autres, mais en fait soumises à une unité de décision économique » (M. Guyon, *Droit des affaires*, Economica). Selon l'article L. 2331-1 du Code du travail (sur le comité de groupe), un groupe est formé « par une entreprise appelée entreprise dominante, dont le siège social est situé sur le territoire français, et les entreprises qu'elle contrôle... ». La notion de *contrôle* est définie dans le Code de commerce par des critères tels que la possession par une société de plus de la moitié du capital d'une autre société, la majorité des droits de vote dans une autre société... Le Code du travail donne des précisions sur la notion *d'influence dominante* : – elle est présumée établie, sans préjudice de la preuve contraire, lorsqu'une entreprise, directement ou indirectement :

	– « peut nommer plus de la moitié des membres des organes d'administration, de direction ou de surveillance d'une autre entreprise, – ou dispose de la moitié des voix attachées aux parts émises par une autre entreprise, – ou détient la majorité du capital souscrit par une autre entreprise... » – « est également considérée comme entreprise dominante, pour la constitution d'un comité de groupe, une entreprise exerçant une influence dominante sur une autre entreprise dont elle détient au moins 10 % du capital, lorsque la permanence et l'importance des relations de ces entreprises établissent l'appartenance de l'une et de l'autre à un même ensemble économique ». • ***Utilité de la notion*** La notion de groupe est utilisée en droit du travail pour : – l'institution d'un **comité de groupe** (v. p. 321) ; – la poursuite d'un contrat de travail (et donc de l'ancienneté) lors de la mutation d'un salarié d'une société du groupe à une autre ; cependant, cette mutation ne peut être imposée au salarié (v. p. 119) ; – l'appréciation des difficultés économiques : elle doit se faire au niveau du groupe ; – l'obligation de reclassement : elle s'effectue dans le groupe auquel appartient l'employeur ; – la conclusion d'un accord collectif.

› Les seuils d'effectifs (ou seuils sociaux)

Pour la mise en place de certaines dispositions du Code du travail, il est fait référence à l'importance des effectifs de l'entreprise. Les articles L. 1111-2 et L. 1111-3 (placés au début du Code de travail) ont harmonisé les modalités de décompte de l'effectif.

– Mode de calcul de l'effectif –

Les différentes catégories de salariés	Leur prise en compte pour le calcul de l'effectif
– Salariés en CDI et travailleurs à domicile à temps plein. – Salariés absents pour maladie ou autre congé.	Prise en compte intégrale.

– Salariés :
  – en CDD
  – titulaires d'un contrat de travail intermittent
  – Travailleurs temporaires.
	Au prorata de leur temps de présence dans l'entreprise au cours des 12 mois précédents de travail.
	Sauf s'ils remplacent un salarié absent, ou dont le contrat de travail est suspendu notamment du fait d'un congé maternité, d'adoption ou d'un congé parental d'éducation.

– Salariés mis à disposition par une entreprise extérieure.	Sont pris en compte dans les mêmes conditions dès lors qu'ils sont présents dans les locaux de l'entreprise utilisatrice et y travaillent depuis au moins 1 an.
Les salariés à temps partiel	Sont pris en compte au prorata de leur temps de travail ; l'effectif est calculé en divisant la somme totale des horaires inscrits dans leurs contrats de travail par la durée légale ou conventionnelle si elle est inférieure.

Ne sont pas pris en compte, sauf pour l'application de la tarification des risques d'accidents et de maladies professionnelles :
- les apprentis ;
- les titulaires d'un contrat initiative-emploi ;
- les titulaires d'un contrat d'accompagnement dans l'emploi ;
- les titulaires d'un contrat de professionnalisation.

Remarque :

Selon le Conseil constitutionnel (QPC 29 avril 2011, décis. n° 2011-122) le législateur peut « en vue d'améliorer l'emploi des jeunes et des personnes en difficulté et leur faire acquérir une qualification professionnelle, autoriser des mesures propres à ces catégories de travailleurs » et les exclure du calcul des effectifs de l'entreprise. Une telle disposition est toutefois contraire au droit de l'Union européenne (CJUE 15 janv. 2014, v. p. 15)

L'effectif est calculé au 31 décembre ; il est égal à la moyenne des effectifs déterminés chaque mois de l'année civile.

– Principales obligations de l'employeur en fonction des seuils d'effectifs –

9 salariés et plus[1]	• Contribution au versement transport.
10 salariés et plus[1]	• Participation au financement de la formation professionnelle.
11 salariés et plus	• **Délégués du personnel** • **Licenciement économique :** les sanctions en cas de non-respect de la procédure sont différentes. • Obligation pour l'employeur de libérer ses salariés, conseillers prud'homaux, pour l'exercice de leurs fonctions.
20 salariés et plus	• **Règlement intérieur** • Travailleurs handicapés : emploi obligatoire d'un quota de 6 %. • **Repos compensateur**.
25 salariés et plus	• Élection des délégués du personnel : collèges distincts.

1. Les mesures annoncées en juin 2015 (le plan « Valls ») uniformiseraient le premier seuil à 11 salariés.

50 salariés et plus	• **Comité d'entreprise** • **Délégué syndical** • **CHSCT** • Formation professionnelle continue : délibération du CE sur les problèmes de formation. • Obligation annuelle de négocier la politique de formation s'il n'y a pas d'accord de branche. • **Participation** • Possibilité de mise en place d'une **délégation unique** du personnel. • Obligation de mettre en place un plan d'action en faveur de l'emploi des seniors. • Sanctions des irrégularités pour un projet de licenciement concernant au moins 10 salariés dans une même période de 30 jours(1).
200 salariés et plus	• Locaux médicaux et présence d'un(e) infirmier(e) obligatoires dans les entreprises industrielles. • Mise à la disposition d'un local commun pour les sections syndicales. • Au sein du CE : commission de la formation professionnelle et de l'égalité professionnelle.
300 salariés et plus	• **CE :** informations supplémentaires (production et productivité) dans le rapport annuel. Communication des documents prévisionnels de gestion. Information chaque trimestre (et non chaque semestre) des mesures concernant l'équipement et les méthodes de production ; commission d'information et d'aide au logement.
	• **Bilan social annuel :** il est obligatoire, sinon le délit d'entrave est encouru. • Négociation triennale sur les modalités d'information et de consultation du CE ainsi que sur le dispositif de gestion prévisionnelle des emplois et des compétences. • Accord sur la pénibilité (obligatoire à partir du 1er janvier 2012). Possibilité pour le salarié de bénéficier d'un période de mobilité volontaire sécurisée (p. 141).
500 salariés et plus	• Locaux médicaux et présence d'un(e) infirmier(e) obligatoires. • Service social obligatoire dans certains secteurs. • Possibilité de désigner un délégué syndical supplémentaire.
1 000 salariés et plus	• 1 local syndical par section. • 2 infirmier(e)s. • Commission économique au sein du CE. • En cas de licenciement pour motif économique (loi du 17 janvier 2002) : – congé de reclassement ; – obligations renforcées de l'employeur.
2 000 salariés et plus	• Délégué syndical central d'entreprise si l'entreprise a au moins 2 établissements de 50 salariés chacun. • 3 infirmier(e)s obligatoires pour tous les établissements. 4 pour les établissements industriels.

(1) Début juin 2015 le gouvernement annonce que l'effet de franchissement des seuils sociaux et fiscaux sera gelé pendant 3 ans pour les entreprises jusqu'à 50 salariés (la loi n'est pas encore votée).

Chapitre 2

Les sources du droit du travail

Le droit du travail est régi à la fois par des sources de droit commun, nationales et supranationales et des sources spécifiques issues de la négociation collective et du contrat de travail.

> I Les sources internationales

> A L'Organisation internationale du travail (OIT)

Créée en 1919, c'est une institution spécialisée de l'ONU ; 183 États en sont membres.
L'OIT a pour finalité de promouvoir la justice sociale mondiale, en favorisant notamment la création d'emplois décents pour les hommes et les femmes.
Les normes internationales du travail sont élaborées par la Conférence internationale du travail, composée de délégations tripartites (chaque État envoie

des représentants du gouvernement, des organisations les plus représentatives des employeurs et des salariés).

L'OIT :

– élabore et adopte des conventions internationales

exemples :

– convention n° 182 (1999) visant à abolir « les pires formes de travail des enfants » ;
– convention n° 158 (1982) sur le licenciement.

Ces conventions internationales sont alors présentées à la ratification des États membres (une ratification partielle est possible). Une fois ratifiée, la Convention internationale l'emporte sur une loi nationale contraire, même antérieure.

exemple :

dans un arrêt du 1er juillet 2008, la Cour de cassation a jugé contraire à la convention n° 158 de l'OIT, le contrat nouvelles embauches (CNE), prévu à l'article L. 1223-1 et s (abrogés par la loi du 25 juin 2008) du Code du travail et autorisant un employeur à licencier un travailleur sans procédure et sans motif valable de licenciement. L'employeur a pu être condamné au versement de dommages-intérêts pour licenciement injustifié et irrégulier.

Ce qui signifie **qu'une convention de l'OIT peut être directement invoquée par les salariés à l'encontre de leur employeur**, devant les juges nationaux qui sont alors tenus de vérifier la conformité des textes de droit interne à la convention. En cas de contrariété à la convention internationale de l'OIT, l'application de la loi française est écartée.

– émet des recommandations et décisions (*ex.* : par une décision du 14 novembre 2007, l'OIT a considéré que le contrat nouvelles embauches n'était pas conforme aux normes internationales du travail).
– publie des rapports (*ex.* : dans un rapport du 5 avril 2011 concernant le travail dominical, l'OIT s'inquiète de « l'élargissement progressif des dérogations autorisées » en France et demande au gouvernement de réexaminer la question du travail dominical).

> B
Accords bilatéraux et conventions multilatérales

Des accords bilatéraux et des conventions multilatérales peuvent être signés par les États. Les conventions ont pour objectif d'harmoniser et de coordonner les droits et garanties des salariés des États signataires.

exemple :

la France a conclu plusieurs accords avec certains États africains à propos des travailleurs migrants.

> C
Les conventions du Conseil de l'Europe

Le Conseil de l'Europe, créé en 1948, comporte actuellement 47 membres qui sont pour certains au-delà des frontières classiques de l'Europe.

Deux textes, exerçant une influence grandissante sur notre droit du travail, ont été adoptés dans le cadre du Conseil de l'Europe.

a › La Convention européenne de sauvegarde des droits de l'Homme et des libertés fondamentales

Elle a été adoptée le 4 novembre 1950.

Bien que ce texte soit essentiellement consacré aux droits civils et politiques, il :

- contient deux dispositions intéressant directement le droit du travail : la liberté syndicale et l'interdiction du travail forcé ;
- énumère des libertés et droits civils fondamentaux qui trouvent application en droit du travail (*ex.* : liberté d'expression, droit à un procès équitable, interdiction des discriminations, droit à la vie privée...).

exemple :

l'article 8 de la CEDH affirme que « toute personne a droit au respect de sa vie privée et familiale, de son domicile et de sa correspondance ». Sur le fondement de ce texte, la Cour de cassation a consacré le droit au respect de la vie privée du salarié, au temps et au lieu de travail. Ainsi, l'employeur ne peut, en principe, prendre connaissance des messages personnels émis par le salarié ou reçu par lui grâce à un outil informatique fourni par l'entreprise (arrêt *Nikon*, Soc. 2 oct. 2001).

Ces droits sont protégés par la possibilité pour tout ressortissant d'un État signataire de la Convention, d'invoquer, devant les tribunaux nationaux, la Convention comme source de droits. Autrement dit, les dispositions de la Convention ont un effet direct.

De plus, les particuliers peuvent former un recours devant la Cour européenne des droits de l'Homme en cas d'épuisement des voies de recours internes.

b › La Charte sociale européenne

Elle a été adoptée en 1961, puis révisée en 1996, avant d'être ratifiée par la France en 1999.

Ce texte énumère les engagements des États dans le domaine social (*ex.* : mise en œuvre de l'égalité des chances et de traitement en matière d'emploi, protection de la dignité dans le travail, droit à une rémunération équitable...).

Une procédure de réclamations collectives est ouverte aux organisations professionnelles. Les syndicats, les organisations d'employeurs et les ONG peuvent saisir le Comité européen des droits sociaux (CEDS) lorsqu'ils estiment que la Charte n'est pas respectée dans un État. En cas de non-respect de la Charte, le Comité des Ministres recommande à l'État concerné de prendre des mesures pour remédier à cette situation. Mais ces recommandations n'ont aucune valeur contraignante.

exemple :

la France a été condamnée à plusieurs reprises (en 2004 et 2010) en raison de son forfait jours, applicable aux cadres, qui ne garantit pas suffisamment la protection de la santé des travailleurs... ce n'est qu'en 2011, que la Cour de cassation a admis la validité de ce mécanisme, tout en le soumettant à l'existence de garanties conventionnelles suffisantes (Soc. 29 juin 2011).

> II
Les sources de l'Union européenne

> A
Les traités constitutifs

Traité de Rome (1957)	Il contient plusieurs dispositions relatives au droit social ; il préconise notamment « l'égalité de rémunération, sans discrimination fondée sur le sexe » et « la nécessité de promouvoir l'amélioration des conditions de vie et de travail de la main-d'œuvre permettant une égalisation du progrès ».
Acte unique européen (1986)	Il autorise le Conseil, statuant à la majorité qualifiée, à prendre des prescriptions minimales « pour protéger la santé et la sécurité des travailleurs » et attribue à la Commission la tâche de développer le dialogue social au niveau européen.
Traité de Maastricht (1992)	Parmi ses dispositions a été reconnue la négociation collective au niveau européen (voir les accords européens, ci-dessous).
Traité d'Amsterdam (1997)	Il inclut dans les traités constitutifs de la communauté européenne un titre relatif à la « politique sociale » et un titre « emploi » qui prévoit une coordination des stratégies des États membres dans ce domaine.
Traité de Nice (2001)	Il a été signé dans la perspective de l'élargissement de l'Union européenne ; les États membres réaffirment « leur attachement aux droits sociaux fondamentaux » ; la Charte qu'ils avaient préalablement adoptée en décembre 2000 n'a pas été intégrée au traité.
Traité de Lisbonne (2009)	Il a modifié les traités en vigueur mais ne les a pas remplacés. Il vise la Charte des droits fondamentaux dans le droit européen primaire (traités constitutifs) et confère aux principes énoncés dans cette charte une valeur juridique contraignante, identique aux dispositions du Traité.

> B
Le droit dérivé

Les organes de l'Union européenne, notamment la Commission et le Conseil, sont à l'origine de normes :

a › Les règlements

Ce sont des règles de portée générale qui s'imposent aux États et aux ressortissants de l'Union. Ils s'appliquent entièrement et directement dans l'ordre juridique interne des États et ont primauté sur les lois nationales.

exemples :
- règlement de 1968 sur la libre circulation des travailleurs ;
- règlement du 29 avril 2004, entré en vigueur le 1er mai 2010 ; il porte sur la coordination des systèmes de sécurité sociale des États membres et modifie notamment certaines règles concernant les salariés détachés.

Remarque :
en dehors de la libre circulation et de la coordination des régimes de sécurité sociale, les règlements sont peu utilisés en droit social, car ils ne laissent aucune marge de manœuvre aux États membres.

b › Les directives

Elles constituent un instrument de rapprochement des législations des États membres ; elles sont obligatoires pour les États quant au résultat à atteindre, mais les États ont le libre choix des moyens juridiques à utiliser.

exemples :
- directive du 14 octobre 1991 relative à l'obligation de remise d'un écrit au salarié dans les 2 mois de la conclusion d'un contrat de travail,
- directive de 1999 sur les contrats à durée déterminée,
- directive du 12 mars 2001 sur le transfert d'entreprises et le maintien des droits des travailleurs,
- directive du 8 mars 2010 sur le congé parental...
- directive du 28 mai 2014 destinée à améliorer et uniformiser la mise en œuvre, l'application et l'exécution des dispositions sur le détachement des travailleurs issue d'une directive de 1996. Ces nouvelles dispositions ont pour objectif d'améliorer la protection des travailleurs détachés dans un autre pays de l'UE pour fournir des services pendant une période limitée et lutter contre le dumping social.

Les directives européennes ne sont pas directement applicables dans un litige entre particuliers. Elles doivent faire l'objet d'une transposition en droit interne ; en France, cette transposition se fait parfois avec retard par rapport au délai imparti et souvent par voie d'ordonnance.

exemples :
- loi du 18 mars 2004 habilitant le gouvernement à transposer, par ordonnances, plusieurs directives concernant le système général de reconnaissance des qualifications professionnelles,
- loi du 27 mai 2008 portant adaptation au droit communautaire dans le domaine de la lutte contre les discriminations,
- ordonnance du 20 octobre 2011 portant transposition de la directive du 6 mai 2009 concernant l'institution d'un comité d'entreprise européen...

Les directives ne sont pas directement applicables dans un litige entre particuliers, et notamment dans un litige entre un salarié et un employeur du secteur privé (la solution est différente lorsque l'employeur est l'État).

exemple :

dans un arrêt du 13 mars 2013, la cour de Cassation reconnaît, à demi-mot, l'incompatibilité de l'article L. 3141-5 du Code du travail avec la directive n° 2003/88/CE sur l'aménagement du temps de travail (parce que le nombre de jours de congés payés est calculé en fonction du temps de travail effectif alors que la directive interdit de subordonner à quelque condition que ce soit la constitution même du droit à congés payés). Mais les juges n'ont pas d'autres choix que de faire application de cet article du code du travail, la « *directive ne pouvant permettre, dans un litige entre des particuliers, d'écarter les effets d'une disposition de droit national contraire* ». Seule solution pour le salarié : agir en responsabilité contre l'État qui a mal transposé la directive.

c › Les chartes sociales

Ce sont des textes qui énumèrent des droits sociaux fondamentaux (*ex.* : protection en cas de licenciement, droit à la consultation et à l'information des salariés...) devant être appliqués « selon les modalités propres à chaque pays » :

- en 1989 : la Charte communautaire des droits sociaux fondamentaux ;
- en 2000 : la Charte des droits fondamentaux de l'Union européenne. La CJUE a été interrogée sur l'effet direct horizontal de l'article 27 de la charte qui garantit « aux niveaux appropriés, une information et une consultation en temps utile » des travailleurs, à l'occasion d'une question préjudicielle portant sur l'article L. 1111-3 du Code du travail excluant certaines catégories de salariés (par ex. les apprentis) pour le calcul des effectifs de l'entreprise et la détermination du seuil de représentation des salariés. La disposition litigieuse est incompatible avec la directive 2002/14 établissant un cadre général relatif à l'information et la consultation des travailleurs. Mais la directive n'est pas directement applicable dans un litige qui oppose exclusivement des particuliers. En outre, l'article 27 de la charte, parce qu'il relève de la catégorie des principes et doit être précisé par des dispositions du droit de l'Union ou du droit national, ne peut pas être invoqué dans un litige entre particuliers afin de laisser inappliquée ladite disposition nationale (CJUE 15 janv. 2014). Seule l'intervention du législateur national peut corriger la loi française pour la mettre en conformité avec le droit de l'Union européenne.

d › Les accords européens

Les articles 3 et 4 du protocole de 1992 (inclus actuellement dans le traité d'Amsterdam) traitent du « dialogue social européen, pouvant conduire à des relations conventionnelles, y compris des accords ».

Au niveau européen, trois organisations représentent actuellement les partenaires sociaux ; elles sont régulièrement consultées par la Commission :

- *pour les salariés : la Confédération européenne des syndicats (CES) ;*
- *pour le patronat :*

- « *Business Europe* » (anciennement UNICE : Union des Industries de la Communauté Européenne) ;

– le Centre européen des entreprises à participation publique.

Les partenaires sociaux européens négocient et concluent des accords collectifs (*ex.* : accords du 16 juillet 2002 sur le télétravail, du 8 octobre 2004 sur le stress au travail, du 8 juin 2009 sur le congé parental d'éducation, du 26 mars 2010 sur le harcèlement et la violence au travail...).

Ces accords collectifs européens peuvent être :

– soit mis en œuvre selon les pratiques nationales des partenaires sociaux (*Ex.* : l'accord européen sur le stress au travail est transposé par un accord national interprofessionnel du 2 juillet 2008 relatif au stress professionnel),
– soit donner lieu à une directive du Conseil (*ex.* : l'accord du 8 juin 2009 sur le congé parental a été transposé par la directive du 8 mars 2010).

e › La primauté du droit européen sur le droit interne

Le droit européen (ex-communautaire) fait partie intégrante du droit français.

- *La Cour de cassation* (arrêt *Jacques Vabre,* 24 mai 1975), *puis le Conseil d'État* (arrêt *Nicolo,* 20 oct. 1989) ont reconnu la primauté du droit communautaire sur le droit interne et son applicabilité directe.
- *Le Conseil constitutionnel* (décision du 10 juin 2004) a également reconnu ce principe en précisant qu'il ne lui appartient pas de contrôler la constitutionnalité d'une directive, à l'occasion de l'examen de la loi qui la transpose.
- *La Cour de justice de l'Union européenne (dénommée Cour de justice des communautés européennes* jusqu'en 2009) a affirmé cette primauté (arrêt du 2 août 1993). La CJUE[1] peut être saisie notamment :

– par tout ressortissant d'un État membre, pour demander l'application des règles européennes ;
– d'un recours en interprétation par une juridiction nationale (question préjudicielle), lorsque celle-ci hésite sur le sens d'un texte européen ;
– par le Conseil ou la Commission, d'un recours pour manquement par l'un des États membres à ses obligations.

exemple :

le 13 mars 1997, la France a été condamnée par la CJCE pour manquement à l'obligation de transposition de la directive de 1976 concernant le travail de nuit des femmes. Le 21 avril 1999, la Commission européenne a, de nouveau, demandé la condamnation de la France pour non-respect de cette directive. La France a, en 2001, modifié sa législation.

La législation sociale européenne, dont l'instrument essentiel est la directive, couvre principalement : la libre circulation des travailleurs, l'égalité de traitement homme/femmes, la santé et la sécurité au travail, la coordination des régimes de sécurité sociale des travailleurs migrants... Mais le défaut d'harmonisation sociale dans l'Union européenne soulève parfois des difficultés.

(1) CJUE : Cour de justice de l'Union européenne.

> III
Les sources nationales

> A
Les sources de droit commun

a › La Constitution de la Ve République (1958)

Elle renvoie dans son préambule à celui de la Constitution de 1946 (IVe République), qui énumère plusieurs principes fondamentaux en matière de droit du travail (droit « d'obtenir un emploi », droit syndical, droit de grève...).
Depuis le 1er mars 2010, les justiciables peuvent présenter, à l'occasion d'un procès en cours, une **question prioritaire de constitutionnalité** lorsqu'ils ont un doute sur la conformité d'une disposition législative aux droits et libertés que la Constitution garantit. La question sera tranchée par le Conseil constitutionnel, si elle passe le double filtrage effectué par **les juges du fond, puis par la Cour de cassation**. La question n'est transmise au Conseil constitutionnel que si elle est nouvelle ou sérieuse. Si la disposition litigieuse est déclarée inconstitutionnelle, elle sera purement et simplement abrogée.

exemple :
a été vainement soulevée l'inconstitutionnalité de plusieurs dispositions du Code du travail sur la représentation du personnel dans l'entreprise, issues de la loi du 20 août 2008.

b › Les lois et les règlements

Ils fixent le minimum « social », c'est-à-dire le plancher au-dessous duquel on ne peut descendre. Les autres sources ne peuvent qu'être, sauf exceptions, plus favorables aux salariés (voir ci-dessous, principe de faveur).

1 › Les lois

Elles sont votées par le Parlement (députés et sénateurs), conformément à l'article 34 de la Constitution qui prévoit notamment que le législateur fixe « les principes fondamentaux du droit du travail, du droit syndical et de la Sécurité sociale ». Les lois du travail sont regroupées dans le **Code du travail**.
Notons que ce code, rédigé depuis 1910, n'a pas été, contrairement au Code civil ou au Code de commerce, une création napoléonienne, mais est constitué par l'apport successif des différentes lois.
Une loi du 2 janvier 1973 a mis en place le Code du travail.
(Les articles des lois sont précédés de la lettre L ; les articles de décrets pris en Conseil d'État, de la lettre R ; les articles de décrets simples, de la lettre D).

Un *nouveau Code du travail est entré en vigueur le 1er mai 2008 ;* il est issu d'une recodification « à droit constant » des règles préexistantes ; il modifie cependant le plan et la numérotation du code précédent et adopte un style différent (phrases plus courtes, utilisation de l'indicatif présent au lieu de l'impératif...).

2 › Les règlements

Ils émanent du pouvoir exécutif ; on distingue :

– *Les ordonnances*

Elles sont prises par le Gouvernement, après que celui-ci ait été habilité à le faire par le Parlement (*ex.* : ordonnance du 12 mars 2007 relative à la codification de la partie législative du Code du travail...). Une fois ratifiées par le Parlement, elles ont valeur de lois.

– *Les décrets*

Il peut s'agir :

- *de règlements autonomes,* dans les matières non visées par l'article 34 de la Constitution (qui précise le domaine de la loi) ;
- *de décrets pris dans le cadre de l'article 34,* afin de faciliter l'application de la loi :
  - décrets pris en Conseil des ministres ; ce sont les plus importants ; ils sont signés par le président de la République ;
  - décrets en Conseil d'État (après avis de celui-ci) ;
  - les décrets simples sont pris par le Gouvernement, dans le cadre de sa mission d'exécution des lois ;

– *Les arrêtés ministériels*

– *Les circulaires ministérielles*

Nombreuses en droit de travail, elles ont pour but d'aider à l'application des lois et règlements (*ex.* : pour la mise en place des 35 heures).

C › La jurisprudence

Elle est constituée par les décisions des juridictions, dans les litiges qui leur sont soumis.
Elle permet :
- d'interpréter la loi et de l'appliquer à des cas particuliers (*ex.* : préciser la notion de cause réelle et sérieuse en matière de licenciement) ;
- de pallier l'absence de loi sur des questions nouvelles ;
- parfois, d'inspirer des lois nouvelles, (*ex.* : définition du « temps de travail effectif » reprise par les lois de 1998 et 2000 relatives aux 35 heures...).

La jurisprudence de la Cour de cassation (premier président : Bertrand Louvel ; président de la chambre sociale : M. J.-Y. Frouin) est primordiale ; la chambre sociale a une activité importante : après une période de réduction du nombre

de pourvois, le flux du contentieux était en augmentation depuis 2009 ; 6 267 affaires ont été jugées en 2011 et 4715 l'avaient été en 2010[1]. La hausse se confirme en 2013 (6 783 affaires jugées[2]).
Cependant, les juges ne sont jamais tenus par une jurisprudence antérieure et les revirements de jurisprudence permettent au droit d'évoluer. L'année 2014 a été marquée par une abondante jurisprudence.

d › La doctrine

C'est l'opinion des spécialistes du droit ; elle s'exprime dans des ouvrages, des articles paraissant dans des revues spécialisées (*la Revue de droit du travail, la Semaine Juridique, la Gazette du Palais, Liaisons sociales, le Recueil Dalloz*...), des thèses... ;

exemple :
les professeurs G. Lyon-Caen, J.-J. Dupeyroux, J. E. Ray, F. Favennec, A. Supiot... sont des auteurs reconnus en droit du travail.

Les opinions émises peuvent éclairer et influencer le législateur et le juge, mais la doctrine n'est qu'une source indirecte du droit, dans une mesure bien moindre que la jurisprudence.

> B
Les sources spécifiques du droit de travail

Il s'agit de sources dites professionnelles, car elles sont élaborées par les acteurs de la relation de travail eux-mêmes (salariés et employeurs).

a › Les sources conventionnelles

Le droit du travail est, pour une grande part, un **droit négocié** ; on appelle sources conventionnelles celles qui résultent d'accords collectifs ou individuels négociés puis signés entre employeurs et salariés.
Il s'agit :
- *des conventions et accords collectifs* conclus à différents niveaux par les syndicats de salariés et les employeurs (accord d'entreprise, de groupe, de branche d'activité...) (p. 349),
- *du contrat de travail* qui organise les rapports entre un salarié et son employeur ; mais il est le plus souvent un contrat d'adhésion.

Le droit du travail est critiqué pour sa complexité et l'insécurité qu'elle génére-

(1) *Source* : rapport annuel de la Cour de cassation 2011 ; la Cour y étudie particulièrement le thème suivant : le « Risque ».
(2) *Source* : rapport annuel de la Cour de cassation 2013 ; la Cour y étudie particulièrement le thème suivant : l'« Ordre public ».

rait pour l'employeur. C'est la raison pour laquelle nombre d'employeurs en appellent à un rôle accru des conventions collectives qui, négociées et signés avec les syndicats de salariés, permettraient de compléter la loi (qui s'en tiendrait à poser un cadre général) ou de l'adapter à la situation particulière des salariés, le cas échéant en lui dérogeant dans un sens défavorable aux salariés... Le législateur s'est montré sensible à ces arguments en matière de temps de travail où les accords dérogatoires sont nombreux et plus récemment dans le cadre de la loi de sécurisation professionnelle du 14 juin 2013 (Accord de mobilité, accord de maintien de l'emploi, plan de sauvegarde de l'emploi négocié). La question de la représentativité des syndicats et de la légitimité des accords qu'ils signent au nom des salariés est d'autant plus cruciale (v. p. 336).

b › Le règlement intérieur

Élaboré unilatéralement par l'employeur, il fixe les règles concernant l'organisation de l'entreprise, la discipline... (p. 203).

c › Les usages

Leur force résulte de la croyance légitime des salariés dans leur caractère obligatoire. Ils ne doivent pas être confondus avec une simple tolérance de l'employeur.

1 › Nature de l'usage

Il peut s'agir d'un **usage professionnel**, lorsque cette pratique est associée à un métier. Les usages ont eu une importance réelle en droit du travail ; la plupart d'entre eux ont été intégrés dans les conventions collectives ou par la loi (*ex.* : durée du préavis de démission, de la période d'essai selon la catégorie professionnelle des salariés).
Il peut s'agir d'un **usage d'entreprise**. C'est une pratique de l'employeur qui confère un avantage aux salariés.

exemple :

> au XIXe siècle alors que le droit du travail était embryonnaire, les usages d'entreprise étaient nombreux (*ex.* : dans les mines : médecin rétribué par l'employeur, dinde offerte aux salariés pour les fêtes de Noël...). Ces usages correspondaient souvent à une certaine forme de paternalisme aussi ont-ils été progressivement intégrés dans la loi ou les conventions collectives ; néanmoins, certains usages subsistent (*ex.* : prime de 13e mois...).

Pour être qualifié d'usage et être d'application obligatoire, l'avantage accordé par l'employeur doit, selon la jurisprudence, présenter trois caractères :
- *généralité :* reconnu à l'ensemble des salariés ou à une catégorie de salariés ;
- *constance :* attribué plusieurs fois ; une répétition est nécessaire ;
- *fixité :* les conditions et les modalités d'attribution doivent être établies selon des critères objectifs, identifiables et constants.

La preuve de l'usage est à la charge de celui qui en demande l'application (le plus souvent, le salarié) ; cette preuve peut être faite par tout moyen (affichage, témoignage...).

2 › Portée de l'usage

L'usage reste **précaire**.
Si l'employeur veut mettre fin à un usage, celui-ci peut cesser dans deux hypothèses :

• › Dénonciation de l'usage

• *La nécessité d'une dénonciation expresse*
– La dénonciation d'un usage ne peut résulter du non-respect par l'employeur de ses engagements, ni de l'absence de réclamation de la part des salariés ;
– la seule cessation d'un usage, même sans réclamation des salariés, ne vaut pas dénonciation (Soc. 23 oct. 1991).

En cas de transfert de l'entreprise, les usages doivent être respectés par le nouvel employeur ; mais ce dernier peut aussi les dénoncer.

• *La procédure de dénonciation*
La dénonciation nécessite :
– *le respect d'un délai de prévenance* (durée non fixée par la loi) : ce délai doit permettre l'ouverture d'éventuelles négociations pour définir des mesures de remplacement ou de compensation ;

exemple :
la dénonciation, le 1er décembre, d'une prime de 13e mois payée fin décembre a été jugée tardive (Soc. 3 mars 1993).

– *l'information individuelle de* ***tous les salariés*** (plus précisément, ceux qui bénéficient de l'avantage et ceux susceptibles d'en bénéficier un jour) par lettre recommandée avec AR (Soc. 13 oct. 2010) ; un communiqué affiché dans l'entreprise ou la simple mention d'une modification sur le bulletin de paie ne suffisent pas ;
– *l'information préalable des représentants du personnel* : en ce qui concerne le CE, l'information doit être donnée en réunion, après inscription à l'ordre du jour ; l'information ne peut résulter de l'envoi de lettres individuelles adressées aux représentants du personnel (Soc. 5 janv. 2005).

Remarque :
La dénonciation, comme celle d'une convention collective, n'a pas à être motivée ; Mais, même si le motif de la dénonciation n'a pas à être énoncé par l'employeur, un contrôle du juge est possible sur ce motif ; s'il apparaît qu'il est contraire à la loi ou frauduleux, la dénonciation est nulle (dans l'espèce, l'employeur, en dénonçant un usage, tentait de faire échec à l'exercice du droit de grève des salariés.)

• › Négociation d'un accord collectif

En effet, si l'usage est repris dans une convention collective, il cesse de plein droit de produire effet en tant que tel, sans avoir besoin d'être dénoncé (Soc. 9 juill. 1996). Peu importe que l'avantage négocié soit moins favorable pour les salariés (le principe de faveur ne s'applique pas).

> *Remarque :*
> Plus singulièrement, les salariés peuvent renoncer à un usage, mais la renonciation ne se présume pas, un accord écrit doit être établi ; le seul fait de poursuivre le contrat de travail ne suffit pas (Soc. 7 mai 1991).

d › L'engagement unilatéral de l'employeur

Il résulte de toute manifestation de volonté de l'employeur à l'égard de l'ensemble des salariés (*ex.* : prime de fin d'année, règles relatives aux congés payés…).
Cet engagement peut résulter d'une décision prise devant une institution représentative du personnel, d'une note de service, d'un protocole de fin de conflit, d'un communiqué à l'ensemble du personnel…
La dénonciation d'un engagement unilatéral obéit aux mêmes règles que celles applicables à la dénonciation d'un usage.
En cas de transfert de l'entreprise, l'engagement unilatéral est transmis au nouvel employeur (Soc. 12 mars 2008).

e › L'accord atypique

Est ainsi qualifié l'accord signé par un employeur qui ne répond pas aux conditions de conclusion d'un accord collectif. (*ex.* : accord n'ayant pas donné lieu à la rédaction d'un écrit, accord conclu avec le comité d'entreprise).
Ce type d'accord ne produit pas les effets d'un accord collectif mais il lie l'employeur ; il a la valeur d'un engagement unilatéral de sa part.

f › Les recommandations patronales

Elles sont émises par un syndicat ou un groupement d'employeurs et s'imposent aux entreprises adhérentes si plusieurs conditions sont remplies :
- les statuts du groupement ou du syndicat doivent prévoir la possibilité d'émettre de telles recommandations ;
- les termes utilisés doivent être clairs et précis afin de ne laisser place à aucune équivoque quant à sa portée et son contenu ;
- elles doivent avoir été diffusées à toutes les entreprises adhérentes.

> IV
L'articulation des sources du droit du travail

Problématique : Quelle norme doit-on appliquer au salarié quand plusieurs normes sont applicables à une même situation ?
La question se pose, par exemple, en cas de conflit entre un contrat de travail et la loi ou encore, en cas de conflit entre le contrat de travail et la convention collective.

> A
Le principe de faveur

En principe tous les actes émanant de l'autorité étatique s'ordonnent dans un ensemble hiérarchique cohérent que l'on appelle la « **pyramide des normes** ». Cette pyramide contient plusieurs degrés. Chaque élément doit respecter l'acte du degré supérieur.
En haut de la pyramide se trouvent la Constitution et la loi.
Doivent s'insérer dans cette hiérarchie les sources spécifiques au droit du travail. **Sous la loi**, on retrouve donc, les conventions collectives, les usages, le règlement intérieur et le contrat de travail.
Puisqu'elles sont placées sous la loi, ces sources professionnelles se trouvent en principe **subordonnées à la loi** à laquelle elles ne devraient pas pouvoir déroger.
Mais, **en droit du travail, la hiérarchie des normes est perturbée**.
Pour régler les conflits de normes en droit du travail, c'est la disposition la plus favorable au salarié qui doit recevoir application. C'est le principe **de faveur**. Cette règle vise à l'amélioration de la situation des salariés.
Ainsi les conventions collectives et le contrat de travail peuvent déroger aux lois, à la condition que ce soit dans un sens plus favorable aux salariés.

exemple :
le contrat de travail peut prévoir un salaire minimum supérieur au SMIC, des congés payés supplémentaires...

Les lois forment donc un minimum social, que conventions collectives et contrat de travail peuvent seulement améliorer. On dit que la loi est d'**ordre public social**.

Les sources nationales du droit du travail sont hiérarchisées ainsi :

Constitution

↑ (1)

Loi (sauf loi transposant une directive) et règlements autonomes

↑ (2)

Conventions et accords collectifs

↑ (2)

Règlement intérieur

↑ (2)

Contrat de travail

> B
Les limites du principe de faveur(1)(2)

• › 1er exemple : le principe de faveur est écarté lorsque la loi est d'ordre public absolu

Lorsque la loi prévoit une règle catégorique, la convention collective ou le contrat de travail ne peuvent y déroger, en aucune manière, même dans un sens plus favorable au salarié. Peu de règles du droit du travail sont d'ordre public absolu.

exemple :
une convention collective ne peut pas accorder de nouvelles fonctions aux inspecteurs du travail, même si c'est plus favorable aux salariés ; les règles relatives à la compétence des agents publics sont d'ordre public absolu.

• › 2e exemple : le principe de faveur est écarté lorsque la loi est d'ordre public dérogatoire

Le législateur permet expressément à des accords collectifs particuliers de déroger à la loi, dans un sens défavorable pour le salarié. On parle d'**accords dérogatoires**.
Cette situation concerne essentiellement la durée et l'aménagement du temps de travail.

(1) Doit respecter.
(2) Doit respecter, sauf pour des conditions plus favorables aux salariés (principe de faveur).

exemple :

un accord collectif peut augmenter le contingent libre d'heures supplémentaires que l'employeur peut imposer au salarié, ou encore diminuer le taux de majoration des heures supplémentaires.

L'articulation entre les différents niveaux de négociation limite aussi le principe de faveur, qui est écarté au profit d'un principe de proximité. C'est l'accord collectif conclu au niveau le plus petit (entreprise) qui s'applique, peu important qu'un accord collectif plus favorable ait été conclu à un niveau supérieur (accord de branche).

Le principe connaît des exceptions de plus en plus nombreuses, au point qu'une partie de la doctrine s'en inquiète.

• › Le travail et la loi

Monsieur Robert Badinter[1] et Monsieur le professeur Lyon-Caen, viennent de faire paraître (14 juin 2015) : *Le travail et la loi*. Ils dénoncent notamment, le volume actuel du Code du travail (passé de 600 à 8 000 articles), et constatent le nombre de chômeurs (3 millions 53) et 1 800 000 personnes en activité réduite. Ils souhaitent des principes clairs et proposent des nouvelles règles (50 articles) traitant :

– droits fondamentaux (harcèlement, sécurité...) ;
– formation et exécution ;
– ruptures – discipline – durée (6 jours maximum par semaine) ;
– rémunération – litiges – défense des intérêts du salarié (syndicat).

Voir annexe p. 416.

(1) Ancien ministre de la Justice, président du Conseil constitutionnel, sénateur, professeur honoraire ; il demeure à jamais « l'avocat » de l'abolition de la peine de mort en France.

Chapitre 3

L'évolution du droit du travail

> I Avant la Révolution de 1789

Avant la Révolution de 1789, le travail subordonné était réglementé par les corporations et l'autorité royale.

• › La féodalité

Au Moyen-Âge, l'économie française repose essentiellement sur l'agriculture. Les terres appartiennent aux seigneurs ; les serfs qui les travaillent sont sous leur dépendance.

• › Les corporations

Dans les villes, l'artisanat se développe. Les membres de chaque profession se regroupent en corporations.
Leur but est de protéger la profession :
– vis-à-vis des autres corporations ;

– en réglementant les prix et les normes techniques de la production ;
– en organisant la hiérarchie et l'accès à la profession (monopole à l'embauche) : les maîtres artisans apprennent le métier aux apprentis – qui sont généralement logés et nourris chez le maître – et qui deviendront des compagnons.

Les compagnons sont des ouvriers qui travaillent pour les maîtres artisans et qui peuvent devenir maîtres à leur tour, en réalisant un « chef-d'œuvre ».
Les conditions de travail ne peuvent être discutées – bien qu'il y ait eu quelques mouvements de revendication –, elles sont imposées par les corporations, donc, par les maîtres artisans qui les gèrent.
La solidarité entre les compagnons a donné naissance au « compagnonnage ».

• › Les manufactures

Elles se développent du XVIe au XVIIIe siècle, notamment sous le ministère de Colbert (*ex.* : Les Gobelins : tapisseries ; Saint Étienne : manufacture d'armes...) ; les ouvriers y étaient soumis à des règles de travail très strictes et à des contrôles sévères.

> II Le droit issu de la Révolution

■ Les relations de travail sont organisées par le contrat de travail.

Ce droit va consacrer l'apogée du contrat qui paraît nécessairement « juste » entre des hommes libres et égaux.
L'absence de réglementation entraînera la misère des salariés, qui ne peuvent se regrouper pour se défendre.

– Le décret d'Allarde (1791) pose le principe de la liberté du travail.
– La loi Le Chapelier (1791) supprime les corporations et interdit les groupements professionnels.
– Le délit de coalition (Code pénal) réprime toute association de plus de vingt personnes (il a été supprimé en 1864).
– Le contrat de travail appelé alors « louage de services », va, en l'absence de tout règlement, déterminer seul les conditions de travail ; son contenu est établi « librement » par les parties (principe de « l'autonomie de la volonté ») ; en fait, puisqu'il n'y a pas de loi pour protéger le plus faible, l'employeur va très souvent imposer ses conditions.
– Le livret ouvrier (an XI) : chaque ouvrier qui ne peut présenter le sien à la police est considéré comme un vagabond ; les déplacements de main-

d'œuvre peuvent ainsi être contrôlés ; le livret peut être retenu par l'employeur si l'ouvrier lui doit de l'argent (avance sur salaire par exemple ou amende).

- La preuve en matière de salaire est inégalitaire, puisque le Code civil de 1804 décide qu'en cas de contestation, l'employeur doit être cru sur sa simple affirmation.
- Le développement du machinisme et la concentration des entreprises vont encore aggraver l'effroyable misère des ouvriers (salaires insuffisants, non payés en cas d'accident ou de maladie, très longues journées de travail sans hygiène ni sécurité, taudis).

> III L'intervention progressive de la loi pour protéger les salariés

- Le rapport du docteur Villermé (1840) a attiré l'attention des pouvoirs publics et de l'opinion sur la situation des ouvriers ; il révèle notamment : « il est des filatures en France qui retiennent leurs ouvriers pendant 17 heures chaque jour, et les seuls moments de repos pendant ces 17 heures sont une demi-heure pour le déjeuner et une heure pour le dîner ».

Le docteur Villermé va aussi décrire l'état de santé lamentable des ouvriers et notamment des enfants qui travaillent dans cet « enfer » (V. Hugo).

- À partir de 1841, une législation sociale va s'élaborer peu à peu, sous l'influence :
  - du suffrage « universel » (1848 ; mais les femmes ne voteront qu'à partir de 1946) ;
  - des idées socialistes (Marx, Saint-Simon, Proudhon...) ;
  - de la pression syndicale à partir du milieu du XIXe siècle.

Le droit du travail n'a cessé de se développer. Les principales étapes de cette évolution sont présentées pages suivantes.

La période du Front populaire (1936) et celle qui suit la Libération (1945) ont marqué des avancées considérables.

Ces dernières années, le rythme des réformes en droit du travail s'est accéléré, certaines des lois mentionnées dans le tableau ci-après ont été remplacées par d'autres, mais elles ont marqué le point de départ de certaines avancées (voir tableau page suivante).

Les principales étapes de la législation sociale

Année	Régime	Mesure
1841		– Loi relative à la durée du travail des enfants
1848	Suffrage « universel » **IIe République**	
1864	**Second Empire**	Suppression du délit de coalition
1874	**IIIe République**	Création de l'Inspection du travail
1884		Reconnaissance des syndicats
1898		Loi sur les accidents du travail
1906		1er ministère du Travail
1928		Création des Assurances sociales
1932		Création des Allocations familiales
1936	Front populaire	– Conventions collectives – Délégués du personnel – Congés payés – Semaine de 40 heures
1941	**État français** (Vichy)	Tentative de retour au corporatisme
1944	**IVe République**	Comités d'entreprise
1945		Création de la Sécurité sociale
1956		3 semaines de congés payés
1958		Création de l'assurance-chômage

Année	Régime	Mesure
1967	**Ve République**	Loi sur la participation
1968		Section syndicale d'entreprise
1969		4 semaines de congés payés
1971		Formation professionnelle continue
1973		Réforme du droit de licenciement
1975		Loi sur le licenciement économique
1982		Durée légale du travail : 39 heures par semaine
1982		Congés payés : 5 semaines
1988		Création du RMI
1998 et 2000		Durée légale du travail : 35 heures par semaine
2004		Dialogue social
2006		– Égalité professionnelle hommes/femmes, – Participation Actionnariat salarié
2008		– Recodification du Code du travail – Modernisation du marché du travail – Représentativité syndicale
2009		Formation professionnelle tout au long de la vie
2013		Loi de sécurisation de l'emploi
2015		Loi croissance et activité dite « loi Macron »

Contrat de travail	– Loi du 25 juin 2008 « portant modernisation du marché du travail » : période d'essai, transformation des CNE en CDI, CDD, rupture de contrat de travail, portage salarial.
Durée du travail	– Lois de 1998 et 2000 : durée légale hebdomadaire fixée à 35 heures. – Loi du 21 août 2007 : « pour le travail, l'emploi et le pouvoir d'achat » (TEPA). – Loi du 8 février 2008 en faveur du pouvoir d'achat : renonciation possible aux jours de RTT ou de repos compensateur. – Loi du 20 août 2008 : réforme du temps de travail.
Participation et intéressement	– Loi du 30 décembre 2006. – Loi du 21 août 2007 (TEPA). – Loi du 8 février 2008.
Discriminations au travail Égalité hommes/ femmes	– Loi du 4 mars 2002. – Loi du 31 décembre 2004 créant la Haute Autorité de Lutte contre les Discriminations et pour l'Égalité (HALDE) qui fusionnera à, partir de la loi du 15 mars 2011, avec d'autres droits sous l'autorité du Défenseur des droits. – Loi du 27 mai 2008. – Loi du 9 novembre 2010. – Loi du 4 août 2014 « pour l'égalité réelle entre les femmes et les hommes ».
Santé et sécurité au travail	– Loi du 17 janvier 2002 réorganisant les services de santé au travail. – Loi du 11 février 2005 relative à l'emploi des personnes handicapées.
Travailleurs étrangers	– Lois de 2006, 2007, 2008 et 2009...
Négociation collective	– Loi du 4 mai 2004 : introduction du « principe majoritaire » comme condition de validité d'un accord collectif. – Loi du 20 août 2008 : « portant rénovation de la démocratie sociale ».
Service public de l'emploi et indemnisation du chômage	– Loi du 18 janvier 2005 : définition du service public de l'emploi. – Loi du 13 février 2008 : réforme du service public de l'emploi. – Loi du 1er août 2008 : « droits et devoirs des demandeurs d'emploi ».
Droit de grève	– Loi du 21 août 2007 relative au dialogue social et à la continuité du service public dans les transports terrestres réguliers de voyageurs.
Retraites	– Loi du 21 août 2003. – Loi du 17 décembre 2008. – Lois du 9 novembre et 30 décembre 2010. – Loi du 20 janvier 2014.
Syndicats	– Loi du 20 août 2008 : portant « rénovation de la démocratie sociale » et entraînant un rôle accru des partenaires sociaux.
Formation professionnelle	– Loi du 24 novembre 2009. – Loi du 5 mars 2014 sur « la formation, l'emploi et la démocratie sociale ».

Politique du travail	– Décrets de 2009 et 2010 : création et organisation des DIRECCTE (p. 34).
Sécurisation de l'emploi	– Loi du 14 juin 2013, consolidée au 17 juin, accordant au salarié, dans certains cas, une « mobilité volontaire sécurisée ».

La loi sur la « sécurisation de l'emploi », transcrivant l'ANI du 11 janvier 2013 a apporté les changements suivants :

Contrat à temps partiel	– Limité à 24 heures hebdomadaires minimum sauf demande du salarié – Heures complémentaires majorées de 10 % (avenant obligatoire)
Création d'une complémentaire santé	Quelle que soit la taille de l'entreprise, création et financement d'une couverture santé avant le 1er janvier 2016.
Accords de maintien dans l'emploi	En cas de graves difficultés conjoncturelles, l'entreprise peut, sous réserve d'accords majoritaires, pendant 2 ans maximum, avoir recours au chômage partiel ou à des changements de rémunérations sauf pour celles = à 120 % du SMIC.
Accords de mobilité	L'employeur peut modifier le poste ou la zone géographique du salarié mais il doit alors négocier avec les syndicats sur la mobilité interne, apportant des garanties au salarié (respect de la vie personnelle et familiale, formation, compensation de la perte de pouvoir d'achat...).
Renforcement de l'information des représentants du personnel	Transmettre chaque année aux représentants du personnel les orientations stratégiques et mettre à leur disposition une base de données économique et sociale. Justifier de l'utilisation du crédit impôt compétitivité emploi (CICE).
Conseil d'administration	Représentation des salariés au conseil d'administration dans les entreprises d'au moins 5 000 salariés.
Licenciement (entreprise de + 50 salariés)	L'employeur qui souhaite procéder à un plan social peut signer un accord majoritaire avec les syndicats, puis en demander la validation à l'administration (à défaut, le plan unilatéral rédigé par l'employeur doit être homologué par l'administration). L'employeur qui a l'intention de fermer est tenu de chercher un repreneur et d'en informer les représentants du personnel.

Le ministre du Travail a présenté en avril 2015 un projet de loi sur le dialogue social qui créerait notamment des commissions paritaires régionales pour les TPE et une prime d'activité remplaçant la prime pour l'emploi et le RSA.
La prise en compte de la « pénibilité » (loi du 20 janvier 2014) apparaît comme la grande innovation parmi les plus récentes. Certes la loi sur les retraites du 10 novembre 2010 avait déjà utilisé ce concept (un salarié justifiant d'une incapacité permanente de 10 ou 20 % à la suite d'une maladie professionnelle ou d'un accident du travail pouvait prendre sa retraite à partir de l'âge de 60 ans). Fin mai 2015, le gouvernement a annoncé que le compte pénibilité serait simplifié (p. 252).

Le « compte pénibilité »

Bénéficiaires	Les salariés du secteur privé, ayant au moins un mois d'ancienneté dans la même entreprise ; à l'exception de ceux employés par un particulier.
Notion de « pénibilité »	Travail de nuit, travail répétitif, travail en horaires « alternants » (les trois-huit), travail en milieu « hyperbare » (inférieur à la pression atmosphérique, ex. les scaphandriers).
Date d'application	1er janvier 2015 ; sans rétroactivité.
Seuils d'exposition	• **Travail de nuit :** 1 heure entre minuit et 5 h, 120 nuits par an au minimum (cette définition du travail de nuit est donc inférieure à celle du Code du travail : 21 h-6 h). • **Travail répétitif :** 900 heures au moins par an. • **Travail en horaires alternants :** 1 heure entre minuit et 5 h, 50 nuits par an. • **Travail en milieu hyperbare :** 60 fois par an sous une pression inférieure à 120 hectopascals.
Déclaration	Par l'employeur à la fin de chaque année à la Caisse nationale d'assurance vieillesse (MSA pour les agriculteurs).
Calcul des points acquis	Par la Caisse nationale d'assurance vieillesse (ou MSA). Relevé transmis au salarié.
Nombre de points	Le compte est limité à 100 points sur l'ensemble de la carrière.
Transformation des points	Les 20 premiers points serviront à financer une formation permettant d'obtenir un autre poste sans ou avec moins de pénibilité Si l'exposition n'est liée qu'à un seul facteur de pénibilité, il donne droit à 25 heures de formation. Les autres points seront utilisés par groupe de dix permettant : – un travail à temps partiel avec maintien du salaire pendant deux ans maximum (10 points = 1 trimestre d'assurance retraite), – partir à la retraite 2 ans plus tôt (10 points = 1 trimestre d'assurance retraite).
Salariés âgés (58 ans et demi au 1er janv. 2015)	– Les points seront doublés. – 55 à 58 ans et demi : la formation n'est pas obligatoire. – 52 à 55 ans : les 10 premiers points serviront à la formation. Le compte pénibilité étant crédité en fin d'année, le texte n'aura pas d'incidence pour les salariés qui début 2015 sont à un an de la retraite.
Financement	Nouvelles cotisations employeurs : – pour les employeurs de salariés effectivement exposés : 0,1 % des salaires en 2015 et 2016 (doublée en cas de pluri-expositions), puis 0,2 % en 2017 (doublée en cas de pluri-expositions), – pour tous les employeurs privés : 0,001 % à partir de 2017.
Évolution dès 2016	Six nouveaux facteurs de pénibilité (bruit, températures extrêmes, agents chimiques...).

Un projet de loi « relatif à la croissance, à l'activité et à l'égalité des chances économiques » dite « loi Macron » a été adopté en mai 2015 par les chambres (par l'utilisation du 49-3). Il présente de nombreuses mesures réformant le droit du travail sur :
- le travail dominical et de nuit ;
- la procédure prud'homale ;
- les licenciements économiques.

Le gouvernement a également annoncé en juin 2015 8 mesures pour « simplifier la vie des TPE et des PME » et donc encourager l'embauche : les CDD pourraient être renouvelés 2 fois, une prime de 4 000 € à l'embauche du premier salarié serait créée ; les indemnités prononcées par les prud'hommes pour licenciement abusif seraient plafonnées, variant suivant la taille de l'entreprise ; l'entreprise donneuse d'ordre serait plus facilement sanctionnée en cas de fraude du sous-traitant...

Un compte personnel d'activité est présenté comme « la grande réforme sociale ». Doivent y figurer :
- le compte personnel de formation ;
- le compte pénibilité ;
- les droits au chômage rechargeables ;
- le CET.

Chapitre 4

Services de l'État et inspection du travail

> I Les services de l'État

Des décrets de 2009 et 2010 ont réorganisé les **services de l'État** compétents en matière de **politique du travail** ; leur organisation est désormais la suivante :
– *Au niveau central*
Le ministère du Travail, de l'Emploi, de la Formation professionnelle et du Dialogue social a autorité sur la direction générale du travail et sur la direction de l'animation de la recherche, des études et des statistiques ;
Conjointement avec d'autres ministères, le ministère du Travail a autorité sur :
– la délégation chargée de l'emploi, de la formation professionnelle continue (avec le ministre des Sports, de la Jeunesse, de l'Éducation populaire et de la Vie associative),
– la direction de la recherche, des études, de l'évaluation et des statistiques (avec le ministre de l'Économie, des Finances et du Commerce extérieur et ministre des Affaires sociales et de la Santé),

– l'inspection générale des affaires sociales (ministre des affaires sociales et de la santé),
– le secrétaire général des ministères chargés des affaires sociales (avec le ministre des affaires sociales et de la santé et le ministre des sports, de la jeunesse, de l'éducation populaire et de la vie associative),

Pour ses attributions en matière d'accidents du travail et de maladies professionnelles, le ministère dispose de la direction de la sécurité sociale...

– *Au niveau régional*

Ont été créées et organisées par des décrets de 2009 et 2010 les **Directions des Entreprises, de la Concurrence, de la Consommation, du Travail et de l'Emploi (DIRECCTE)** ; elles constituent les services communs au ministère de l'Économie, de l'Industrie et de l'Emploi et au ministère en charge du Travail.

La DIRECCTE regroupe en une administration régionale unique, 8 directions et services de l'État :

– la Direction Régionale et les Directions Départementales du Travail, de l'Emploi et de la Formation Professionnelle (DRTEFP et DDTEFP) ;
– la Direction Régionale de la Concurrence, de la Consommation et de la Répression des Fraudes (DRCCRF) ;
– les services de développement économique et de métrologie de la Direction Régionale de l'Industrie, de la Recherche et de l'Environnement (DRIRE) ;
– la Direction Régionale au Tourisme (DRT) ;
– le service du Délégué Régional au Commerce et à l'Artisanat (DRCA) ;
– le Chargé de mission Régional à l'Intelligence Économique (CRIE).

L'objectif visé est de mieux assurer un pilotage coordonné des politiques publiques dans ces domaines ainsi qu'un accès plus simple pour les usagers : chefs d'entreprise, salariés, partenaires sociaux, demandeurs d'emploi...

La DIRECCTE est placée auprès du préfet de Région. Elle est structurée en 3 pôles :

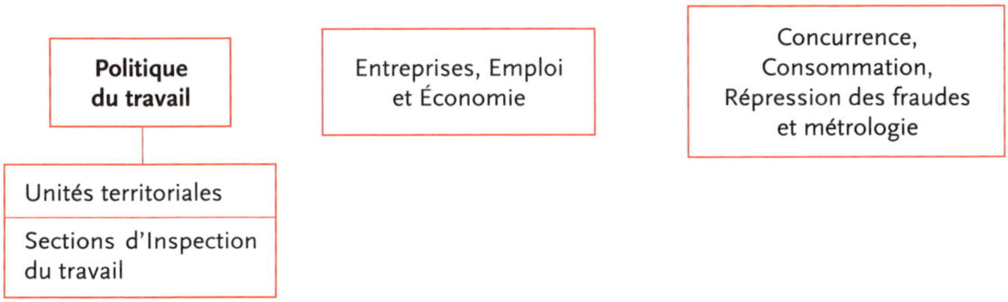

– Le ressort des unités territoriales n'est pas nécessairement départemental ;
– en leur sein, les sections d'inspections du travail sont chargées d'assurer le respect du droit du travail.

> II
L'inspection du travail

Le corps des inspecteurs du travail a été créé en 1874. À l'origine, ses missions étaient essentiellement limitées aux questions d'hygiène et de sécurité.
Le Code du travail (art. L. 8112-1) définit ainsi le rôle de l'inspection du travail :

- Les inspecteurs du travail sont chargés de veiller à l'application des dispositions du Code du travail et des autres dispositions légales relatives au régime du travail, ainsi qu'aux stipulations des conventions et accords collectifs de travail...
- Ils sont également chargés, concurremment avec les officiers et agents de police judiciaire, de constater les infractions à ces dispositions et stipulations.

> A
L'organisation de l'inspection du travail

Des sections d'inspection du travail existent dans chaque unité territoriale au sein d'une DIRECCTE (v. p. 35).
La section d'inspection du travail constitue l'échelon territorial d'intervention dans les entreprises.

> B
Le statut et les domaines de compétence des agents de l'inspection du travail

a › Les inspecteurs du travail

Ce sont des fonctionnaires (catégorie A) recrutés par concours (Bac +3). Ils suivent une formation de 18 mois à l'Institut national du travail, de l'emploi et de la formation professionnelle.
Dans l'exercice de leur mission, ils sont notamment soumis aux obligations de discrétion, secret professionnel (interdiction de révéler les secrets de fabrication...), intégrité et impartialité.
Leurs décisions doivent être motivées. Leur compétence s'étend :
– à la presque totalité des entreprises industrielles et commerciales ;
– aux professions libérales et offices publics ou ministériels ;
– aux sociétés civiles, syndicats, associations et groupements non agricoles ;
– aux établissements hospitaliers publics et privés.

b › Les contrôleurs du travail

Fonctionnaires de l'État, catégorie B, ils sont chargés de contrôles, d'enquêtes et de missions dans le cadre de l'inspection du travail ; ils exercent leurs compétences sous l'autorité des inspecteurs du travail.
Ils contrôlent le respect de la législation du travail et de la formation professionnelle.
Ils informent le public et participent à la gestion des politiques du travail et des ressources humaines.
Recrutés par concours (niveau Bac +2) avec formation dispensée par l'INTEFP complétée par des stages pratiques. Depuis 2013 le recrutement des contrôleurs a été arrêté.

c › Les ingénieurs de prévention

Ils peuvent assurer un appui technique aux inspecteurs du travail dans leurs contrôles, enquêtes et missions.

d › Les médecins du travail (v. p. 266)

Ils agissent en liaison et coopèrent avec les inspecteurs du travail.

> C Le rôle des agents de l'inspection du travail

a › Un rôle de contrôle

• › Les domaines

L'inspecteur du travail contrôle l'application :
- des lois et règlements relatifs au travail, notamment en matière d'emploi, de contrat de travail, de conventions et accords collectifs, d'hygiène et sécurité, de représentation du personnel... ;
- des lois relatives au prêt de main-d'œuvre, au marchandage[1], au cumul d'emplois et au travail clandestin ;
- des règles relatives au travail « dissimulé » ou illégal ;
- des dispositions concernant les conditions d'entrée et de séjour des travailleurs étrangers en France...

Il contrôle et constate :
- l'affichage obligatoire dans l'entreprise, l'élaboration du règlement intérieur, l'application des textes sur l'égalité professionnelle hommes/femmes... ;

(1) **Marchandage :** fourniture de main-d'œuvre à but lucratif qui cause un préjudice au salarié ou permet d'échapper aux règles de droit (*ex.* : prêt de salariés à un sous-traitant, ce qui peut leur faire perdre des avantages sociaux).

- les infractions en matière de discrimination ou d'atteinte à la dignité (conditions de travail, hébergement...) ;
- les délits de harcèlement sexuel ou moral prévus dans le cadre des relations de travail par les articles 222-33 et 222-33-2 du Code pénal (L. du 6 août 2012 – C. trav., art. 8112-2) ;
- l'interdiction de fumer dans les lieux affectés à un usage collectif.

• › Les moyens

Droit d'entrée et de visite	Il peut entrer à tout moment dans les entreprises où travaillent des salariés et apprentis et dans les locaux où sont occupés des travailleurs à domicile ; si ces locaux sont habités, l'autorisation des occupants est nécessaire. Il le fait de sa propre initiative ou à la demande de toute personne intéressée ; en pratique, la deuxième hypothèse est la plus fréquente. Il est obligé de se faire accompagner dans ses visites par le délégué du personnel, si celui-ci le souhaite. Les membres du CHSCT doivent être informés de sa présence dans l'entreprise et doivent pouvoir présenter leurs observations.
Droit de communication	– *Accès aux documents :* Il a accès à tous les livres, registres et documents dont la tenue est imposée par la loi : registre unique du personnel, règlement intérieur, livre de paie, déclaration d'embauche, documents relatifs à la durée du travail... – Doivent lui être adressés : tous les documents permettant de vérifier le respect de l'application des règles relatives à la discrimination, à l'égalité professionnelle entre les femmes et les hommes et au droit syndical (*ex. :* règlement intérieur, déclarations d'embauche, ordre du jour des réunions du CHSCT...).
Droit d'enquête	Il peut interroger l'employeur et le personnel de l'entreprise et leur demander de justifier de leur identité et de leur adresse.
Droit de prélèvement	Sur les matières mises en œuvre ou les produits distribués ou utilisés en vue de faire effectuer les analyses nécessaires.
Demande de vérifications, analyses et mesures	Il peut demander à l'employeur de faire procéder par un organisme agréé à des vérifications de la conformité des équipements de travail (*ex. :* aération, éclairage, risques chimiques, amiante...) aux dispositions réglementaires en vigueur).

L'employeur doit afficher dans l'entreprise l'adresse et le n° d'appel de l'inspection du travail ainsi que le nom de l'inspecteur compétent.

• › La recherche et la constatation des infractions

Les agents notifient à l'employeur, selon les circonstances :
- une *observation* qui sera portée sur le registre des mises en demeure ;
- une *mise en demeure* avant procès-verbal d'avoir à se conformer aux règles avant un certain délai ; mais en cas de danger grave et imminent, l'inspecteur du travail peut dresser immédiatement procès-verbal ;
- un *procès-verbal* qui sera transmis au procureur de la République ; celui-ci, après avoir informé « la personne visée au procès-verbal des faits susceptibles de constituer une infraction pénale ainsi que des sanctions encourues » (L. du 22 mars 2012) décidera de l'opportunité des poursuites devant un tribunal répressif (plus de 75 % des infractions donnant lieu à procès-verbal ne sont pas suivies de condamnations). Un exemplaire du PV est également adressé au représentant de l'État dans le département.

Procédure d'urgence

Saisine du juge des référés	– En matière d'*hygiène et de sécurité*, quand il y a un « risque sérieux d'atteinte à l'intégrité physique », afin de faire cesser ce risque ; – s'il y a infraction aux règles relatives au *repos dominical* dans les établissements de vente de détail et de prestation de service ; – en matière de *travail temporaire* : après avoir adressé une mise en demeure restée infructueuse à l'entreprise de travail temporaire (*ex.* : pour absence de déclaration…) s'il y a un risque sérieux de préjudice pour le travailleur temporaire.
Arrêt temporaire des travaux	– Sur un chantier du *bâtiment et des travaux publics* : l'inspecteur du travail peut prendre toutes mesures utiles visant à soustraire immédiatement un salarié en situation de danger grave et imminent pour sa vie ou sa santé (*ex.* : défaut de protection contre les chutes de hauteur, risque d'exposition à l'amiante, risque d'ensevelissement…) ; – suite à une mise en demeure restée infructueuse, en cas d'exposition à une *substance chimique cancérigène, mutagène ou toxique* pour la reproduction.

• › Les prérogatives de l'inspection du travail

Un arrêt de la chambre sociale de la Cour de cassation du 19 mars 2014 est venu rappeler l'importance du rôle de l'inspecteur du travail. Il s'agissait de travail illégal le dimanche. L'inspecteur du travail avait saisi le juge des référés qui avait rejeté sa demande de fermeture le dimanche. Après une longue procédure, et un premier arrêt de la Cour de cassation (10 mars 2010) sanctionnant les décisions des juges du fond, a été jugé que :
- la rédaction d'un PV n'est pas nécessaire à l'action civile (arrêt de 2010),
- la preuve d'un fait juridique, ici une infraction, peut être établie par tous moyens,

– « les règles déontologiques de l'inspection du travail garantissent son impartialité ».

Un arrêt de la chambre sociale du 15 janvier 2014, dans une affaire de discrimination, avait également jugé que l'inspecteur du travail a des compétences et des prérogatives garantissant son indépendance.

• › La protection des agents de l'inspection du travail par le droit pénal

– L'obstacle au contrôle effectué par ces agents est un délit qui est sanctionné par une peine d'amende et/ou d'emprisonnement (1 an).

Le délit est constitué par l'entrave à l'exercice des droits des agents de l'inspection du travail (*ex.* : refus de communiquer des documents...), mais aussi lorsque les renseignements fournis à l'inspecteur du travail comportent volontairement des inexactitudes (Crim. 28 sept. 1993).

– Les outrages et violences à l'encontre d'un inspecteur ou d'un contrôleur sont assimilés à ceux perpétrés à l'encontre d'un OPJ.

• › Le recours contre les décisions de l'inspecteur du travail

Trois types de recours peuvent être exercés :

- un *recours gracieux,* auprès de l'auteur de la décision ; ce recours n'est pas suspensif ;
- un *recours hiérarchique,* auprès du ministre du Travail (ou des transports, de l'agriculture selon l'activité) ;

– ce recours doit être formé dans les deux mois de la décision ;

– il n'est pas suspensif ;

– le ministre a 4 mois pour répondre ; le silence vaut rejet ;

- un *recours contentieux :* pour annulation, devant le tribunal administratif : il doit être formé dans les 2 mois de la décision du ministre ou de l'inspecteur du travail (mais le recours hiérarchique n'est pas obligatoire pour initier le recours contentieux).

b › Les autres rôles

Conseil et assistance	Les inspecteurs, aidés des contrôleurs, sont tenus de recevoir et renseigner les personnes qui le désirent (employeurs ou salariés). Ils aident à l'adaptation de la réglementation aux situations concrètes.
Information et documentation	Les services de l'inspection du travail sont les destinataires des déclarations mensuelles de main-d'œuvre et contribuent à l'élaboration des statistiques « sociales » : accidents du travail, effectifs... Un rapport annuel sur l'application de la législation du travail dans la circonscription doit être établi.

Conciliation et arbitrage	L'inspecteur du travail peut prévenir les conflits collectifs ou concilier les parties en présence, sur leur demande. Il peut intervenir en tant qu'arbitre en matière d'élections de représentants du personnel, de mutation (demandée par le médecin du travail et refusée par l'employeur), d'inaptitude d'un salarié, en matière de congé-formation...
Pouvoir de décision	L'inspecteur du travail prend des décisions administratives dans de nombreux domaines : – *Autorisations* : – du licenciement d'un salarié protégé ; – pour les dérogations à la réglementation du travail des jeunes, au travail de nuit, à la pratique des horaires individualisés, à la mise en place d'équipes de suppléance... – *Décisions* : – Il peut imposer la création d'un CHSCT dans les établissements de moins de 50 salariés. – il peut exiger le retrait ou la modification des dispositions d'un règlement intérieur non conformes aux lois, règlements et accords collectifs ; – en cas d'inaptitude d'un salarié, si l'employeur conteste l'avis du médecin du travail, la décision est prise par l'inspecteur du travail (après avis du médecin-inspecteur du travail) ; – il homologue l'accord conclu entre l'employeur et le salarié, en cas de rupture conventionnelle du contrat de travail (loi du 25 juin 2008 – page 145) ; – il peut suspendre ou rompre un contrat d'apprentissage en cas de risque sérieux pour l'apprenti. Il peut aussi être saisi par les représentants du personnel en cas de recours abusif au travail précaire ; l'employeur est alors tenu d'adresser une réponse motivée à ses observations.

Chapitre 5

La formation professionnelle

Les dernières décennies ont vu se maintenir un niveau de chômage élevé ; dans ce contexte, l'acquisition et le développement d'une qualification sont particulièrement importants.

Selon l'article L. 6111-1 du Code du travail « *La formation professionnelle tout au long de la vie constitue une obligation nationale* ». « *Elle vise à permettre à chaque personne, indépendamment de son statut, d'acquérir et d'actualiser des connaissances et des compétences favorisant son évolution professionnelle, ainsi que de progresser d'au moins un niveau de qualification au cours de sa vie professionnelle* ». « Elle constitue un élément déterminant de sécurisation des parcours professionnels et de la promotion des salariés » (L. 14 juin 2013). Le principe d'égalité d'accès à la formation est affirmé :

- égalité d'accès entre les hommes et les femmes, des discriminations ou déséquilibres pouvant exister à l'égard de ces dernières, notamment en raison d'interruption pour motifs familiaux ;
- égalité d'accès des personnes handicapées qui peuvent de plus bénéficier d'actions spécifiques.

La formation comporte :

- une formation *initiale* dispensée dans les établissements scolaires, universitaires, les grandes écoles... ; l'apprentissage en fait également partie ainsi que les formations « en alternance » ;

– des formations *ultérieures*, qui constituent la formation professionnelle *continue*, destinées aux adultes et aux jeunes déjà engagés dans la vie active ou qui s'y engagent.

Un Conseil national de la formation professionnelle a été créé. Les régions et l'État participent à son financement.

La loi du 20 janvier 2014 a pris en compte la « pénibilité » (v. p. 32). Les points de pénibilité, obtenus dans certains cas, seront consacrés, pour les 20 premiers, à financer une formation permettant d'accéder à un poste moins pénible. Si un seul facteur de pénibilité est retenu, une formation est possible au bout de 5 ans. La formation sera d'une durée de 500 heures ; chaque point donne droit à 25 heures de formation.

> I Les formations professionnelles en alternance

Elles ont pour but de permettre d'acquérir une formation plus réaliste en vue de faciliter leur insertion ou leur réinsertion professionnelle ; elles associent activité en entreprise et périodes de formation ; l'apprentissage est une des modalités traditionnelles de ces formations afin de faciliter l'accès des jeunes à l'emploi.

> A L'apprentissage

Dès l'Antiquité et pendant longtemps, les adolescents qui désiraient apprendre un métier ne pouvaient le faire qu'en étant pris en charge par un employeur qualifié ; un « maître ». Cette formule, bien adaptée à une production artisanale a connu progressivement un certain déclin. Depuis plusieurs années, elle connaît un regain d'intérêt certain : les pouvoirs publics désirent développer largement l'apprentissage pour en faire une filière de formation initiale en alternance, *à tous les niveaux et dans tous les secteurs*. Néanmoins une baisse des contrats de 8 % en 2013 et 3 % en 2014 est annoncée. Il y a 400 000 apprentis en 2015 (500 000 prévus en 2017). On constate actuellement une élévation du niveau de formation, les diplômes préparés dépassant de plus en plus le niveau traditionnel des CAP-BEP. L'apprentissage dans le cadre de l'enseignement technique a été réorganisé par la loi du 16 juillet 1971 ; plusieurs lois sont

intervenues ensuite pour le promouvoir et simplifier les procédures et plus récemment, les lois du 4 août et du 27 décembre 2008, la loi du 24 novembre 2009, puis la loi du 28 juillet 2011 (« pour le développement de l'alternance et la sécurisation des parcours professionnels »).
L'actuel gouvernement (2015) a annoncé son intention de créer une aide à l'embauche d'apprentis dans les PME.
L'apprentissage « a pour objet de donner à des jeunes travailleurs ayant satisfait à l'obligation scolaire une formation générale, théorique et pratique en vue de l'obtention d'une qualification professionnelle validée par un diplôme ou un titre à finalité professionnelle enregistré au répertoire national des certifications professionnelles » (C. trav. art. L. 6211-1).
Le Code du travail (C. trav. art. L. 6221-1) en donne la définition suivante :

- Le contrat d'apprentissage est un contrat de travail de type particulier conclu entre un apprenti ou son représentant légal et un employeur.
- L'employeur s'engage, outre le versement d'un salaire, à assurer à l'apprenti une formation professionnelle complète, dispensée pour partie en entreprise et pour partie en centre de formation d'apprentis ou section d'apprentissage.
- L'apprenti s'oblige, en retour, en vue de sa formation, à travailler pour cet employeur, pendant la durée du contrat, et à suivre cette formation.
  Soc. 12.02.13 : la convention est requalifiée en contrat de travail à durée indéterminée, si l'employeur n'a pas satisfait à son obligation de formation et a détourné le contrat d'apprentissage de son objet.

a › Les partenaires

Le développement de l'apprentissage fait l'objet de contrats d'objectifs et de moyens conclus entre l'État, la Région, les Chambres consulaires[1], une ou plusieurs organisations représentatives d'employeurs et de salariés.

- *La formation générale est assurée par :*
- les Centres de formation d'apprentis (CFA) créés en 1971 ;
- des établissements d'enseignement public ou privés sous contrat ayant créé des sections d'apprentissage par une convention conclue avec le Conseil régional ou l'État.

Ils font l'objet d'un contrôle administratif et financier.

- *La formation professionnelle se fait en entreprise :*
- celle-ci doit garantir que les conditions de travail, les techniques utilisées et les compétences professionnelles et pédagogiques sont de nature à permettre une formation satisfaisante ; dans le cas contraire, l'autorité administrative peut s'opposer à l'engagement d'apprentis ;

(1) Chambres de métiers, d'agriculture et Chambres de commerce et d'industrie.

- pour l'exercice d'activité saisonnière, 2 employeurs peuvent conclure conjointement un contrat d'apprentissage ; ce contrat peut avoir pour finalité l'obtention de deux qualifications professionnelles (loi du 28 juillet 2011) ;
- l'employeur doit désigner un maître d'apprentissage, responsable de la formation de l'apprenti et qui joue le rôle de tuteur ; il doit être majeur et offrir toutes les garanties de moralité et de compétences professionnelles et pédagogiques. Les conditions de la compétence professionnelle sont les suivantes :
- *Maître d'apprentissage*

Diplôme ou titre d'un niveau au moins équivalent à celui préparé par l'apprenti + 3 années d'expérience professionnelle

ou

Niveau minimal de qualification (déterminé par une commission départementale de l'emploi et de l'insertion) + 5 années d'exercice d'une activité professionnelle en relation avec la qualification visée par l'apprenti

- *Maître d'apprentissage confirmé*

Personnes justifiant d'une expérience professionnelle d'au moins 5 ans ayant :
  - exercé la fonction de tuteur pendant au moins 2 ans ;
  - acquis des compétences et un savoir-faire en matière tutorale et pédagogiques, validés selon des modalités fixées par une convention entre l'État et l'organisme chargé de délivrer le titre.

La fonction tutorale peut être partagée entre plusieurs salariés qui constituent une équipe tutorale.
Des stages de formation destinés aux maîtres d'apprentissage sont organisés.

– Les apprentis –

Tout jeune ayant entre 16 et 25 ans peut conclure un contrat d'apprentissage, mais il existe des dérogations :
- pour les jeunes d'au moins 15 ans ayant effectué une scolarité du 1er cycle de l'enseignement secondaire ;
- après 25 ans :
  - si le contrat proposé succède à un précédent contrat d'apprentissage et conduit à un diplôme d'un niveau supérieur à celui obtenu à l'issue du contrat précédent ; en cas de rupture de contrat pour des causes indépendantes de la volonté de l'apprenti ou à la suite d'une incapacité physique et temporaire de celui-ci ;
  - pour les personnes handicapées ;
  - pour une personne ayant un projet de création ou de reprise d'entreprise lorsque la réalisation de ce projet est subordonnée à l'obtention d'un diplôme.

– Statut de l'apprenti –

C'est un jeune travailleur, titulaire d'un contrat de travail ; il bénéficie des dispositions applicables à l'ensemble des salariés de l'entreprise (notamment il perçoit un salaire), cependant lui sont applicables certaines règles particulières tenant à sa situation de jeune en formation.

L'apprenti est à la fois :

	Jeune salarié (jeune de moins de 18 ans)	**Apprenti**
Durée du travail	• L'apprenti est soumis à l'horaire de travail de l'entreprise ; • en tant que jeune travailleur : – sa journée de travail ne peut être supérieure à 8 heures ; – il ne peut être tenu de travailler le dimanche et les jours fériés légaux ; sauf autorisation dans certains secteurs d'activité.	– Le temps consacré aux enseignements (400 heures en moyenne par an) est compté dans le temps de travail ; – Les apprentis qui le souhaitent peuvent suivre, en dehors du temps de travail, des modules complémentaires de formation.
Conditions de travail	Il doit se conformer au règlement intérieur et aux directives de son employeur. En tant que jeune travailleur, sont interdits : – le travail de nuit (entre 22 h et 6 h), sauf dérogations dans certains secteurs (boulangeries, restauration...) ; – les travaux insalubres et dangereux.	Le travail doit être en rapport avec la profession prévue au contrat. L'employeur doit, par ce travail, lui apprendre le métier.
Congés	Il a les mêmes congés que les jeunes travailleurs (30 jours au moins).	Il a droit à 5 jours de congé supplémentaires, au cours du mois précédant l'examen.
Protection sociale	Il a droit aux prestations : – de sécurité sociale ; – de chômage ; – des accidents du travail et maladies professionnelles.	Le contrat ouvre droit aux prestations familiales jusqu'à 20 ans, à moins que la rémunération soit supérieure à un montant fixé par décret.
Élections	Il est électeur aux élections des conseillers prud'homaux et des représentants du personnel (délégués et CE).	Il est électeur dans les mêmes conditions que tout salarié. Mais il est exclu du calcul de l'effectif de l'entreprise.
Syndicat	Il peut adhérer au syndicat de son choix.	
Salaire		– L'apprenti perçoit un salaire fixé en pourcentage du SMIC ; celui-ci varie en fonction de son âge et de sa progression dans le cycle de formation (montant compris entre 25 % et 78 % du SMIC) ; – il a droit au paiement des heures supplémentaires, bénéficie des primes dues aux autres salariés et a droit à la participation et à l'intéressement.

CFA ou Établissements publics		L'employeur doit l'inscrire aux cours et contrôler son assiduité. L'apprenti doit suivre ses cours avec régularité.
Examens préparés		Diplôme ou titre enregistré au répertoire national des certifications professionnelles.
Responsabilité de l'employeur	L'employeur est responsable des dommages causés par ses préposés. La doctrine estime donc que la responsabilité spécifique du fait de l'apprenti pourrait être supprimée.	L'employeur est civilement responsable des dommages causés par son apprenti, quand il est sous sa surveillance (C. civ. art. 1384). Il doit prévenir les parents en cas d'absence de l'apprenti.
Protection		L'inspecteur du travail peut, en cas de risque sérieux d'atteinte à la santé ou à l'intégrité physique ou morale de l'apprenti, proposer au directeur de la DIRECCTE de suspendre ou rompre le contrat d'apprentissage (C. trav. art. L. 6225-4) ; le directeur se prononce dans les 15 jours sur la reprise de l'exécution du contrat (loi du 17 mai 2011) ; s'il y a suspension, l'employeur doit cependant maintenir le salaire.
Carte « étudiant des métiers »		Elle est délivrée par le centre qui délivre la formation ; elle permet à l'apprenti de faire valoir la spécificité de son statut, par exemple, pour obtenir des réductions tarifaires...

b › Le contrat d'apprentissage (C. trav. art. L. 6222-4 et s.)

– Formalités –(1) (2) (3)

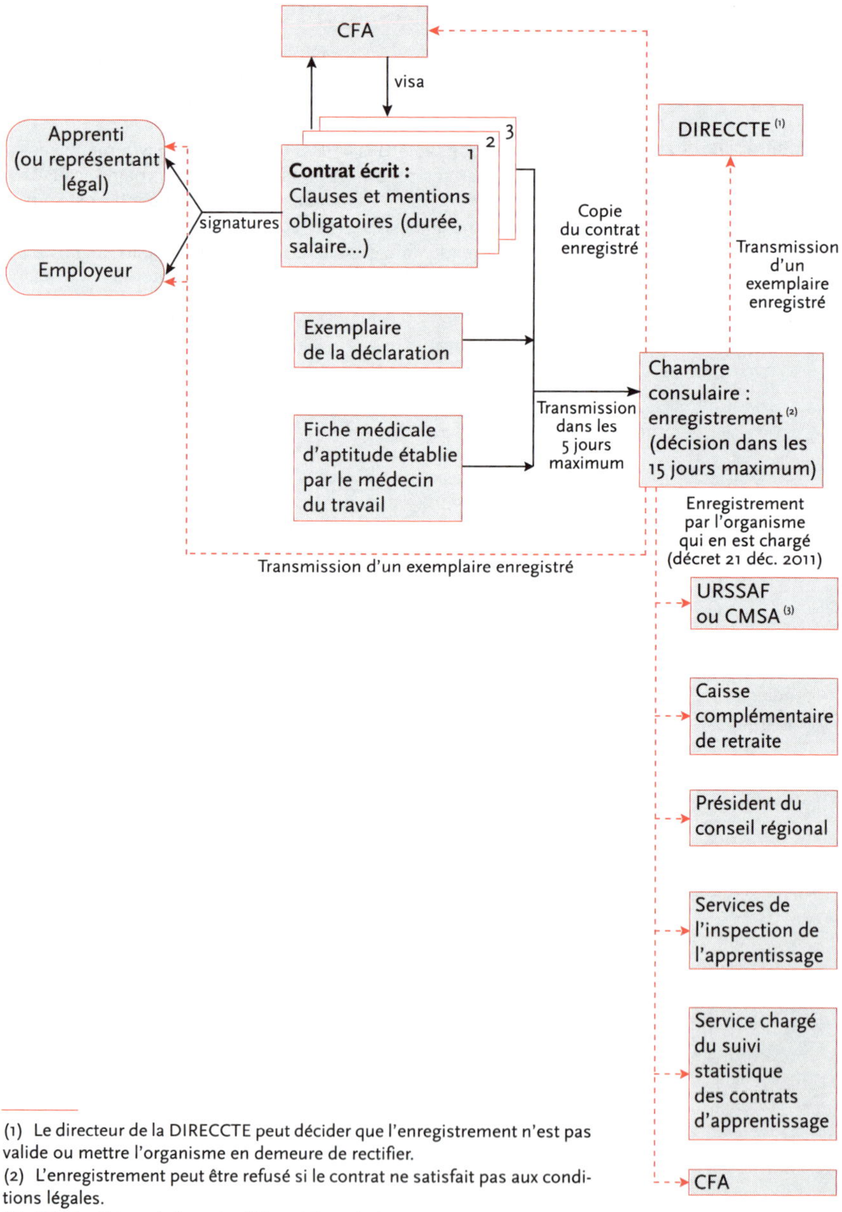

(1) Le directeur de la DIRECCTE peut décider que l'enregistrement n'est pas valide ou mettre l'organisme en demeure de rectifier.
(2) L'enregistrement peut être refusé si le contrat ne satisfait pas aux conditions légales.
(3) CMSA : Caisse de la mutualité sociale agricole.

– Le contrôle de l'engagement d'apprentis –

Préalablement au contrat : déclaration par l'entreprise	L'employeur : – majeur ou émancipé ; – du secteur privé ; – ou entreprises du secteur public (collectivités locales, État...). → **Déclaration** indiquant : – les mesures prises pour l'organisation de l'apprentissage ; – les compétences et la moralité des personnes responsables de la formation. → Transmission → À la chambre consulaire compétente. La déclaration est caduque après 5 ans si aucun apprenti n'a été embauché.
Opposition par l'autorité administrative	Le préfet peut, par décision motivée, s'opposer à l'engagement d'apprentis si les obligations de l'employeur ne sont pas remplies. Il décide aussi si les contrats en cours peuvent être poursuivis jusqu'au terme. L'employeur peut demander à l'autorité administrative de mettre fin à cette opposition.
Interdiction par la DIRECCTE	En cas de risques sérieux concernant la santé physique ou morale de l'apprenti, un contrat d'apprentissage peut être suspendu par l'inspecteur du travail ; la DIRECCTE peut alors être amenée à prononcer une interdiction de recruter de nouveaux apprentis pour une durée qu'elle détermine.

– Nombre maximal d'apprentis –

Il est de 2 par maître d'apprentissage.
Des dérogations peuvent être accordées par la commission départementale de l'emploi et de l'insertion ; un arrêté ministériel peut fixer des plafonds différents selon les branches (*ex.* : coiffure...).

– Durée du contrat –

Elle varie de 1 à 3 ans en fonction de la durée du cycle de formation, du type de profession et du niveau de qualification préparés ; néanmoins des durées plus courtes ou plus longues sont prévues (*ex.* : de 6 mois à 1 an pour l'acquisition d'un diplôme dont la préparation a été commencée sous un autre statut ou dont une partie a été obtenue par validation des acquis de l'expérience ; 4 ans pour les apprentis handicapés...).
En cas d'échec à l'examen, l'apprentissage peut être prolongé d'un an au plus.

– Contrats successifs –

L'apprenti peut souscrire des contrats d'apprentissage successifs pour préparer des diplômes ou des titres sanctionnant des qualifications différentes.
Aucune condition de délai n'est exigée entre deux contrats.

Si l'apprenti a déjà conclu 2 contrats successifs de même niveau, il doit obtenir l'autorisation du directeur du dernier CFA qu'il a fréquenté pour conclure un 3ᵉ contrat d'apprentissage de même niveau.

– Rupture du contrat –

Elle peut intervenir avant le terme fixé initialement dans le contrat :
- *Pendant les 2 premiers mois* : résiliation possible par l'employeur ou l'apprenti par écrit (Soc. 29 sept. 2014) sans indemnités sauf :
  - stipulations contractuelles contraires ;
  - si la rupture est qualifiée d'abusive ;
  - ou si le salarié est en arrêt maladie suite à un accident du travail (Soc. 6 mai 2014).
- À l'issue des 2 premiers mois :
  - par accord écrit signé des deux parties ;
  - à défaut, par le Conseil de prud'hommes en cas :
    - de faute grave ou de manquements répétés de l'une des parties à ses obligations (*ex.* : l'employeur fait travailler l'apprenti sans lui apprendre le métier ; l'apprenti refuse de suivre les cours...) ;
    - d'inaptitude de l'apprenti à exercer le métier auquel il voulait se préparer.

Un médiateur peut être désigné par les chambres consulaires.

– Embauche –

L'employeur peut, aux termes du contrat, embaucher l'apprenti par un contrat à durée indéterminée ou déterminée (ce serait le cas 2 fois sur 3) ; il bénéficie alors de l'ancienneté acquise et une période d'essai ne peut être prévue ; il bénéficie par ailleurs d'une exonération des charges sociales dont le montant diffère selon la taille de l'entreprise ; à défaut d'embauche, l'apprenti a droit à l'assurance chômage.

C › La taxe d'apprentissage

- Les entreprises doivent concourir au financement des CFA ou des sections d'apprentissage par le biais de la *taxe d'apprentissage* (en règle générale : 0,50 % de la masse salariale) ; la collecte est réalisée par des organismes, les OCTA, ayant conclu une convention avec l'État ou ceux qui bénéficient d'un agrément ministériel ou préfectoral ;
- l'entreprise accueillant des apprentis bénéficie de certaines exonérations de charges sociales et fiscales, d'une *indemnité compensatrice forfaitaire* et d'un crédit d'impôt.

Les entreprises d'au moins 250 salariés qui ne respectent pas un quota « alternance », doivent s'acquitter d'une contribution supplémentaire, la taxe étant portée à 0,6 %.

> B
Le Contrat d'insertion dans la vie sociale (CIVIS)

Il s'agit d'un dispositif d'insertion et non d'un contrat de travail ; il a été mis en place par la loi du 18 janvier 2005, modifiée par des lois du 21 avril et du 14 juin 2006.

- Les jeunes de 16 à 25 ans en difficulté et confrontés à un risque d'exclusion professionnelle, ayant abandonné leurs études avant l'obtention d'une licence, bénéficient d'un accompagnement organisé mis en œuvre par les missions locales pour l'emploi et les PAIO (Permanence d'accueil, d'information et d'orientation) ; ils peuvent accéder à différents contrats (contrat unique d'insertion, jeune en entreprise, d'apprentissage...) ; à une aide pour un projet de création ou de reprise d'entreprise ;
- pour ceux qui rencontrent des difficultés particulières d'insertion sociale et professionnelle, un CIVIS peut être conclu pour un an avec la mission locale ou la PAIO ; ce contrat est renouvelable une fois ou jusqu'à la réalisation d'un projet d'insertion ; s'il y a reprise d'emploi, l'accompagnement peut se poursuivre un an.

Le jeune ayant conclu un CIVIS a le statut de stagiaire de la formation professionnelle ; s'il est majeur, il peut percevoir une allocation pendant les périodes où il ne reçoit aucun autre revenu.

D'autres contrats entrent dans le cadre de la politique de l'emploi ; ils s'adressent à un public plus large et ne comportent pas obligatoirement une formation à la charge de l'employeur.

> C
Les stages en entreprise

On peut se trouver en présence de situations différentes :

- *Mineurs de moins de 16 ans, élèves de l'enseignement général :*

Il s'agit alors de visites d'information ou de séquences d'observation :

  - une convention écrite est obligatoire entre le stagiaire, l'entreprise et l'établissement scolaire ;
  - l'élève demeure sous l'autorité de l'établissement scolaire.

- *Élèves de moins de 16 ans suivant un enseignement alterné ou professionnel :*

Les stages d'initiation ou d'application, les périodes de formation doivent donner lieu à l'établissement d'une convention écrite ; durant les stages d'initiation, les élèves ne doivent pas travailler sur des machines ; dans les autres cas, ils ne peuvent le faire que sous surveillance.

- Stagiaires qui ne relèvent pas des situations précédentes (stagiaires étudiants) :

Une loi du 31 mars 2006 (complétée par deux décrets de 2008 et 2010) a voulu mettre fin à certains abus constatés ; elle a clarifié et précisé les obligations des entreprises et des « établissements d'enseignement dispensant une formation supérieure diplômante ou non diplômante dont les étudiants accomplissent, à titre obligatoire ou optionnel des stages en entreprise ». Il est désormais interdit de conclure une convention de stage pour :

- exécuter un stage régulier correspondant à un poste de travail permanent ;
- faire face à un accroissement temporaire d'activité ;
- occuper un emploi saisonnier ;
- ou remplacer un salarié absent ou dont le contrat est suspendu.

Les principales règles applicables à ces stages sont les suivantes :

Intégration à un cursus pédagogique	Les stages doivent être intégrés à un cursus pédagogique ; cela signifie : – que leur finalité et leurs modalités sont définies dans l'organisation de la formation ; – qu'ils font l'objet d'une restitution (rapport de stage) de la part de l'établissement, la loi du 10 juillet 2014 tendant au développement à l'encadrement des statuts des stagiaires a été adoptée. Le décret d'application est paru le 27 novembre 2014. Ces textes visent à favoriser les stages de qualité, éviter les stages se substituant à des emplois et à améliorer les droits des stagiaires (augmentation de la qualification minimale, accès au restaurant d'entreprise ou aux titres restaurant, limitation du nombre de stagiaire dans un même organisme d'accueil, prise en charge des frais de transports).
Convention de stage obligatoire	– Elle doit être établie sur la base d'une convention type ; – sont obligatoires un certain nombre de mentions telles que : le nom et l'adresse des trois parties (entreprise, stagiaire et établissement de formation), la définition des activités confiées au stagiaire en fonction des objectifs de formation, les conditions d'encadrement du stagiaire, le montant de la gratification versée (cf. *infra*)... La « Charte des étudiants en entreprise », adoptée le 26 avril 2006, doit lui être annexée. L'entreprise doit établir et tenir à jour la liste des conventions de stages qu'elle a conclue.
Statut du stagiaire	– *Versement d'une gratification* Lorsque la durée du stage est supérieure à 2 mois consécutifs, une gratification doit être versée au stagiaire ; son montant est fixé par une convention de branche ou un accord professionnel étendu ; à défaut, il sera au minimum égal à 15 % du plafond horaire de la sécurité sociale à compter du 1er sept. 2015 (soit 3,60 € par heure) non assujettie à l'impôt sur le revenu. Les remboursements de frais et avantages éventuellement offerts ne sont pas pris en compte pour apprécier ce montant. – *Formation à la sécurité* Si le stagiaire est affecté à un poste présentant des risques particuliers pour sa santé ou sa sécurité, il doit bénéficier d'une formation renforcée ainsi que d'un accueil et d'une information adaptée. – *Protection sociale* Il bénéficie des prestations d'accident du travail du régime général de la sécurité sociale. Le stagiaire bénéficie de congés et autorisations d'absence en cas de grossesse, paternité et adoption.

Un stagiaire peut demander la requalification de sa convention de stage en contrat de travail devant le Conseil de prud'hommes ; les juges examinent les conditions de réalisation du stage pouvant fonder l'existence d'un contrat de travail.

exemples :

nombre élevé de stagiaires dans l'entreprise, accomplissement d'heures supplémentaires, absence de tuteur, existence d'un véritable lien de subordination et non d'un simple contrôle pédagogique.

La requalification en contrat de travail s'effectue sur la base d'un CDI ; elle ouvre droit à un rappel de salaire depuis le début du stage ainsi qu'un bénéfice des droits liés à la qualité de salarié (*ex.* : congés payés...). En l'absence de requalification, une action éventuelle en demande de dommages et intérêts peut être intentée devant le TI ou le TGI.

> II La formation professionnelle continue

Elle a été réglementée pour la première fois par une loi du *16 juillet 1971*. Plusieurs textes ont, par la suite, élargi le droit à la formation dans le but de faciliter la mobilité professionnelle et/ou de favoriser le retour à l'emploi, plus récemment, ont été adoptés :

La loi du 4 mai 2004	– Elle a affirmé le principe selon lequel « la formation professionnelle tout au long de la vie constitue une obligation nationale » ; – elle a mis en place un Conseil national de la formation professionnelle tout au long de la vie, chargé de contrôler l'emploi des fonds de la formation professionnelle et de l'apprentissage, de favoriser la concertation entre les acteurs.
Des lois de 2006 et 2007	Elles ont posé le principe d'égalité d'accès à la formation pour : – *les femmes* : sans contrevenir au principe de non-discrimination, peuvent être décidées, par voie réglementaire ou conventionnelle, des mesures prises au seul bénéfice des femmes en vue d'établir l'égalité des chances femmes/hommes en matière de formation ; le but est de « corriger les déséquilibres constatés au détriment des femmes » ou de favoriser l'accès à la formation des « femmes désireuses de reprendre une activité professionnelle interrompue pour des motifs familiaux » ; – *les personnes handicapées*.
La loi du 24 novembre 2009	Elle a transposé un accord national interprofessionnel et a : – mis en place de nouveaux dispositifs de formation ; – étendu le nombre de bénéficiaires (demandeurs d'emploi, travailleurs non qualifiés)[1] ; – prévu la *portabilité* du droit individuel à la formation (DIF) ;

(1) Possibilité pour le salarié de conserver ses droits à la formation en cas de rupture du contrat de travail (sous certaines conditions).

	– voulu sécuriser les circuits de financement et de collecte des fonds et créé un Fonds paritaire de sécurisation des parcours professionnels (FPSPP) destiné à recevoir les ressources provenant d'un pourcentage de la contribution financière obligatoire des entreprises et des excédents financiers des organismes collecteurs. C'est le droit positif, développé ci-après.
La loi du 5 mars 2014	Loi relative à « la formation professionnelle, à l'emploi et à la démocratie sociale » créé le Compte personnel de formation (CPF), souhaité par trois grands syndicats français (CFDT, CE-CGC et CFTC), et effectif depuis le 1er janvier 2015.

> A Dispositions générales

a › Objectifs de la formation professionnelle continue

■ La formation professionnelle continue a pour objet de favoriser l'insertion ou la réinsertion professionnelle des travailleurs, de permettre leur maintien dans l'emploi, de favoriser le développement de leurs compétences et l'accès aux différents niveaux de la qualification professionnelle, de contribuer au développement économique et culturel, à la sécurisation des parcours professionnels et à leur promotion sociale. Elle a également pour objet de permettre le retour à l'emploi des personnes qui ont interrompu leur activité professionnelle pour s'occuper de leurs enfants ou de leur conjoint ou ascendant en situation de dépendance (C. trav. art. L. 6311-1).

b › Accès à la formation professionnelle continue

Il est assuré (C. trav. art. L. 6312-1) :
- à l'initiative de l'employeur, le cas échéant, dans le cadre d'un plan de formation ;
- à l'initiative du salarié notamment par la mobilisation du compte personnel de formation (CPF) et dans le cadre du congé individuel de formation ;
- dans le cadre des périodes de professionnalisation ;
- dans le cadre des contrats de professionnalisation.

En lien avec la formation continue sont également prévus :

• Un droit à la qualification professionnelle qui concerne toute personne engagée ou s'engageant dans la vie active qui « doit pouvoir suivre, à son initiative, une formation lui permettant, quel que soit son statut, de progresser au cours de sa vie professionnelle d'au moins un niveau en acquérant une qualification correspondant aux besoins de l'économie prévisibles à court ou moyen terme » (C. trav. art. L. 6314-1).

• Un entretien professionnel (C. trav. art. L. 6315-1) prévu tous les 2 ans afin que le salarié puisse réaliser avec son employeur un diagnostic sur ses capacités professionnelles et identifier ses besoins de formation (le salarié doit être informé de ce droit à l'occasion de son embauche). Cet entretien donne lieu à un document dont une copie est adressée au salarié, et doit être systématique à l'issue d'un congé pour motifs familiaux (maternité, parental d'éducation, de soutien familial, adoption), d'un congé sabbatique, d'une période de mobilité volontaire sécurisée, d'une période d'activité à temps partiel, d'un arrêt longue maladie
En fonction de l'ancienneté du salarié, tous les 6 ans l'entretien professionnel fait un état des lieux récapitulatif du parcours professionnel du salarié.

Les travailleurs indépendants, des non-salariés et les travailleurs privés d'emploi peuvent aussi bénéficier du droit à la formation professionnelle continue.

> B
Les différents types d'actions de formation

Ils sont énumérés par l'article L. 6313-1 du Code du travail :

Types d'actions	Bénéficiaires	Objectifs
Préformation et préparation à la vie professionnelle	Toute personne sans qualification ni contrat de travail.	Favoriser l'entrée dans la vie professionnelle.
Adaptation et développement des compétences professionnelles	Salariés.	– Favoriser l'adaptation des salariés à leur poste de travail, à l'évolution des emplois ainsi que leur maintien dans l'emploi ; – participer au développement des compétences.
Pour l'égalité professionnelle entre les femmes et les hommes	Salariés.	– Promouvoir la mixité dans les entreprises ; – sensibiliser à la lutte contre les stéréotypes sexistes
Promotion	Salariés.	Accéder à une formation qualifiante.
Prévention	Salariés dont l'emploi est menacé.	Réduire les risques d'inadaptation à l'évolution des techniques et des structures des entreprises en préparant les salariés à une mutation (dans l'entreprise ou en dehors).

Conversion	Salariés dont le contrat de travail est rompu ou travailleurs non salariés.	Permettre l'accès à un emploi exigeant une qualification différente ou à de nouvelles activités professionnelles.
Acquisition, entretien ou perfectionnement des connaissances	Salariés ou non.	Accéder à la culture, améliorer la qualification ou le niveau culturel ou assumer des responsabilités accrues dans la vie professionnelle. Actions de formation spécifique.
Formations relatives à l'économie et à la gestion de l'entreprise	Salariés.	Compréhension par les salariés du fonctionnement et des enjeux de l'entreprise.
Formations relatives à l'intéressement, à la participation et aux dispositifs d'épargne et d'actionnariat	Salariés.	Compréhension de ces dispositifs.
Permettant de réaliser un bilan de compétences	Salariés ou non.	Analyse des aptitudes et compétences en vue de définir un projet professionnel.
Permettant de faire valider les acquis de l'expérience	Salariés ou non.	Acquisition d'un diplôme d'État, d'un titre à finalité professionnelle ou d'un certificat de qualification.
Accompagnement, information et conseil aux créateurs ou repreneurs d'entreprises	Salariés ou non.	Favoriser la création ou la reprise d'entreprise (et donc la création d'emplois).
Lutte contre l'illettrisme et apprentissage de la langue française	Toute personne âgée de plus de 16 ans ne maîtrisant pas la lecture et l'écriture.	Mieux maîtriser la langue française.
Formations relatives à la radioprotection	Personnes exposées à des rayonnements utilisés médicalement.	Protection de la santé publique.

> C
Les différents dispositifs de formation

a › À l'initiative de l'employeur : le plan de formation

La responsabilité de l'employeur en matière de formation est affirmée par le Code du travail : « l'employeur assure l'adaptation des salariés à leur poste de travail. Il veille au maintien de leur capacité à occuper un emploi, au regard notamment de l'évolution des emplois, des technologies et des organisations... » (C. trav. art. L. 6321-1).

Un arrêt de la Cour de cassation du 2 mars 2010 a sanctionné un employeur pour le manquement à cette obligation (des salariées, présentes dans l'entreprise depuis respectivement 24 et 12 ans n'avaient bénéficié que d'un stage de formation continue de 3 jours).

Dans le cadre du plan de formation, l'employeur décide des actions de formation qui lui paraissent souhaitables pour l'entreprise et de l'envoi de ses salariés en formation.
Dans les entreprises « d'au moins 50 salariés, il organise pour chacun de ses salariés dans l'année qui suit leur 45e anniversaire un entretien professionnel au cours duquel il informe le salarié notamment de ses droits en matière d'accès à un bilan d'étape professionnel, à un bilan de compétences ou à une action de professionnalisation ».
Ce plan n'est pas négocié mais, une fois arrêté, il doit être soumis au CE.
Les catégories d'actions à l'initiative de l'employeur ont été réduites à deux alors qu'elles étaient au nombre de trois avant la loi de 2009.

Types d'actions	Mise en œuvre
Liées à l'adaptation au poste de travail et à l'évolution ou au maintien dans l'emploi	Elles sont assimilées à du travail effectif et sont rémunérées.
Actions de développement des compétences	Elles peuvent se dérouler hors du temps de travail effectif dans la limite de : – 80 heures par an et par salarié ; – 5 % du forfait pour les salariés dont la durée du travail est fixée par un forfait (page 225). – Un accord employeur/salarié est alors nécessaire ; le refus du salarié ne constitue pas une faute. – Une allocation de formation doit être versée ; elle n'a pas le caractère d'une rémunération. – À l'issue de la formation, l'employeur doit tenir compte des acquis du salarié.

Le suivi d'une formation organisée dans le cadre du plan de formation correspond à l'exécution du contrat de travail ; les frais liés à la formation sont à la charge de l'employeur, l'accident survenu au salarié pendant la formation est considéré comme un accident du travail.

b › À l'initiative du salarié

• › Le Congé individuel de formation (CIF) (C. trav. art. L. 6322-1 et s.)

Il a pour objet de permettre à tout salarié de bénéficier d'un congé pour suivre des actions de formation, à son initiative et à titre individuel, indépendamment de sa participation aux stages compris dans le plan de formation de l'entreprise.

Objectifs	Ces actions de formation doivent permettre au salarié : – d'accéder à un niveau supérieur de qualification ; – de changer d'activité ou de profession ; – de préparer et passer un examen en vue de l'obtention d'un diplôme ; – ou de s'ouvrir plus largement à la culture, à la vie sociale et à l'exercice de responsabilités associatives bénévoles. Tout salarié, français ou étranger, quels que soient son âge, sa qualification, son statut (à temps partiel, intérimaire...), peut demander à bénéficier de ce congé, quel que soit l'effectif de l'entreprise. • Durée maximale : – un an pour les stages à temps plein ; – 1 200 heures pour les stages discontinus ou à temps partiel.
Conditions	• Ancienneté requise : – 24 mois en tant que salarié, dont 12 mois dans l'entreprise ; – 36 mois dans les entreprises artisanales de moins de 10 salariés. Ces conditions d'ancienneté ne sont pas exigées pour les salariés qui ont changé d'emploi à la suite d'un licenciement économique et qui n'ont pas suivi un stage de formation entre la date de leur licenciement et celle de leur réemploi. • Le salarié doit attendre un « délai de franchise » s'il a déjà bénéficié d'un CIF (sauf s'il s'agissait d'un CIF entrant dans le plan de formation de l'entreprise) ; la durée du délai de franchise est égale au 1/12e de la durée du dernier congé (exprimée en heures). *exemple :* pour un stage ayant duré 120 heures : 10 mois. Ce délai ne peut être inférieur à 6 mois et supérieur à 6 ans. Les salariés en CDD peuvent également bénéficier d'un congé individuel de formation (sous réserve de justifier d'une ancienneté de 2 ans au cours des 5 dernières années dont 4 mois, consécutifs ou non, au cours des 12 derniers mois).

Procédure	Dépôt de la demande écrite (LR avec AR) et précise du salarié 120 jours à l'avance pour une formation à temps plein pour une durée supérieure à 6 mois. 60 jours à l'avance pour une formation inférieure à 6 mois ou à temps partiel. Réponse de l'employeur dans les 30 jours Acceptation Congé différé L'employeur peut différer le congé, et non le refuser : • s'il estime que l'absence du salarié serait préjudiciable à la production et à la marche de l'entreprise. • Si le nombre de personnes en congé formation dépasse les quotas suivants : – 2 % de l'effectif pour une entreprise de 200 salariés et plus – 2 % des heures annuelles effectuées dans l'entreprise pour une entreprise de moins de 200 salariés – Absence simultanée de 2 salariés pour une entreprise de moins de 10 salariés
Prise en charge	Quand les organismes paritaires l'acceptent, elle est de : – 90% si la formation est considérée comme prioritaire ; – 80% dans la limite d'un an ou de 120 heures de stage ; – 60% au-delà avec un minimum égal à 2 fois le SMIC ou au salaire antérieur, s'il est inférieur.
Statut des salariés	Le contrat de travail est suspendu ; le salarié continue à bénéficier de la protection sociale.

Le congé de bilan de compétences

Il permet à toute personne d'analyser ses aptitudes et compétences professionnelles et de définir un projet professionnel.
Il peut être proposé :
- par l'employeur, si le salarié accepte ; le temps passé à réaliser le bilan (par un organisme extérieur) est du temps de travail ;
- par le salarié :
  - un droit à congé est ouvert au salarié sous CDI ayant une ancienneté d'au moins 5 ans, dont 12 mois dans l'entreprise (les conditions diffèrent pour les salariés sous CDD) ;
  - la durée du congé ne peut excéder 24 heures, consécutives ou non ; ces heures sont assimilées à un temps de travail effectif ;
  - la rémunération due au bénéficiaire de ce congé est versée par les entreprises d'au moins 10 salariés (la loi du 22 mars 2012 a porté cette restric-

tion prenant en compte l'effectif) qui se font rembourser par l'organisme auquel il verse la contribution au titre des CIF ; ce même organisme peut prendre en charge les dépenses afférentes à ce congé.

• › Autres congés(1)

Congé de formation des jeunes travailleurs de 25 ans et moins	– Jeunes travailleurs de moins de 26 ans ayant 3 mois de présence dans l'entreprise et non titulaires d'un diplôme professionnel. – Le congé doit être demandé 30 jours à l'avance et peut être rejeté ou reporté. – La durée est de 200 heures maximum ; – la rémunération est maintenue ; – les frais de formation peuvent être pris en charge par l'employeur ou par l'OPCA compétent.
Congé examen	– Examen en vue de l'obtention d'un titre ou d'un diplôme homologué (*ex :* diplôme de l'Éducation nationale). – le jeune salarié doit justifier d'une ancienneté de 24 mois (36 dans les entreprises artisanales) dont 12 mois dans l'entreprise. – La demande doit être formulée 60 jours à l'avance ; elle peut être rejetée ou reportée. – La durée du congé est celle de la durée des épreuves (24 heures sont accordées aussi pour la préparation). – La rémunération est maintenue pendant le congé.
Congé d'enseignement et de recherche	– Salariés ayant au moins un an d'ancienneté ; – dispensés de travail à temps plein ou à temps partiel pour participer à ces activités ; ce congé peut dépasser un an avec accord de l'entreprise et du centre de formation.
Congé pour participer aux instances de la formation continue	Les salariés sont rémunérés normalement, mais l'employeur peut se faire rembourser, partiellement ou totalement, la rémunération par l'organisme demandeur.

c › Le Compte personnel de formation (CPF)

Il a remplacé le DIF (Droit individuel à la formation) depuis le 1er janvier 2015 (Loi du 5 mars 2014). Le CPF a pour objectif de mieux sécuriser les parcours professionnels grâce à la portabilité des droits et de renforcer l'employabilité des salariés et chômeurs.

Le CPF est ouvert à toute personne active, et la suit tout au long de sa vie professionnelle jusqu'à la retraite.

Le salarié ou le chômeur garde ses droits acquis à des heures de formation gratuite en cas de changement d'employeur ou de perte d'emploi. Le salarié n'a donc plus à être informé de ces droits à formation en cas de rupture du contrat.

Le CPF est financé par les entreprises (0,2 % de la masse salariale).

(1) Il ne s'agit ici que des congés en rapport avec la formation ; l'ensemble des congés des salariés est traité dans le chapitre 11.

Bénéficiaires	– Salariés du privé (CDI ou CDD). – Demandeur d'emploi à partir de 16 ans (15 ans pour les apprentis)
Crédit d'heures	– 24 heures par année de travail pendant 5 ans. – 12 heures par an ensuite. Avec un plafond de 150 heures. Pour les salariés à temps partiel, le temps effectif de travail est pris en compte. Un accord d'entreprise ou de branche peut prévoir un dispositif plus avantageux. Les demandeurs d'emploi qui exercent une activité réduite acquièrent également des droits, selon leur travail effectif. Les congés de maternité, paternité, d'adoption, de soutien familial, parental d'éducation, et les absences pour maladie professionnelle ou accident du travail sont assimilés à des périodes de travail pour l'acquisition des droits du CPF.
Connaître ses droits acquis	Les entreprises doivent déclarer chaque année les droits acquis avant le 31 décembre. Les personnes intéressées peuvent consulter leurs droits sur le site Internet dédié. Les formations proposées sont fixées par la loi ou figurent sur les listes établies par les branches professionnelles.

Le titulaire peut mobiliser son CPF hors temps de travail sans l'accord de l'employeur. Si l'action se déroule pendant le temps de travail, l'accord de l'employeur est requis sur le contenu et le calendrier de la formation.

d › Les périodes de professionnalisation

Objectif	Favoriser le maintien dans l'emploi des salariés en CDI et en CDD dans le cadre d'un contrat unique d'insertion (page 410) en adaptant leurs compétences (enseignements généraux, savoir-faire) (C. trav. art. L 6324-1).

Salariés bénéficiaires	– Ceux dont la qualification est insuffisante au regard de l'évolution des technologies et de l'organisation du travail (les priorités sont définies par un accord collectif) et qui :
	  – totalisent 20 ans d'activité professionnelle ou sont âgés d'au moins 45 ans (sous réserve d'une ancienneté minimale d'un an dans l'entreprise qui les emploie) ;
	  – envisagent la création ou la reprise d'une entreprise ;
	  – femmes reprenant leur travail après un congé de maternité et femmes ou hommes après un congé parental ;
	  – travailleurs handicapés ;
	  – bénéficiaires d'un contrat unique d'insertion, ou en CDI.

Conditions	Le nombre de salariés simultanément absents au titre d'une période de professionnalisation ne peut, sauf accord du chef d'entreprise, dépasser 2 % de l'effectif de l'entreprise. Dans les entreprises de moins de 50 salariés, le bénéfice de la période de professionnalisation peut être différé s'il aboutit à l'absence simultanée d'au moins 2 salariés.

Modalités de la formation	– En principe pendant le temps de travail et avec maintien de la rémunération par l'employeur ; les OPCA prendront en charge les dépenses de formation, dans une certaine mesure ; – en tout ou en partie en dehors du temps de travail : – soit à l'initiative du salarié, dans le cadre du CPF ; – soit à l'initiative de l'employeur, dans le cadre du plan de formation, avec accord écrit du salarié. Dans ces hypothèses, l'employeur doit définir avec le salarié, avant son départ en formation, la nature des engagements auxquels l'entreprise souscrit, si l'intéressé suit avec assiduité la formation et satisfait aux évaluations.
Durée de ces périodes	Pour 12 mois calendaires et pour chaque salarié en bénéficiant : – 35 heures pour les entreprises d'au moins 50 salariés – 70 heures pour les entreprises d'au moins 250 salariés

e › La Validation des acquis de l'expérience (VAE)

(C. trav. art. L. 6411-1 et s.)

Bénéficiaires et conditions	– Toute personne justifiant d'une expérience acquise pendant au moins 3 ans ; cette expérience peut résulter d'une activité professionnelle, salariée ou non, d'une activité bénévole ou volontaire ayant un rapport avec le contenu du diplôme ou du titre visé. – La validation ne peut être réalisée qu'avec le consentement du salarié ; celui-ci ne peut y être contraint par son employeur et le refus d'y consentir ne constitue ni une faute, ni un motif d'exclusion.
Objectifs diplômes et titres pouvant être acquis	– Il s'agit de faire valider les acquis de son expérience. – Peuvent être obtenus tout diplôme délivré par l'État, tout titre propre à une branche professionnelle ou certificat de qualification figurant dans le répertoire national des certifications professionnelles.
Procédure	– La demande de validation est examinée par un jury « dont la composition garantit une présence significative de représentants qualifiés des professions concernées ». – Le jury peut attribuer la totalité du diplôme ou du titre ; en cas de validation partielle, le jury se prononce sur la nature des connaissances et aptitudes devant faire l'objet d'un contrôle supplémentaire.
Congé pour validation des acquis	Il est de 24 heures consécutives ou non, de la même manière que pour le congé de bilan de compétences, une autorisation d'absence doit être demandée par le salarié à son employeur ; il ne peut être imputé sur la durée du congé payé annuel.

La VAE permet d'obtenir des diplômes reconnus. Cependant un arrêt (Soc. 12 juill. 2010) a jugé qu'un employeur n'était pas contraint de les prendre en compte sauf dispositions conventionnelles.

> D
Le rôle des représentants du personnel en matière de formation

Les entreprises, qui sont tenues de contribuer financièrement à la formation professionnelle continue, ont également des obligations de consultation des représentants du personnel et des obligations de négociation.

a › Information et consultation

Entreprises de plus de 50 salariés	Le comité d'entreprise : – formule, à son initiative, et examine, à la demande de l'employeur, toute proposition de nature à améliorer les conditions de la formation professionnelle des salariés ; – doit être consulté chaque année sur les orientations de la formation professionnelle dans l'entreprise, en fonction des perspectives économiques et de l'évolution de l'emploi, des investissements et des technologies ; il doit être saisi chaque fois qu'un changement affecte l'un de ces éléments ; – donne son avis tous les ans sur toute mesure affectant la formation professionnelle (plan de formation, CIF, DIF, périodes de professionnalisation...) ; – doit créer une « commission formation » si l'entreprise comporte au moins 200 salariés. L'entreprise doit communiquer un certain nombre de documents. La non-consultation du CE constitue un délit d'entrave et des sanctions financières sont prévues. Les délégués syndicaux doivent également être informés.
Entreprises de moins de 50 salariés	Les délégués du personnel sont investis des missions dévolues au CE.

b › Négociation collective

Une négociation doit être organisée, tous les 3 ans, sur les priorités, les objectifs et les moyens de la formation professionnelle ; le Code du travail énumère les points sur lesquels doit porter cette négociation (*ex.* : les actions de formation à mettre en œuvre pour les salariés ayant les qualifications les moins élevées, celles qui visent à assurer l'égalité d'accès des hommes et des femmes à la formation professionnelle ; les conditions d'accueil et d'insertion des jeunes et des adultes dans l'entreprise...).

> E Les obligations imposées aux organismes de formation

La formation professionnelle continue constitue un vaste « marché » ; pour éviter les abus, différents textes (lois de 1990, 1992, 2002, 2004 et 2009) ont accru le contrôle des organismes de formation.
Ils sont soumis à des obligations plus rigoureuses, qui ont été renforcées par des ordonnances de 2004 et 2005 et la loi du 24 novembre 2009 ; ce sont principalement les suivantes (C. trav. art. L. 6351-1 à 6355-24) :

a › Déclaration d'activité et fonctionnement

- Les organismes de formation doivent procéder à une déclaration d'activité auprès de l'autorité administrative dès la conclusion de la première convention ou du premier contrat de formation professionnelle ; l'autorité administrative procède à l'enregistrement de la déclaration ; celui-ci peut être refusé en cas de non-respect de la réglementation ;
- leurs personnels d'enseignement et d'encadrement doivent justifier de leurs titres et qualités ainsi que du lien de ceux-ci avec les prestations réalisées ;
- un contrôle administratif et financier des dépenses et activités est organisé ;
- les obligations comptables diffèrent selon que les organismes soient de droit privé ou de droit public :
  - les dispensateurs de formation de droit privé doivent établir chaque année un bilan, un compte de résultat et une annexe ; au-delà de certains seuils, ils doivent désigner un commissaire aux comptes ;
  - les dispensateurs de droit public doivent adresser chaque année à l'autorité administrative un document retraçant l'emploi des sommes reçues et dressant un bilan pédagogique et financier de leur activité.

b › Obligations vis-à-vis des stagiaires

- Lors de chaque stage d'une durée supérieure à 500 heures, les stagiaires élisent un délégué pour la durée du stage ;
- un règlement intérieur applicable aux stagiaires doit être établi ;
- lorsqu'une personne physique entreprend une formation à titre individuel et à ses frais, un contrat doit être conclu entre elle et le dispensateur de formation ; ce contrat doit, à peine de nullité, comporter des mentions obligatoires ;
- certains documents doivent leur être remis avant toute inscription définitive et tout règlement de frais.

c › Sanctions pénales

Une amende de 4 500 € sanctionne les manquements à ces différentes obligations (absence de déclaration d'activité, de justification des titres et qualités des personnels, de règlement intérieur...).
Cette peine peut aller jusqu'à 5 ans d'emprisonnement et 37 000 € d'amende en cas d'agissements frauduleux.

> F Le financement de la formation professionnelle continue

a › Les organismes collecteurs agréés

La loi du 24 novembre 2009 a précisé les conditions de l'agrément des organismes collecteurs paritaires par la DIRECCTE.
La mission de ces organismes est de :
- contribuer au développement de la formation professionnelle continue ;
- participer à l'identification des compétences et des qualifications mobilisables au sein de l'entreprise et de définir les besoins collectifs et individuels.

Une convention triennale d'objectifs et de moyens est conclue entre ces organismes et l'État.

b › Les obligations de financement des entreprises

Les employeurs doivent contribuer financièrement au développement de la formation professionnelle continue.
Certaines catégories d'employeurs ont un régime spécial : bâtiment et travaux publics, travailleurs indépendants, membres des professions libérales...
Le taux de participation dépend de l'effectif de l'entreprise :[1]

Entreprises de moins de 10 salariés	Taux global de contribution de 0,55 % des salaires versés pendant l'année dont : – un montant au moins égal à 0,15 % au titre des contrats ou périodes de professionnalisation et du DIF ; – un versement à concurrence de l'obligation légale (soit 0,40 %), au titre du plan de formation. Ces entreprises sont obligées de verser les fonds à un organisme paritaire collecteur agréé (OPCA).

(1) Les entreprises de travail temporaire sont assujetties à des taux supérieurs.

Entreprises de 10 à moins de 20 salariés (1)	Contribution de 1,05 % de la masse salariale brute dont : – 0,15 % versé à un OPCA au titre du DIF et des contrats ou périodes de professionnalisation ; – 0,9 % au titre du plan de formation.
Entreprises de 20 salariés et plus (1)	Contribution de 1,60 % des salaires payés pendant l'année dont : – 0,20 % versé à un organisme paritaire agréé au titre du CIF ; – 0,50 % à un OPCA au titre des contrats ou des périodes de professionnalisation et du DIF ; – 0,9 % pour la réalisation d'actions de formation au bénéfice des salariés de l'entreprise.

Des mesures d'atténuation de seuils ont été mises en place au bénéfice des employeurs qui franchissent un seuil (10 ou 20 salariés) en raison de l'accroissement de leur effectif.

Le congé formation des salariés en CDD est financé par une cotisation spécifique de 1 % des salaires versés à ces salariés ; cette participation n'est pas due dans certains cas (CDD poursuivi en CDI, contrat d'apprentissage...).

– Déclaration de la participation –

Les employeurs d'au moins 10 salariés doivent effectuer une déclaration au Trésor public indiquant notamment les renseignements permettant le calcul du montant de la participation relative à l'année précédente.

Les dépenses effectuées par l'employeur en vue de la formation sont imputables sur le montant de la participation qu'il doit au titre de la formation professionnelle continue, sous certaines conditions.

Chapitre 6

Le droit au travail

> I Les principes : droit et liberté

> A Le droit au travail

Il est énoncé par l'alinéa 5 du préambule de la Constitution du 27 octobre 1946 annexé à la Constitution du 4 octobre 1958 : « chacun a le devoir de travailler et le droit d'obtenir un emploi », et par la Déclaration universelle des droits de l'Homme : « toute personne a droit au travail, au libre choix de son travail ».

Mais, cela ne signifie pas que les personnes sans travail puissent en exiger un de l'État ou des employeurs ; ces principes donnent tout au plus le droit à l'État d'intervenir sur le marché du travail par la politique de l'emploi.

Selon le Conseil constitutionnel, il appartient au législateur « de poser les règles propres à assurer au mieux le droit pour chacun d'obtenir un emploi en vue de permettre l'exercice de ce droit au plus grand nombre d'intéressés » (Déc. n° 83-156 du 28 mai 1983). Telle est la finalité de l'Agence nationale pour l'emploi (ANPE), devenue le Pôle emploi.

> B La liberté du travail

Cette liberté a deux significations :

Pour le salarié :	Pour l'employeur :
– liberté de travailler ; – libre choix de son travail.	– libre choix de ses salariés (sous les réserves exposées ci-après).

> C Le droit à la non-discrimination

L'Union européenne joue un rôle moteur en matière de lutte contre les discriminations au travail. Depuis 1975, de nombreuses lois, transposant souvent des directives communautaires puis européennes, ont élargi les cas de discrimination ; la dernière loi en date est celle du 27 mai 2008.

Le 17 décembre 2013, un rapport « Lutter contre la discrimination au travail : un défi collectif » de Laurence Pécaut-Rivolier (magistrate à la Cour de cassation) a été remis au garde des Sceaux. Il dresse le constat d'une augmentation des discriminations en période de crise et souligne que les discriminations touchent principalement les femmes, les seniors, les salariés titulaires de mandats représentatifs, et les salariés d'origine étrangère. Il préconise notamment de :

- favoriser l'accès aux éléments de preuve (*ex.* : possibilité de demander en justice la production des éléments de preuve en cas de suspicion de discrimination) ;
- créer une action collective devant le tribunal de grande instance (ayant pour finalité de constater l'existence d'une discrimination envers plusieurs salariés et permettant d'ordonner à l'employeur de prendre les mesures pour y mettre un terme) ;
- permettre aux différents acteurs impliqués dans la lutte contre les discriminations de transmettre au procureur de la République les dossiers paraissant établir l'existence d'une discrimination collective.

a › Discrimination directe et discrimination indirecte

La loi du 27 mai 2008 a précisé la notion de discrimination :
- *discrimination directe* : traitement de la personne, d'une manière moins favorable qu'une autre, en raison d'un des motifs de discrimination énuméré par la loi ;
- *discrimination indirecte* : une disposition, un critère, une pratique neutre en apparence qui entraîne un désavantage particulier par rapport à d'autres personnes (*ex.* : une augmentation de salaire fondée sur un quota de présence peut conduire à désavantager des délégués du personnel utilisant leurs heures de délégation ; une prime réservée aux salariés à temps plein peut caractériser une discrimination indirectement fondée sur le sexe, si dans l'entreprise, les femmes sont, en grande majorité, à temps partiel).

exemple :

l'employeur ne peut, au moyen d'un dispositif apparemment neutre, stigmatiser les salariés absents pour maladie : la cour d'appel a donc pu ordonner qu'il soit mis fin à une méthode consistant à procéder à des entretiens de « retour d'absence » quels que soient la durée et le motif de l'absence, y compris en cas de maladie ou d'accident du travail, au cours desquels étaient évoquées les perturbations de l'organisation de l'entreprise résultant de l'absence, ces entretiens donnant lieu à l'établissement d'un document signé par le salarié concerné (Soc. 12 févr. 2013).

Constituent également une discrimination :
- le harcèlement moral et/ou sexuel fondé sur un des motifs interdits ;
- l'ordre de pratiquer une discrimination.

b › Distinction entre discrimination et inégalité de traitement

La discrimination est une distinction fondée sur un motif illicite visé par la loi. L'inégalité de traitement entre deux salariés, en matière de rémunération par exemple, ne constitue donc pas une discrimination illicite si elle n'est pas fondée sur un critère de discrimination interdit par la loi.

Ainsi, dans un arrêt du 18 janvier 2006, la Cour de cassation a jugé qu'une « différence de traitement entre les salariés d'une même entreprise ne constitue pas en elle-même une discrimination illicite au sens de l'article L. 122-45 du Code du travail »[1].

exemples :

une différence de rémunération entre un homme et une femme dans une même entreprise constitue une discrimination illicite sanctionnée par l'article L. 1132-1 du Code du travail. Mais tel n'est pas le cas lorsque la différence de rémunération est identifiée entre deux hommes, en raison de leur différence de diplômes. Cette rupture d'égalité n'en sera pas moins sanctionnée, mais sur le fondement du principe jurisprudentiel « à travail égal, salaire égal » (sur la portée de ce principe, p. 277).

c › Les motifs de discrimination interdits

L'article L. 1132-1 du Code du travail les énumère de façon limitative : l'origine, le sexe, les mœurs, l'orientation sexuelle, l'âge, la situation de famille ou la

(1) Devenu L. 1132-1 dans le nouveau Code du travail.

grossesse, les caractéristiques génétiques, l'appartenance ou la non-appartenance, vraie ou supposée à une ethnie, une nation ou une race, les opinions politiques, les activités syndicales ou mutualistes, les convictions religieuses, l'apparence physique, le nom de famille, le lieu de résidence, l'état de santé ou le handicap.
L'article L. 1132-2 inclut l'exercice normal du droit de grève.
Le lieu de résidence a été ajouté à l'article L. 1132-1 du Code du travail par la loi n° 2014-173 du 21 février 2014 relative à la programmation pour la ville et la cohésion urbaine.

exemple :

Soc. 6 mai 2014 : sauf application d'un accord collectif visant à en assurer la neutralité ou à le valoriser, l'exercice d'activités syndicales ne peut être pris en considération dans l'évaluation professionnelle d'un salarié.

d › Domaine de la discrimination en entreprise

Il peut y avoir discrimination dans tout acte professionnel : classification, promotion, affectation, accès à une formation, à un stage... Avant la loi de 2001, le Code du travail visait seulement les discriminations opérées lors d'un recrutement, d'une sanction ou d'un licenciement.
Le rôle des inspecteurs du travail a été accru dans ce domaine et les représentants du personnel disposent d'un droit d'alerte (C. trav. art. L. 2313-2).

exemple :

la Cour de cassation a sanctionné une pratique consistant à imposer à un salarié de « franciser » son prénom à consonance étrangère (Soc. 10 nov. 2009). Elle a également condamné le licenciement discriminatoire, fondé sur l'apparence d'un salarié qui refusait de retirer ses boucles d'oreilles (Soc. 11 janv. 2012).

e › Différences autorisées

L'article L. 1133-1 (et s.) énonçait les différences de traitement autorisées. La loi du 27 mai 2008 les a élargies :
- les différences, fondées sur l'âge, ne constituent pas une discrimination, « lorsqu'elles sont objectivement et raisonnablement justifiées par un but légitime » (souci de préserver la santé ou la sécurité des travailleurs, favoriser leur insertion professionnelle, assurer leur emploi, leur reclassement ou leur indemnisation) ;
- les différences de traitement fondées sur le sexe sont autorisées, lorsque l'appartenance à l'un ou l'autre sexe répond à une exigence professionnelle essentielle et déterminante, et pour autant que l'objectif soit légitime et l'exigence proportionnée (pour un emploi d'artiste ou mannequin par exemple) ;
- les mesures prises en faveur des personnes résidant dans certaines zones géographiques et visant à favoriser l'égalité de traitement ne constituent pas une discrimination ;

– de façon générale, il ne saurait y avoir de discrimination « lorsque les différences de traitement répondent à une exigence professionnelle essentielle et déterminante et pour autant que l'objectif soit légitime et l'exigence proportionnée ».

f › La charge de la preuve

– **Devant les juridictions civiles** : la charge de la preuve est partagée entre le salarié et l'employeur :

La personne qui s'estime victime d'une discrimination (le salarié) présente devant la juridiction compétente les faits qui permettent de la *présumer* (c'est-à-dire des faits qui suffisent à rendre vraisemblable l'existence de la discrimination).

Le défendeur (l'employeur) devra *prouver* que la décision mise en cause est justifiée par des éléments objectifs étrangers à toutes discriminations.

exemple :

le salarié présente des éléments laissant supposer l'existence d'une discrimination fondée sur l'origine lorsqu'il soutient, qu'au sein de son équipe, il était le seul à être d'origine étrangère et à ne pas avoir le statut cadre, alors que tous les autres salariés exerçant les mêmes fonctions que lui étaient classés cadres (Soc. 25 sept. 2013).

– **Devant les juridictions pénales** : la charge de la preuve sera conforme aux règles de procédure pénale (preuve par l'accusation), en raison du principe de la présomption d'innocence.

g › Les différents recours

Le licenciement est nul lorsqu'il est décidé par l'employeur en raison d'une action en justice engagée contre lui par le salarié concerné, une organisation ou une association le représentant.

• Les saisines possibles

Du Conseil de prud'hommes	Il peut être saisi en vue de l'obtention de dommages et intérêts. – Le salarié doit prouver les faits « laissant supposer l'existence d'une discrimination » ; – le défendeur doit apporter la preuve que « sa décision est justifiée par des éléments objectifs étrangers à toute discrimination » ; – le juge forme alors sa conviction ; si la discrimination a donné lieu à un licenciement, le salarié peut demander sa réintégration (elle est de droit) ou une indemnité spécifique (C. trav. art. L. 1134-4). Lorsque le salarié refuse de poursuivre l'exécution du contrat de travail, le Conseil de prud'hommes lui alloue une indemnité ne pouvant être inférieure aux salaires des 6 derniers mois (l'indemnité de licenciement est également due).

Du Défenseur des droits (qui a remplacé la HALDE, Haute autorité de lutte contre les discriminations et pour l'égalité, depuis le 1er mai 2011)	Celui-ci, saisi, peut demander des explications, effectuer des vérifications sur place et proposer une transaction pénale à l'auteur des faits. Il peut décider d'organiser une médiation.
Des juridictions pénales	L'atteinte au principe de non-discrimination est un délit pénal : la loi dite Perben du 9 mars 2004 a alourdi les sanctions ; elles sont désormais : – pour les personnes physiques : jusqu'à 45 000 euros d'amende et 3 ans d'emprisonnement ; – pour les personnes morales : jusqu'à 225 000 euros d'amende.

Le délai de prescription des actions en justice en cas de discrimination est de 5 ans à compter de la révélation de la discrimination.

• Qui peut agir ?

La victime de la discrimination	D'une manière générale, elle peut demander des dommages et intérêts devant le Conseil de prud'hommes ou les juridictions pénales.
Les syndicats	Ils peuvent agir, au lieu et place du salarié (action de substitution) sans mandat de l'intéressé ; celui-ci doit cependant être averti par écrit et peut à tout moment s'opposer à l'action.
Les associations de lutte contre les discriminations	Elles doivent avoir 5 ans d'ancienneté et justifier d'un mandat de l'intéressé pour agir.
Le Défenseur des droits	S'il a connaissance de faits de nature à constituer un crime ou un délit ou si l'auteur refuse la transaction, le Défenseur des droits peut saisir le procureur de la République, après avoir effectué une mise en demeure non suivie d'effet.
Les délégués du personnel	Ils disposent d'un droit d'alerte en cas d'atteintes aux droits des personnes et aux libertés individuelles résultant notamment de mesures discriminatoires. L'employeur doit procéder sans délai à une enquête et mettre fin à cette situation. À défaut, les délégués (si le salarié intéressé averti par écrit ne s'y oppose pas) peuvent saisir le bureau de jugement du conseil de prud'hommes qui statue selon la forme des référés.

> II Les réglementations de l'emploi de certains travailleurs

Il s'agit de règles qui ont pour but la protection de certaines catégories de salariés.

> A Les jeunes travailleurs

Âge minimum des jeunes travailleurs	
La **loi du 2 janvier 2004** relative à l'accueil et à la protection de l'enfance a renforcé les sanctions pénales applicables au travail dissimulé d'un mineur soumis à l'obligation scolaire.	**Principe : 16 ans** car les jeunes, pour travailler, doivent être libérés de l'obligation scolaire
	Dérogations : pour les moins de 16 ans – sur autorisation de l'inspecteur du travail : le travail des jeunes de 14 à 16 ans pendant les vacances scolaires est possible, pour des travaux légers et à la condition que le contrat ne dépasse pas la moitié des vacances (qui doivent être d'au moins 14 jours) – en cas de contrat d'apprentissage, à partir de 15 ans. – sur autorisation du préfet, les jeunes de moins de 16 ans peuvent être embauchés dans les secteurs artistiques et pour les activités de mannequins.
Règles protectrices des jeunes travailleurs	
– Plusieurs lois ont, depuis 1841 (première loi « sociale »), encadré le travail des enfants. – Une **ordonnance du 22 février 2001** a transposé une directive communautaire de 1994 sur la protection des jeunes au travail (la France avait été condamnée par la CJCE, en mai 2000 pour manquement à la transposition de cette directive).	**Protection de la santé et de la sécurité des jeunes travailleurs :** – *leur santé :* l'inspecteur du travail peut demander l'examen médical de tout jeune de plus de 16 ans admis au travail ; – *leur sécurité :* certains travaux sont interdits aux jeunes travailleurs : travaux en hauteur, dans le bâtiment, utilisation de machines dangereuses, travaux insalubres ; le port de charges est réglementé… – *leur moralité :* les travaux contraires « aux bonnes mœurs » sont interdits aux moins de 18 ans ; **Limitation de la durée du travail :** – *durée maximale du travail :* 8 heures de travail par jour pour les jeunes de moins de 18 ans (dérogations exceptionnelles, dans la limite de 5 heures par semaine) ; pour les jeunes qui travaillent pendant les vacances scolaires : 7 heures par jour – *temps de pause :* 30 minutes consécutives au-delà de toute période de travail quotidien de 4 heures et demie ;

	– *repos quotidien minimum :* 12 heures consécutives pour les jeunes de moins de 18 ans et 14 heures consécutives pour les jeunes de moins de 16 ans ; – *repos hebdomadaire :* 2 jours de repos hebdomadaire consécutifs. – *interdiction du travail de nuit :* Il est interdit : de 20 h à 6 h pour les jeunes de moins de 16 ans ; et de 22 h à 6 h pour les jeunes de 16 à 18 ans. Des dérogations exceptionnelles peuvent être accordées, dans certains secteurs (*ex. :* boulangerie et pâtisserie, spectacles...). – *congé annuel :* Les jeunes de moins de 21 ans au 30 avril de l'année précédente ont droit, sur leur demande, à un congé annuel de 30 jours ouvrables minimum, quelle que soit leur ancienneté dans l'entreprise ; mais ils n'ont pas droit à une rémunération pour ces congés supplémentaires qui leur sont accordés.

La loi portant création des emplois d'avenir a été publiée le 27 octobre 2012. L'« emploi d'avenir », a pour but d'aider les jeunes (16 à 25 ans) pas ou peu qualifiés et les handicapés de moins de 30 ans. Ces emplois, financés en grande partie par l'État, **sont destinés en priorité** aux « *activités d'avenir ou dont l'utilité sociale est avérée* ». Ce contrat (CDI ou CDD) sera traité dans le chapitre Emploi, dans lequel les différents « contrats aidés » seront présentés.
La loi de sécurisation professionnelle du 14 juin 2013 a mis en place un dispositif d'exonération de la contribution patronale d'assurance chômage en cas d'embauche sous CDI de jeunes de moins de 26 ans, dès lors que le contrat se poursuit au-delà de la période d'essai. L'exonération est d'une durée de 3 mois dans les entreprises de 50 salariés et plus et de 4 mois dans les entreprises de moins de 50 salariés.

> B
Les travailleurs handicapés

La *Commission des droits et de l'autonomie des personnes handicapées* (CDAPH) s'est substituée depuis le 1er janvier 2006 à la COTOREP (Commission technique d'orientation et de reclassement professionnel) et aux CDES (Commissions départementales d'éducation spéciale) ; elle préconise des orientations qui concernent les handicapés et leurs familles. Les personnes handicapées peuvent être orientées vers :

Le marché du travail	Le milieu protégé
– Entreprises, – entreprises adaptées (anciennement ateliers protégés), – centres de distribution de travail à domicile. Dans ces deux derniers cas, un contrat d'objectifs sera signé et une « aide au poste » forfaitaire perçue.	Les ESAT (Établissements et services d'aide par le travail) anciennement : CAT (Centres d'aide par le travail). Les ESAT sont des établissements médico-sociaux, généralement gérés par des associations. Une « rémunération garantie » est assurée au salarié handicapé, travaillant en ESAT ; ceux-ci reçoivent en contrepartie une « aide au poste » financée par l'État.

Depuis plusieurs années, ont été mises en place des politiques en faveur de l'emploi des personnes handicapées. Une loi du 11 février 2005 (complétée par une loi du 1er décembre 2008) a voulu rendre encore plus incitatives les règles relatives à l'emploi direct de ces personnes.
Le rapport de l'AGEFIPH (Association pour la gestion des fonds pour l'insertion des personnes handicapées) pour l'année 2008 s'est montré encourageant ; plus d'entreprises respectent leurs obligations ; les recrutements et les formations sont en progression.

Définition du travailleur handicapé	– **Sont considérées comme handicapées,** les personnes « dont les possibilités d'obtenir ou de conserver un emploi sont effectivement réduites par suite de l'altération d'une ou plusieurs fonctions physique, sensorielle, mentale ou psychique » (C. trav. art. L. 5213-1). C'est la CDAPH qui peut reconnaître la qualité de travailleur handicapé. – **Bénéficient de l'obligation d'emploi** les personnes reconnues handicapées par la CDAPH, les victimes d'accidents de travail ou de maladies professionnelles ayant entraîné une incapacité d'au moins 10 %, les titulaires d'une pension d'invalidité civile ou militaire, ou attribuée au titre de la protection des Sapeurs-pompiers volontaires ; la loi de 2006 a pris aussi en compte : les titulaires de la carte d'invalidité, les titulaires de l'AAH (allocation aux adultes handicapés).
Obligation d'emploi des travailleurs handicapés dans l'entreprise	**Principe :** Tout employeur d'au moins 20 salariés est tenu d'embaucher, à temps plein ou partiel, des handicapés dans la proportion de 6 % de l'effectif total des salariés. L'employeur soumis à l'obligation d'emploi doit chaque année effectuer une déclaration détaillant le nombre d'emplois occupés par des travailleurs handicapés. **Calcul de l'effectif :** le seuil de 20 salariés s'apprécie sur trois ans, dans le cadre de l'entreprise ou de l'établissement (pour l'entreprise à établissements multiples), en équivalent temps plein au 31 décembre.

	Calcul des bénéficiaires : pour vérifier si le seuil des 6 % est atteint, toute personne handicapée est désormais prise en compte, au prorata du temps de présence, quelles que soit la nature ou la durée de son contrat de travail et dans les conditions suivantes : – le salarié dont la durée de travail est supérieure ou égale à la moitié de la durée légale ou conventionnelle du travail compte pour une unité comme s'il travaillait à temps complet ; – le salarié dont la durée du travail est inférieure à la moitié de la durée légale ou conventionnelle du travail compte pour une demi-unité.
Les alternatives à l'obligation d'emploi des handicapés	Les employeurs peuvent échapper à leur obligation d'embauche de travailleurs handicapés : – en accueillant des stagiaires handicapés (dans la limite de 2 % de l'effectif des salariés de l'entreprise) ; – en confiant la sous-traitance, la fourniture de certains travaux ou la prestation de services à des entreprises ayant en charge des travailleurs handicapés (*ex.* : établissements et services d'aides par le travail...) ; – par la mise en œuvre d'un accord agréé comportant un programme en faveur des travailleurs handicapés (actions d'insertion, de formation, d'adaptation aux mutations technologiques...) ; – *par le versement à l'AGEFIPH* (association de gestion du fonds pour l'insertion professionnelle des personnes handicapées) *d'une contribution financière annuelle* qui est fonction de l'effectif de l'entreprise et des emplois, exigeants des conditions d'aptitude particulières, occupés par des salariés de l'entreprise ; c'est souvent la solution retenue par les employeurs. Les associations de handicapés peuvent aussi obtenir en justice réparation du préjudice subi.
Pénalités	Les établissements qui n'emploient pas le nombre imposé de travailleurs handicapés et ne justifient pas des « alternatives » autorisées, paient une pénalité au Trésor public pour chaque emploi non pourvu.
Aménagement des conditions de travail	– L'employeur doit prendre les mesures appropriées pour permettre aux travailleurs handicapés de conserver ou d'accéder à un emploi. – L'accessibilité aux lieux de travail et aux sanitaires doit être organisée, avec des obligations différentes suivant qu'il s'agit de bâtiments neufs ou anciens et selon l'effectif ; des dérogations peuvent être accordées par le préfet en cas d'impossibilité technique. Des « compensations » peuvent être accordées pour ces aménagements.
Égalité de rémunération	Le travailleur handicapé ne peut percevoir un salaire inférieur aux minima légaux ou réglementaires.

Protection des travailleurs handicapés contre les discriminations	Interdiction des discriminations fondées sur le handicap, tout au long de la relation de travail (C. trav. art. L. 1132-1).
Protection contre le licenciement	– Le licenciement d'un salarié handicapé est possible, s'il n'est pas fondé sur le handicap. Sinon le licenciement est nul, car discriminatoire. – Le handicap fait partie des critères à prendre en compte pour fixer l'ordre des licenciements économiques. – quelle que soit la nature du licenciement, la durée du préavis de licenciement est doublée avec un maximum de 3 mois (sauf convention ou usages plus favorables).
Rôle des représentants du personnel	– Le CE (ou DP), le CHSCT doivent être informés et consultés sur les mesures prises en faveur des handicapés. – Il existe une obligation de négocier sur l'emploi des travailleurs handicapés, chaque année dans l'entreprise et tous les trois ans dans la branche.

Pour faciliter l'insertion professionnelle, le maintien dans l'emploi et l'évolution professionnelle des handicapés, des aides financières sont consenties par l'État et les collectivités territoriales ; il s'agit d'aides :
- pour compenser la lourdeur du handicap ;
- à l'aménagement du poste de travail (80 % du coût au maximum) ;
- en compensation des charges supplémentaires d'encadrement (50 % des dépenses au maximum).

L'AGEFIPH met ses moyens techniques et financiers à la disposition des entreprises et propose aussi une aide à l'embauche.
Dans la fonction publique, c'est le FIPHFP (fonds de développement pour l'insertion professionnelle des handicapés) qui a pour mission de favoriser le recrutement et le maintien dans l'emploi des handicapés.
Rappelons également que la création d'« emplois d'avenir » vise également à faciliter l'accès au marché de l'emploi des travailleurs handicapés (v. chapitre 23).

> C
Les femmes dans l'entreprise

La Constitution garantit « à la femme, dans tous les domaines, des droits égaux à ceux de l'homme ».
L'application de ce principe d'égalité de traitement entre les femmes et les hommes dans les relations de travail a donné lieu à l'adoption de nombreuses mesures :
- au niveau européen : deux directives (9 févr. 1976 et 23 sept. 2002) ont eu pour objectif « la mise en œuvre du principe d'égalité de traitement entre

hommes et femmes en ce qui concerne l'accès à l'emploi, à la formation et à la promotion professionnelles et les conditions de travail » ; une directive de 1992 traite de « l'amélioration de la sécurité et de la santé des travailleuses enceintes, accouchées ou allaitantes au travail » et une directive du 5 juillet 2006 est relative à l'égalité des chances et de traitement entre hommes et femmes en matière d'emploi et de travail.

– en droit national, différentes lois (1975, 1980 et 1993) visent ce même but ; en 2001, deux textes (ordonnance du 22 février et loi du 9 mai) ont renforcé les obligations des employeurs concernant l'égalité de traitement entre les femmes et les hommes et, plus récemment, la loi du 23 mars 2006 relative à l'égalité salariale entre les hommes et les femmes et celle du 27 mai 2008 concernant les discriminations.

Et en dernier lieu, la loi n° 2014-873 du 4 août 2014 pour l'égalité réelle entre les femmes et les hommes a été adoptée. Elle a pour objet l'égalité entre les femmes et les hommes dans toutes ses dimensions privée, professionnelle et publique : égalité professionnelle, lutte contre la précarité spécifique des femmes, protection des femmes contre les violences, une meilleure articulation des temps de vie et un partage équilibré des responsabilités parentale, image des femmes dans les médias, l'égal accès des femmes et des hommes aux mandats électoraux, aux fonctions électives et aux responsabilités sociales et professionnelles.

a › Mise en œuvre de l'égalité de traitement entre les femmes et les hommes

• *Dans les relations individuelles de travail*

Embauche	Sauf si l'appartenance à l'un ou l'autre sexe est la condition déterminante de l'exercice d'un emploi, il est interdit (C. trav. art. L. 1142-1 et s.) de mentionner dans une offre d'emploi (ou dans toute autre forme de publicité relative à une embauche) le sexe du candidat recherché. Un décret du Conseil d'État détermine la liste des emplois pour l'exercice desquels l'un ou l'autre sexe constitue une condition déterminante (*ex. :* artistes, mannequins...).
Contrat de travail	– Aucune clause d'un contrat ne peut réserver le bénéfice d'une mesure à un salarié en considération de son sexe ; – la prise en considération du sexe est interdite pour toute mesure de mutation, promotion, affectation, classification, formation ainsi que pour la résiliation ou le refus de renouvellement du contrat de travail ; – l'employeur est tenu d'assurer « pour un même travail ou pour un travail de valeur égale » une égalité de rémunération femmes/hommes (C. trav. art. L. 3221-1 et s.) (p. 277) ; – les femmes bénéficient des mêmes droits que les hommes en matière d'accès à la formation professionnelle ;

	– pour accroître l'emploi des femmes et favoriser le partage des responsabilités parentales la loi du 4 août 2014 réforme le congé parental (une période du congé est réservée au second parent) et oblige l'employeur à accorder au conjoint salarié de la femme enceinte jusqu'à trois autorisations d'absence pour les examens médicaux obligatoires.

• *Dans les relations collectives de travail*

Règlement intérieur	Le règlement intérieur ne peut comporter des dispositions lésant les salariés dans leur emploi ou leur travail en raison de leur sexe (C. trav. art. L. 1321-3).
Élections professionnelles	À l'occasion de l'élaboration des listes de candidatures aux élections de DP et de membres du CE, les organisations syndicales doivent examiner les moyens d'atteindre « une représentation équilibrée de femmes et d'hommes » ; il en est de même pour les listes de candidats aux Conseils de prud'hommes.
Comité d'entreprise	– Chaque année, le chef d'entreprise doit soumettre pour avis au CE une analyse sur la situation respective des femmes et des hommes en matière d'embauche, promotion, rémunération, conditions de travail... ce rapport permet d'identifier les éventuelles inégalités de traitement, afin de les supprimer. – Dans les entreprises d'au moins 200 salariés, le CE doit constituer une commission sur l'égalité professionnelle.
Négociation collective en faveur de l'égalité professionnelle et salariale	– Est nulle, dans une convention ou un accord collectif, toute clause réservant le bénéfice d'une mesure à des salariés en considération de leur sexe ; – la question de l'égalité professionnelle entre les femmes et les hommes fait partie, depuis la loi du 16 mai 2001, des domaines dans lesquels doit porter la **négociation annuelle obligatoire dans l'entreprise et la négociation au niveau des branches, tous les 5 ans.** Pour renforcer l'effectivité du droit en matière d'égalité professionnelle entre les femmes et les hommes, la loi du 26 octobre 2012 portant création des emplois d'avenir a mis en place une pénalité financière égale à 1 % de la masse salariale pour les entreprises d'au moins 50 salariés qui ne sont pas couvertes par un accord collectif ou à défaut par un plan d'action fixant des objectifs de progression, des actions permettant de les atteindre et des indicateurs chiffrés pour les suivre dans plusieurs domaines d'action. À titre expérimental, un accord conclu entre l'employeur et les organisations syndicales de salariés peut prévoir le regroupement dans une négociation unique dite de « qualité de vie au travail » de tout ou partie des négociations obligatoires, y compris celle portant sur les objectifs d'égalité professionnelle entre les femmes et les hommes (nouveauté issue de la loi du 5 mars 2014 sur la formation professionnelle). La loi du 4 août 2014 ajoute notamment que lorsqu'un écart moyen de rémunération entre les femmes et les hommes est constaté, les organisations liées par une convention de branche ou, à défaut, par des accords professionnels font de sa réduction une priorité.

À titre de sanction, la loi du 4 août 2014 prévoit que les entreprises de plus de 50 salariés qui ne respectent pas les dispositions de l'égalité professionnelle se verront interdire l'accès aux marchés publics à compter du 1er décembre 2014.

b › Avantages spécifiques accordés aux femmes

– Des règlements précisent les travaux interdits aux femmes ainsi que les charges maximales qu'elles peuvent porter ou transporter.
– Les jeunes mères de famille de moins de 21 ans au 30 avril de l'année précédente, bénéficient de 2 jours de congé annuels supplémentaires par enfant à charge.
– Les femmes salariées de plus de 21 ans à la date précitée bénéficient également de 2 jours de congés supplémentaires par enfant à charge, sans que le cumul congés annuels + congés supplémentaires ne puisse excéder 30 jours ouvrables.
– Le travail de nuit est possible, comme pour tous les salariés, entre 21 heures et 6 heures ; jusqu'à la loi du 9 mai 2001, le Code du travail interdisait le travail de nuit des femmes dans l'industrie ; la France avait été condamnée par la Cour de justice des Communautés européennes, qui considérait que cette interdiction était contraire au principe de l'égalité de traitement entre les femmes et les hommes. La loi du 9 mai 2001 a mis le Code du travail en conformité avec la directive.

c › Protection de la grossesse et de la maternité

Embauche	– L'employeur ne doit pas prendre en considération l'état de grossesse d'une femme pour refuser de l'embaucher, même s'il s'agit d'un CDD ; – il lui est interdit de rechercher ou faire rechercher toutes informations sur ce point (les questionnaires d'embauche ne doivent donc pas comporter de questions à ce sujet) ; – une candidate à l'emploi n'a pas l'obligation de révéler qu'elle est enceinte.
Discrimination	L'employeur ne doit pas prendre en considération l'état de grossesse pour résilier le contrat au cours d'une période d'essai, ne pas renouveler un CDD, prononcer une mutation ou refuser une promotion (Soc. 16 déc. 2008)...
Conditions de travail de la salariée enceinte	Une affectation temporaire à un poste compatible avec l'état de grossesse peut être décidée – si l'état de santé médicalement constaté de la salariée enceinte l'exige – ou si la salariée est affectée à un poste de nuit (droit à un poste de jour) – ou si son poste de travail l'expose à certains risques particuliers (fixés par décret, *ex.* : travail en extérieur par moins de 0° ; expositions à certains agents chimiques ou toxiques...).

	Ces changements d'affectation ne doivent pas entraîner une diminution de la rémunération. En cas d'impossibilité pour l'employeur de placer la salariée enceinte à un autre poste, le contrat de travail est alors suspendu, mais la rémunération est maintenue (elle peut être composée d'une indemnité journalière de la Sécurité sociale et d'un complément à la charge de l'employeur).
Absence pour examens médicaux	La salariée bénéficie d'une autorisation d'absence pour se rendre aux examens médicaux obligatoires pendant et après la grossesse ; ces absences ne doivent pas entraîner de diminution de la rémunération et sont assimilées à une période de travail effectif pour le calcul des congés payés et de l'ancienneté.
Allaitement	Pendant un an à compter du jour de la naissance, la salariée allaitant son enfant a droit à cet effet à une heure par jour pendant les heures de travail.
Protection contre le licenciement relative ou absolue	L'employeur ne peut pas résilier le contrat de travail d'une salariée enceinte (C. trav. art. L. 1225-4) : – à partir de la constatation médicale de la grossesse, sauf en cas de faute grave (absences répétées injustifiées, mauvaise exécution délibérée du travail) ou impossibilité de maintenir le contrat de travail pour un motif étranger à la grossesse = **la protection est relative** ; – pendant la période de suspension du contrat de travail à laquelle elle a droit (congé maternité), même en cas de faute grave ou impossibilité de maintenir le contrat de travail = **la protection est absolue** ; *La cour de cassation renforce la protection de la salariée pendant son congé de maternité* : organiser le licenciement de la salariée pendant son congé de maternité (supprimer son nom de l'organigramme, trouver son remplaçant), constitue une mesure préparatoire au licenciement qui doit être annulée. Peu importe que l'employeur ait pris soin de ne pas enclencher la procédure pendant le congé (Soc. 15 sept. 2010). – et pendant 4 semaines suivant l'expiration de la période de suspension du contrat de travail, sauf en cas de faute grave ou impossibilité de maintenir le contrat de travail = **la protection est, à nouveau, relative.** • **Nullité du licenciement :** Le licenciement fondé sur la grossesse est nul. La salariée a alors droit à réintégration dans son emploi ou à défaut dans un emploi équivalent si elle le demande (Soc. 30 avr. 2003). Le licenciement est aussi annulé si, dans un délai de 15 jours à compter de la notification, la salariée envoie à l'employeur (par LR avec AR) un certificat médical attestant de sa grossesse.
Démission	La salariée en état de grossesse médicalement constatée peut rompre son contrat de travail sans préavis et sans devoir d'indemnité de rupture.
Rupture conventionnelle	Soc. 25 mars 2015 : une rupture conventionnelle peut être conclue avec une salariée pendant les périodes de suspension du contrat de travail liées au congé de maternité et pendant les quatre semaines qui suivent.

> D
L'emploi des « seniors »[1]

Une amélioration sensible peut être constatée depuis 2000 ; le taux d'emploi des seniors (55-64 ans) était de 40 % en France en 2010, ce qui reste inférieur au taux moyen de 45 % dans l'Union européenne et à l'objectif fixé à 50 % par la Stratégie de Lisbonne.
Il est par ailleurs constaté que l'âge est devenu un facteur de discrimination lors de l'embauche ; pourtant, dans une société fondée sur la connaissance, le capital humain occupe une place essentielle ; les compétences et l'expérience des seniors constituent une richesse pour les entreprises. Cette situation, préjudiciable également pour le financement des systèmes de protection sociale et de retraites, a amené les pouvoirs publics à prendre des mesures en vue de favoriser l'emploi des seniors.

Les mesures en faveur de l'emploi des seniors

Interdiction des discriminations fondées sur l'âge	– L'âge est un motif de discrimination interdit par l'article L. 1132-1 C. trav. (le refus d'embauche, le licenciement et toute autre mesure fondée sur l'âge du salarié est nul) *exemple :* la limitation à 60 ans de l'exercice du métier de pilote d'avion constitue une discrimination prohibée, car fondée sur l'âge. Prévue par le Code de l'aviation civile, cette limite d'âge est contraire au droit de l'Union européenne, car elle n'est pas indispensable à la satisfaction de l'objectif de sécurité aérienne, ni appropriée et nécessaire dans le cadre d'une politique de l'emploi (Soc. 3 juill. 2012). – La différence de traitement fondée sur l'âge est toutefois autorisée lorsqu'elle est objectivement et raisonnablement justifiée par un but légitime (la préservation de la santé et de la sécurité du travailleur senior peut justifier une limite d'âge pour l'embauche à un emploi pénible).
CDD senior *(créé en 2006, dans le cadre d'un « plan national d'action concerté pour l'emploi des seniors »)*	Il s'agit d'un CDD spécifique pour favoriser l'embauche de demandeurs d'emploi âgés de plus de 57 ans mais, en pratique, il rencontre peu de succès (page 411).
Négociation collective obligatoire sur l'emploi des seniors *(mise en place en 2008, dans le cadre d'un nouveau plan « pour l'emploi des seniors »)*	Depuis le 1er janvier 2010, toutes les entreprises d'au moins 50 salariés ou appartenant à un groupe d'au moins 50 salariés doivent négocier un accord collectif (d'entreprise ou de groupe) ou élaborer un plan d'action portant sur l'emploi des seniors (*ex.* : aménagement des fins de carrière, anticipation de leur évolution...). L'objectif est de favoriser le maintien dans l'emploi et le recrutement de salariés âgés grâce à des actions

(1) Personnes « d'un certain âge » ou emploi requérant expérience et responsabilité.

	innovantes définies au sein des branches et des entreprises. En cas de carence, la pénalité encourue est de 1 % des rémunérations versées aux salariés ; elle est reversée à la caisse nationale d'assurance vieillesse. Les entreprises de 50 à 300 salariés ou appartenant à un groupe de même dimension échappent à cette pénalité si elles sont couvertes par un accord de branche.
Incitation à l'embauche des seniors *(issue de la loi du 9 novembre 2010 portant réforme des retraites)*	Les employeurs perçoivent, sous conditions une aide à l'embauche, en contrat à durée indéterminée ou à durée déterminée d'au moins six mois, de demandeurs d'emploi âgés de cinquante-cinq ans ou plus, inscrits sur la liste des demandeurs d'emploi (art. L. 5133-11 C. trav.). La loi du 9 novembre 2010 favorise également l'emploi des seniors en créant l'obligation de négocier des accords ou des plans d'action en matière de prévention de la pénibilité, et en relevant l'âge de départ à la retraite et de la mise à la retraite d'office.
Le contrat de génération *(le 19 octobre 2012, les partenaires sociaux sont parvenus à la signature d'un accord national interprofessionnel sur ce contrat générationnel ; un projet de loi est en cours d'adoption)*.	Le contrat de génération repose sur l'importance de la transmission des savoirs et des compétences entre les salariés plus âgés déjà dans l'entreprise et les jeunes, nouvellement embauchés. Ce contrat permet donc de faciliter l'accès des jeunes (moins de 26 ans en principe) à un emploi, tout en maintenant l'emploi des seniors dans l'entreprise (au moins 57 ans en principe). Les entreprises employant au moins 300 salariés ou appartenant à un groupe d'entreprises comprenant au moins 300 salariés devront être couvertes par un accord intergénérationnel ou, à défaut d'un tel accord, élaborer un plan d'action. Les entreprises de moins de 300 salariés sont incitées à signer de tels accords, car elles bénéficient alors d'une aide financière de l'État.

> E
Les travailleurs étrangers

S'il importe de prévenir toute discrimination, il convient aussi de protéger la main-d'œuvre nationale ; c'est pourquoi l'accès des étrangers au marché de l'emploi est strictement encadré. Cependant, une fois embauchés, ils bénéficient d'une égalité de traitement avec les autres salariés.

Sont soumis à une réglementation particulière :

- les travailleurs saisonniers ;
- les travailleurs de l'Union européenne (UE), de l'Espace économique européen (EEE) et de la Suisse : ils bénéficient de la libre circulation des personnes.
- les travailleurs frontaliers.

L'Office Français de l'Immigration et de l'Intégration (OFII) est chargé de l'accueil des étrangers autorisés pour la première fois à entrer en France, de l'accueil des demandeurs d'asile, du regroupement familial, du contrôle médical des étrangers...
Nous n'exposerons ici que des principales règles concernant le travail salarié ; la plupart des dispositions concernant les étrangers relèvent en effet du Code de l'Entrée et du Séjour des Étrangers et du Droit d'Asile (CESEDA).
L'étranger qui souhaite travailler en France doit obtenir un titre de séjour et une autorisation de travail.

a › Introduction d'un travailleur étranger en France

L'employeur doit déposer un dossier d'introduction auprès du préfet ; en cas de refus, un recours est possible devant le ministre du Travail.
L'étranger doit présenter :

Les documents et visas exigés par les conventions internationales

\+

Un contrat de travail visé par l'autorité administrative
ou
une autorisation de travail

\+

Un certificat médical, délivré dans les 3 mois suivant l'autorisation de travail

- L'étranger qui souhaite s'installer durablement en France en vue d'y exercer une profession salariée, doit attester d'une connaissance suffisante de la langue française ou s'engager à l'acquérir (C. trav. art. L. 5221-3).
- Un étranger présent en France avec une autre qualité que celle de salarié (étudiant, visiteur...) peut, à condition d'avoir un employeur potentiel, obtenir une autorisation de travail après examen de la DIRECCTE.

L'employeur doit s'acquitter d'une contribution, calculée en fonction du salaire, et d'une redevance forfaitaire à l'occasion de la visite médicale obligatoire.

b › Autorisation de travail (C. trav. art. R. 5221-1 et 5221-3)

L'étranger doit posséder une *autorisation de travail* [1] ou *un titre de séjour* ouvrant droit à l'exercice d'une activité salariée.
L'autorisation de travail :

(1) Certaines personnes sont dispensées de cette autorisation de travail : titulaires d'une carte de résident ou certificat de résident algérien, ressortissants de Monaco, Andorre...

– est accordée de droit pour la conclusion d'un contrat d'apprentissage ou de professionnalisation à durée déterminée ;
– peut être limitée à certaines activités professionnelles ou zones géographiques.

L'autorisation de travail peut être constituée par (C. trav. art. R. 5221-3) :
• une **carte de résident**, valable 10 ans, renouvelable ;
• différentes **cartes de séjour** telles que :
  – une carte de séjour temporaire :
    – « salarié » ou « travailleur temporaire » ;
    – « travailleur saisonnier » ou « salarié en mission » ;
    – portant la mention « scientifique-chercheur » ou « profession artistique et culturelle »...
  – une carte de séjour « compétences et talents » ou « étudiant » « vie privée et familiale »...
  – une « carte bleue européenne ».

L'obtention de ces différents titres est soumise à des conditions précises.

L'étranger peut aussi se voir délivrer une autorisation provisoire de travail, d'une durée maximum de 12 mois, s'il est appelé à exercer une activité par nature temporaire.

C › Sanctions

1 › Sanction de l'employeur

Des **sanctions pénales** sont encourues par l'employeur si les différentes règles relatives à l'introduction ou à l'emploi de travailleurs étrangers sans autorisation de travail ne sont pas respectées ; des **peines complémentaires** peuvent être prononcées (interdiction d'exercer pendant 10 ans au plus, affichage de la condamnation...).
En outre, un décret du 16 juin 2012 a renforcé ces sanctions. L'employeur qui embauche ou fait travailler un étranger non muni du titre l'autorisant à exercer une activité salariée en France doit acquitter une contribution spéciale (C. trav. art. L. 8253-1) et une contribution forfaitaire représentative des frais de réacheminement de l'étranger dans son pays d'origine (CESEDA art. L. 626-1).

2 › Sanction du travailleur irrégulier ?

L'irrégularité de la situation d'un travailleur étranger constitue nécessairement une cause objective justifiant la rupture de son contrat de travail exclusive de l'application des dispositions relatives aux licenciements et de l'allocation de dommages-intérêts pour licenciement sans cause réelle et sérieuse,

mais elle n'est pas constitutive en soi d'une faute privative des indemnités de rupture (Soc. 4 juill. 2012).
En revanche, la fraude du salarié qui a fourni un faux titre de séjour lors de son embauche et pour se maintenir dans l'emploi constitue une faute grave privative des indemnités de rupture et du bénéfice de l'indemnité forfaitaire (Soc. 18 févr. 2014).
L'employeur qui entend invoquer une faute grave distincte de la seule irrégularité de l'emploi doit en faire état dans la lettre de licenciement. Les juges du fond ne peuvent donc pas rejeter la demande du salarié étranger, dès lors que la lettre de rupture mentionnait comme seul motif le fait que le salarié ne possédait plus d'autorisation de travail valable sur le territoire français, sans invoquer la production d'un faux titre de séjour, (Soc. 1er oct. 2014).
En l'absence de faute grave, le salarié a droit au paiement d'une indemnité forfaitaire égale à trois mois de salaire (art. L. 8252-2 C. trav.).

En résumé : règles particulières pour certains travailleurs

Jeunes travailleurs

- 16 ans
- protection de la santé
- limitation de la durée

Travailleurs handicapés

- obligation d'emploi
- protection

Femmes

- protection (particulièrement grossesse, maternité)
- égalité

Seniors

- CDD seniors
- contrat de génération

Travailleurs étrangers

- introduction en France
- autorisation de travail

Chapitre 7

Le contrat de travail

Le Code du travail (C. trav. art L. 1221-2) pose toujours le principe selon lequel le contrat de travail à durée indéterminée est la forme « normale et générale de la relation de travail ». Cependant, depuis plusieurs décennies, les transformations du marché du travail et la recherche de flexibilité de la part des entreprises ont conduit au recours de plus en plus fréquent aux contrats « atypiques » ou « **précaires** » : contrats à durée déterminée, de travail temporaire, contrats « aidés » institués dans le cadre de la politique de l'emploi...
La législation traditionnelle relative au contrat de travail permet de distinguer :

Le contrat de travail

Conclu pour des **tâches durables et permanentes**	Conclu pour les **tâches non durables**
Contrat *à durée indéterminée*, à temps complet ou à temps partiel.	– Contrat *à durée déterminée*, – contrat *de travail temporaire*.

L'idée d'un contrat de travail unique a été lancée. Cette idée, abandonnée en 2008, est revenue à l'ordre du jour (mars 2015), l'idée étant de rompre le dualisme inégalitaire entre ces deux types de contrat. La doctrine souligne les difficultés de mise en œuvre.

> I Les règles générales applicables au contrat de travail

> A Définition

Le Code du travail ne donne pas de définition permettant de caractériser le contrat de travail ; il est cependant possible, conformément à la doctrine et à la jurisprudence, de le définir de la façon suivante :

- « Le contrat de travail est une convention par laquelle une personne s'engage à mettre son activité à la disposition d'une autre, sous la subordination de laquelle elle se place, moyennant une rémunération. »

  (G. Lyon-Caen)

> B Les éléments constitutifs

La reconnaissance de l'existence d'un contrat de travail est essentielle pour déterminer s'il y a lieu de faire application des règles prévues par le Code du travail.

a › Les parties au contrat

La qualification de salarié peut être un problème. La question s'est posée récemment pour des détenus travaillant. Le Tribunal des conflits (14 oct. 2013) vient de juger que « le détenu ainsi employé se trouve à l'égard de la société concessionnaire même de droit privé, dans une relation de droit public ». La juridiction compétente est donc le tribunal administratif et non le Conseil des prud'hommes.

b › La prestation de travail pour autrui

C'est la tâche physique, intellectuelle que s'engage à réaliser le salarié. Toutefois, la prestation de travail n'est pas déterminante pour qualifier un contrat de travail, puisqu'elle existe aussi dans le contrat d'entreprise (*ex.* : artisan).

Un salarié « de fait » peut établir l'existence de la prestation travail par tous moyens (témoignages de collègues, de clients...).
À l'inverse, un contrat de travail peut être considéré comme fictif sans l'existence de cette prestation (contrat en vue de faire bénéficier un conjoint, un dirigeant... du statut de salarié).
Les juridictions ont été amenées à se prononcer notamment sur la qualification de contrat de travail au sujet de plusieurs émissions de télévision ; elles ont jugé qu'il s'agissait bien de « travail » et non de « jeu » (L'île de la tentation, Soc. 3 juin 2009, Koh Lanta, 25 juin 2013). Concernant l'élection de Mister France 2003, dans un arrêt rendu le 25 juin 2013, la cour ajoute à l'argument de la subordination, le critère de l'objet du contrat qui produit « un bien ayant une valeur économique ».
Certains travailleurs assimilés à des salariés, peuvent également avoir la qualité d'employeur. La chambre sociale de la Cour de cassation l'a clairement jugé par deux arrêts (27 mars 2013, 15 janv. 2014) concernant des gérants non salariés ou des mandataires gérants de succursales de détails alimentaires. Ils sont assimilés à des salariés à l'égard du propriétaire de la succursale (C. trav., art. 7322-1 s.).
Les artistes de spectacle peuvent conclure en sus des contrats individuels un contrat de travail commun, ce contrat peut être signé par un seul artiste mandaté. Un arrêt (Soc. 4 déc. 2013) qualifie d'employeur cet artiste, qui avait une réelle autorité sur les autres artistes. Un arrêt du 20 septembre 2006 a jugé que, conformément à l'article 7121-3 du Code du travail, la présomption de salariat n'est pas détruite, lorsque l'artiste participe personnellement au spectacle.

c › La rémunération

Appelée aussi couramment salaire. Cet élément permet de distinguer le contrat de travail du bénévolat ; mais l'absence de rémunération ne permet pas d'exclure la qualification de contrat de travail, si le travailleur pour autrui n'attendait aucune rémunération ou si la prestation porte sur « un bien ayant une valeur économique » (Soc. 25 juin 2013).

d › Le lien de subordination juridique

C'est le critère déterminant. Il permet de distinguer le travail salarié du travail indépendant. La jurisprudence en donne la définition suivante :

- Le lien de subordination est caractérisé par l'exécution du travail sous l'autorité d'un employeur qui a le pouvoir de donner des ordres et des directives, d'en contrôler l'exécution et de sanctionner les manquements de son subordonné.

– Les éléments constitutifs de la subordination –

La subordination s'apprécie en fonction de divers éléments :

Direction et contrôle de l'employeur	– L'obéissance aux ordres, aux directives reçues de l'employeur est un critère de dépendance (*ex.* : des médecins soumis au règlement intérieur d'un établissement) ; – la soumission à un contrôle direct est un indice du statut de salarié (*ex.* : une « gérante » soumise au contrôle des inspecteurs de l'entreprise a été considérée comme agissant dans le cadre d'un contrat de travail). Il a été jugé, par exemple, que les participants à une émission de téléréalité (« l'Île de la tentation ») se trouvaient dans un lien de subordination (Soc. 3 juin 2009) ; dans un arrêt du 5 avril 2011, la Cour d'appel de Versailles a suivi ce raisonnement de la Cour de cassation et a jugé qu'en conséquence, devaient être appliquées les dispositions légales relatives à la durée du travail (paiement d'heures supplémentaires, prise en compte des astreintes...). S'il y a un contrat de travail pour un candidat de Mister France (p. 89), il y en a aussi un pour un joueur « amateur » de rugby (Soc. 28 avr. 2001), ou encore un fonctionnaire mis en disposition (Soc. 15 juin 2010).
Détermination des horaires	La personne ne pouvant fixer librement ses horaires sera, sauf élément particulier, considérée comme salariée (*ex.* : des kinésithérapeutes soumis à des horaires et devant solliciter des autorisations d'absences).
L'absence de personnel ou de matériel propre	Le fait de travailler avec du personnel, du matériel ou des matériaux de l'entreprise est un indice de contrat de travail (*ex.* : un anesthésiste qui travaille avec des infirmières de la clinique, ou des maçons auxquels est fourni le mortier, ont été considérés comme des salariés).
L'intégration dans un service organisé **La dépendance économique**	Ces deux notions ont été considérées par la jurisprudence comme des critères essentiels ; depuis 1996, elles ne sont que des indices de salariat, parmi les autres.

> C La distinction entre contrat de travail et contrats voisins

a › Les confusions possibles

Le contrat de travail peut être confondu avec d'autres situations, et il appartient aux juridictions de le qualifier, en le distinguant de certains contrats, une abondante jurisprudence a été élaborée.

Principales situations pouvant entraîner une confusion	Caractéristiques de ces situations	Critères de différenciation
Contrat de mandat	Contrat par lequel une personne est chargée d'en représenter une autre pour accomplir une ou plusieurs tâches ; le mandataire doit respecter les instructions du mandant, mais dispose d'indépendance et de pouvoir d'initiative (*ex.* : mandat donné par un client à son avocat...).	Si le mandataire choisit seul ses horaires, son lieu de travail, ses objectifs, ses méthodes et s'autofinance, il n'y a pas contrat de travail. (Exemples tirés de la jurisprudence : mandataire d'une compagnie d'assurances, courtier, expert en automobiles, encaisseur...).
Mandat social	Les dirigeants de sociétés agissent en tant que mandataires des associés ; ils peuvent percevoir une rémunération, qui n'est pas un salaire.	Le cumul entre les fonctions de dirigeant et celles de salarié est possible s'il existe un travail effectif, différent de celui impliqué par les fonctions de dirigeant ; ce cumul est néanmoins impossible pour le gérant majoritaire d'une SARL et réglementé, dans d'autres cas (*ex.* : l'antériorité du contrat de travail est obligatoire pour l'administrateur d'une SA).
Contrat d'entreprise ou de sous-traitance	Les employeurs, pour échapper à différentes charges et à la législation du travail demandent parfois à leurs salariés de « se déclarer » comme travailleurs indépendants.	Les tribunaux requalifient certains contrats en contrat de travail ; ainsi l'arrêt *Guégan* du 29 octobre 1985, concernant de « faux » artisans du bâtiment. Un arrêt du 19 décembre 2000 a reconnu la subordination entre un chauffeur de taxi et l'entreprise de location du véhicule ; dans l'hôtellerie, des gérants ont obtenu la requalification de leur contrat commercial en contrat de travail. Cette requalification, protectrice des salariés et conforme à la réalité, peut avoir de lourdes conséquences financières pour les entreprises et constituer le délit pénal de dissimulation d'emploi salarié.
Contrat de société	Par exemple, deux maçons travaillant ensemble, sans contrat, sont-ils des associés de fait ou unis par un contrat de travail ? (exemple tiré d'une décision de jurisprudence) ; dans le premier cas, ils	La juridiction se déterminera d'après des éléments de fait et notamment l'existence d'un lien de subordination ou au contraire l'existence des critères du contrat de société (article 1832 du Code

	partageront le bénéfice, les dettes, la responsabilité ; dans l'autre l'un d'entre eux, s'il y a une procédure collective, sera créancier privilégié et aura droit aux allocations-chômage.	civil : apports, participation aux bénéfices, « *affectio societatis* » : volonté de collaboration).
Bénévolat	C'est un contrat à titre gratuit, alors que le contrat de travail est à titre onéreux ; mais le fait qu'une personne ne soit pas rémunérée, n'est pas un obstacle à la requalification du contrat en contrat de travail. Deux lois ont cependant encadré juridiquement le bénévolat : – celle du 23 février 2005 relative au contrat de volontariat de solidarité internationale ; – celle du 23 mai 2006 concernant le volontariat associatif et l'engagement éducatif.	Les juges examinent les conditions de fait dans lesquelles le travail est exécuté. Ainsi, dans un arrêt du 29 janvier 2002, la Cour de cassation a jugé que des personnes de la Croix Rouge qui effectuaient des « accompagnements » pour le compte de celle-ci, étaient liées par un contrat de travail ; par contre, un arrêt du 9 mai 2001 n'avait pas retenu la qualification de contrat de travail pour un contrat liant un compagnon d'Emmaüs à sa communauté, compte tenu du fait que la personne s'était soumise « aux règles de la vie communautaire qui définissent un cadre d'accueil comprenant la participation à un travail destiné à l'insertion sociale, exclusif de tout lien de subordination ».
Des relations entre époux (ou partenaires d'un pacs)	Les époux ou partenaires se doivent aide et assistance. Qu'en est-il quand ils le font dans le cadre d'une entreprise ? Le conjoint ou partenaire doit choisir un statut : salarié, associé ou collaborateur.	La loi du 10 juillet 1982 a institué une présomption de contrat de travail pour l'époux ou le partenaire qui « participe effectivement à l'entreprise ou à l'activité de son époux à titre professionnel et habituel », dès lors « qu'il perçoit une rémunération horaire minimale égale au salaire minimum de croissance ». Dans un arrêt du 6 novembre 2001, la Cour de cassation a jugé que le lien de subordination n'était pas une condition d'application de cette présomption.

b › La requalification par les tribunaux

La Cour de cassation a jugé à plusieurs reprises que l'existence d'un contrat de travail « ne dépend ni de la volonté exprimée par les parties, ni de la dénomination qu'elles ont donnée à leur relation mais des conditions de fait dans lesquelles est exercée l'activité ». S'il y a eu dissimilation volontaire pour le donneur d'ordres, il y a travail dissimulé, entraînant des sanctions (p. 100).

En cas de requalification, l'URSSAF peut obtenir le paiement rétroactif des cotisations.

– Présomption de non-salariat –

L'article L. 8221-6 du Code du travail a institué une présomption simple de qualité de travailleur indépendant pour les personnes physiques inscrites aux registres et répertoires professionnels (répertoire des métiers, RCS...), pour les dirigeants des personnes morales immatriculées et leurs salariés ainsi que pour celles qui ont choisi le statut d'auto-entrepreneur.

– Requalification des contrats précaires – (p. 128 et s.)

> D

Caractères

Consensuel	Le consensualisme est la règle en droit commun des contrats, mais, toute relation de travail doit donner lieu à la remise au salarié d'un écrit (cet écrit peut être une lettre d'engagement, un véritable contrat ou même la déclaration préalable à l'embauche, p. 99). Néanmoins, l'écrit n'est pas une condition de validité du contrat, sauf pour les contrats de travail particuliers (notamment CDD, contrat de travail temporaire, à temps partiel, de travail à domicile ou conclu dans le cadre de la politique de l'emploi...). Le contrat de travail doit être rédigé en français et traduit dans la langue du salarié étranger qui le demande (C. trav. art. L. 1221-3).
À titre onéreux	Chacune des deux parties au contrat tire un avantage du contrat de travail ; l'employeur par la prestation de travail, le salarié par sa rémunération.
Synallagmatique	Le contrat de travail comporte des obligations réciproques ; les obligations essentielles sont : – la prestation de travail, pour le salarié ; – le paiement du salaire, pour l'employeur. Ces obligations sont interdépendantes. En principe, quand la prestation de travail n'est pas fournie, le salaire n'est pas dû.
Successif	Les prestations sont échelonnées dans le temps.
De gré à gré	Mais la liberté de discussion des contractants est de plus en plus restreinte par la loi, les conventions et accords collectifs et sous la pression économique. Le contrat de travail, dans les faits, est très souvent un contrat d'adhésion, c'est-à-dire que les termes du contrat sont imposés par l'une des parties, ici, l'employeur.
Intuitu personae	Fondé sur le choix de la personne. *exemple :* le salarié ne peut se faire remplacer sans l'accord de l'employeur.

> E
Conditions de validité

Les règles du droit commun des contrats (C. civ. art. L. 1108) s'appliquent.

a › La capacité des parties[1]

- L'embauche de mineurs de moins de 16 ans (ils sont soumis à l'obligation scolaire) est, sauf exceptions (entreprises de spectacles, télévision, cinéma...), interdite ;
- mineur non émancipé : dans la pratique, on admet que le mineur s'engage seul (autorisation tacite du représentant légal qui peut cependant manifester expressément son opposition).

b › L'objet et la cause

- Doivent être licites (conformes à la loi).
- Le contrat ne peut avoir pour objet une activité contraire aux bonnes mœurs et à l'ordre public, même « déguisé » sous un contrat légal (*ex.* : contrat mettant en place des rapports de proxénétisme, même s'ils sont « camouflés » sous l'expression de « serveuse »).

c › Le consentement

Il doit être personnel, réciproque et non vicié.

Les vices du consentement

L'erreur	Elle peut porter sur l'objet de la convention, la personne du contractant (puisqu'il s'agit d'un contrat intuitu personae). Elle doit être substantielle et déterminante.
La violence	Elle peut être physique, mais est le plus souvent morale. *exemple :* contrat avec des clauses défavorables imposé à un salarié qui a des besoins pressants d'argent (Soc., 1965). La première Chambre civile de la Cour de cassation a reconnu en 2000, la contrainte économique comme « vice de violence » ; il peut s'agir, à l'inverse, de « chantage » envers l'employeur.
Le dol	Il s'agit d'une tromperie par des manœuvres tendant à provoquer une erreur (*ex.* : s'attribuer des diplômes, une expérience que l'on n'a pas...). Il faut qu'il s'agisse de qualités déterminantes, c'est-à-dire qui ont décidé l'employeur à embaucher. La jurisprudence considère néanmoins que, même en cas de renseignement inexact, il n'y a pas dol si le salarié a fait la preuve de sa compétence (Soc. 3 mars 1999) ou si les renseignements, même imprécis[2], étaient susceptibles d'une interprétation erronée (Soc. 16 févr. 1999).

(1) **Capacité :** il s'agit de capacité d'exercice = aptitude à exercer certains droits.
(2) Le CV portait la mention « assistante de la responsable d'un centre d'études de langues », alors que l'intéressée n'avait effectué qu'un stage de 4 mois.

– Les sanctions –

La nullité peut frapper :
– une clause du contrat : la clause est réputée non écrite, le contrat demeure ;
– le contrat en entier (objet illicite...).

La nullité n'a pas d'effet rétroactif : elle ne joue que pour l'avenir (le contrat de travail est un contrat successif). Le travail ayant été accompli, l'employeur devra verser les salaires et délivrer un certificat de travail.

Si une entreprise a contracté avec une personne morale de droit public, alors qu'elle est en situation irrégulière ; si après avoir été mise en demeure, elle ne met pas fin à sa situation irrégulière, le contrat peut être rompu sans indemnité. La personne morale peut être tenue au paiement solidaire des sommes dues par l'entreprise à l'État (impôts, remboursement d'aides publiques...) : art. 5222-6, loi du 23 déc. 2013.

> F La durée du contrat

L'article L. 1221-2 al. 1 du Code du travail dispose :

- « Le contrat de travail à durée indéterminée est la forme normale et générale de la relation de travail ».

Il résulte de cet alinéa que le CDI demeure la norme (une directive européenne du 28 juin 1999 avait d'ailleurs rappelé que « les contrats à durée indéterminée sont la forme générale de la relation de travail et contribuent à la qualité de vie des travailleurs et à l'amélioration de la performance ») et que les CDD et CTT devraient rester l'exception, même si la pratique est différente.

> G La preuve du contrat

La preuve de l'existence du contrat de travail ne semble pas, généralement, poser problème.

L'existence d'une relation de travail dépendant des conditions de fait dans lesquelles elle est exercée, peut donc se prouver par tous moyens.

Conformément au droit commun, c'est à celui qui se prévaut d'un contrat de travail d'en établir l'existence.

Lors de l'embauche, il doit aussi y avoir remise d'un écrit au salarié (p. 99).

> II
Le déroulement du contrat de travail

> A
Recrutement et libertés individuelles

Pour lutter contre certaines pratiques abusives en matière de recrutement, dans un contexte où le nombre de candidats à un emploi place l'employeur en position de force, le Code du travail prévoit que :

- les informations demandées au candidat à un emploi (dans un questionnaire d'embauche, au cours d'un entretien individuel...) :
  - ne peuvent avoir comme finalité que d'apprécier sa capacité à occuper l'emploi proposé ou ses aptitudes professionnelles ;
  - doivent présenter un lien direct et nécessaire avec l'emploi proposé ou avec l'évaluation des aptitudes professionnelles (C. trav. art. L. 1221-6) ;
  - ces informations doivent préserver l'anonymat des candidats dans les entreprises d'au moins 50 salariés (L. du 22 mars 2012).

exemple :

sont interdites les questions relatives aux origines raciales, aux opinions philosophiques ou religieuses, à l'état de santé, aux projets matrimoniaux du candidat...

- le candidat à un emploi doit avoir été informé au préalable des méthodes et techniques d'aide au recrutement (C. trav. art. L. 1221-8) ;
- « aucune information concernant personnellement le candidat, ne peut être collectée par un dispositif qui n'a pas été porté préalablement à sa connaissance » (C. trav. art. L. 1221-9) ;
- Dans les entreprises de 50 salariés et plus, les informations communiquées par écrit par le candidat à un emploi doivent être examinées dans des conditions préservant son anonymat (C. trav. art. L. 1221-7).
- le comité d'entreprise doit avoir été informé, préalablement à leur utilisation, des méthodes ou techniques d'aide au recrutement (C. trav. art. L. 2323-32).

Par ailleurs, la loi « Informatique et libertés » de 1978, modifiée par une loi du 6 août 2004, dispose que :

- tous les questionnaires d'embauche, même s'ils ne font pas l'objet d'un traitement informatisé, doivent faire l'objet d'une déclaration préalable à la CNIL (Commission nationale de l'informatique et des libertés) ;
- toute personne a le droit d'accéder aux données personnelles le concernant et faisant l'objet d'un traitement ; elle peut en obtenir copie.

> B
L'embauche

a › Le libre choix et ses limites

L'employeur est libre d'embaucher le candidat de son choix ; il est le seul juge des besoins de l'entreprise, du profil demandé et des capacités présentées. Il doit cependant respecter les règles d'embauche et accomplir les formalités requises.

À la fin de l'année 2009, le Gouvernement a souhaité relancer, en vue de lutter contre les discriminations à l'embauche, une expérimentation du CV anonyme qui avait été prévue par une loi de 2006 mais non suivie d'effets. Cette expérimentation doit être faite sur la base du volontariat de la part des entreprises.

L'embauche d'un salarié ne peut intervenir qu'après déclaration nominative accomplie par l'employeur auprès des organismes de protection sociale. Le non-respect de cette obligation entraînerait des pénalités.

– L'interdiction des discriminations à l'embauche –

(p. 68).

– L'interdiction de débauchage –

L'employeur peut être condamné solidairement à réparer le préjudice subi par l'employeur précédent (C. trav. art. L. 1237-3) en cas de rupture abusive par un salarié de son contrat de travail :

– s'il est démontré qu'il est intervenu dans la rupture ;
– s'il a embauché un salarié qu'il savait lié par un contrat de travail (*ex.* : embauche d'un second cuisinier sous contrat avec un autre hôtel de la même ville, le nouvel employeur en ayant été informé) ;
– s'il a continué à employer un salarié après avoir appris que celui-ci était encore lié par un contrat de travail.

L'employeur pourrait également être condamné pour avoir embauché un salarié lié à son ancien employeur par une clause de non-concurrence, s'il est prouvé qu'il connaissait l'existence de la clause au moment de l'embauche ou s'il en a eu connaissance postérieurement et ne s'est pas séparé du salarié concerné.

– Les priorités de réembauchage et le droit à la réintégration –

Priorités de réembauchage	Elles concernent notamment : – les personnes licenciées pour motif économique (pendant 1 an) ; le salarié doit être informé des emplois disponibles et compatibles avec sa qualification ; l'employeur doit apporter la preuve qu'il a rempli cette obligation (Soc. 13 juill. 2009). – les salariés à temps partiel souhaitant occuper un temps plein ou l'inverse ; – les anciens parlementaires à l'issue de leur mandat, d'une durée supérieure à 5 ans ; – les personnes après la rupture d'un contrat de travail en raison de maternité ou d'adoption.

Droit à réintégration	– Après différents congés : parental, de présence parentale, pour création d'entreprise, sabbatique, de solidarité internationale... ; – les anciens parlementaires si leur mandat a eu une durée inférieure à 5 ans ; – pour le salarié déclaré inapte à l'issue d'un arrêt de travail pour maladie ou accident et qui doit ensuite retrouver son emploi ou un poste de reclassement.

b › Les moyens de recrutement

Le recrutement peut être interne ou externe.

– L'offre d'emploi –

– Elle doit être rédigée en français ; toutefois les directeurs de publication utilisant une langue étrangère peuvent recevoir des offres d'emploi rédigées dans cette langue.
– Elle ne doit pas contenir de mentions discriminatoires ;
– elle ne doit pas être mensongère et doit correspondre à un travail effectif. Le non-respect de ces dispositions peut être sanctionné pénalement.

La déclaration à Pôle emploi n'est plus obligatoire (loi du 18 janvier 2005).

– La diffusion des offres d'emploi –

Elles peuvent l'être par tout moyen de publicité, par voie d'affichage ou de presse.
Toute offre d'emploi doit être datée.
Si l'entreprise demeure anonyme ou si l'insertion est demandée par un intermédiaire, le nom et l'adresse de l'employeur doivent être communiqués au directeur de la publication. La DIRECCTE ou Pôle emploi peuvent obtenir ces renseignements.

c › La promesse d'embauche

– Caractéristiques –

Dès lors qu'il s'agit d'une offre ferme et définitive s'accompagnant de précisions sur les éléments essentiels du contrat (qualification, rémunération, horaires de travail, date d'entrée en fonction...), on est en présence d'une promesse d'embauche. Celle-ci constitue un engagement pour l'employeur.

La promesse d'embauche ne doit pas être confondue avec l'offre d'emploi ou l'engagement de pourparlers : ils n'engagent pas l'employeur.

– Rétractation par l'employeur –

– Sauf s'il invoque un motif légitime, il engage sa responsabilité à l'égard du salarié et peut être condamné à des dommages et intérêts (compétence du Conseil de prud'hommes) ; il n'est pas nécessaire que le salarié démontre en quoi la rupture lui a causé un dommage (Soc. 6 mai 2002) ;

– quand le salarié a accepté la promesse d'embauche, on considère que le contrat de travail a été conclu et la rupture de son engagement par l'employeur s'analyse en un licenciement.

Soc. 15 déc. 2010 : cf. p. 97. Un écrit qui précise l'emploi proposé et la date d'entrée en fonction constitue une promesse d'embauche valant contrat de travail ; la rupture de cet engagement par l'employeur s'analyse donc en un licenciement sans cause réelle et sérieuse (Soc. 15 déc. 2010).

Le salarié peut également être tenu au versement de dommages et intérêts s'il se rétracte au dernier moment alors qu'il avait accepté les fonctions.

> C Les formalités d'embauche

Sont exposées ici les formalités usuelles ; depuis plusieurs années, en effet, ont été prises, en vue de développer l'emploi, différentes mesures visant à simplifier les formalités à accomplir par certaines catégories d'employeurs.

exemples :

le chèque-emploi associatif pour les associations à but non lucratif employant 9 salariés au plus ; depuis le 1er avril 2009, le titre emploi-service entreprise (TESE) qui a remplacé le chèque-emploi pour les très petites entreprises et le titre emploi-entreprise (TEE) ; le TESE est ouvert aux entreprises dont l'effectif n'excède pas 9 salariés ou aux entreprises qui emploient des salariés occasionnels.

Le chèque emploi service universel (CESU) sert à rémunérer un salarié à domicile dans certains cas particuliers (garde d'enfants, aide aux personnes âgées) et présente des avantages certains.

a › La remise d'un écrit au salarié

Une directive communautaire de 1991 a rendu cette formalité obligatoire pour tout contrat de travail ; il peut s'agir du contrat lui-même, d'une lettre d'embauche acceptée, de la remise du bulletin de paie avec indication de la convention collective.

Le Code du travail (art R. 1221-9) prévoit que l'employeur doit, lors de l'embauche, fournir une copie de la déclaration préalable à l'embauche ou de l'accusé de réception, ou un contrat de travail écrit accompagné de la mention de l'organisme destinataire de la déclaration.

Cette obligation, qui n'est pas toujours strictement observée, permettrait cependant de clarifier certaines situations et d'éviter des litiges.

b › La Déclaration préalable à l'embauche (DPAE)[1] (16 juin 2011)

– Dans les huit jours avant l'embauche, l'employeur doit procéder à une déclaration nominative du salarié auprès des organismes de protection sociale. Cette déclaration préalable est incluse dans la DPAE (sur la préalabilité : Crim. 20 janv. 2015) ;

(1) Autrefois appelée DUE (Déclaration unique d'embauche).

- lors de l'embauche, l'employeur (sauf les particuliers employeurs) doit procéder à la « déclaration préalable à l'embauche » ; celle-ci permet de regrouper, sur un même support, diverses déclarations ;
- la DPAE est adressée à un interlocuteur unique : l'URSSAF qui la communique à plusieurs organismes (Pôle emploi, DIRECCTE, services de santé…).

Ces formalités peuvent être réalisées par voie électronique, elles doivent l'être depuis le 1er janvier 2012 si l'entreprise a adressé l'année précédente plus de 1 500 DPAE.

c › La visite médicale d'embauche

Elle doit être effectuée avant l'embauche ou la fin de la période d'essai ; son but :
- rechercher si le salarié n'est pas atteint d'une affection dangereuse pour les autres travailleurs ;
- s'assurer qu'il est médicalement apte au poste de travail qu'il doit occuper ;
- proposer éventuellement à l'employeur les adaptations du poste ou l'affectation à d'autres postes.

> D Le travail illégal (ou dissimulé)

Pratique lourde de préjudice financier pour les régimes de protection sociale et le fisc, le « travail illégal » constitue aussi une concurrence déloyale faite aux entreprises respectant la loi.

La lutte contre le travail illégal incombe aux agents de police judiciaire, de la direction générale des impôts, des douanes, de l'inspection du travail… Chargés de la constatation des infractions, ils dressent des procès-verbaux.

Le travail illégal constitue un délit pénal ; cette notion recouvre plusieurs situations.

a › Pratiques interdites

Selon les termes de l'article L. 8211-1 du Code du travail, sont constitutives de travail illégal les infractions suivantes :

Le travail dissimulé	La *dissimulation d'emploi salarié* est constituée lorsque l'employeur : – de manière volontaire, n'a pas procédé : – à la déclaration nominale préalable à l'embauche ; – à la remise de bulletins de paie ; – ou a mentionné sur le bulletin de paie un nombre d'heures de travail inférieur à celui réellement effectué.

	L'intention frauduleuse de l'employeur doit être caractérisée (*ex.* : l'omission d'heures de travail sur le bulletin de paie à la suite d'une erreur de rédaction n'est pas constitutive d'une dissimulation d'emploi salarié – Soc. 29 oct. 2003). Cette infraction ne doit pas être confondue avec la dissimulation d'activité qui est l'exercice à but lucratif d'une activité professionnelle ou l'accomplissement d'actes de commerce sans se faire immatriculer au répertoire des métiers ou au RCS.
Le marchandage	Il s'agit de « toute opération à but lucratif de fourniture de main-d'œuvre qui a pour effet de causer un préjudice au salarié... ou d'éluder l'application des dispositions de dispositions légales ou de stipulations d'une convention ou d'un accord collectif de travail est interdit et puni pénalement » (C. trav. art. L. 8231-1). *exemple :* engagement de salariés par la filiale suisse d'une société française, et ceci, afin d'échapper au droit français (Crim. 12 mai 1998).
Le prêt illicite de main-d'œuvre	C'est la mise à disposition à but lucratif de salariés par une entreprise prestataire à une entreprise utilisatrice, en dehors des cas autorisés par la loi (travail temporaire, associations intermédiaires, portage salarial, groupements d'employeurs, agences de mannequins, prêt de main-d'œuvre sans facturation...) (C. trav. art. L. 8241-1) ou avec une facturation limitée au salaire, charges et frais (L. 28 juill. 2011).
L'emploi d'un travailleur étranger sans titre de travail	L'employeur encourt une sanction pénale. « Contribution » au moins égale à 5 000 fois le taux horaire du minimum garanti (L. 29 déc. 2010, L. de 2014, voir supra).
Faux détachement de salariés	Une circulaire du 22 octobre 2014 précise les sanctions pénales encourues par ceux qui emploient en fraude des travailleurs détachés. La loi du 10 juillet 2014 a aggravé les peines. La circonstance aggravante de « bande organisée » s'applique dans le cas de travail dissimulé, prêt illicite de main-d'œuvre et marchandage. Les peines sont alors de dix ans d'emprisonnement et 100 000 € d'amende. La loi crée aussi un délit de non-respect de sanctions administratives en matière de travail illégal, puni de deux mois d'emprisonnement et 3 750 € d'amende. Une peine complémentaire d'interdiction de percevoir des aides publiques pour une durée de cinq ans au plus est également instauré par la loi ; elle est encourue par toute personne morale, en cas de travail dissimulé, emploi d'étranger sans titre de travail, prêt illicite de main-d'œuvre et marchandage. La loi prévoit aussi la constitution d'une « liste noire » des entreprises condamnées à une peine d'amende, personnes physique ou morale. Pour les entreprises du secteur routier de marchandises, sont prévues par la même loi des peines d'un an d'emprisonnement et 30 000 € d'amende. La loi prévoit aussi que les syndicats peuvent se constituer partie civile.

Constituent aussi des infractions :
- le cumul irrégulier d'emplois ;
- la fraude aux revenus de remplacement.

La chambre criminelle de la Cour de cassation a déclaré des prévenus coupables de travail dissimulé pour n'avoir pas pris en compte les temps de déplacement pour se rendre du domicile d'un client à un autre (12 sept. 2014).

b › Sanctions

Les sanctions suivantes peuvent être encourues :

Pénales	– Les infractions au travail dissimulé sont sanctionnées par un emprisonnement de 3 ans et une amende de 45 000 € ; – le fait d'employer un mineur soumis à l'obligation scolaire est puni d'un emprisonnement de 5 ans et d'une amende de 75 000 €. Pour les personnes morales, le montant de l'amende est du quintuple. À ces sanctions peuvent s'ajouter des peines complémentaires telles que la fermeture provisoire ou définitive de l'établissement, l'affichage ou la diffusion du jugement…
Civiles	– Paiement des rémunérations, indemnités et charges dues aux salariés victimes ;
	– indemnisation forfaitaire de 3 mois de salaire due au salarié victime d'une relation de travail dissimulée, en cas de rupture de cette relation ; indemnité d'un mois de salaire pour un salarié employé sans titre de travail (C. trav. art. 8252-2) ; – redressement forfaitaire de cotisations (Code de la sécurité sociale)
Administratives	– Paiement rétroactif des impôts, taxes et cotisations dues au Trésor public et aux organismes de sécurité sociale ; – restitution ou non attribution des aides publiques à l'emploi ; – interdiction de soumissionner aux marchés publics pendant 5 ans.

En cas de sous-traitance, le donneur d'ordres (s'il était au courant et sauf pour les contrats portant sur des travaux d'un montant minimum (3 000 €) ou s'il s'agit d'un particulier agissant pour son compte ou le compte des siens) peut être reconnu coupable des infractions ci-dessus et subir les mêmes sanctions (C. trav. art. L. 8254-1 et s.). La juridiction pénale peut prononcer l'affichage ou la diffusion de la condamnation (loi du 20 juill. 2014).

> E La période d'essai

L'engagement définitif du salarié est souvent précédé d'une période d'essai. La loi du 25 juin 2008 a introduit dans le Code du travail de nouveaux articles (L. 1221-19 à L. 1221-26) dans le but d'apporter davantage de garanties aux salariés. En effet, l'intérêt du salarié est que cette période ne soit pas trop longue puisque, pendant ce temps, la rupture du contrat est facilitée et n'ouvre pas droit à une indemnisation.

La période d'essai constitue une première phase du contrat de travail ; le salarié est rémunéré normalement.
Si, à l'issue de la période d'essai, le salarié est embauché, le contrat de travail sera considéré comme ayant débuté au premier jour de la période d'essai.

Il ne faut pas confondre la période d'essai avec :
- *l'essai professionnel* : celui-ci consiste en une épreuve technique, de courte durée, pour vérifier les aptitudes du salarié, qui n'est pas encore embauché. L'essai professionnel n'est pas réglementé par la loi ;
- *la période probatoire* : elle peut être prévue pour l'exercice de nouvelles fonctions dans l'entreprise. Il peut être stipulé qu'en cas de non-satisfaction au cours d'une période probatoire, le salarié sera replacé dans ses anciennes fonctions.

Une affaire particulière a alimenté la chronique juridique : un salarié avait été recruté avec une période d'essai renouvelable ; avant la fin de la première période d'essai, il est affecté à de nouvelles fonctions avec une période probatoire et l'employeur rompt le contrat de travail en prétextant que la rupture se situait pendant l'essai. La Cour d'appel de Paris a débouté le salarié de ses demandes en dommages et intérêts ; par un arrêt du 20 octobre 2010, la Cour de cassation casse ; elle estime que « en présence d'un avenant stipulant une période probatoire pour l'exercice de nouvelles fonctions, la période d'essai prévue par le contrat de travail du salarié engagé pour occuper d'autres fonctions a nécessairement pris fin ».

a › Finalités et conditions

- « La période d'essai permet à l'employeur d'évaluer les compétences du salarié dans son travail, notamment au regard de son expérience, et au salarié d'apprécier si les fonctions occupées lui conviennent » (C. trav. art. L. 1221-20). L'employeur ne peut donc pas imposer une période d'essai lorsqu'il a pu déjà connaître les capacités professionnelles du salarié (Soc. 7 mars 2000, 26 févr. 2002). Si un ou plusieurs contrats en CDD ont précédé le CDI, rompu au terme de la période d'essai, la durée du (ou des) CDD doit être retranchée de celle de la période d'essai (9 oct. 2013) ; dans le cas d'un changement de poste, seule une période probatoire est possible et l'employeur qui y met fin doit replacer le salarié dans ses fonctions antérieures (Soc. 30 mars 2005).
- La période d'essai et la possibilité de la renouveler *ne se présument pas*. Elles doivent être expressément stipulées dans la lettre d'engagement ou le contrat de travail (C. trav. art. L. 1221-23).

b › Durée

Sa durée maximale est fixée par le Code du travail (C. trav. art. L. 1221-19) : 2 mois pour les ouvriers et employés, 3 mois pour les agents de maîtrise et techniciens et 4 mois pour les cadres.
Elle se décompte au jour le jour, y compris les jours non travaillés (Soc. 28 avr. 2011).
Des dispositions spécifiques sont prévues pour certaines catégories de salariés : en CDD, intérimaires, VRP…
L'article L. 1221-24 du Code du travail prévoit aussi que, « en cas d'embauche dans l'entreprise dans les trois mois suivant à l'issue d'un stage intégré à un cursus pédagogique réalisé lors de la dernière année d'études, la durée de ce stage est déduite de la période d'essai, sans que cela ait pour effet de réduire cette dernière de plus de la moitié, sauf accord collectif » plus favorable. La déduction sera intégrale si l'embauche correspond avec les activités confiées au stagiaire pendant le stage (L. 28 juill. 2011). Elle est déraisonnable sur une période d'essai dont la durée est de six mois (Soc. 10 mai 2012).

c › Renouvellement (C. trav. art. L. 1221-21)

- « La période d'essai peut être renouvelée une fois si un accord de branche étendu le prévoit » ; il fixe les conditions et durées de renouvellement ;
- cette possibilité doit avoir été expressément prévue dans le contrat de travail ou la lettre d'engagement ;
- le salarié doit donner son accord pendant la période d'essai initiale ;
- la durée de la période d'essai, renouvellement compris, ne peut dépasser 4 mois pour les ouvriers et employés, 6 mois pour les agents de maîtrise et les techniciens et 8 mois pour les cadres.

d › Prolongation

En cas d'absence du salarié pendant la période d'essai (maladie, accident du travail, fermeture de l'entreprise…), la période d'essai peut être prolongée pour une durée égale à celle de la suspension.

e › Rupture (C. trav. art. L. 1221-25 et L. 1221-26)

Pendant cette période, le salarié ou l'employeur peuvent mettre fin au contrat à tout moment ; cependant, depuis la loi du 25 juin 2008, ils doivent respecter un délai de prévenance et, par ailleurs, la rupture ne doit pas être abusive ni discriminatoire.

– Délai de prévenance –

Rupture par l'employeur	Pour les contrats stipulant une période d'essai d'au moins une semaine, l'employeur doit respecter un délai de prévenance qui ne peut être inférieur à : – 24 heures, en deçà de 8 jours de présence ; – 48 heures entre 8 jours et l mois de présence ; – 2 semaines entre 1 mois et 3 mois de présence ; – 1 mois après 3 mois de présence. La période d'essai, renouvellement inclus, ne peut être prolongée du fait de la durée du délai de prévenance. Soc. 23 janv. 2013 : l'employeur rompt l'essai la veille de l'expiration de cette période, sans respecter le délai de prévenance d'un mois. À la place, il a versé un mois de salaire à la salariée, qui demande toutefois des indemnités de licenciement sans cause réelle et sérieuse. Elle est déboutée, car l'employeur a bien mis fin à l'essai avant son terme. Il n'y a donc pas de licenciement, même si le délai de prévenance n'a pas été respecté. Soc. 5 nov. 2014 : l'employeur respecte le délai de prévenance, de sorte que la relation de travail se poursuit après le terme de l'essai. Il a trop attendu... La rupture doit s'analyser en un licenciement sans cause réelle et sérieuse car elle a eu lieu après l'essai.
Rupture par le salarié	Il doit respecter un délai de prévenance de 48 heures ou 24 heures, si sa durée de présence dans l'entreprise est inférieure à 8 jours.

– Procédure à respecter dans certains cas –

– Salariés protégés : l'employeur doit respecter la procédure protectrice applicable et, notamment, obtenir au préalable l'autorisation de l'inspecteur du travail ;
– rupture pour motif disciplinaire : la procédure de licenciement doit être respectée.

– Abus du droit de rupture –

Bien que les parties n'aient pas l'obligation de faire connaître les motifs de la rupture, le Conseil de prud'hommes peut examiner si la rupture n'est pas *abusive* et, dans ce cas, allouer des dommages et intérêts. Ainsi, l'abus a été retenu dans les situations suivantes :

– lorsque l'employeur a agi avec une « légèreté blâmable » (Soc. 5 mai 2004) : *L'employeur avait rompu le contrat de travail après une semaine de stage d'adaptation réalisée pendant la période d'essai alors que le salarié n'avait pas encore réellement pris ses fonctions* ;
– pour une rupture intervenue dans un très court temps après le début de la période d'essai, ce court délai ne permettant pas à l'employeur d'apprécier les capacités professionnelles du salarié (Soc. 15 nov. 2005) ;
– lorsque la période d'essai a en fait servi à pourvoir un poste provisoire (Soc. 31 oct. 2007) ;
– pour une rupture décidée pour un motif non inhérent à la personne du salarié (le motif était économique) (Soc. 20 nov. 2007) ; dans cet arrêt, la cour a rappelé l'unique finalité de la période d'essai : apprécier la valeur professionnelle du salarié ;

- pour un motif sans rapport avec les qualités professionnelles du salarié (Soc. 12 déc. 2008) ;
- rupture peu de jours après avoir décidé d'un renouvellement de l'essai, le salarié n'ayant pas achevé la formation prévue et nécessaire à ses fonctions (Soc. 6 janv. 2010)

Par ailleurs, les dispositions relatives à la non-discrimination sont applicables.

> F L'exécution du contrat de travail

Les obligations des parties résultent non seulement du contrat, mais aussi des conventions collectives, des accords d'entreprise, de la loi, des usages et du règlement intérieur.

a › Les obligations générales des parties au contrat

Comme dans le droit commun des contrats, le contrat de travail doit être « exécuté de bonne foi » (C. trav. art. L. 1222-1). Ce critère est de plus en plus souvent pris en compte par la jurisprudence.

1 › Les obligations de l'employeur

- Procurer du travail et fournir les moyens nécessaires à son exécution ;
- rémunérer le salarié au taux et aux dates convenus ;
- respecter la réglementation légale impérative (durée de travail, hygiène et sécurité...) et les conventions et accords collectifs ;
- s'acquitter de toutes les cotisations et charges sociales.

D'une manière générale, l'employeur doit permettre au salarié la meilleure exécution possible du contrat et ne pas lui nuire.

En cas de manquement à l'exécution « de bonne foi » du contrat :

- la responsabilité contractuelle de l'employeur peut être engagée et des dommages et intérêts alloués au salarié si celui-ci a subi un préjudice (la preuve de l'intention de nuire n'est pas nécessaire – Soc. 4 juin 2002).

Des sanctions pénales sont encourues par l'employeur qui a des comportements portants atteinte à la dignité des salariés (*ex.* : vexations, humiliations, insultes publiques... vis-à-vis de personnes particulièrement vulnérables – Crim. 4 mars 2003, emplois de termes dégradants – Soc. 7 févr. 2012). Les locaux doivent être salubres « dans un état d'hygiène conforme à ce qu'un salarié peut normalement exigé » (Soc. 6 oct. 2010).

2 › Les obligations du salarié

- *Exécuter personnellement* le travail ;
- l'exécuter *avec diligence* ;
- *respecter la discipline* et notamment le règlement intérieur ;

– agir avec *loyauté* : tout acte de concurrence est sanctionné. Un arrêt de la chambre sociale du 29 septembre 2014 a jugé que la dissimulation par un salarié d'une mise en examen en rapport avec son activité professionnelle constituait un manquement à ses obligations professionnelles ;
– respecter une *obligation de discrétion* et de *réserve* ; de plus, certains salariés sont soumis au secret professionnel ;
– l'obligation de bonne foi n'est pas suspendue pendant l'absence du salarié pour maladie... (Soc. 27 juin 2000, 4 juin 2004).

b › Les clauses particulières

Les clauses le plus souvent rencontrées sont les suivantes :

1 › Les clauses prévoyant des avantages pour le salarié

• › Logement accessoire au contrat de travail

Le droit du salarié sur le logement prend fin en même temps que le contrat de travail.

exemple :

le logement attribué à titre gratuit pour l'exercice de ses fonctions et dont le salarié bénéficie dans sa vie personnelle, ne peut lui être retiré ou donner lieu au versement d'un loyer pendant une période de suspension du contrat de travail pour maladie (Soc. 26 janv. 2011).

Il s'agit d'un avantage en nature qui est pris en compte au regard de la Sécurité sociale, du fisc, du calcul de l'indemnité de congés payés, au regard du SMIC, et du calcul de l'indemnité compensatrice de préavis.

• › Voiture de fonction

Plusieurs solutions sont possibles (voiture de société ou utilisation d'un véhicule personnel moyennant indemnisation).

exemple :

un véhicule de fonction, dont le salarié conserve l'usage dans sa vie personnelle ne peut, sauf stipulation contraire, être retiré au salarié pendant une période de suspension du contrat de travail (Soc. 24 mars 2010).

Cet avantage en nature est pris en compte pour le calcul des cotisations sociales.

• › Clause de garantie d'emploi

Par cette clause l'employeur garantit au salarié la stabilité de son emploi pendant une durée déterminée.

Pendant cette durée, le contrat de travail ne peut être rompu sauf accord des parties, faute grave ou lourde du salarié ou cas de force majeure.

En cas de rupture du contrat par l'employeur pendant cette période, le salarié a droit à des dommages et intérêts d'un montant égal à la rémunération qu'il aurait perçue jusqu'au terme de la période de garantie.

2 › Les clauses prévoyant des engagements pour le salarié

• › Clause de mobilité

■ C'est une clause par laquelle le salarié s'engage à accepter une éventuelle modification de son lieu de travail.

Cette clause est de plus en plus souvent utilisée et la Cour de cassation en contrôle l'usage abusif ; les règles suivantes ont été principalement dégagées :

Conditions de validité	– Elle doit être indispensable à la protection des intérêts légitimes de l'entreprise, justifiée par la nature de la tâche à accomplir et proportionnée au but recherché ;
	– elle ne peut laisser à l'employeur le pouvoir d'étendre unilatéralement sa portée (Soc. 7 juin 2006, 14 oct. 2008...) ;
	– elle *ne se présume pas*, elle doit aussi :
	  – être écrite et avoir été acceptée par le salarié de façon claire et non équivoque (Soc. 19 nov. 1997) ; elle peut aussi être imposée par la convention collective ;
	  – définir de façon claire et précise sa zone géographique d'application (Soc. 7 juin 2006, 17 juill. 2007, 24 janv. 2008). La mention « territoire français » est valable (Soc. 9 juill. 2014).

Mise en œuvre	– La mutation du salarié, en application d'une clause de mobilité, relève du pouvoir de direction de l'employeur ; elle ne constitue pas une modification du contrat de travail mais un simple changement des conditions de travail ; l'employeur n'a pas à obtenir l'accord du salarié et le refus de celui-ci peut constituer une faute grave (Soc. 30 sept. 1997, 28 févr. 2001... *contra* 23 janv. 2008) ; le degré de gravité de la faute dépend des circonstances propres à chaque affaire ;
	– la mise en œuvre d'une clause de mobilité à titre disciplinaire est licite (Soc. 11 juill. 2001).
	– Le pouvoir de l'employeur est cependant limité par certaines règles :
	  – La clause doit être mise en œuvre *de bonne foi* : la mutation doit être dictée par un motif objectif lié à l'intérêt de l'entreprise ; l'employeur ne doit pas faire un usage abusif de la clause ou agir avec une légèreté blâmable (ex. : mise en œuvre d'une telle clause pour une salariée mère d'un enfant handicapé moteur dont elle doit s'occuper à l'heure du déjeuner, alors que le poste qu'elle occupait antérieurement est libre – Soc. 6 février 2001 ; même cas pour une mère de quatre jeunes enfants – Soc. 14 oct. 2008) :
	  – si elle porte atteinte à la vie personnelle et familiale, cette atteinte doit être justifiée par la tâche à accomplir et proportionnée au but recherché ; si ce n'est pas le cas, le salarié peut refuser la mise en œuvre de la clause (ex : pour une salariée veuve élevant seule deux jeunes enfants, la mise en œuvre d'une clause entraînait le passage d'un horaire 15-19 heures à un horaire 17-21 heures – Soc. 13 janv. 2009).
	– Un délai « raisonnable » de prévenance doit être respecté ; celui-ci dépend des circonstances de fait, notamment : de la distance géographique entre les deux lieux de travail et des contraintes que le changement fait peser sur le salarié.
	À l'intérieur d'un même groupe : dans une décision remarquée du 23 septembre 2009, la Cour de cassation a jugé qu'une clause imposant la mobilité dans les filiales d'un groupe était nulle, au motif selon lequel un salarié « ne peut accepter par avance un changement d'employeur ».

• › Clause de résidence

Par cette clause, l'employeur impose au salarié d'habiter à proximité de son lieu de travail ; la validité de cette clause est rarement admise, les tribunaux ont plusieurs fois réaffirmé que toute personne dispose de la liberté de choix de son domicile.

- Elle est admise si elle répond aux conditions de validité exposées pour une clause de non-concurrence et pour certaines professions (*ex.* : gardiens d'immeubles Soc. 13 juill. 2004) ;
- par contre, elle a été déclarée nulle dans le cas où elle était justifiée par « la bonne intégration dans l'environnement local » (Soc. 12 juill. 2005) ou pour des employés d'immeubles qui pouvaient assurer l'entretien tout en résidant à l'extérieur des lieux de travail (Soc. 13 avr. 2005).
- Il a été aussi jugé que l'employeur ne pouvait demander à un salarié dont la mutation est effectuée en application d'une clause de mobilité, de se domicilier dans sa nouvelle région d'activité (Soc. 15 mai 2007).

• › Clause relative au lieu de travail

La clause doit être nette et précise, elle n'a, sans cela, que valeur indicative. Si la clause existe vraiment, le salarié peut alors refuser une mutation (Soc. 27 mai 1998).

• › Clause de non-concurrence

■ C'est une clause par laquelle le salarié s'engage, à l'issue de son contrat, à ne pas concurrencer directement ou indirectement, l'entreprise qui l'employait, soit par un réembauchage dans une entreprise concurrente, soit par la création d'une telle entreprise.

Cette clause n'est pas réglementée par le Code du travail. Les employeurs ont de plus en plus souvent recours à elle, en vue de protéger les intérêts de l'entreprise, mais elle porte atteinte à la liberté du travail du salarié ; c'est pourquoi un contentieux important s'est développé ces dernières années et la Cour de cassation en a durci les conditions de validité.

› Sources

- La clause de non-concurrence *ne se présume pas* ; elle doit être nécessairement consignée par écrit ;
- elle doit être prévue par la convention collective ou le contrat de travail ; lorsqu'elle est prévue par la convention collective, elle s'impose au salarié même si elle ne figure pas dans le contrat de travail, à condition que le salarié ait été informé de son existence et mis en mesure d'en prendre connaissance (Soc. 8 janv. 1997).

› Conditions de validité

Pour être licite, la clause de non-concurrence est soumise à plusieurs *conditions cumulatives :* elle doit :

Être indispensable à la protection des intérêts légitimes de l'entreprise	Cette condition s'apprécie par rapport : – à la nature de l'emploi, de la qualification et des fonctions exercées par le salarié (*ex. :* illicité d'une clause imposée par un concessionnaire automobile à un magasinier – Soc. 18 déc. 1997 ; mais licéité d'une clause interdisant à un garçon de café d'exercer sa profession pour une durée limitée dans la seule ville où il travaillait – Soc. 2 déc. 1997...) ; – à la nature de l'activité de l'entreprise.
Être limitée dans le temps et dans l'espace	– *Dans le temps :* elle doit prévoir une durée quant à l'interdiction de concurrence ; cette durée n'est pas fixée par la loi (généralement 2 ans, mais peut aller parfois Jusqu'à 5 ans pour les professions qualifiées). Le juge peut réduire la durée d'une clause s'il l'estime excessive (Soc. 7 mars 2007) ; – *Dans l'espace :* la clause doit préciser la zone territoriale où l'activité concurrente sera interdite. Le juge peut réduire la portée géographique de la clause lorsqu'elle porte atteinte à la liberté du travail du salarié (Soc. 25 mars 1998, 18 sept. 2002).
Tenir compte des spécificités de l'emploi du salarié	Elle doit laisser au salarié la possibilité d'exercer une activité professionnelle conforme à sa formation et à ses capacités professionnelles (le salarié ne doit pas être contraint de s'expatrier pour retrouver un emploi conforme : Soc. 28 oct. 1997). Les VRP ne peuvent avoir des dispositions plus contraignantes que celles prévues par la convention collective (Soc. 12 oct. 2011).

Comporter une contrepartie financière	L'absence de contrepartie financière entraîne la nullité de la clause (Soc. 10 juill. 2002).
	– Le montant de la contrepartie financière peut être fixé par la convention collective, à défaut, dans le contrat de travail (le plus souvent, c'est un montant compris entre 1/3 et la moitié du salaire mensuel) ;
	– ni la convention collective, ni le contrat de travail ne peuvent interdire (Soc. 4 juin 2008) ou minorer l'indemnité (Soc. 8 avril 2010) en cas de faute grave du salarié ;
	– une contrepartie dérisoire équivaut à une absence de contrepartie (Soc. 15 nov. 2006).
	– Elle est due :
	  – quelles que soient les circonstances de la rupture ; une clause qui prévoit une contrepartie financière seulement en cas de démission est nulle (Soc. 27 févr. 2007) ; elle doit être versée en cas de mise ou de départ à la retraite (Soc. 24 sept. 2008).
	  – dès la cessation effective des fonctions ;
	  – même si le salarié est dans l'impossibilité de faire concurrence à son ancien employeur (ex. : maladie) ; c'est une jurisprudence constante (Soc. 13 nov. 1990, 18 oct. 1996...)
	  – même si l'entreprise a ultérieurement fermé (Soc. 21 janv. 2015).
	– Elle n'est due que pour la période pendant laquelle la clause a été respectée (Soc. 13 sept. 2005).
	– Elle a la nature d'un salaire ; elle est donc assujettie aux cotisations sociales et ouvre droit à congés payés (Soc. 17 mai 2006).
	– Le juge prud'homal ne peut accorder une contrepartie pécuniaire qu'il estime plus justifiée (Soc. 16 mai 2012) que celle prévue par les parties et qui était dérisoire. Mais il peut accorder des dommages-intérêts.

Moment du versement de la contrepartie	L'indemnité ne peut être versée avant la rupture. Pour juger du caractère dérisoire de l'indemnité, seuls sont pris en compte les sommes versées. Après la rupture, l'employeur ne peut récupérer les sommes versées avant, car elles ont la nature d'un complément de salaire qui n'est pas dénué de cause (Soc. 15 janv. 2014).

Le non-respect de ces conditions cumulatives entraîne la nullité de la clause ; seul le salarié peut se prévaloir de cette nullité. La nullité ouvre droit à réparation ; des dommages et intérêts sont dus au salarié qui l'a respectée et qui a nécessairement subi un préjudice (Soc. 11 janv. 2006).

› Renonciation à la clause par l'employeur

L'employeur peut renoncer à la clause, notamment afin de ne pas verser la contrepartie financière ; toutefois :

- la renonciation à la clause *ne se présume* pas ; elle doit être expresse et précise et résulter d'une volonté claire et non équivoque (Soc. 30 mai 1990, 11 juin 1998) s'il ne l'a pas notifiée individuellement à chaque salarié, l'employeur ne peut s'en prévaloir (Soc. 21 oct. 2009) ;
- la renonciation doit être annoncée dans le délai et dans les formes prévus par la convention collective ou le contrat de travail ; à défaut, cette annonce doit se faire dans un « délai raisonnable » et avant le départ effectif du salarié de l'entreprise (Soc. 21 janv. 2015) ; le plus souvent, l'employeur l'indiquera dans la lettre de licenciement (Soc. 24 avr. 2013) ;
- lorsque le salarié a « pris acte » de la rupture de son contrat de travail, le délai de renonciation court à compter de la date à laquelle l'employeur a eu connaissance de celle-ci (Soc. 13 juin 2007) ; plus précisément de la date de réception par l'employeur de la notification de la prise d'acte (Soc. 25 mars 2010).

L'absence de versement par l'employeur libère le salarié de son obligation de non-concurrence.

› Violation de la clause par le salarié

L'obligation de non-concurrence doit être distinguée de l'obligation de loyauté qui s'impose au salarié pendant l'exécution du contrat de travail. Par conséquent, seuls des faits postérieurs à la rupture du contrat peuvent caractériser une violation de la clause (Soc. 30 oct. 2007).

- La violation de la clause par le salarié a pour conséquence l'absence d'obligation pour l'employeur de payer la contrepartie financière (Soc. 5 mai 2004). Elle entraîne aussi le remboursement de l'indemnité compensatoire indûment perçue (Soc. 6 déc. 1995) ;
- la clause de non-concurrence peut être assortie d'une clause pénale (pénalité) par laquelle le salarié s'engage, s'il viole l'obligation de non-concurrence, à verser à son ex-employeur une somme d'argent dont le montant est

fixé à l'avance ; comme pour toute clause pénale, le juge a pouvoir d'en réduire ou d'en augmenter le montant ;
- l'employeur qui a embauché un salarié d'une entreprise concurrente alors qu'il connaissait l'existence d'une clause de non-concurrence peut être condamné solidairement au paiement de dommages et intérêts (Soc. 14 mars 1995).

C'est à l'employeur de démontrer le non-respect de la clause par le salarié (Soc. 13 mai 2003) ; toute clause imposant la charge de la preuve au salarié est inopérante (Soc. 25 mars 2010).
– le délai de quelques jours entre le départ du salarié dispensé de préavis, et le non-versement de la contrepartie ne suffit pas à libérer le salarié de son obligation (Soc. 20 nov. 2013).

• › Clause de confidentialité

Elle engage plus particulièrement certains salariés ; l'entreprise protège ainsi son savoir-faire. Plus généralement, la révélation de secrets de fabrication est sanctionnée pénalement. La contrepartie financière d'une clause qui se borne à imposer la confidentialité n'est pas obligatoire (Soc. 15 oct. 2014).

• › Clause d'exclusivité

Le salarié s'engage, durant son contrat, à ne pas travailler pour un autre employeur. Cette clause n'est valable que si elle est indispensable à la protection des intérêts légitimes de l'entreprise, justifiée par la nature de la tâche à accomplir et proportionnée au but recherché (Soc. 11 juill. 2000, 25 févr. 2004 et 11 mai 2005). Le non-respect de cette clause constitue une faute grave.
Cette clause n'est pas opposable aux salariés à temps partiel et à ceux qui reprennent ou créent une entreprise, pendant une période d'un an.

• › Clause d'objectifs (ou quotas)

Cette clause est très employée dans les contrats avec les commerciaux. Se pose la question de savoir si le non-respect des objectifs peut être ou non une cause de licenciement ? Une abondante jurisprudence s'est développée ces dernières années.

- *Sources* :
- Les objectifs peuvent être fixés et modifiés unilatéralement par l'employeur ; ils relèvent de ses choix de gestion. S'ils font partie du contrat de travail, l'employeur ne peut les modifier qu'avec l'accord du salarié (Soc. 2 mars 2011).
- *Caractères* : les objectifs doivent être « raisonnables » ; c'est-à-dire évalués en tenant compte du marché, des moyens mis à la disposition du salarié, et adaptés aux horaires de travail.

Il appartient aux juges du fond de contrôler les faits.

– *Sanctions du non-respect* :
La non-réalisation des objectifs ne peut, en soi, justifier un licenciement (Soc. 24 mai 2000) ; de mauvais résultats peuvent cependant le justifier s'ils résultent d'une insuffisance professionnelle (*ex.* : une négligence manifeste ou fautive (Soc. 3 avr. 2001 ; 6 nov. 2008) ou d'une faute du salarié.

• › Clause de dédit-formation

C'est une clause par laquelle, en contrepartie d'une formation qui lui est assurée, le salarié s'engage à rester dans l'entreprise pendant un certain temps, faute de quoi il devra verser une indemnité de frais de formation. Cette clause ne peut être mise en œuvre en cas de licenciement sans cause réelle et sérieuse (Soc. 11 janv. 2012). Cette clause est nulle si elle ne contient aucune information sur le coût de la formation (Soc. 16 mai 2007). Le salarié ne doit pas être privé de son droit de démissionner ; l'indemnité de dédit doit être proportionnée aux frais de formation.

• › Clause de responsabilité personnelle

Certains employeurs insèrent dans les contrats de travail une clause par laquelle le salarié sera personnellement responsable financièrement de ses erreurs, accidents... La Cour de cassation encadre strictement cette disposition ; elle juge qu'elle ne peut être mise en œuvre qu'en cas de faute lourde du salarié (Soc. 11 mars 1998, 6 mai 2009).

• › Clause de discrétion

Elle impose la confidentialité des informations concernant l'entreprise et n'ouvre pas droit à contrepartie financière (Soc. 15 oct. 2014).

• › Clause de conscience

Traditionnellement appliquée dans le secteur de la presse, cette clause permet à un journaliste de rompre le contrat de travail de sa propre initiative en cas de « changement notable dans le caractère ou l'orientation du journal » (C. trav. art. L. 7112-5) ; le salarié bénéficie cependant des indemnités de licenciement.
Pour la première fois, semble-t-il, dans un arrêt du 26 janvier 2011, la Cour de cassation a admis que cette clause n'était pas réservée aux journalistes.

> Il s'agissait d'une salariée de l'entreprise Havas qui occupait des fonctions d'un niveau hiérarchique élevé. Son contrat de travail comportait une clause stipulant que pouvait être considérée comme une modification du contrat de travail et une rupture unilatérale du contrat, imputable à l'employeur, « tout changement significatif d'actionnariat entraînant une modification importante de l'équipe de direction ».
> La salariée a alors pris acte de la rupture de son contrat et réclamé le versement de l'indemnité contractuelle prévue (soit 165 000 €). L'employeur a demandé la requalification de la rupture en démission. La Cour de cassation a admis la licéité de la clause et n'a pas fait droit à la demande de l'employeur.

3 › Les inventions des salariés

Elles sont réglementées par le Code de la propriété intellectuelle ; le contrat de travail ou une convention collective peut préciser le régime applicable.

– Invention faite par le salarié dans l'exécution de son contrat de travail, dans le cadre d'études et de recherches qui lui sont confiées –

Le salarié a une mission d'invention : l'invention et le brevet sont la propriété de l'employeur. Toutefois, le Code de la propriété industrielle prévoit que l'employeur a obligation de verser au salarié une rémunération supplémentaire ; celle-ci est fixée par la convention collective ou le contrat de travail ; les litiges relatifs à cette rémunération sont soumis à une commission de conciliation ou au TGI. Le dépôt d'une invention au nom du salarié peut constituer une cause réelle et sérieuse de licenciement (Soc. 21 sept. 2011).

– Invention faite par un salarié qui n'avait pas une mission de recherche –

L'invention appartient au salarié, mais l'employeur peut se faire attribuer tout ou partie des droits attachés au brevet protégeant l'invention ; pour cela :
- le salarié doit déclarer son invention à l'employeur ; il doit préciser dans quelle catégorie entre l'invention réalisée ;
- l'employeur a un délai de 2 mois pour éventuellement contester le classement proposé par le salarié ; il peut aussi demander des renseignements complémentaires ; il a ensuite un délai de 4 mois pour revendiquer le droit d'attribution.

L'employeur doit aussi verser au salarié un « juste prix », à défaut d'accord entre les parties, celui-ci est fixé par une commission de conciliation ou le TGI.
– les actions civiles sont portées devant des TGI déterminés par voie réglementaire ; un recours à l'arbitrage est possible. Les recours formés contre les actes administratifs du ministre relèvent de la juridiction administrative (L. 17 mars 2011).
En ce qui concerne *les logiciels* :
Le Code de la propriété intellectuelle prévoit que lorsqu'ils ont été créés par les salariés dans l'exercice de leurs fonctions ou d'après les instructions de leur employeur, les droits patrimoniaux sont dévolus à l'employeur qui est seul habilité à les exercer.

> G
Les événements survenant au cours du contrat de travail

a › La suspension du contrat de travail

Le contrat de travail peut être suspendu du fait du salarié (maladie, grossesse, accident du travail ou maladie professionnelle, congé, grève), ou du fait de l'employeur (mise à pied, *lock-out*...).

Ce qui caractérise la suspension c'est qu'il n'y a pas rupture du contrat et que, sous certaines conditions, le salarié doit retrouver son emploi à l'issue de la période de suspension.

1 › Du fait du salarié

› Maladie

– Obligations du salarié –

Le salarié doit informer son employeur le plus rapidement possible et lui adresser un certificat médical ; le délai d'information est souvent énoncé dans les conventions et accords collectifs ; sinon l'usage retient un délai de 2 jours (c'est aussi le délai pour informer la Sécurité sociale). Cette obligation d'information s'applique aussi en cas de prolongation de la maladie.

– Garantie de ressources –

Le salarié va bénéficier

des indemnités journalières de maladie versées par la Sécurité sociale (après un délai de carence de 3 jours). L'indemnisation est soumise à des conditions qui diffèrent selon que l'arrêt de travail est inférieur ou supérieur à 6 mois.

d'indemnités complémentaires versées par l'employeur (à partir du 8e jour d'absence : décret du 18 juillet 2008) à condition que le salarié :

- ait au moins 1 an d'ancienneté ;
- ait justifié de son absence dans les 48h par l'envoi d'un certificat médical ;
- soit pris en charge par la Sécurité sociale ;
- soit soigné en France ou dans un pays de l'Union européenne.

Les travailleurs à domicile, les intermittents, les travailleurs temporaires et les saisonniers n'y ont pas droit.

– Contrôle médical –

L'employeur qui verse l'indemnité complémentaire peut faire procéder à une contre-visite par un médecin contrôleur. Si le salarié est jugé apte à reprendre son travail ou s'il est absent de son domicile, l'employeur peut cesser de verser cette indemnité. Il ne peut licencier le salarié.

– Obligation de loyauté pendant la maladie –

Un arrêt (Soc. 18 mars 2003) avait jugé que commettait une faute la salariée, en congé maladie, qui refusait de communiquer un mot de passe informatique nécessaire à la poursuite de l'activité alors qu'elle était la seule à le détenir ; par la suite, les juridictions ont jugé à plusieurs reprises que le salarié

en arrêt de maladie reste tenu à une obligation de loyauté vis-à-vis de son employeur ; celle-ci recouvre notamment l'obligation de :
- non-concurrence ;
- secret et confidentialité.

Les juridictions admettent cependant que, pendant l'arrêt de travail, le salarié puisse exercer des activités personnelles : effectuer un travail bénévole, passer un examen universitaire... mais il ne peut exercer une activité professionnelle concurrente (sauf si elle est très accessoire).

– Maladie et rupture du contrat de travail –

- La maladie n'est pas une cause de licenciement (C. trav. art. L. 1132-1) ; la sanction est la *nullité* du licenciement ; cependant si la maladie se prolonge ou donne lieu à des absences répétées, le licenciement peut être envisagé à une **double condition** :
  - qu'elle entraîne des **perturbations du fonctionnement de l'entreprise**, la désorganisation ne suffit pas (Soc. 2 déc. 2009) ;
  - que ces perturbations nécessitent le **remplacement définitif du salarié**. L'assemblée plénière de la Cour de cassation (arrêt du 22 avr. 2011) a précisé que le « remplacement définitif du salarié malade » s'entend de « l'embauche d'un autre salarié dans son emploi » (en l'espèce, au lieu d'embaucher un salarié, il avait été fait appel à une société extérieure). Mais l'état de santé ne permet pas d'imposer un changement d'affectation jugé discriminatoire (Soc. 20 mars 2011).
  - cette nécessité est appréciée en fonction de critères tels que l'emploi occupé par le salarié, l'effectif de l'entreprise (dans une entreprise de taille modeste, l'absence de l'unique secrétaire, par exemple, peut entraîner des perturbations importantes).
  - les conventions collectives prévoient parfois une durée nécessaire pour justifier la rupture du contrat de travail (généralement : 6 mois).
  - le caractère définitif du remplacement suppose, en principe, une embauche sous CDI ;
  - le remplacement doit avoir lieu « dans un délai raisonnable » ;
  - il ne peut avoir lieu pour une durée du travail inférieure à celle du contrat de travail du salarié licencié (Soc. 6 févr. 2008).

L'employeur devra suivre la procédure de licenciement et payer les différentes indemnités ; cependant l'indemnité compensatrice de préavis n'est pas due, le salarié ne pouvant travailler pendant le préavis.

› Inaptitude

Le médecin du travail ne peut constater l'inaptitude du salarié à son poste de travail qu'après avoir réalisé une étude :
- de ce poste ;
- des conditions de travail dans l'entreprise ;

- deux examens médicaux du salarié, espacés de 2 semaines sont effectués, accompagnés, éventuellement, d'examens complémentaires (mais un seul examen médical est nécessaire si le maintien du salarié à son poste de travail entraîne un danger immédiat pour la santé ou la sécurité du salarié).

Si le salarié est inapte à reprendre l'emploi qu'il occupait précédemment, l'employeur est tenu de lui proposer un autre emploi approprié à ses capacités.
- Le reclassement doit être recherché au sein de l'entreprise et, le cas échéant, du groupe (Soc. 28 mars 2007) ;
- si le reclassement est impossible ou si le salarié refuse toutes les propositions de reclassement, l'employeur peut procéder au licenciement pour inaptitude ; mais le refus du salarié de reprendre son travail sur un poste incompatible avec les préconisations du médecin du travail ne constitue pas une faute ; le licenciement est alors sans cause réelle et sérieuse (Soc. 23 sept. 2009) ;
- si l'employeur ne respecte pas l'obligation de reclassement, le licenciement sera considéré comme sans cause réelle et sérieuse.
- si le salarié n'est pas reclassé ou s'il n'est pas licencié, l'employeur doit reprendre le versement du salaire à l'issue du délai d'un mois à compter de la visite médicale de reprise du travail.

Le Code du travail interdit, dans l'hypothèse de l'inaptitude du salarié, la possibilité pour les parties, de signer une rupture conventionnelle (p. 146).

› Grossesse, maternité et adoption

Contrat de travail suspendu pendant les 16 semaines du congé de maternité (6 avant l'accouchement, 10 après) et pendant les 10 semaines du congé d'adoption. Des prolongations sont possibles.

› Accident du travail ou maladie professionnelle

Travail suspendu sans limitation de durée. À l'issue de la suspension, le salarié retrouve son emploi s'il y est déclaré apte par le médecin du travail ; dans le cas contraire, un emploi approprié à ses capacités doit lui être proposé.

› Grève : p. 374.

› Exercice de fonctions publiques ou professionnelles

C'est le cas des membres d'un conseil municipal, général ou régional, de représentants d'associations familiales, conseillers prud'homaux, jurés d'assises... L'employeur ne peut refuser la suspension. Suivant les cas, le salarié est payé ou non.

D'autres congés (voir p. 243 et s.) suspendent aussi le contrat de travail.

2 › Du fait de l'employeur

› Fermeture provisoire de l'entreprise

- Pour cas de force majeure : l'employeur est dispensé de verser la rémunération ; par contre, le *lock-out* est, sauf cas particuliers, illicite.
- À la suite d'une décision de justice ordonnant la fermeture temporaire (sanction d'un délit) : le salaire doit être versé.
- En cas d'intempéries : il existe une réglementation particulière pour les entreprises du bâtiment et des travaux publics.

› Mise à pied disciplinaire : page 211.

› Mise à pied pour raisons économiques

Il s'agit du chômage partiel (v. page 407).

b › La modification du contrat de travail

Une évolution de la jurisprudence s'est manifestée au cours de ces dernières années sur cette question ; pendant longtemps, la jurisprudence faisait une distinction entre les modifications « substantielles » et les modifications « non substantielles ».
Depuis des arrêts de 1992 et 1996, les tribunaux distinguent :
- *la modification du contrat de travail* ou *d'un élément qui a été déterminant* pour la conclusion du contrat, par nature ou par la volonté des parties ;
- *le changement des conditions de travail* par l'employeur, dans le cadre de son pouvoir de direction.

L'appréciation de la modification est faite par les tribunaux en fonction des circonstances de l'espèce.

Cette distinction a un enjeu important, en effet :
- l'employeur ne peut imposer au salarié une modification de son contrat ; si le salarié refuse, l'employeur peut, soit renoncer à la modification projetée, soit licencier le salarié ; il supporte le coût du licenciement ;
- par contre, le changement des conditions de travail s'impose au salarié ; son refus est fautif et constitue une cause réelle et sérieuse de licenciement.

1 › La notion de modification du contrat de travail

– Appréciation –

Elle consiste dans la modification :
- soit d'une clause insérée dans le contrat lui-même ;
- soit d'un élément essentiel par nature (ex. : la rémunération) ou qui a été jugé essentiel par les parties au moment de la conclusion du contrat.

À partir de la jurisprudence abondante sur ces questions, il est possible de dégager les situations suivantes :

Modifications	
de la rémunération	Toute modification « même minime » de la rémunération constitue une modification du contrat ; il en est de même : – pour une modification du mode de fixation ou de calcul de la rémunération, même si l'employeur prétend que le nouveau mode est plus favorable (Soc. 3 mai 2000) ; – pour la suppression d'un avantage en nature (logement de fonction, véhicule... Soc. 12 juin 2014). Est nulle toute clause du contrat de travail autorisant l'employeur à modifier unilatéralement la rémunération du salarié (Soc. 30 mai 2000).
du lieu de travail	La mention du lieu de travail dans le contrat n'a qu'une valeur d'information, à moins qu'il ne soit stipulé par une clause *claire et précise* que le salarié exécutera son travail exclusivement dans ce lieu (Soc. 3 juill. 2003 – 2 arrêts et Soc. 21 janv. 2004). Il n'y a modification du contrat de travail que dans le cas où le nouveau lieu de travail est situé dans un secteur géographique différent de celui dans lequel le salarié travaillait auparavant. La notion de secteur géographique s'apprécie « de façon objective » (Soc. 15 juin 2004), en tenant compte, par exemple, des moyens de transport disponibles, des voies de communication... – Si le contrat de travail (ou la convention collective, communiquée au salarié) comporte une clause de mobilité, l'employeur peut imposer un changement de lieu de travail, même au-delà du secteur géographique mais la mise en œuvre de la clause est soumise à des règles (p. 107). – Certains emplois sont par nature « mobiles » et ne sont pas limités à un secteur géographique (*ex. :* chauffeurs routiers...). – Le salarié ne peut refuser les déplacements occasionnels liés à sa fonction (Soc. 22 janv. 2003 ; Soc. 3 févr. 2010).
de la durée du travail	– Lorsqu'elle est mentionnée au contrat, elle constitue un élément du contrat (Soc. 20 oct. 1998) ; – la transformation d'un emploi à temps complet en temps partiel s'analyse en une modification du contrat ; – l'accomplissement d'heures supplémentaires, dans les limites légales ou conventionnelles autorisées, constitue un simple changement des conditions de travail ; – la seule diminution du nombre d'heures prévue dans le contrat de travail, en application d'un accord de RTT, ne constitue pas une modification du contrat (C. trav. art. L. 1222-7) sauf si elle s'accompagne d'une diminution de la rémunération. – l'instauration d'une modulation du temps de travail (la mise en place d'une répartition des horaires sur une période supérieure à la semaine) ne constitue pas une modification du contrat de travail (L. 22 mars 2012).
des horaires de travail	Les horaires de travail ne sont pas en principe un élément du contrat de travail, sauf pour les salariés à temps partiel. L'organisation des horaires relève du pouvoir de direction de l'employeur (Soc. 22 févr. 2000), cependant, certains changements importants peuvent être considérés comme une modification du

	contrat (*ex.* : passage d'un horaire de jour à un horaire de nuit ou d'un horaire variable à un horaire fixe – Soc. 24 janv. 2007 ; atteinte excessive au droit au respect de la vie personnelle et familiale du salarié ou à son droit au repos – Soc. 3 nov. 2011).
des fonctions	Le changement d'attributions ne constitue une modification du contrat de travail que s'il s'accompagne d'une baisse de la rémunération ou d'un retrait des responsabilités. La mutation du salarié à un autre poste ne constitue qu'un simple changement des conditions de travail si le nouveau poste correspond à la qualification du salarié (Soc. 10 mai 1999) ou entre dans la spécificité de la fonction (Soc. 11 janv. 2003). Mais une diminution importante des responsabilités constitue une modification du contrat de travail (Soc. 6 avr. 2011). Une rétrogradation prononcée au titre d'une sanction disciplinaire peut être refusée par le salarié. L'employeur peut alors prononcer une autre sanction pouvant aller jusqu'au licenciement.

– Mise en œuvre de la modification –

– *Mise en œuvre de bonne foi*

La mutation du salarié doit être dictée par un motif objectif lié à l'intérêt de l'entreprise.

– *Procédure*

- *Si la modification du contrat de travail intervient pour un motif économique (C. trav. art. L. 1222-6) :*

– l'employeur doit en informer le salarié, par lettre recommandée avec accusé de réception, en lui indiquant qu'il dispose d'un délai d'*un mois* pour faire connaître son refus ; à défaut de réponse dans ce délai, le salarié est réputé avoir accepté la modification ;
– en cas de refus du salarié, la procédure de licenciement pour motif économique pourra être engagée.

L'employeur devra attendre la fin du délai de réflexion pour permettre au salarié de se prononcer sur l'ensemble des modifications (Soc. 10 déc. 2003). Il est donc prudent d'attendre l'expiration du délai d'un mois avant d'initier une procédure de licenciement.

Lorsqu'au moins 10 salariés refusent la modification d'un élément essentiel de leur contrat de travail, et que leur licenciement est envisagé, l'employeur est soumis à la procédure spécifique de licenciement pour motif économique.

L'accord de maintien de l'emploi, négocié par les syndicats majoritaires et l'employeur, autorise une modification du contrat de travail en contrepartie d'un engagement de l'employeur de ne pas licencier pour motif économique (p. 166).

- *Dans les autres cas (modification du contrat pour un motif autre qu'économique ou changement des conditions d'exécution du travail) :*

Aucune formalité n'est imposée à l'employeur, mais, en pratique, l'envoi d'une lettre est fortement recommandé.

2 › Le changement des conditions de travail

Il relève du pouvoir de direction de l'employeur et s'impose au salarié[1].

- Le refus par le salarié est fautif et constitue une cause réelle et sérieuse de licenciement ; la Cour de cassation a, en effet modifié sa jurisprudence : dans un arrêt du 23 février 2005, elle a jugé, contrairement à des arrêts antérieurs, que le refus ne constitue plus à lui seul une faute grave ;
- dans cette même décision, la cour juge que la bonne foi de l'employeur est présumée ; c'est au salarié qu'il appartient de prouver que la décision de l'employeur a été en réalité prise pour des motifs étrangers à l'intérêt de l'entreprise ou bien qu'elle a été mise en œuvre dans des conditions exclusives de la bonne foi contractuelle.

C › La modification dans la situation juridique de l'employeur

Dans un chapitre intitulé « transfert des contrats de travail », l'article L. 1224-1 du Code du travail dispose :

■ « Lorsque survient une modification de la situation juridique de l'employeur, notamment par succession, vente, fusion, transformation du fonds, mise en société de l'entreprise, tous les contrats de travail en cours au jour de la modification subsistent avec le nouvel employeur et le personnel de l'entreprise. »

Cette disposition a pour objet, dans un souci de protection de l'emploi, d'écarter le principe général de l'effet relatif des contrats posé par l'article 1165 du Code civil selon lequel « les conventions n'ont d'effet qu'entre les parties contractantes ».

Il s'agit d'une règle d'ordre public, à laquelle il ne peut être dérogé (Soc. 13 juin 1990).

L'emploi du terme « notamment » dans cet article a alimenté une jurisprudence abondante, tant sur le plan national que communautaire.

Les salariés doivent être informés quand le propriétaire d'un fonds veut le céder. Cette information doit être faite au moins deux mois avant la cession ou en même temps qu'au CE (L. relative à l'économie sociale et solidaire, 31 juill. 2014).

1 › Les conditions d'application de l'article L. 1224-1

Selon la jurisprudence actuelle, cet article s'applique si les conditions suivantes sont réunies :

- il doit y avoir existence d'une *entité économique autonome* ;
- cette entité doit être *transférée* ;
- l'activité doit être poursuivie.

---

(1) Un salarié protégé ne peut toutefois se voir imposer un changement de ses conditions de travail.

– Existence d'une entité économique autonome –

L'autonomie exigée n'est pas nécessairement juridique ; « l'entité économique autonome » s'entend comme :

- « un ensemble organisé de personnes et d'éléments corporels ou incorporels permettant l'exercice d'une activité économique poursuivant un objectif propre » (Soc. 7 juill. 1998, 9 févr. 2000, 11 juin 2002 et CJCE : 10 déc. 1998, 2 déc. 1999).
- « un ensemble organisé de moyens, en vue de la poursuite d'une activité économique, que celle-ci soit essentielle ou accessoire » (Directive CE du 12 mars 2001).

exemples :

services de restauration d'une école, transférés à une entreprise spécialisée ; il en est de même pour un centre hospitalier (Soc. 27 mai 2009) ; rayon de boucherie dans un supermarché (Soc. 26 sept. 1990) ; dépôt de presse au sein d'une librairie-papeterie (Soc. 6 nov. 1991) ; changement de concessionnaire exclusif de la vente de véhicules automobiles d'une marque (Soc. 11 juin 2002).

La jurisprudence retient aussi parfois le critère de l'existence d'une clientèle propre.

exemple :

commercialisation d'une marque avec la clientèle qui y est attachée (Soc. 9 févr. 2000 et 14 mai 2003).

Les tribunaux se sont aussi prononcés, dans des sens parfois contradictoires, sur la question de savoir si l'article L. 1224-1 s'applique dans le cas *d'une prestation de services* (ex. : nettoyage, restauration...) et en cas de *perte d'un marché* ; la jurisprudence est la suivante :

- « la seule perte d'un marché » ne justifie pas l'application de l'article L. 1224-1 (Cass. 16 mars 1990) ; cette jurisprudence est également celle de la CJCE : « la simple perte d'un marché de services au profit d'un concurrent ne saurait par elle-même révéler l'existence d'un transfert » (CJCE, 11 mars 1997) ;
- un marché n'est pas, en soi, une entité économique autonome (Soc. 18 déc. 2000) ; le juge doit constater que le nouveau titulaire du marché a repris des éléments d'actif corporels ou incorporels nécessaires à l'exploitation de l'entité, à l'occasion de la conclusion du nouveau marché (Soc. 25 juin 2002) : il doit donc y avoir transfert des moyens d'exploitation (locaux, matériels...), « nécessaires et significatifs » (Soc. 17 juin 2009).

– Transfert de l'entité –

Sur cette question, la jurisprudence a évolué : après avoir exigé (Ass. plén., 1985) l'existence d'un lien de droit entre les deux employeurs successifs, la Cour de cassation écarte actuellement cette exigence, conformément à la jurisprudence de la CJCE ; l'article L. 1224-1 s'applique « à tout transfert d'une entité économique conservant son identité et dont l'activité est poursuivie ou reprise » (Ass. plénière 16 mars 1990).

– Poursuite de l'activité –

Le repreneur doit maintenir une activité identique et similaire.

exemple :

l'article L. 1224-1 ne s'applique pas lorsqu'une entreprise confie la charge de sa distribution, qu'elle assurait elle-même antérieurement, à une entreprise de transport de marchandises de la société cédante (Soc. 12 déc. 1990).

Les circonstances que le repreneur soit une personne morale de droit public ne font pas obstacle à l'application de l'article L. 1224-1 (*ex.* : commune poursuivant l'activité d'une association – CJCE 26 sept. 2000).

2 › Les effets de l'application de l'article L. 1224-1

– Le transfert est d'ordre public –

Il ne peut être refusé, ni par les deux employeurs successifs, ni par le salarié.
Le salarié qui refuse de poursuivre le travail au service du nouvel employeur commet une faute pouvant justifier son licenciement.
Le transfert concerne exclusivement les salariés affectés à l'activité transférée.
Le salarié repris peut s'opposer à des modifications autres que le changement d'employeur ; cela pourrait entraîner la résiliation aux torts du nouvel employeur (Soc. 30 mars 2010).

– Le principe : la poursuite des contrats de travail en cours –

Droits individuels des salariés	– Les contrats de travail en cours sont transférés avec tous leurs éléments : classification, salaire, ancienneté, régime de retraite... Cette obligation est, en pratique, le véritable intérêt de la question.
Droits collectifs	– Les conventions et accords collectifs ne sont pas transférés ; conformément aux règles applicables en matière de dénonciation, ils continuent à s'appliquer pendant un an pour permettre, dans ce délai, une négociation ; – les usages et engagements unilatéraux pris par l'ancien employeur sont transférés ; le nouvel employeur a la possibilité de les dénoncer selon la procédure exposée page 355 ; – les mandats des représentants du personnel subsistent.

– Le licenciement du personnel affecté à l'activité transférée –

Préalable au transfert	L'article L. 1224-1 ne fait pas obstacle à des licenciements antérieurs à la cession s'ils sont justifiés par des raisons économiques ou des mutations technologiques impliquant des suppressions d'emplois.
Prononcé à l'occasion du transfert	– Il est privé d'effet (Soc. 20 mars 2002) ; le salarié peut, à son choix, demander : • au repreneur la poursuite du contrat de travail illégalement rompu ; • ou à l'auteur du licenciement illégal la réparation du préjudice subi.
Postérieur au transfert	Le nouvel employeur pourra procéder aux licenciements nécessaires aux intérêts de l'entreprise, mais il en supportera le coût.

– Cas des entreprises en difficulté –

Lorsque le tribunal arrête un plan de cession avec reprise de tout ou partie des salariés, les salariés inclus dans ce plan de cession bénéficient de l'application de l'article L. 1224-1 ; ceux qui ne sont pas inclus dans ce plan de cession sont considérés comme licenciés ; le coût de leur licenciement entre dans les charges de l'entreprise.

d › Le détachement du salarié

Le salarié est mis à la disposition d'une autre entreprise ; il exerce alors son activité dans une entreprise autre que celle avec laquelle a été conclu son contrat de travail ; la mise à disposition s'effectue généralement dans le cadre d'un contrat.

- Il n'y a pas, en principe, changement d'employeur ; l'employeur initial continue à assurer ses obligations ; la rémunération du salarié est généralement versée par l'entreprise prêteuse qui se fait rembourser par l'entreprise utilisatrice. Les tribunaux peuvent néanmoins rechercher s'il y a eu transfert du lien de subordination (ce sera le cas, par exemple, en cas de mutation du salarié dans une société appartenant au même groupe).

  Cette situation doit être distinguée :
  - de la prestation de services : contrat par lequel une entreprise offre à une autre un travail ou un service réalisé par son propre personnel, qui reste sous sa subordination ;
  - du transfert du salarié : il y a alors deux contrats de travail successifs.

- À l'issue du détachement, le salarié doit être réintégré ; son licenciement ne peut intervenir que pour un motif autre que celui qui a provoqué la fin du détachement (Soc. 20 juin 2000).
- Le détachement ne doit pas être réalisé dans un but lucratif, faute de quoi il constituerait le délit de marchandage (p. 101).

Dans les réformes annoncées en juin 2015 par le gouvernement, il est prévu que l'entreprise dont le sous-traitant aura commis une fraude aux travailleurs détachés sera plus facilement poursuivie financièrement. Elle pourra être solidairement responsable des fraudes de son sous-traitant (non-paiement des cotisations sociales, non-respect du salaire minimum).

Certaines dénoncent un « trafic de main d'œuvre » important (les charges sociales seraient payées par le pays d'origine, cela permettrait de baisser les coûts de 27 % environ, Biancotto *in Le Moniteur*).

Le « détachement » désigne aussi la situation des salariés travaillant temporairement à l'étranger (on parle aussi « d'expatriation ») ; les questions essentielles posées par l'expatriation concernent le droit de la Sécurité sociale.

> III
Les différents types de contrats de travail

> A
Le contrat à durée indéterminée

C'est le contrat conclu sans que le terme soit fixé d'avance. La loi du 25 juin 2008 a modifié l'article L. 1221-2 du Code du travail mais le principe n'a pas changé : « le contrat de travail à durée indéterminée est la forme normale et générale de la relation de travail ». Toutefois, la pratique a vu se multiplier d'autres types de contrats.

> B
Le contrat de travail à temps partiel

Il constitue un élément de flexibilité pour l'entreprise ; pour les salariés, il peut constituer un choix, mais il est le plus souvent subi. Il est réglementé par les articles L. 3123-1 et s. du Code du travail.

- Est considéré comme salarié à temps partiel le salarié dont la durée du travail *est inférieure à la durée légale du travail* ou, lorsque cette durée est inférieure à la durée légale, à la durée fixée conventionnellement pour la branche ou l'entreprise ou à la durée applicable dans l'établissement.

La durée du travail peut être calculée sur la semaine ou le mois : périodes inférieures à la durée légale ou conventionnelle ; l'année (limite : 1 607 heures sur l'année, ou durée conventionnelle fixée pour la branche ou l'entreprise).
La loi du 14 juin 2013 comporte une série de mesures visant à mieux protéger les salariés à temps partiel : une durée de travail de 24 h minimum (sauf exceptions pour les salariés employés par des particuliers, les étudiants de moins de 26 ans, si le salarié ayant plusieurs employeurs le souhaite), une majoration de rémunération dès la 1re heure supplémentaire, une obligation de négocier dans les branches qui recourent structurellement au temps partiel (au moins 1/3 des salariés à temps partiel).
La loi du 20 décembre 2014 a autorisé le gouvernement à prendre par ordonnances les mesures de simplification et de sécurisation. Une ordonnance du 29 janvier 2015 apporte des précisions sur les contrats de travail signés avant la loi du 14 juin 2013 : le salarié dont le contrat à temps partiel comporte une durée du travail inférieure au seuil minimal et qui souhaite voir son temps de travail augmenté à cette hauteur, dispose d'une priorité pour accéder à un emploi à temps partiel d'une durée de 24 h.

a › Mise en place

La pratique des horaires à temps partiel peut se faire :
- sur la base d'une convention collective ou d'un accord de branche étendu ou d'un accord d'entreprise ou d'établissement ;
- en l'absence d'accord, après avis des représentants du personnel ;
- en l'absence de représentants du personnel, à l'initiative de l'employeur ou à la demande des salariés, après information de l'inspecteur du travail.

b › Initiative

1 › L'employeur

L'employeur peut embaucher librement par contrat à temps partiel, mais :
- le passage à temps partiel d'un salarié à temps plein constitue pour lui une modification du contrat de travail qui obéit aux règles exposées p. 119 ;
- le refus du salarié de travailler à temps partiel ne constitue ni une faute, ni un motif de licenciement ; le licenciement peut cependant être prononcé, si l'employeur justifie d'une cause économique ayant nécessité le temps partiel (Soc. 24 nov. 1998) ;
- dans certains cas, l'employeur est obligé de proposer un temps partiel, pour les salariés :
  - bénéficiant d'un mi-temps thérapeutique ;
  - déclarés inaptes à la suite d'un accident du travail ou d'une maladie professionnelle ;
  - concernés par un projet de licenciement pour motif économique, s'ils ont demandé à bénéficier de la priorité de réembauchage ;
  - dans les cas d'un congé de solidarité ou de soutien familial.

2 › Le salarié

- Le salarié peut demander, par lettre recommandée avec accusé de réception, à travailler à temps partiel ; l'entreprise doit répondre dans les trois mois et 6 mois au moins avant la mise en œuvre du contrat ;
- cette demande peut être faite, notamment pour des raisons familiales (C. trav. art. L. 3123-7) ;
- les salariés en poste à temps complet dans l'entreprise ont priorité pour l'attribution d'un emploi à temps partiel, s'ils ont la qualification professionnelle requise ; ils doivent être volontaires.

Cette priorité joue aussi pour les salariés à temps partiel qui souhaitent occuper ou reprendre un temps plein ; selon la Cour de cassation, elle concerne également les salariés qui souhaitent simplement accroître leur temps de travail (Soc. 24 sept. 2008) ; mais s'ils étaient en CDI, leur nouveau contrat peut devenir un CDD.
- Dans certains cas (de congé parental, de solidarité familiale, pour création d'entreprise...) le salarié a le choix entre le congé ou une activité à temps partiel.

Un avenant au contrat de travail doit être établi.

c › Le contrat

Forme	Il doit être écrit et comporter des mentions obligatoires (*ex.* : répartition de la durée du travail, délai de prévenance des modifications essentielles, des variations possibles...). À défaut d'écrit, le salarié est présumé travailler à temps plein.
Principales dispositions	– La période d'essai d'un salarié à temps partiel ne peut avoir une durée calendaire supérieure à celle d'un salarié à temps complet. – La répartition hebdomadaire, mensuelle ou annuelle des horaires doit être mentionnée ; cette répartition constitue un élément du contrat de travail qui ne peut être modifié sans l'accord du salarié (Soc. 12 oct. 1999). – Doivent être indiqués les cas dans lesquels une modification de la répartition peut intervenir ; le salarié doit être prévenu 7 jours à l'avance (un accord de branche peut réduire ce délai à 3 jours). – Les horaires de travail ne peuvent comporter, au cours d'une même période, plus d'une coupure supérieure à 2 heures (sauf accord collectif étendu ou pour certaines professions). – **Les heures complémentaires :** – ce sont les heures effectuées au-delà de la durée du travail fixée par le contrat ; – leur nombre est plafonné et elles ne peuvent avoir pour effet de porter la durée du travail d'un salarié au niveau de la durée légale (ou conventionnelle) du travail à défaut, le contrat est réputé être conclu à temps plein, dès la première irrégularité (Soc. 17 déc. 2014) ; – les heures complémentaires accomplies dans la limite légale « donnent lieu à une majoration du salaire de 10 % » (L. 14 juin 2013). – le refus d'effectuer des heures complémentaires au-delà des limites fixées par le contrat ne peut constituer un motif de licenciement. – l'employeur peut temporairement augmenter la durée du travail (et échapper au paiement des heures complémentaires en signant un « complément d'heures » (L. 14 juin 2013).

d › Le statut du salarié

Il y a égalité des droits entre salariés à temps partiel et salariés à temps complet.

Sur le plan individuel	– La rémunération du salarié à temps partiel est proportionnelle à celle du salarié qui, à qualification égale, occupe, à temps complet, un emploi équivalent dans l'entreprise ; – l'ancienneté, le droit aux congés payés s'apprécient normalement au prorata du temps de travail ; – depuis la loi du 20 août 2008, les salariés à temps partiel ne sont plus exclus des dispositifs d'aménagement du temps de travail.
Sur le plan collectif	Les salariés à temps partiel bénéficient des mêmes droits que les salariés à temps plein. Pour le calcul des effectifs dans l'entreprise, ils sont pris en compte au prorata de leur temps de présence.

> C Le contrat de travail à durée déterminée

La pratique de ce type de contrat est ancienne et s'est fortement développée. Des textes successifs sont intervenus, soit pour en limiter l'utilisation, en raison d'abus (1982, 1990 et 2002), soit au contraire, pour élargir les cas de recours possibles (1986).
Il est actuellement réglementé par les articles L. 1242-1 à 1248-11 du Code du travail.
Le terme du CDD peut être :
- fixé précisément dans le contrat (contrat « de date à date ») ;
- ou être incertain (*ex.* : tour du salarié absent, fin de chantier...).

Cependant, doivent obligatoirement avoir un terme précis les contrats conclus pour :
- une augmentation temporaire d'activité ;
- le remplacement d'un poste devant prochainement disparaître.

a › Cas de recours

• › Autorisés

Le recours à ce type de contrat est strictement réglementé ; il ne peut avoir « ni pour objet ni pour effet de pourvoir durablement un emploi lié à l'activité *normale* et *permanente* de l'entreprise » et il ne peut être conclu « que pour l'exécution d'une tâche *précise* et *temporaire* » (C. trav. art. L. 1242-1 et L. 1242-2).
Les cas de recours à ces contrats qui peuvent être conclus pour « l'exécution d'une tâche précise et temporaire » sont actuellement énumérés de façon limitative par l'article L. 1242-2 ; ce sont les suivants ; c'est l'employeur qui doit rapporter la preuve de la réalité du motif de recours (notamment Soc. 15 sept. 2010) :

Remplacement d'un salarié **Le contrat ne peut être conclu que pour le remplacement d'un seul salarié absent, même si plusieurs salariés sont successivement absents.**	– En cas : – d'absence (ex : pour maladie, congés...) ; – de passage provisoire à temps partiel (ex : dans le cadre d'un congé parental à temps partiel...) ; – de suspension du contrat de travail ; – de départ définitif d'un salarié dont le poste doit être supprimé (dans cette hypothèse, les représentants du personnel doivent être consultés) ; – d'attente de l'entrée en service d'un salarié sous CDI mais qui n'est pas immédiatement disponible. – Cas du remplacement d'un chef d'entreprise artisanale, industrielle, commerciale ou agricole ou d'une personne exerçant une profession libérale, de son conjoint s'il participe effectivement à l'activité.

Accroissement temporaire d'activité	– Le surcroît d'activité ne doit pas être durable et ne doit pas s'inscrire dans le cadre de l'activité normale et permanente de l'entreprise (*ex. :* travaux liés à la sécurité, commande exceptionnelle à l'exportation, tâche occasionnelle et non durable) mais ce surcroît peut être habituel, cyclique, tant qu'il reste temporaire (Soc. 25 mars 2015). N'entrent pas dans ce cadre : – le lancement d'un nouveau produit (Soc. 6 mai 2009) ; – le surcroît d'activité entraîné par le rachat d'un magasin (Soc. 13 janv. 2009). – L'employeur n'a pas l'obligation d'affecter la personne embauchée sous CDD à des tâches directement liées à l'augmentation de l'activité (Soc. 18 févr. 2003) ; c'est la pratique dite du « glissement ».
Emplois à caractère saisonnier ou « d'usage »	– *Emplois saisonniers :* Il s'agit de tâches « appelées à se répéter chaque année à des dates à peu près fixes, en fonction du rythme des saisons ou des modes de vie collectifs » (Soc. 12 oct. 1999) (*ex. :* dans l'agriculture, le tourisme...). (Soc. 30 sept. 2014). – *Emplois « d'usage » :* C'est-à-dire pour lesquels il est d'usage constant de ne pas recourir à un CDI. La liste de ces secteurs est fixée par le décret 1242-1 (ex : hôtellerie et restauration, sport professionnel, audiovisuel, activités foraines...). Le secteur du tourisme en est exclu (Soc. 15 oct. 2014). Il a été jugé que la conclusion de CDD d'usage avec le même salarié devait être justifiée « par des raisons objectives, qui s'entendent de l'existence d'éléments concrets établissant le caractère par nature temporaire de l'emploi concerné » (Soc. 23 janv. 2008, Soc. 4 mars 2015).

Le recours au CDD est aussi possible dans le cas de contrats spécifiques tels que :
- le contrat unique d'insertion (page 377) ;
- les contrats d'apprentissage, de professionnalisation (pages 39 et 376) ;
- le CDD « senior » (page 378) ;
- le contrat de « vendanges » : il est conclu pour une durée maximale d'un mois ; un même salarié peut recourir à plusieurs contrats vendanges successifs à condition que le cumul des contrats n'excède pas une durée de 2 mois sur une période de 12 mois. Ce type de contrat est en hausse depuis trois ans.

• › Interdits

Un employeur ne peut embaucher un salarié sous CDD pour :
- remplacer un salarié gréviste ;
- un accroissement temporaire de l'activité y compris pour une tâche occasionnelle précisément définie et non durable, dans les 6 mois suivant un licenciement pour motif économique ;

– faire effectuer des travaux particulièrement dangereux ; leur liste a été établie par arrêté ; il s'agit de travaux exposant à certains agents chimiques. Ces salariés doivent bénéficier « d'une formation renforcée à la sécurité ».

b › Forme

– Le contrat doit être écrit ; à défaut, il est réputé être à durée indéterminée sans que l'employeur puisse apporter la preuve contraire (Soc. 2 avr. 2003, 22 févr. 2006) ;
– il doit porter des mentions obligatoires qui sont précisément énumérées par le Code du travail (*ex.* : motif du recours, désignation du poste, date d'échéance du terme et éventuellement, conditions du renouvellement...) ;
– il doit être remis au salarié au plus tard dans les 2 jours ouvrables suivant l'embauche ;
– CDD à objet défini (p. 134) des mentions spéciales doivent être incluses (art. 1242-12-1 C. trav.).

c › Durée

Le CDD doit comporter un terme fixé dès sa conclusion ; cependant, dans certains cas, il peut être simplement conclu pour une durée minimale.

Contrats avec un terme précis	Contrats sans un terme précis avec une durée minimale

Durée maximale : *18 mois*, renouvellement compris ; cette durée est :
– ramenée à 9 mois :
  – en cas d'attente de l'entrée en service d'un salarié recruté en CDI ;
  – réalisation de travaux urgents nécessités pour des raisons de sécurité ;
– portée à 24 mois :
  – si le contrat est exécuté à l'étranger ;
  – en cas de départ définitif d'un salarié précédant la suppression de son poste ;
  – pour une commande exceptionnelle à l'exportation ;
  – entre 18 et 36 mois dans le cas de recrutement d'ingénieurs et de cadres ;
  – pour certains contrats destinés à assurer un complément de formation ou à favoriser l'embauche (CUI...).
	Contrats conclus :
	– pour remplacer un salarié absent (*ex.* : maladie) ou dont le contrat de travail est suspendu (sauf remplacement d'un salarié passé provisoirement à temps partiel) ;
	– dans l'attente de l'entrée en service d'un salarié recruté sous CDI ;
	– pour des emplois saisonniers ou des contrats « d'usage ».
	Le CDD a alors pour terme la fin de l'absence du salarié ou la réalisation de l'objet pour lequel il a été conclu. Une durée minimale doit être convenue entre les parties. Ce qui signifie que le contrat ne peut être rompu avant l'expiration de cette durée minimale, même si le salarié absent a repris son poste... Soc. 2 avr. 2014.

d › Contrats successifs

– Succession de contrats sur un même poste –

L'employeur doit respecter un *délai de carence* ; si un poste de travail a été occupé par un salarié sous CDD, il n'est pas possible, pour pourvoir à ce même poste, de recourir à un nouveau CDD avant l'expiration du délai qui est fonction de la durée totale (renouvellement inclus) du contrat initial :

Contrat initial d'une durée au moins égale à 14 jours.	Délai de carence égal au 1/3 de la durée du contrat initial.
Contrat initial d'une durée inférieure à 14 jours.	Délai de carence égal à la moitié de la durée totale du contrat initial.

Le délai de carence peut ne pas être respecté dans certains cas (*ex.* : nouvelle absence du salarié remplacé, travaux urgents, CDD d'usage...).

– Succession de contrats avec un même salarié –

Si la relation de travail se poursuit à l'issue du terme du CDD, celui-ci devient un CDI (C. trav. art. L. 1243-11), l'ancienneté acquise demeure.
Cependant, la succession de CDD avec un même salarié est possible dans les cas suivants :
- remplacement d'un salarié absent ou dont le contrat est suspendu ;
- emplois saisonniers ou « d'usage » ;
- remplacement d'un chef d'entreprise.

Mais l'employeur ne peut recourir de façon systématique à des CDD pour faire face à un besoin structurel de main-d'œuvre (Soc. 11 oct. 2006, 25 juin 2014).

e › Période d'essai

Elle doit être expressément prévue dans le contrat et ne peut excéder un jour par semaine, dans la limite de :

2 semaines	Contrat d'une durée au plus égale à 6 mois.
1 mois	Contrats d'une durée supérieure à 6 mois.

« Lorsque le contrat ne comporte pas de terme précis, la période d'essai est calculée par rapport à la durée minimale du contrat ». (art. 1242-10)

f › Statut du salarié

- Les salariés sous CDD bénéficient d'une égalité de traitement (rémunération, droits à congés payés...) avec les salariés sous CDI placés dans des conditions comparables, sauf si la différence est justifiée par des raisons objectives ;
- ils sont pris en compte dans l'effectif de l'entreprise au prorata de leur temps de présence dans l'entreprise au cours des 12 mois précédents ; ils sont exclus du décompte de l'effectif s'ils remplacent un salarié absent ou dont le contrat de travail est suspendu.

g › Fin du contrat

Le CDD est rompu de plein droit *à l'arrivée du terme* ; sa rupture anticipée ne peut intervenir qu'en cas :

- d'accord des parties (volonté claire et non équivoque) ;
- de force majeure (*ex.* : suppression du poste du salarié remplacé, liquidation judiciaire de l'entreprise) ; un contrat saisonnier conclu sous terme précis « a pour terme la réalisation de l'objet pour lequel il a été conclu » (Soc. 15 oct. 2014) ;
- de faute grave (ou lourde) du salarié ou de l'employeur (*ex.* : le non-versement de salaires...) ; si la rupture intervient pour faute du salarié, l'employeur doit respecter la procédure disciplinaire ;
- d'initiative du salarié, s'il justifie d'une embauche sous CDI (un délai de préavis doit être respecté, de 2 semaines maximum).
- d'inaptitude constatée par le médecin du travail;
- de rupture par l'une ou l'autre partie pour un motif réel et sérieux (18 mois après sa conclusion puis à la date anniversaire de sa conclusion).

Toute clause prévoyant par avance la rupture anticipée du CDD par l'employeur pour d'autres motifs est nulle.

En cas de *rupture anticipée injustifiée*, le salarié a droit à :

- des dommages et intérêts d'un montant au moins égal aux rémunérations brutes qu'il aurait perçues si le contrat avait été mené à son terme (pour les CDD sans terme précis : en fonction de la durée prévisible du contrat) ;
- l'indemnité compensatrice de congés payés ;
- l'indemnité de fin de contrat.

Une modification du CDD sans l'accord du salarié s'analyse comme une rupture anticipée de contrat.

h › Indemnité de fin de contrat

Elle est versée aux termes du contrat, indépendamment des dommages et intérêts pour rupture anticipée (loi du 20 déc. 2014) car elle vise à compenser la précarité de la situation du salarié ; elle est égale à 10 % de la rémunération brute du salarié ; toutefois son montant peut être réduit à 6 % lorsqu'un accord de branche étendu ou accord d'entreprise ou d'établissement prévoit des contreparties en termes d'accès à la formation professionnelle (*ex.* : actions de développement de compétences, bilan de compétences).

Elle *n'est pas due* en cas :	L'indemnité de fin de contrat *est due* en cas :
– de rupture anticipée du contrat par le salarié, ou pour faute grave ou force majeure ; – de requalification du contrat en CDI ; – de conclusion d'un CDI à l'issue du CDD ; – de refus du salarié de conclure un CDI à l'issue du CDD ; – d'emplois saisonniers, de contrats d'usage ;	– de rupture du contrat à l'échéance du terme ; – de rupture anticipée du contrat par l'employeur, non motivée par la faute grave du salarié ou la force majeure. – contrats entrant dans la politique de l'emploi ; – jeunes : dans la période comprise pendant leurs vacances scolaires ou universitaires (sauf si la durée du CDD excède la période de vacances). Le Conseil constitutionnel par décision du 13 juin 2014 a jugé ces dispositions conformes à la Constitution.

L'indemnité de précarité doit être exclue du champ de comparaison à effectuer pour s'assurer du respect du principe de l'égalité de traitement entre salariés (Soc. 10 oct. 2012).

i › Requalification du contrat

Tout CDD conclu en violation des dispositions légales est réputé avoir été conclu pour une durée indéterminée. Lorsque le CDD devient, du seul fait de la poursuite de la relation de travail après l'échéance du terme, un CDI, les règles propres à la rupture d'un tel contrat s'appliquent de plein droit (Soc. 13 déc. 2007 et jurisprudence constante).
Les règles relatives au CDD ayant été édictées en vue de protéger le salarié, lui seul peut se prévaloir de leur inobservation ; cependant les organisations syndicales représentatives peuvent également être autorisées à agir et les représentants du personnel ont un droit d'action en cas de recours abusif aux CDD.
Le salarié peut porter directement sa demande devant le bureau de jugement du Conseil de prud'hommes (C. trav. art. L. 1245-2) à titre principal ou non (Soc. 22 sept. 2010) ; celui-ci doit statuer dans le délai d'un mois ; le salarié a droit à :
- une *indemnité de requalification* : 1 mois de salaire minimum ; la référence est celle du « dernier salaire » (Soc. 17 juin 2005), cependant, cette indemnité n'est pas due si le CDD devient automatiquement un CDI, du seul fait de la poursuite de la relation de travail après l'échéance du terme sauf si la demande s'appuie sur une irrégularité du CDD initial (Soc. 22 mars 2006) ; si le CDD est requalifié en CDI « le salarié (est) réputé avoir occupé un emploi à durée indéterminée depuis le jour de sa première embauche » (Soc. 6 nov. 2013).
- s'il y a rupture du contrat : aux *indemnités* en cas de rupture d'un CDI.

Des *sanctions pénales* sont encourues dans certains cas par l'employeur (*ex.* : violation des règles relatives aux motifs et interdictions de recours au CDD, à la durée, au délai de carence...) : amende de 3 750 €, emprisonnement de 6 mois et 7 500 € d'amende en cas de récidive.

> D
Le contrat à durée déterminée « à objet défini »

Appelé aussi « CDD de projet », il a été créé par la loi du 25 juin 2008 à titre expérimental pour une période de 5 ans puis de 6 ans (L. 22 juill. 2013) ; la loi du 20 décembre 2014 relative à la simplification de la vie des entreprises a définitivement consacré ce CDD.

Conditions	Le recours à ce contrat est subordonné à la conclusion d'un accord de branche étendu ou, à défaut, d'un accord d'entreprise ; cet accord doit définir : – les nécessités économiques auxquelles ces contrats sont susceptibles d'apporter une réponse adaptée ; – les conditions dans lesquelles les salariés bénéficient de garanties relatives à l'aide au reclassement, à la validation des acquis de l'expérience, à la priorité de réembauchage et à la formation professionnelle continue ; – les conditions dans lesquelles les salariés ont priorité d'accès aux emplois en CDI dans l'entreprise.
Salariés concernés	Les ingénieurs et cadres, au sens des conventions collectives.
Forme	Le contrat doit obligatoirement être établi par écrit et comporter des mentions obligatoires : clause descriptive du projet, définition des tâches, événement ou résultat objectif déterminant la fin de la relation contractuelle…

Régime juridique	Le contrat est régi par les dispositions applicables aux CDD, *sauf en ce qui concerne les points suivants* :
	– *Sa durée*
	  – minimale : 18 mois
	  – maximale : 36 mois.
	– *Son renouvellement n'est pas possible.* La Cour de cassation (8 févr. 2006) a admis la conclusion de plusieurs CDD successifs avec le même salarié pour remplacer un salarié absent.
	– *Son terme :*
	deux hypothèses de rupture sont prévues :
	  – en principe, le contrat prend fin avec la réalisation de l'objet pour lequel il a été conclu ; l'employeur doit respecter alors un délai de prévenance au moins égal à 2 mois ; si, à l'issue du contrat, la relation de travail ne se poursuit pas par une embauche en CDI, le salarié a droit à une indemnité d'un montant égal à 10 % de la rémunération totale brute ;
	  – le contrat peut aussi être rompu par l'une ou l'autre des parties, pour un motif réel et sérieux après un délai de 18 mois, puis à la date d'anniversaire de sa conclusion ; si c'est l'employeur qui prend l'initiative de la rupture, il doit verser au salarié une indemnité égale à 10 % de la rémunération totale brute.

> **E**

Le contrat de travail temporaire

Le travail temporaire fait intervenir trois acteurs : le salarié, une entreprise de travail temporaire[1] et une entreprise utilisatrice.
Il donne lieu à l'établissement de 2 contrats :

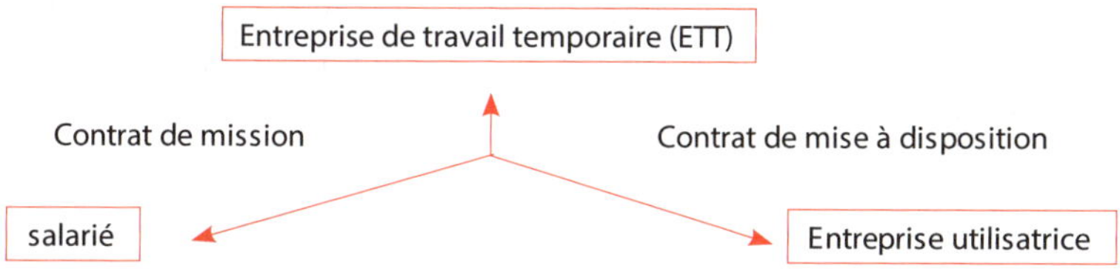

Il est réglementé par les articles L. 1251-1 à 1251-59 du Code du travail. Dans la rédaction issue de la recodification applicable depuis le 1er mai 2008, une clarification a été effectuée :
- le contrat de travail temporaire est considéré, avec le contrat de travail à temps partagé (page 140) et le contrat conclu avec un groupement d'employeurs (page 139), comme un contrat « de mise à disposition » ;
- le titre consacré au contrat de travail temporaire s'ouvre sur l'article L. 1251-1 définissant la relation triangulaire qui s'instaure ;
- sont nettement distinguées les règles relatives au **contrat de mission** et celles qui s'appliquent au contrat **de mise à disposition**.
- la loi du 3 août 2009 a rajouté un alinéa à l'article annonçant la section VI, traitant le cas des employeurs publics.

a › Les cas de recours

De même que pour le CDD, le contrat de travail temporaire ne peut avoir « ni pour objet ni pour effet de pourvoir durablement à un emploi lié à l'activité *normale* et *permanente* de l'entreprise utilisatrice », il ne peut être conclu « que pour l'exécution d'une tâche *précise* et *temporaire* » (une mission).
Les cas de recours sont sensiblement les mêmes que pour les CDD (page 128). Ils peuvent être synthétisés de la façon suivante :
- *remplacement d'un salarié ou du chef d'entreprise* ;
- *pour répondre à un accroissement temporaire de l'activité* ;
- *pour l'exécution de travaux temporaires par nature* (activités saisonnières, emplois pour lesquels il est d'usage constant de ne pas recourir au CDI) ;
- *dans le cadre des mesures pour l'emploi* :
  - si un accord de branche étendu prévoit de faciliter l'embauche de personnes sans emploi rencontrant des difficultés sociales et professionnelles particulières (*ex.* : bénéficiaires de certains minima sociaux, chômeurs de plus de 50 ans...) ;

(1) Les ETT font l'objet de contrôles et doivent présenter des garanties, essentiellement financières.

  - lorsque l'ETT et l'entreprise utilisatrice s'engagent, en application d'un accord de branche étendu, à assurer une formation professionnelle au salarié sanctionnée par un diplôme enregistré au répertoire national des certifications professionnelles. Cette formation est dispensée par l'entreprise utilisatrice et dans un centre ou une section d'apprentissage.

Le recours au travail temporaire est *interdit* dans les mêmes hypothèses que pour un CDD (page 130).

En cas de litige sur le motif du recours au travail temporaire, c'est à l'entreprise utilisatrice de rapporter la preuve de la réalité du motif énoncé dans le contrat (Soc. 28 déc. 2007).

b › Le contrat de mise à disposition

- Il doit :
  - être écrit et comporter des mentions obligatoires (*ex.* : terme de la mission ou durée minimale, caractéristiques du poste, rémunération...) ;
  - mentionner un terme précis (cf. *infra*) ; à défaut d'écrit, le salarié peut agir contre l'ETT (et non contre l'entreprise utilisatrice) pour demander la requalification de son contrat en CDI (Soc. 13 déc. 2006, 17 sept. 2008) ;
  - être porté à la connaissance du CE et des DP.
- Sa rupture ne constitue pas un cas de force majeure libérant l'ETT de ses obligations ; elle n'entraîne pas la rupture de plein droit du contrat de mission (sauf le cas de la maladie de l'intérimaire – Soc. 9 juill. 2003) ;

L'ETT a une obligation générale de moyens vis-à-vis de l'entreprise utilisatrice ; si des dommages sont causés par l'intérimaire dans l'entreprise utilisatrice (c'est elle qui est le commettant de l'intérimaire). La responsabilité de l'ETT ne peut donc être engagée qu'en cas de faute de sa part (*ex.* : non-vérification des compétences de l'intérimaire, non-respect du contrat de mise à disposition).

c › Le contrat de mission

Il est conclu entre l'ETT et le travailleur temporaire ; il doit être écrit et comporter des mentions obligatoires (*ex.* : qualification du salarié, rémunération...).

Durée	• *Mission ayant un terme précis* La durée maximale du contrat ne peut, en règle générale, dépasser 18 mois ; cependant, et dans les mêmes cas que pour un CDD, elle peut être réduite à 9 mois ou portée à 36 mois. • *Mission avec une durée minimale, sans terme précis* Dans certaines hypothèses, le contrat de mission peut être conclu pour une durée minimale sans terme précis : – remplacement d'un salarié ou du chef d'entreprise absent ;

	– dans l'attente de l'entrée en fonction d'un salarié recruté par un CDI ; – pour un emploi saisonnier ou un emploi pour lequel il est d'usage constant de ne pas recourir au CDI. Le terme de contrat est alors soit la fin de l'absence, soit la réalisation de l'objet pour lequel il a été conclu.
Période d'essai	Elle est facultative. Sa durée peut être fixée par accord collectif ; à défaut, elle ne peut excéder : – 2 jours pour un contrat d'une durée inférieure ou égale à 1 mois ; – 3 jours pour un contrat d'une durée comprise entre 1 et 2 mois ; – 5 jours au-delà de 2 mois.

Droit des travailleurs temporaires	– La *rémunération* du travailleur temporaire ne peut être inférieure à celle que perçoit un salarié de qualification équivalente, occupant le même poste (C. trav. art. L. 1251-18).
	– *Pendant la mission :*
	  – L'entreprise utilisatrice fixe les conditions de travail (durée du travail, hygiène et sécurité...) ;
	  – le salarié a accès, dans les mêmes conditions que les salariés permanents aux installations collectives (restaurant, crèche...) ;
	  – le salarié intérimaire doit bénéficier d'une formation en matière de sécurité comme les salariés permanents de l'entreprise ; s'il est affecté à un poste présentant des risques particuliers, il doit recevoir une formation renforcée et bénéficier d'une information et d'un accueil adapté ;
	  – des règles particulières sont prévues en matière de formation professionnelle et pour la surveillance médicale ;
	  – le salarié peut voter pour l'élection des délégués du personnel dans l'entreprise utilisatrice ou l'entreprise employeur.
	– *À la fin de la mission*, il bénéficie d'une indemnité versée par l'ETT :
	  – *de fin de mission* : 10 % de la rémunération brute totale ; cependant, elle n'est pas due dans les principaux cas suivants :
	  – conclusion, à l'issue de la mission, d'un CDI avec l'entreprise utilisatrice ;
	  – rupture du contrat à l'initiative de l'intérimaire ou pour faute grave de celui-ci ;
	  – pour les emplois saisonniers ou les contrats « d'usage », si un accord collectif le prévoit ;
	  – *de congés payés*, quelle qu'ait été la durée de la mission.

Renouvellement	Le contrat de mission avec un terme précis ne peut être renouvelé qu'une fois dans le cadre de la même mission : – les conditions de renouvellement doivent être précisées, soit dans le contrat initial, soit dans un avenant soumis au salarié avant le terme initialement prévu ; – la durée du renouvellement doit être déterminée ; elle peut être supérieure à la durée initiale ; – la durée totale de la mission, renouvellement compris, ne peut dépasser la durée maximale légale (18 mois ou 9 ou 24 mois).

Missions successives	Un *délai de carence* doit être respecté : – contrat de mission initial d'une durée inférieure à 14 jours (renouvellement inclus) : délai de carence fixé à la moitié du contrat (*ex.* : contrat de 10 jours : délai de carence de 5 jours) ; – contrat initial d'une durée au moins égale à 14 jours : délai de carence égal au 1/3 de la durée du contrat de mission expiré. Le délai de carence ne s'applique pas à certaines hypothèses : travaux urgents, nouvelle absence du salarié remplacé…
Rupture anticipée	– Par le salarié : Elle n'est admise (hors période d'essai) que si le salarié justifie d'une embauche sous CDI (un préavis doit être respecté) ; dans les autres hypothèses, le salarié peut être condamné à verser des dommages et intérêts à l'ETT. – Par l'ETT : Seules la *faute grave du salarié* ou la *force majeure* permettent la rupture du contrat de mission sans indemnités. Dans les autres hypothèses, l'ETT doit proposer au salarié un nouveau contrat de mission prenant effet dans un délai maximal de 3 jours.
Requalification du contrat	La demande de requalification du contrat en CDI peut être faite par le salarié : – pour non-respect des cas de recours et violation des règles relatives à la durée de la mission, à son renouvellement et à la fixation de son terme ; *ex.* : Soc. 11 mars 2015 : l'absence d'une mention obligatoire (*ex.* : indemnité de fin de mission) sur le contrat de mission est sanctionnée par la requalification en CDI. – si l'entreprise utilisatrice continue à faire travailler le salarié à la fin de la mission, sans conclure un nouveau contrat.

Par ailleurs, depuis la loi du 17 janvier 2002 :

- l'employeur a l'obligation d'informer les salariés sous CDD ou CTT de « la liste des postes à pourvoir dans l'entreprise sous contrat à durée indéterminée » ;
- le comité d'entreprise doit être consulté préalablement au recours au travail intérimaire et doit être informé régulièrement de l'évolution du travail temporaire dans l'entreprise ; il peut saisir l'inspecteur du travail lorsqu'il constate des faits susceptibles « de caractériser un recours abusif aux contrats de travail temporaire » ou « un accroissement important » du nombre de salariés de l'entreprise sous CDD et CTT. L'inspection du travail adresse à l'employeur un rapport de ses constatations ; celui-ci doit être communiqué au CE et l'employeur est tenu d'y apporter une réponse motivée.

> F
Le contrat de travail conclu avec un groupement d'employeurs

(C. trav. art. L. 1253-1 et s.)

Les entreprises peuvent se regrouper en un groupement dont le but est de mettre à la disposition de ses membres des salariés liés au groupement par un contrat de travail (*ex.* : dans l'agriculture). Cette mise à disposition peut avoir pour objet de permettre un remplacement de salariés suivant une formation (Loi du 24 nov. 2009). Les adhérents peuvent être des entreprises de droit privé et des collectivités territoriales. Les principales règles applicables sont les suivantes :
- le groupement ne peut être qu'à but non lucratif (association, coopérative) ;
- chaque entreprise utilisatrice est responsable des conditions d'exécution du travail ;
- les membres du groupement peuvent relever d'une même convention collective ; si ce n'est pas le cas, le groupement doit déclarer quelle est la convention qui lui est applicable (pouvoir de contrôle et d'opposition de l'administration) ; les membres du groupement sont solidairement responsables de ses dettes.
- L'inspecteur du travail doit être informé de la constitution du groupement ; il peut s'opposer à la formation du groupement, dans un délai de 3 mois.

Les contrats de travail doivent être établis par écrit. Les groupements peuvent organiser des parcours pour l'insertion et la qualification.

> G
Le contrat de travail intermittent

Le contrat de travail intermittent (C. trav. art. L. 3123-31 à L. 3123-37) est un CDI prévoyant, en alternance, des périodes travaillées ou non, afin de pourvoir des emplois permanents.

Il assure une certaine sécurité au salarié et à l'employeur (*ex.* : un hôtel ouvrant pendant la saison et travaillant chaque année avec le même personnel).

a › Conditions

Il doit :
- être autorisé dans les entreprises et professions par un accord de branche étendu ou d'entreprise ; l'accord doit désigner de façon précise les emplois permanents susceptibles de donner lieu à un contrat de travail intermittent ; à défaut, la requalification en CDI est encourue ;

- être consigné par écrit, et comporter des mentions obligatoires (sur les périodes de travail, la répartition des heures, la qualification...) ; à défaut, les emplois peuvent être requalifiés en CDI à temps complet (Soc. 27 juin 2007, 8 juin 2011).

b › Droits du salarié

Ce sont les mêmes droits que ceux des salariés à temps complet, sous réserve des spécificités prévues par l'accord de branche, d'entreprise ou d'établissement.
Par dérogation aux règles de Code du travail, l'accord collectif peut prévoir que la rémunération versée au salarié sera indépendante de l'horaire réel et calculée dans les conditions prévues par l'accord.
Pour calculer l'ancienneté, les périodes non travaillées sont prises en compte en totalité.
Les heures dépassant la durée annuelle minimale fixée au contrat de travail intermittent ne peuvent excéder le 1/3 de cette durée, sauf accord du salarié.
Si le contrat est illicite, il peut être requalifié en contrat de travail à temps complet.

> H
Le contrat de travail à temps partagé

Créé par la loi du 2 août 2005, ce type de contrat peut être conclu soit avec une entreprise de travail temporaire, soit avec une entreprise de travail à temps partagé.
L'activité de l'entreprise à temps partagé consiste exclusivement à mettre à la disposition d'entreprises clientes, du personnel qualifié qu'elles ne peuvent recruter elles-mêmes, soit en raison de leur taille, soit en raison de leurs moyens (C. trav. art. L. 1252-4 à L. 1252-13).
Cette pratique donne lieu à l'établissement de 2 contrats :

Entre le salarié mis à disposition et l'entreprise de travail à temps partagé	– C'est un contrat à durée indéterminée ; – sa résiliation obéit aux règles applicables à la rupture du CDI ; – si la mise à disposition s'effectue hors de métropole, une clause de rapatriement est mise à la charge de l'entreprise à temps partagé, sauf si la rupture est à l'initiative du salarié.
Entre l'entreprise de travail à temps partagé et l'entreprise utilisatrice (contrat de mise à disposition)	– Le contrat doit préciser le contenu et la durée estimée de la mission, la qualification du salarié, les caractéristiques du poste de travail, le montant de la rémunération ; – la mission peut être à temps plein ou à temps partiel ; toute clause, prohibant l'embauche du salarié par l'entreprise cliente à l'issue de la mission, est interdite.

> I
Le portage salarial

Cette pratique a été encadrée par la loi du 25 juin 2008 (C. trav. art. L. 1251-64) ; elle échappe donc depuis à la qualification d'infraction de prêt de main-d'œuvre illicite. Une ordonnance du 2 avril 2015 encadre le partage salarial suit à une décision du Conseil constitutionnel du 11 avril 2014 censurant la disposition de la loi du 25 juin 2008 qui renvoyait aux partenaires sociaux la définition des règlements applicables au secteur.
Le portage salarial est un ensemble de relations contractuelles organisées entre :

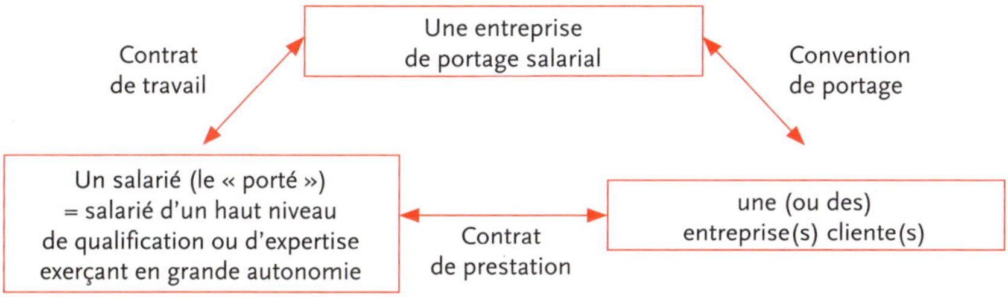

- Pour apporter temporairement ses compétences à une ou plusieurs entreprises, *le salarié* est embauché par une entreprise de portage ; il est placé sous le régime du salariat et sa rémunération lui est versée par l'entreprise de portage ; c'est à lui d'effectuer la prospection et la négociation de ses prestations ; l'ordonnance précise toutefois que le porté recherche lui-même ses missions ;
- *l'entreprise de portage* facture la prestation à *l'entreprise cliente.*

Le salarié « porté » peut avoir droit aux indemnités de chômage en cas de licenciement (Soc. 16 déc. 2009).

> J
Le télétravail (C. trav. art. L. 1222-9 et s.)

Le travail à domicile a toujours existé, cependant, depuis quelques années, les avancées technologiques de l'information et de la communication ont suscité de nouvelles formes d'organisation du travail dans lesquelles le salarié effectue des tâches (notamment informatiques) en dehors des locaux de l'entreprise.
En juillet 2005, a été conclu un accord national interprofessionnel étendu par un arrêté du 30 mai 2006 ; il transpose un accord-cadre européen de 2002 et donne un cadre juridique au télétravail.
En 2012 deux lois ont été promulguées concernant le télétravail :

– loi du 12 mars 2012 : le télétravail est introduit dans la fonction publique ;
– loi du 22 mars 2012 : une définition du télétravail est donnée ; les droits essentiels des travailleurs et des employeurs sont mieux définis.

La loi différencie précisément le télétravail du travail à domicile. Le télétravail doit faire l'objet d'un contrat ou d'un avenant ; il ne peut être que volontaire. L'entreprise prend les coûts en charge. Il permet, en principe, une diminution de la fatigue, du stress, du temps lié aux transports. Il est cependant moins employé en France qu'aux États-Unis et dans le nord de l'Europe.

a › Définition

L'article L. 1222-9 dans sa rédaction issue de la loi du 22 mars 2012 en donne la définition suivante :

- le télétravail désigne toute forme d'organisation du travail dans laquelle un travail qui aurait également pu être exécuté dans les locaux de l'employeur est effectué par un salarié hors de ces locaux de façon régulière et volontaire en utilisant les technologies de l'information et de la communication dans le cadre d'un contrat de travail ou d'un avenant à celui-ci.

b › Protection du salarié

– Le télétravail *ne peut être imposé* et doit être mis en place par le contrat de travail ou un avenant ultérieur ; le refus d'accepter un poste en télétravail ne peut être un motif de licenciement ;
– le contrat de travail doit préciser un certain nombre d'informations : rattachement hiérarchique du salarié, conditions d'exécution de son travail, modes de liaison avec son entreprise, plages horaires pendant lesquelles le salarié peut être contacté (l'employeur doit respecter la vie privée du salarié) ;
– le salarié a les mêmes avantages légaux et conventionnels que ceux applicables aux salariés travaillant dans les locaux de l'entreprise ;
– les représentants du personnel sont informés et consultés sur l'introduction du télétravail et sur les éventuelles modifications qui lui seraient apportées.

> K
La mobilité volontaire sécurisée

La loi du 14 juin 2013 a ajouté cinq articles au Code du travail (1222-12 s.). Ce texte, sous certaines conditions, permet aux salariés de bénéficier d'une « période de mobilité volontaire sécurisée afin d'exercer une activité dans une autre entreprise ». Le contrat de travail sera seulement suspendu. À son retour le salarié retrouve son emploi ou un emploi similaire ; ainsi qu'une qualification et une rémunération au moins équivalente.

a › Conditions

– de forme : avenant écrit au contrat de travail comportant les précisions nécessaires (objet, date...) ; communication des demandes au CE tous les six mois ;
– de fond : entreprises ou groupes d'au moins 300 salariés ; ancienneté du salarié 24 mois minimum, consécutifs ou non ; accord de l'employeur.

b › Fin du second contrat

– retour dans l'entreprise d'origine. Le salarié retrouve donc ses avantages ; le retour anticipé est toujours possible avec l'accord de l'employeur. Dans le délai prévu dans le contrat ou dans un délai raisonnable.
– choix de ne pas réintégrer l'entreprise d'origine : le contrat est rompu ; aucun préavis ne doit être respecté, sauf s'il est prévu. Cette rupture est considérée comme démission.

c › Sanctions

L'employeur qui oppose deux refus consécutifs à la demande du salarié l'accès au congé individuel de formation est de droit.

Les transformations économiques ont ainsi été au fil du temps à l'origine de nouvelles formes de relation du travail.

> L
Le contrat de mission à l'exportation

Loi du 25 juin 2008 (art. L. 1223-5, -6, -7).
Cette mission est accomplie en majeur partie hors du territoire national. Un accord collectif de branche ou d'entreprise prévoit sa mise en place; il doit déterminer : les catégories de salariés concernés, la nature des misions, la durée minimale (qui ne peut pas être inférieure à 6 mois), la contrepartie, en terme de rémunération et d'indemnité de licenciement, la formation et les mesures indispensables au reclassement. La rupture du contrat en fin de mission n'est pas soumise aux règles de licenciement économique.
Le contrat de mission d'un autoentrepreneur peut être requalifié en contrat de travail (Soc. 6 mai 2015).

Chapitre **8**

La rupture du contrat de travail à durée indéterminée

La rupture peut intervenir :

- **Par la volonté commune des parties**
  - Rupture conventionnelle
- **À l'initiative du salarié**
  - *Démission*
  - Prise d'acte de la rupture
  - Résiliation judiciaire
- **À l'initiative de l'employeur**
  - **Licenciement**
    - Pour motif personnel
    - Pour motif économique
- **Pour des causes extérieures au contrat**
  - Force majeure
  - Retraite

> I

La rupture par la volonté commune des parties : la rupture conventionnelle

Avant la loi du 25 juin 2008, il était déjà possible de rompre le contrat de travail à durée indéterminée d'un commun accord ; c'était la rupture négociée ou « amiable » qui trouve sa source dans les principes généraux du droit des contrats (Code civil). L'article L. 1221-1 du Code du travail précise d'ailleurs : « le contrat de travail est soumis aux règles du droit commun ».
Dans le but de « garantir la liberté du consentement des parties », la loi du 25 juin 2008 a introduit la *rupture conventionnelle* dans les articles L. 1237-11 à 1237-16 du Code du travail.

L'article L. 1231-1 du Code du travail précise que « le contrat de travail à durée indéterminée peut être rompu à l'initiative de l'employeur et du salarié ou d'un commun accord, dans les conditions prévues par les dispositions du Code du travail ».
La question s'est donc posée la question de savoir si, lorsque le contrat de travail est rompu d'accord commun, le recours à la rupture conventionnelle est devenu obligatoire.
La cour de cassation y a répondu positivement : « sauf dispositions légales contraires, la rupture du contrat de travail par accord des parties ne peut intervenir que dans les conditions prévues pour la rupture conventionnelle » (Soc. 15 octobre 2014)
La rupture négociée (ou « accord amiable »), pratiquée avant 2008, semble donc abandonnée.
L'article L. 1237-11 C. trav. dispose :

- L'employeur et le salarié peuvent convenir en commun des conditions de la rupture du contrat de travail qui les lie.
  La rupture conventionnelle, exclusive du licenciement ou de la démission, ne peut être imposée par l'une ou l'autre des parties.
  Elle résulte d'une convention signée par les parties au contrat…

Champ d'application	Les dispositions relatives à la rupture conventionnelle ne sont pas applicables aux ruptures de contrats : – ayant lieu dans le cadre d'un *accord collectif de gestion prévisionnelle des emplois et des compétences*; – résultant d'un *plan de sauvegarde de l'emploi* (page 179). La cour de cassation admet largement la signature d'une convention de rupture conventionnelle : – par un salarié dont le contrat de travail est suspendu en conséquence d'une maladie liée à ses conditions de travail (Soc. 30 sept. 2013) ; – au cours de la période de suspension du contrat de travail consécutive à un accident du travail ou à une maladie professionnelle sauf fraude de l'employeur ou vice de consentement du salarié (Soc. 30 sept. 2014) ; – même en présence d'un différend entre le salarié et son employeur au moment de la signature de la rupture conventionnelle (Soc. 23 mai 2013). – pour une salariée en congé de maternité (Soc. 25 mars 2015). Toutefois, un salarié ne peut valablement signer un acte de rupture conventionnelle lorsqu'il se trouve dans une situation de violence morale du fait du harcèlement moral (Soc. 30 janvier 2013)

Négociation de la rupture	L'employeur et le salarié conviennent du principe de la rupture lors d'un ou plusieurs entretiens. L'employeur peut prendre l'initiative de la rupture conventionnelle en convoquant le salarié à un entretien (Soc. 15 janv. 2014).
	Au cours de ceux-ci :
	– le *salarié* peut se faire assister (comme pour tout entretien préalable au licenciement) :
	  – par une personne de son choix appartenant au personnel de l'entreprise (titulaire d'un mandat syndical, membre d'une institution représentative du personnel ou de tout autre salarié) ;
	  – et, en l'absence d'institutions représentatives du personnel, par un conseiller du salarié, extérieur à l'entreprise ; le défaut d'information du salarié d'une entreprise ne disposant pas d'institution représentative du personnel sur la possibilité de se faire assister par un conseiller choisi sur une liste dressée par l'autorité administrative n'a pas pour effet d'entraîner la nullité de la convention de rupture en dehors des conditions de droit commun (Soc. 29 janv. 2014).
	– l'employeur peut de même se faire assister par une personne de son choix appartenant au personnel de l'entreprise ou, dans les entreprises de moins de 50 salariés, par une personne appartenant à son organisation syndicale d'employeurs ou par un autre employeur relevant de la même branche.
	Chaque partie doit informer l'autre de son intention de se faire assister. Aucun délai n'est requis entre, d'une part, l'entretien au cours duquel les parties au contrat de travail conviennent de la rupture du contrat et, d'autre part, la signature de la convention de rupture (Soc. 3 juill. 2013).

La convention de rupture	Elle est obligatoirement écrite et signée par les parties ; un exemplaire de la convention au salarié est nécessaire à la fois pour que chacune des parties puisse demander l'homologation de la convention et pour garantir le libre consentement du salarié, en lui permettant d'exercer ensuite son droit de rétractation en connaissance de cause. À défaut, la convention est nulle (Soc. 06 févr. 2013)

	Elle fixe notamment : – la date de la rupture du contrat de travail ; elle ne peut intervenir avant le lendemain du jour de l'homologation (ou de l'autorisation de l'inspecteur du travail, pour les salariés protégés) ; – le montant de l'indemnité spécifique de rupture conventionnelle ; il ne peut être inférieur à celui de l'indemnité légale ou conventionnelle de licenciement (page 193).
Rétractation de la rupture	À compter de la date de signature de la convention, chacune des parties dispose d'un délai de 15 jours pour exercer son droit de rétractation sous la forme d'une lettre adressée par tout moyen permettant d'attester de sa date de réception par l'autre partie. Une erreur commise dans la convention de rupture sur la date d'expiration du délai de quinze jours ne peut entraîner la nullité de cette convention que si elle a eu pour effet de vicier le consentement de l'une des parties ou de la priver de la possibilité d'exercer son droit à rétractation (Soc. 29 janv. 2014).
Homologation par l'autorité administrative – *Contrôle* – *Délai* **Autorisation par l'inspecteur du travail pour les salariés protégés**	Elle est obligatoire. La DIRECCTE[1] s'assure que les règles ont été respectées et que les consentements étaient libres. Elle vérifie que cette procédure n'a pas été employée pour contourner les garanties en matière de licenciements économiques et collectifs ou celles applicables dans les cas de maladie, d'inaptitude ou de licenciement déjà engagé. La DIRECCTE a un délai de 15 jours ouvrables pour rendre sa décision. À défaut, l'homologation est réputée acquise. Elle doit être demandée, par la partie la plus diligente, à l'issue de la période de rétractation.
Contestation de la rupture	Tout litige concernant la convention, l'homologation ou le refus d'homologation relève de la compétence du Conseil de prud'hommes. Le recours doit être formé dans les 12 mois à compter de la date d'homologation de la convention.
Régime social et fiscal des indemnités	Cette indemnité bénéficie des mêmes exonérations des cotisations de Sécurité sociale et d'impôt sur le revenu que l'indemnité de licenciement.
Droit aux allocations chômage	Oui.

(1) DIRECCTE : Direction régionale des entreprises, de la concurrence, de la consommation, du travail et de l'emploi.

La procédure de la rupture conventionnelle est longue. Elle ne peut prendre moins d'un mois ; ce qui est compensé par l'absence de préavis obligatoire.
La longueur de la procédure, comme l'homologation ou le délai abrégé de contestation de la rupture, permettent de sécuriser la rupture. Ce qui explique la rareté des décisions de la Cour de cassation, malgré le succès de ce mode de rupture. En outre, la Cour de cassation participe à la sécurisation de ce mode de rupture :

- elle limite les cas de nullité de la convention au seul vice du consentement. Les juges doivent seulement s'attacher à vérifier le consentement des parties. Aucune pression ou contrainte morale ne doit être exercée sur le salarié pour l'inviter à signer (*ex.* : nullité de la convention signée par un salarié dans une situation de violence morale du fait du harcèlement moral – Soc. 30 janv. 2013).
- une clause de renonciation à tout recours contenue dans une convention de rupture doit être réputée non écrite, sans qu'en soit affectée la validité de la convention elle-même (Soc. 26 juin 2013).

Dans trois arrêts du 3 mars 2015, la Cour de cassation a précisé **l'articulation entre la rupture conventionnelle et le licenciement** :

- **licenciement puis rupture conventionnelle** : lorsque le contrat de travail a été rompu par l'exercice par l'une ou l'autre des parties de son droit de résiliation unilatérale (démission ou licenciement), la signature postérieure d'une rupture conventionnelle vaut renonciation commune à la rupture précédemment intervenue. La Cour de cassation considère donc qu'en signant une rupture conventionnelle, les parties ont d'un commun accord renoncé au licenciement précédemment notifié par l'employeur ;
- **rupture conventionnelle puis licenciement disciplinaire** : un accord de rupture conventionnelle peut être signé entre un employeur et un salarié auquel il est reproché des fautes professionnelles. Si le salarié décide finalement d'exercer son droit de rétractation, l'employeur peut encore engager une procédure de licenciement disciplinaire. C'est possible car « la signature par les parties au contrat de travail d'une rupture conventionnelle, après l'engagement d'une procédure disciplinaire de licenciement, n'emporte pas renonciation par l'employeur à l'exercice de son pouvoir disciplinaire ». Mais l'employeur doit être prudent. Car c'est trop tard si plus de deux mois se sont écoulés entre la connaissance des fautes reprochées au salarié par l'employeur et l'engagement de la procédure disciplinaire. En effet, « la signature par les parties d'une rupture conventionnelle ne constitue pas un acte interruptif de la prescription des faits » fautifs. Il est donc plus prudent d'engager la procédure disciplinaire en convoquant le salarié à un entretien préalable à son licenciement et le cas échéant, de signer une convention de rupture à l'issue de cet entretien. En cas de rétractation du salarié, l'employeur se réserve ainsi la possibilité de reprendre la procédure disciplinaire par la convocation du salarié à un nouvel entretien préalable dans les deux mois suivant la date de

convocation au premier entretien et de prononcer une sanction, y compris un licenciement pour faute grave.

La Cour de cassation participe ainsi au succès de la rupture conventionnelle qui peut être signée « à la place » d'un licenciement disciplinaire et même après un licenciement ou une démission.

> II La rupture à l'initiative du salarié

> A La démission

■ La démission est la rupture du contrat de travail par le salarié.

Un salarié lié par un contrat de travail à durée indéterminée est libre de démissionner à tout moment, contrairement au salarié sous CDD.

Le Code du travail ne prévoit pas de règles strictes encadrant la démission alors que celle-ci soulève parfois dans la pratique des difficultés : il s'agit notamment de la preuve de la volonté réelle du salarié de démissionner, qui est à apporter par l'employeur.

Conditions de validité	La démission doit résulter d'une manifestation de volonté claire et non équivoque du salarié de rompre le contrat de travail. – La volonté du salarié de rompre le contrat ne se présume pas (*ex. :* ne constitue pas une démission le fait de ne pas reprendre le travail après un arrêt maladie ; Soc. 20 avr. 2000). – La volonté du salarié ne doit pas être tacite : elle ne peut donc pas être déduite du comportement du salarié (*ex. :* absence de reprise du travail après un congé, recherche d'un autre emploi…). – La manifestation de la volonté doit s'exprimer **librement** : le salarié ne doit pas être sous la pression de son employeur (*ex. :* Soc. 4 févr. 2004 : le salarié, ayant rédigé la lettre de démission dans le bureau de l'employeur, s'était aussitôt rétracté) ; – Le salarié ne doit pas donner sa démission sous le coup de l'émotion. *exemple :* sous le coup de la colère ou d'un état dépressif – Soc. 29 oct. 2011 : la salariée enceinte peut se rétracter si elle a donné sa démission en étant manifestement émue et fragilisée par son état de grossesse. L'employeur, informé de la grossesse, est tenu d'accepter la rétractation ; à défaut la rupture produit les effets d'un licenciement nul.

	– La démission n'est pas subordonnée à l'acceptation par l'employeur ; un salarié ne peut pas demander des dommages et intérêts à son employeur qui n'a pas accepté la démission, puis a procédé au licenciement (Soc. 6 nov. 1997).
Forme	La loi n'impose aucun formalisme, mais, le plus souvent, les conventions collectives prévoient un écrit. Ce qui permet de fixer, avec certitude, le point de départ du préavis. La démission n'a pas à être motivée.
Respect d'un préavis (sauf cas de dispense)	L'existence et la durée du préavis sont fixées par la loi ou par convention ou accord collectif de travail ou, à défaut par des usages pratiqués dans la localité ou la profession (C. trav. art. 1237-1). – La loi fixe le préavis seulement pour les VRP, journalistes et salariés agricoles. – Les conventions collectives et usages fixent, en général, le préavis de démission à un mois pour les ouvriers, employés et techniciens et 3 mois pour les cadres. L'employeur peut dispenser le salarié démissionnaire du préavis.
Démission abusive	C'est celle qui cause un préjudice à l'entreprise. En pratique, elle est rarement invoquée ; elle ouvre droit, pour l'employeur, à des dommages et intérêts.
Droit aux allocations de chômage	Le salarié n'a pas droit, en principe, aux allocations de chômage, sauf démission pour motif « légitime » ; le dossier est examiné par Pôle emploi (*ex. :* pour suivre un conjoint, qui change de résidence pour occuper un nouvel emploi, pour créer ou reprendre une entreprise...).
Remise en cause de la démission	Il existe deux manières pour un salarié de remettre en cause sa démission équivoque : – soit se prévaloir d'un vice du consentement (violence, contrainte ou dol), auquel cas le juge conclura directement à l'annulation rétroactive de la démission ; – soit se prévaloir de faits ou manquements imputables à son employeur, auquel cas le juge doit, s'il résulte de circonstances antérieures ou contemporaines de la démission qu'à la date à laquelle elle a été donnée, celle-ci était équivoque, l'analyser en une prise d'acte de la rupture qui produit les effets d'un licenciement sans cause réelle et sérieuse si les faits invoqués la justifiaient ou dans le cas contraire d'une démission ex : La requalification de la démission en prise d'acte est écartée lorsque le salarié se prévaut a posteriori de faits de harcèlement qui « *s'étaient produits plus de six mois avant la rupture* » et alors « *que l'employeur y avait rapidement mis fin* » (Soc. 19 novembre 2014, n° 13-17729). Ex : La requalification de la démission en prise d'acte est admise quand le salarié a saisi, préalablement à sa démission, la juridiction prud'homale d'une contestation relative à la requalification des contrats d'avenir en contrat de travail à durée indéterminée et en paiement de diverses sommes à ce titre (Soc. 11 juill. 2012, n° 10-28.497 ; dans un sens proche : Soc. 29 oct. 2014). Mais le salarié doit choisir entre ces deux voies de recours, sans pouvoir agir sur les deux terrains à la fois (Soc. 17 mars 2010, n° 09-40.465) et le juge est lié par le choix du salarié (Soc. 7 mars 2012, n° 09-73.050). Car de telles demandes sont contradictoires : si la démission est annulée, l'acte disparaît rétroactivement et ne peut donc plus être requalifié en prise d'acte produisant, le cas échéant, les effets d'un licenciement sans cause réelle et sérieuse.

> B
La « prise d'acte » de la rupture

Cas de « prise d'acte »	L'employeur ne remplit pas ses obligations, dans le cadre d'un contrat à durée indéterminée ; le salarié peut alors « prendre acte » de la rupture aux torts de l'employeur. Le salarié prend l'initiative de la rupture, mais il en impute la responsabilité à l'employeur.
Formalisme	– La prise d'acte n'obéit à aucun formalisme ; il est cependant préférable de la faire par écrit (LR avec AR). La lettre de prise d'acte ne fixe pas les limites du litige : le salarié peut invoquer d'autres manquements de l'employeur, que ceux qui sont indiqués dans cette lettre. – Après avoir pris acte de la rupture de son contrat de travail, le salarié doit nécessairement agir en justice, devant le conseil des prud'hommes. Car il appartient au juge d'apprécier le comportement de l'employeur pour déterminer les effets de la prise d'acte. – Afin que le salarié soit rapidement fixé sur le sort de la rupture de son contrat de travail, il est prévu que « lorsque le conseil de prud'hommes est saisi d'une demande de qualification de la rupture du contrat de travail à l'initiative du salarié en raison de faits que celui-ci reproche à son employeur, l'affaire est directement portée devant le bureau de jugement, qui statue au fond dans un délai d'un mois suivant sa saisine » (art. L. 1451-1 C. trav. inséré par LOI n° 2014-743 du 1er juillet 2014 relative à la procédure applicable devant le conseil de prud'hommes dans le cadre d'une prise d'acte de rupture du contrat de travail par le salarié).
Effet certain : cessation immédiate du contrat de travail	– Il est mis fin immédiatement à la relation de travail. Cette rupture instantanée est en principe incompatible avec l'exécution d'un préavis (mais l'exécution du préavis par le salarié ne suffit pas à écarter la gravité du comportement de l'employeur). – Le salarié ne peut pas se rétracter (Soc. 14 oct. 2009). – Le salarié ne peut ultérieurement solliciter sa réintégration à son poste de travail, même si la prise d'acte produit les effets d'un licenciement nul (Soc. 29 mai 2013) – L'employeur doit remettre au salarié l'ensemble des documents de rupture, comme l'attestation « Pôle emploi », quelles que soient les circonstances.
Effet alternatif : Démission ou licenciement ?	Les juges doivent vérifier les véritables raisons qui ont amené à la prise d'acte ; selon un arrêt de principe du 25 juin 2003 : – Si les manquements de l'employeur sont suffisamment graves pour justifier la prise d'acte, la rupture produit les effets d'un licenciement sans cause réelle et sérieuse ; exceptionnellement, elle peut produire les effets d'un licenciement nul. *exemples :* – prise d'acte en violation du statut protecteur d'un salarié investit d'un mandat (Soc. 5 juillet 2012) ;

	– prise d'acte intervenue pendant la période de suspension du contrat de travail consécutive à l'accident du travail (Soc. 12 déc. 2012) ; – prise d'acte par un salarié victime de harcèlement moral (Soc. 20 févr. 2013). – Dans le cas contraire, elle produit les effets d'une démission. En cas de doute sur la réalité des faits invoqués, la rupture s'analyse en une démission (Soc. 19 déc. 2007). La charge de la preuve pèse en principe sur le salarié, sauf si ce dernier invoque un manquement de l'employeur à son obligation de sécurité de résultat (Soc. 12 janv. 2011).
Faits justifiant la prise d'acte	La Cour de cassation a durci sa jurisprudence : la prise d'acte est justifiée seulement si elle a été provoquée par des manquements suffisamment graves de l'employeur empêchant la poursuite du contrat de travail (Soc. 26 mars 2014). Posée à propos de la résiliation judiciaire, la règle est transposable à la prise d'acte qui suit le même régime. En conséquence, la modification unilatérale de la rémunération contractuelle par l'employeur ne suffit plus à justifier la prise d'acte (Soc. 5 mars 2010), notamment lorsqu'elle n'a pas eu d'influence sur le montant de la rémunération et que le salarié a attendu plusieurs années pour la dénoncer (Soc. 12 juin 2014). L'écoulement du temps est en effet un élément d'appréciation de la gravité des faits reprochés à l'employeur (26 mars 2014). *Autres exemples :* – Violences morales répétées (Soc. 26 janv. 2005 et 3 févr. 2010) ; – non-respect de l'obligation de sécurité de résultat du fait du tabagisme et quels que soient les effets sur la santé du salarié (Soc. 6 oct. 2010) ; – harcèlement ou violences au travail : l'employeur est considéré comme ayant manqué à son obligation de sécurité de résultat, même s'il a pris des mesures en vue de faire cesser ces atteintes à la sécurité du salarié (Soc. 3 févr. 2010). Toutefois, la prise d'acte ne semble plus automatiquement justifiée (Soc. 11 mars 2015)

Le régime social et fiscal des sommes versées ainsi que le droit aux allocations-chômage dépendront de la qualification retenue par les juges (démission ou licenciement).

> C
L'action en résiliation judiciaire du contrat de travail

Si l'employeur ne remplit pas ses obligations (non-paiement total ou partiel du salaire...), le salarié peut demander la résiliation du contrat de travail aux torts de l'employeur, tout en restant au service de ce dernier ; cette action est fondée sur le droit commun des contrats (C. civ. art. 1184)[1].
Le juge prud'homal se prononce sur le sort du contrat de travail :

(1) **Art. 1184 du Code civil :** « la condition résolutoire est toujours sous entendue dans les contrats synallagmatiques, pour le cas où l'une des parties ne satisferait point à son engagement... »

– Si les manquements de l'employeur sont suffisamment graves et empêche le maintien du contrat de travail, le Conseil de prud'hommes prononce la résiliation, les conséquences seront celles d'un licenciement sans cause réelle et sérieuse (Soc. 12 juin 2014). La rupture prend effet au jour du jugement;

exemple :

l'atteinte à la dignité d'un salarié (tenue de propos dégradant et humiliant) constitue pour l'employeur un manquement grave à ses obligations justifiant une demande de résiliation judiciaire du contrat de travail par le salarié (Soc. 7 févr. 2012).

– Si les manquements de l'employeur ne sont pas suffisamment graves, la résiliation n'est pas prononcée, le contrat n'est pas rompu et le salarié ne peut pas être considéré comme démissionnaire (Soc. 7 juill. 2010). L'action en résiliation judiciaire est donc moins risquée pour le salarié.

La prise d'effet d'une résiliation judiciaire du contrat de travail ne peut être fixée qu'à la date de la décision judiciaire la prononçant dès lors que le contrat n'a pas été rompu avant cette date. Il appartient aux juges du fond d'apprécier les manquements imputés à l'employeur au jour de leur décision. En conséquence, les manquements imputés par la salariée à l'employeur, entièrement régularisés au jour de la décision, n'étaient pas d'une gravité suffisante pour justifier la résiliation du contrat de travail (Soc. 29 janv. 2014).

Lorsqu'une « prise d'acte de la rupture » intervient au cours d'une action en résiliation, il n'y a plus lieu de statuer sur la résiliation judiciaire antérieure, car la prise d'acte a entraîné la cessation immédiate du contrat de travail. Le juge doit cependant fonder sa décision sur les manquements de l'employeur invoqués tant à l'appui de la demande de résiliation judiciaire, devenue sans objet, qu'à l'appui de la prise d'acte (Soc. 31 oct. 2006). Et si celle-ci produit les effets d'un licenciement, les intérêts légaux relatifs aux indemnités courent du jour de la prise d'acte et non de la convocation devant le Conseil de prud'hommes (Soc. 3 févr. 2010).

L'employeur ne peut pas invoquer la résiliation du contrat de travail, ni prendre acte de la rupture du contrat ; il dispose en effet du pouvoir de licencier.

Les règles relatives au régime fiscal et social des indemnités perçues ainsi que le droit aux allocations-chômage sont les mêmes que dans le cas d'un licenciement sans cause réelle et sérieuse.

> III La rupture à l'initiative de l'employeur : le licenciement

Le licenciement peut être :
– Pour motif **personnel**
– Pour motif **économique**.

> A Le licenciement pour motif personnel

a › La justification du licenciement : une cause réelle et sérieuse

1 › Définition

L'article L. 1232-1 du Code du travail dispose que :

■ Tout licenciement pour motif personnel... est justifié par une cause réelle et sérieuse.

Définition	Le Code du travail n'a pas donné de définition du motif réel, ni du motif sérieux. Il est généralement admis : – que la cause réelle doit être objective (c'est-à-dire se traduire par « des manifestations extérieures susceptibles de vérifications »), existante (prouvée) et exacte (c'est le véritable motif du licenciement et non un prétexte cachant un motif moins avouable) ; – que la cause sérieuse doit présenter « un certain degré de gravité » (travaux préparatoires à la loi de 1973, « rendre impossible le maintien des relations entre employeur et salarié »)		
Illustration (le motif personnel est inhérent au comportement du salarié, fautif ou non)	**En l'absence de faute du salarié :** le comportement du salarié est préjudiciable à l'entreprise, dont il trouble le bon fonctionnement (*ex. :* absences pour maladie ou inaptitude du salarié, comportement du salarié dans sa vie privée, insuffisance professionnelle sont parfois évoqués).		
	En présence d'une faute du salarié : violation d'une obligation découlant du contrat de travail		
	Faute sérieuse : elle rend impossible la continuation de la relation de travail	**Faute grave :** elle rend indispensable la rupture immédiate du contrat de	**Faute lourde :** elle justifie aussi un licenciement immédiat, sans préavis. Elle requiert

	sans pour autant empêcher l'exécution du préavis (*ex.* : retards répétés).	travail, sans préavis. L'exécution du préavis est impossible (*ex.* : violation de consigne de sécurité, abandon de poste, insubordination ; Soc. 6 juin 2012 : dénonciation mensongère d'un harcèlement moral).	du salarié une « intention de nuire à l'employeur ou à l'entreprise » – Soc. 29 nov. 1990. (*ex.* : Détournement de personnel – Soc. 24 sept. 2008 ; de clientèle – Soc. 9 avr. 2008).
Preuve	La **charge de la preuve** n'incombe ni au salarié ni à l'employeur en particulier, les deux parties doivent apporter au conseil des éléments sur lesquels il formera sa conviction (système de preuve dérogatoire du droit commun). Le juge qui doit rechercher si la rupture avait une cause réelle et sérieuse peut aussi désigner des experts ou des conseillers enquêteurs, dans une décision « avant dire droit ». Mais le doute profite au salarié en matière de licenciement (C. trav. art. L. 1235-1).		
	Moyens de preuve : – Contrôle et surveillance par l'employeur : L'employeur a le droit d'utiliser des moyens de contrôle, mais les salariés doivent avoir été informés (Soc. 14 mars 2000). Un enregistrement d'images ou de paroles peut être licite s'il n'est pas clandestin. – Documents de l'entreprise produits par le salarié : Un salarié, lorsque cela est strictement nécessaire à l'exercice des droits de sa défense dans le litige l'opposant à son employeur, peut produire en justice des documents dont il a eu connaissance à l'occasion de ses fonctions (Soc. 30 juin 2004). – Enregistrement téléphonique : Est recevable « l'utilisation par le salarié des messages téléphoniques vocaux dont l'auteur (l'employeur) ne peut ignorer qu'ils sont enregistrés par l'appareil récepteur » (Soc. 6 févr. 2013). Même règle pour les SMS/Textos.		

2 › Exemples tirés de la jurisprudence

I. Vie personnelle du salarié	
Un motif tiré de la vie personnelle du salarié ne peut, en principe, justifier un licenciement disciplinaire, sauf s'il constitue un manquement de l'intéressé à une obligation découlant de son contrat de travail (Soc. 3 mai 2011). Toutefois, si ce fait « crée un trouble caractérisé » au sein de l'entreprise, il peut justifier un licenciement non disciplinaire.	
Délinquance	– la publicité donnée à la condamnation du salarié avait désorganisé le service financier dans lequel il travaillait (rumeur, peur...), ce qui avait créé un trouble caractérisé et certain dans l'entreprise de sorte que le licenciement était fondé sur une cause réelle sérieuse (Soc. 26 sept. 2012)

Vie privée	– A un caractère non fautif le comportement d'une secrétaire médicale poursuivant une activité de « voyante tarologue » (Soc. 25 janv. 2006) ; – un salarié s'était fait adresser une revue sur son lieu de travail : c'est une correspondance privée et ce fait ne peut, en lui-même, permettre de prononcer une sanction (Ch. mixte, 18 mai 2007).
Refus de subir une visite médicale	Même avec un motif religieux, c'est une cause réelle et sérieuse de licenciement (Soc. 29 mai 1986).
Situation matrimoniale	le seul risque d'un conflit d'intérêts né du mariage d'un salarié avec une personne détenant la moitié du capital d'une société affiliée au réseau de son employeur est abusif (Soc. 21 sept. 2006).
Liberté d'expression	– Dans l'entreprise et en dehors : l'exercice de la liberté d'expression ne peut justifier un licenciement que s'il dégénère en abus (Soc. 12 nov. 1996) ; – L'abus est caractérisé en cas de propos injurieux, excessifs ou diffamatoires. Les responsabilités du salarié et le cercle de diffusion des propos peuvent également être pris en considération. *exemples :* – a outrepassé sa liberté d'expression le salarié d'une étude notariale qui a jeté le discrédit sur l'étude en des termes excessifs et injurieux auprès de la Chambre des notaires, de la caisse de retraite et de l'Urssaf (Soc. 15 déc. 2009) ; – est justifié le licenciement pour faute grave d'un salarié dont les propos non étayés et délibérément alarmistes sur le devenir de la société tenus devant le personnel et des clients étaient excessifs en raison de leur caractère mensonger et malveillant (Soc. 13 février 2013) ; – ont été considérés comme une faute grave des propos échangés sur Facebook, dénigrant l'employeur et incitant à la rébellion (Cons. prud'h. 19 nov. 2010). – En revanche, ne constitue pas un abus le fait : – pour un cadre, d'émettre des critiques sur une nouvelle organisation au sein du comité de direction (Soc. 14 déc. 1999) ; – de porter certains faits à la connaissance de l'inspecteur du travail (Soc. 12 juill. 2000) ou du procureur de la République (Soc. 12 juill. 2006) ; – pour un salarié d'avoir envoyé un courriel dont le contenu et les termes employés ne pouvaient objectivement être retenus comme susceptibles de nuire à l'employeur et traduisaient la réaction d'un homme blessé par l'annonce d'un licenciement dont il ne percevait pas les motifs (Soc. 24 sept. 2013). *Remarque :* la liberté d'expression peut être limitée dans le cadre d'une transaction pour assurer la protection de la réputation et des droits d'autrui dès lors que ces restrictions sont proportionnées au but recherché (Soc. 14 janv. 2014).
II. Motifs disciplinaires	
– Répétition de sanctions	L'employeur ne peut sanctionner qu'une fois le même fait : un comportement ayant donné lieu à une mise à pied non conservatoire ne peut ensuite justifier un licenciement (Soc. 16 mars 2010).

– Répétitions de faits fautifs	L'employeur peut se prévaloir de faits similaires – y compris de ceux qui ont été sanctionnés – pour caractériser une faute grave (Soc. 30 sept. 2004).	
Hypothèses	**Licenciement admis**	**Réserves**
Condamnation pénale	Si la condamnation est prononcée (vol), elle s'impose au Conseil de prud'hommes (Soc. 6 juill. 1999). La décision de relaxe du tribunal correctionnel s'impose aussi au juge prud'homal. Lorsque les faits reprochés au salarié donnent lieu à l'exercice de poursuites pénales l'employeur peut, sans engager immédiatement une procédure de licenciement, prendre une mesure de mise à pied conservatoire si les faits le justifient (Soc. 4 déc. 2012)	Le Conseil de prud'hommes conserve toute sa liberté pour apprécier la gravité de la faute (Soc. 3 mars 2004).
Insubordination	Refus par le salarié d'obtempérer à un ordre, d'exécuter un travail pour lequel il a été embauché (jurisprudence constante).	Le salarié peut refuser un travail qui n'entre pas dans ses fonctions, ses qualifications ou qui lui fait subir des discriminations.
Abandon de poste	Abandon brusque, sans autorisation, d'un poste de travail, abandon de chantier par un chef d'équipe...	Mais l'abandon peut être justifié ; par exemple : pour faire soigner une blessure, en raison de la mauvaise organisation d'un chantier situé à l'étranger.
Absences	Absences non motivées et perturbant le bon déroulement du travail ou rendant impossible l'organisation du travail.	L'absence peut être justifiée si elle est due à des troubles de santé liés aux conditions de travail.
Prise de congés	En cas de fixation unilatérale par le salarié de sa période de congé, d'un non-respect des dates de congé.	Mais agit avec une légèreté blâmable l'employeur qui a mis fin tardivement à un usage permettant de regrouper des congés.
Non-respect des horaires	Refus de travailler le dimanche dans une entreprise bénéficiant de dérogations, de se plier à de nouveaux horaires.	Mais le passage d'un horaire de jour à un horaire de nuit peut être refusé par le salarié. Plus largement, peut être refusé tout changement d'horaires qui porte une atteinte excessive au droit du salarié au respect de sa vie personnelle et familiale ou à son droit au repos (Soc. 3 nov. 2011).
Altercations, injures, rixes	Elles fondent un licenciement et même généralement, constituent des fautes graves.	Le juge peut ne pas prendre en considération une altercation entre collègues, ne perturbant pas

		le fonctionnement de l'entreprise, un mouvement de colère sans conséquence.
Éthylisme	L'état d'ébriété sur le lieu de travail peut constituer une cause réelle et sérieuse de licenciement. Est justifié le licenciement d'un directeur d'agence qui s'était trouvé régulièrement sur son lieu de travail en état d'ébriété après le déjeuner, ce qui risquait de ternir durablement l'image de l'entreprise (Soc. 9 févr. 2012). Un contrôle de l'alcoolémie par éthylotest peut être prévu par le règlement intérieur mais il doit être strictement réservé aux salariés dont l'état d'ébriété exposerait les personnes ou les biens à un danger, compte tenu de la nature de leur travail. Et les modalités de ce contrôle doivent en permettre la contestation (Soc. 22 mai 2002).	Mais le fait pour un salarié qui utilise un véhicule dans l'exercice de ses fonctions de commettre, dans le cadre de sa vie personnelle, une infraction entraînant la suspension ou le retrait de son permis de conduire ne constitue pas une méconnaissance par le salarié de ses obligations découlant de son contrat de travail (Soc. 3 mai 2011 ; 5 févr. 2014). Toutefois, rien n'empêche l'employeur de fonder le licenciement sur le trouble objectif apporté au bon fonctionnement de l'entreprise. Ce qui est le cas lorsque le salarié a perdu son permis dont l'usage est indispensable à l'exercice de ses fonctions (Soc. 15 janv. 2014).
Usage de stupéfiants	Le fait de se présenter au travail sous l'emprise de produits stupéfiants peut justifier un licenciement pour faute grave, même si la drogue a été consommée en dehors du temps de travail. En effet, le salarié, personnel navigant commercial, n'a pas respecté les obligations prévues par son contrat de travail et a ainsi fait courir un risque aux passagers (Soc. 27 mars 2012).	
Attitude indécente	– Comportement indélicat d'un salarié à l'égard de ses collègues féminines, d'un chef de service envers ses collaboratrices (notamment : Soc. 30 sept. 2003) ; – attitude choquant la pudeur (Soc. 12 mars 2002).	
Déloyauté	– Utilisation à des fins personnelles du matériel de l'entreprise (notamment : de véhicules) ; – détournement par un salarié d'un ordinateur et d'une connexion à Internet pour envoyer ou recevoir des messages à caractère érotique et pornographique (Crim. 19 mai 2004) ; – rapports inexacts, fausses notes de frais.	Mais ne constitue pas un acte déloyal : – la photocopie de documents concernant des points de désaccord avec l'employeur (Soc. 17 mars 1988) ; – le stockage de fichiers personnels pornographiques, en l'absence de constatation d'un usage abusif (Soc. 8 déc. 2009).
Concurrence déloyale	Le fait d'exercer une activité concurrente pendant la durée du contrat, y compris pendant un arrêt de travail pour maladie, constitue une faute grave.	Ne commet pas une faute grave le salarié qui se borne à élaborer les statuts d'une société et à l'immatriculer pendant l'exécution du contrat de travail (Soc. 19 juin 2013)

	Ex : le salarié ayant, alors qu'il était au service de son employeur et sans l'en informer, créé une société dont l'activité était directement concurrente de la sienne, manque à son obligation de loyauté et commet une faute grave (Soc. 9 juill. 2014).	(voir aussi « les clauses de non-concurrence », page 109).
III. Motifs non disciplinaires		
Insuffisance professionnelle	Ne constitue pas une faute grave (Soc. 9 mai 2000). Mais le licenciement est justifié, seulement si l'employeur a préalablement satisfait à son obligation d'adaptation et de formation des salariés.	Le licenciement peut être prononcé pour faute lorsque les erreurs procèdent d'une abstention volontaire ou d'une mauvaise volonté délibérée du salarié.
Insuffisance de résultats/ non réalisation des objectifs	L'employeur ne peut pas prévoir, dans une clause du contrat de travail ou d'une convention collective, que la non-réalisation des objectifs constitue une cause de licenciement. Seul le juge dispose du pouvoir d'appréciation de la cause réelle et sérieuse (Soc. 3 févr. 1999). Le licenciement est justifié si cette insuffisance de résultat est imputable au salarié, soit en raison d'une faute, soit en raison d'une insuffisance professionnelle. Le licenciement est injustifié quand la non-réalisation des résultats est imputable à l'employeur (qui ne fournit pas les moyens nécessaires) ou à des circonstances extérieures (résultats irréalisables en raison d'une crise économique).	Les objectifs peuvent être fixés unilatéralement par l'employeur dans le cadre de son pouvoir de direction. Il peut donc unilatéralement les modifier, dès lors que les objectifs sont réalisables et qu'ils ont été portés à la connaissance du salarié en début d'exercice (Soc. 2 mars 2011). Ces objectifs doivent être rédigés en français (Soc. 2 avr. 2014)
Mésentente	Entre un salarié et tout ou partie du personnel : peut constituer une cause de licenciement.	Mais elle doit reposer objectivement sur des faits imputables au seul salarié (Soc. 27 nov. 2001). Le doute profite au salarié (Soc. 9 nov. 2004).
Perte de confiance	Ne constitue pas en elle-même une cause réelle et sérieuse.	Mais les éléments objectifs qui l'ont motivée peuvent justifier la rupture, indépendamment de la perte de confiance qui en résulte.

Accident et maladie	Le licenciement fondé sur l'état de santé est discriminatoire et donc nul. Mais une absence prolongée ou les absences répétées d'un salarié peuvent justifier un licenciement si elles perturbent gravement le fonctionnement de l'entreprise, au point de rendre nécessaire le remplacement définitif du salarié malade.	La désorganisation de l'entreprise est souverainement appréciée par les juges du fond en tenant compte notamment de la durée des absences, de la taille de l'entreprise et des fonctions du salarié. L'embauche préalable d'un salarié en CDD ne prive pas l'employeur de licencier le salarié malade si son remplacement définitif est devenu nécessaire (Soc. 11 juill. 2012). Le remplacement du salarié par un salarié en CDI doit intervenir dans un délai raisonnable (Soc. 10 nov. 2004 ; 28 oct. 2009).
Inaptitude	Le salarié déclaré médicalement inapte par le médecin du travail peut être licencié si son reclassement est impossible dans l'entreprise ou le groupe auquel elle appartient..	L'inaptitude est constatée par le médecin du travail.

- Le tabagisme dans les locaux de l'entreprise alors qu'il y avait interdiction a été considéré comme une faute grave (Soc. 1er juill. 2008)
- Une demande d'explications écrites au salarié restée sans réponse peut justifier une sanction (Soc. 19 mai 2015)

3 › La sanction de l'absence de cause réelle et sérieuse

En l'absence de cause réelle et sérieuse, **le licenciement est injustifié.**
La sanction varie en fonction de la taille de l'entreprise et de l'ancienneté du salarié.

– Entreprises de moins de 11 salariés ou salariés n'ayant pas 2 ans d'ancienneté	Indemnité fixée en fonction du préjudice subi qui doit être prouvé par le demandeur ; cependant les juges sont moins rigoureux sur les moyens de preuve du préjudice qu'en droit commun ; ils exigent des preuves moins détaillées.
– Salariés ayant au moins 2 ans d'ancienneté, dans une entreprise d'au moins 11 salariés	Le juge peut proposer la réintégration du salarié ; à défaut ou en cas de refus de réintégration par l'une ou l'autre des parties, le salarié à droit à une indemnité fixée en fonction du préjudice subi, mais qui ne peut être inférieure à 6 mois de salaire. Il s'agit de la rémunération brute, primes et avantages compris. L'employeur fautif doit rembourser tout ou partie des indemnités de chômage payées par les organismes concernés du jour du licenciement au jour du jugement, dans la limite de 6 mois.

La loi « Macron » avait instauré un référentiel indicatif pour la fixation de l'indemnité. Les mesures annoncées en juin 2015 créent un barème impératif, qui varie selon la taille de l'entreprise et l'ancienneté du salarié.

4 › La nullité du licenciement

Le licenciement n'est pas « simplement » injustifié ; il est nul, car le motif de licenciement est « hautement illicite ».
La sanction est donc renforcée, en raison de la gravité du comportement de l'employeur. Tout doit être fait, comme si le licenciement nul n'avait jamais été prononcé.

• › Les cas de nullité

En principe, il n'y a « pas de nullité sans texte ». Le Code du travail prévoit des interdictions légales de licencier.

Motifs de licenciement entraînant la nullité	Articles du Code du travail
La discrimination Une jurisprudence importante a été amenée à sanctionner des motifs tirés : – de l'appartenance, vraie ou supposée, à une ethnie, une nation ou une race (retard d'embauche d'un salarié ; Soc. 18 janv. 2012) des convictions religieuses ou le port de signes religieux (foulard, croix,...). Le débat sur ce point est cependant ouvert et probablement non terminé ; – de la situation de famille (*ex.* : Soc. 1er juin 1999 : licenciement d'une salariée, fille d'une autre salariée, qui avait été embauchée contrairement aux décisions de la hiérarchie concernant les liens de famille) ; – d'un handicap (notamment : CJCE 11 juill. 2006) ; – de l'origine (demander à un salarié de franciser son prénom à consonance étrangère, Soc. 10 nov. 2009). – l'apparence physique (nullité du licenciement d'un serveur qui portait des boucles d'oreilles pendant le service : Soc. 11 janv. 2012)	**Art. L. 1132-1, 2, 3, 4**
L'activité syndicale ; sont ainsi protégés non seulement les délégués syndicaux, mais aussi tous les salariés ayant une activité syndicale Soc. 6 mai 2014.	**Art. L. 2141-5 à 2141-7**
L'exercice du droit de grève ; sauf faute lourde.	**Art. L. 1132-2**
L'état de grossesse ; sauf faute grave, non liée à la grossesse ou pour motif étranger à la grossesse (*ex.* : circonstances économiques). La salariée est protégée pendant le congé de maternité, et les 4 semaines suivant l'expiration de ces périodes ou pendant les 4 semaines de la naissance (mère et père) **Le congé d'adoption.**	**Art. L. 1225-4 et s.** **Art. L. 1225-38**

La suspension du contrat de travail due à un accident du travail ou une maladie professionnelle, sauf faute grave ou impossibilité de maintenir le contrat de travail (*ex. :* motif économique). **Le harcèlement au travail**, qu'il s'agisse de victimes ou de témoins.	**Art. L. 1226-9** **Art. L. 1152-2 et s.**

La jurisprudence, d'une façon plus générale, prononce la nullité des licenciements portant atteinte aux droits fondamentaux des salariés (*ex.* : Soc. 28 avr. 1998, la liberté d'expression).
Toutefois, la méconnaisse de la liberté de se vêtir à sa guise (Soc. 28 mai 2003) et le droit du salarié à une action de formation professionnelle (Soc. 5 mars 2014) ne caractérisent pas la violation d'une liberté fondamentale et n'entraînent donc pas la nullité du licenciement.

• › Sanctions de la nullité du licenciement

Réintégration	La nullité du licenciement entraîne de plein droit la réintégration sur demande du salarié ; elle s'impose à l'employeur. Elle peut être demandée en référé si la nullité n'est pas sérieusement contestable. Rappel : la réintégration ne peut être demandée par le salarié qui a pris acte de la rupture de son contrat de travail (Soc. 29 mai 2013).
Indemnisation	Si le salarié ne demande pas sa réintégration, il a droit : – à l'indemnité de licenciement (p. 193) ; – à des dommages et intérêts dont le montant ne peut être inférieur à 6 mois de salaire ; – dans le cas des salariés protégés, à une indemnité égale à la rémunération qui aurait été perçue jusqu'à la fin de la période de protection ; – l'employeur peut être condamné au remboursement des indemnités de chômage perçues par le salarié.

b › La procédure du licenciement

Elle est devenue de plus en plus formaliste ; les petites et moyennes entreprises ont d'ailleurs parfois des difficultés à maîtriser ces règles.
Ce formalisme s'impose, quels que soient la taille de l'entreprise, l'ancienneté du salarié, le motif du licenciement.

1 › Convocation à un entretien préalable

– La convocation doit être faite par lettre recommandée avec accusé de réception ou remise en main propre contre récépissé et même par « Chronopost » (Soc. 8 févr. 2011).

- Si la cause du licenciement est disciplinaire, la lettre ne doit pas être envoyée plus de 2 mois après que l'employeur ait eu connaissance de la faute (sauf si celle-ci a donné lieu à des poursuites pénales).

Le motif
– La lettre doit indiquer le motif de cette convocation, c'est-à-dire la mesure de licenciement envisagée, mais ne doit pas obligatoirement comporter les griefs reprochés au salarié (contrairement à la lettre de licenciement), sauf convention collective contraire (Soc. 9 janv. 2013). – Elle ne doit pas faire apparaître que la décision est déjà prise. – S'il s'agit d'un licenciement disciplinaire, la faute doit être caractérisée et précisée.
Le rendez-vous
– La convocation doit évidemment préciser la date, le lieu et l'heure de l'entretien. – Le rendez-vous peut être donné en dehors du temps de travail (Soc. 24 sept. 2008).
L'assistance par une personne de l'entreprise ou un « conseiller du salarié »
La lettre de convocation doit indiquer que le salarié peut se faire assister pour cet entretien par une personne de son choix : – appartenant à l'entreprise, si celle-ci a des représentants du personnel, – appartenant à l'entreprise ou extérieure à l'entreprise en l'absence de représentants du personnel ; ces personnes doivent alors être choisies sur une liste établie par le préfet du département ; ce sont les « conseillers du salarié » ; la liste comporte leur nom, leur adresse, leur profession et leur appartenance syndicale. Ces conseillers du salarié bénéficient de la même protection que les délégués syndicaux ; ils ont droit à 15 heures mensuelles d'absence, si leur entreprise a plus de 11 salariés ; ces heures sont rémunérées par leur employeur, qui est remboursé par l'État. Si l'employeur porte atteinte aux fonctions du conseiller du salarié, il encourt des sanctions pénales. La convocation à l'entretien doit également indiquer au salarié l'adresse des services où les listes de conseillers sont disponibles (mairie ou chaque section d'inspection du travail).
Le délai entre la lettre de convocation et l'entretien
Délai minimal de cinq jours ouvrables et « pleins » ; le jour de la remise de la lettre ne compte pas, de même que le dimanche (Soc. 20 févr. 2008).

2 › Entretien préalable

L'idée du législateur était de permettre une explication franche qui pouvait amener à une « réconciliation » ; il faut bien constater que la réalisation de cette solution est très rare.

L'employeur ne doit pas transformer l'entretien préalable au licenciement en enquête et ainsi détourner la procédure de son objet (notamment en venant en présence de trois des cogérants : Soc. 12 janv. 2013).

Le salarié doit se présenter en personne. L'employeur (qui peut se faire assister ou représenter par une personne appartenant au personnel de l'entreprise) est

tenu d'indiquer les motifs de la décision envisagée et de recueillir les explications du salarié.
Si le salarié ne se présente pas à l'entretien, l'employeur peut cependant poursuivre la procédure. Il n'est pas tenu de reporter la date de l'entretien, même si le salarié est malade. Si le salarié demande le report de l'entretien, l'employeur est tenu de l'aviser « par tous les moyens des nouvelles date et heure de cet entretien » (Soc. 29 janv. 2014)
Le conseiller du salarié rédige parfois un compte rendu de l'entretien.

3 › Notification du licenciement

Elle doit obligatoirement être faite par lettre recommandée avec avis de réception[1].

Le délai de réflexion
La lettre notifiant le licenciement ne peut être expédiée moins de 2 jours ouvrables après la date de l'entretien ; ceci pour éviter des réactions « à chaud » et pour imposer un délai de réflexion à l'employeur (il n'y a pas de délai maximum sauf quand il s'agit d'un licenciement pour faute disciplinaire).
La motivation de la lettre
Les motifs du licenciement doivent être énoncés avec beaucoup de précision. *exemple :* « Manque d'assiduité au travail » serait sans doute considéré comme un motif trop général ; par contre, serait admis : « Refus d'obéir en telles circonstances » ou « Vous vous êtes absenté sans autorisation et sans excuse tel et tel jour ». Cependant, la date précise n'est pas obligatoire (Soc. 23 mai 2000). La seule référence aux motifs contenus dans la lettre de convocation à l'entretien est insuffisante, sauf si une copie de cette lettre est annexée à la lettre de licenciement. La jurisprudence est très vigilante sur la motivation de la lettre ; elle juge que « les motifs énoncés par la lettre de licenciement fixent les termes du litige et interdisent à l'employeur d'en invoquer de nouveaux » (Soc. 9 avr. 1987, 13 oct. 1988, 8 nov. 1989, 20 mars 1990, 14 oct. 1993, 3 févr. 1999...). Il est admis que l'employeur puisse invoquer dans la lettre de licenciement des motifs différents de rupture, procédant de faits distincts (*ex.* : faute grave et inaptitude physique ; Soc. 23 sept. 2003). Une lettre de licenciement non ou insuffisamment motivée entraînerait une condamnation de l'employeur pour **un licenciement sans cause réelle et sérieuse**.

4 › Sanctions du non-respect de la procédure

En cas d'inobservation des règles de procédure, les sanctions encourues par l'employeur, qui varient selon l'ancienneté du salarié et la taille de l'entreprise sont les suivantes (C. trav. art. L. 1235-2 et s.) :

(1) Il a été cependant jugé (Soc. 23 juill. 2009) que la mise en main propre avec décharge n'entraîne pas l'irrégularité du licenciement.

Salariés ayant moins de 2 ans d'ancienneté ou travaillant dans une entreprise occupant moins de 11 salariés	Indemnité fixée par le juge en fonction du préjudice subi par le salarié (elle peut se cumuler avec les indemnités pour licenciement sans cause réelle et sérieuse). Si l'irrégularité concerne le non-respect des règles relatives au conseiller du salarié, l'indemnité est plafonnée à 1 mois de salaire.
Salariés ayant au moins 2 ans d'ancienneté dans une entreprise occupant au moins 11 salariés	– Indemnité plafonnée à 1 mois de salaire ; – le juge doit condamner l'employeur à accomplir la procédure requise.

Synthèse : les sanctions des irrégularités de forme et de fond du licenciement

Salarié ayant au *moins 2 ans d'ancienneté* dans une entreprise occupant au moins 11 salariés de manière habituelle

	oui	non
Procédure irrégulière	Indemnité qui ne peut être supérieure à 1 mois de salaire	Indemnité en réparation du préjudice subi pour non-respect des règles relatives au conseiller du salarié.
Licenciement sans cause réelle et sérieuse	Indemnité qui ne peut être inférieure aux salaires des 6 derniers mois	Indemnité en fonction du préjudice subi
Cumul entre ces deux indemnités	non	oui
Régime fiscal et social de ces indemnités	La partie de l'indemnité de licenciement supérieur aux montants minimum fixés par la convention collective ou la loi est assujettie à CRDS et à la CSG ; avec exonération partielle (supra).	
Droit aux allocations-chômage	oui	

> B Le licenciement pour motif économique

En vue d'anticiper des difficultés économiques, les entreprises :
– ont des « *obligations d'adaptation et de reclassement* » (p. 171) ;
– doivent élaborer un *plan de gestion prévisionnelle* des emplois (les petites entreprises bénéficient pour cela d'une aide de l'État) ;
– sont soumises à une *obligation triennale* de négociation sur la gestion prévisionnelle des emplois et la prévention des conséquences des mutations

économiques ; sont concernés les entreprises ou groupes de plus de 300 salariés et ceux soumis à l'obligation de mettre en place un comité d'entreprise européen.

- ont l'obligation de rechercher un repreneur lorsqu'elles « envisagent la fermeture d'un établissement qui aurait pour conséquence un projet de licenciement collectif » (C. trav., art. L. 1233-57-9) ; sont concernées les entreprises d'au moins 1 000 salariés. C'est une nouvelle obligation posée par la loi visant à reconquérir l'économie réelle dite Loi Florange du 29 mars 2014. Toutefois, par sa décision du 27 mars 2014, le Conseil constitutionnel a partiellement censuré la loi d'une part, parce qu'elle prévoyait une sanction financière élevée en cas de manquement de l'employeur et, d'autre part, parce qu'elle offrait la possibilité de refuser une offre seulement pour un motif légitime et portait ainsi une atteinte inconstitutionnelle au droit de propriété et à la liberté d'entreprendre. C'était donc, dans l'attente d'une intervention législative, une obligation sans sanction. La loi relative à l'économie sociale et solidaire du 31 juillet 2014 y à remédié en prévoyant notamment que l'Administration peut refuser de valider ou d'homologuer le PSE (plan de sauvegarde de l'emploi) d'un employeur qui n'a pas respecté son obligation de rechercher un repreneur.
- ont la possibilité de signer, avec les partenaires sociaux, un accord de maintien de l'emploi. C'est un nouvel outil de prévention des licenciements économiques issu de la loi de sécurisation professionnelle du 14 juin 2013 (C. trav., art. L. 5125-1 à art. L. 5125-7). En contrepartie d'un engagement de l'employeur de ne pas rompre leur contrat de travail pour un motif économique, les salariés acceptent un sacrifice financier qui doit permettre à l'employeur de surmonter les difficultés économiques rencontrées grâce à la réduction de la masse salariale.

Entreprises concernées	Cet accord ne peut être conclu que si l'entreprise est confrontée à de graves difficultés économiques conjoncturelles (le niveau d'appréciation des difficultés est l'entreprise et non le groupe).
Conditions de validité de l'accord	Cet accord collectif doit être signé par une ou plusieurs organisations syndicales ayant recueilli au moins 50 % des suffrages exprimés, en faveur des syndicats représentatifs, au premier tour des dernières élections professionnelles. En l'absence de délégué syndical, l'accord peut être conclu soit par un ou plusieurs représentants élus du personnel mandaté par une ou plusieurs organisations syndicales représentatives dans la branche ou à défaut au niveau national et interprofessionnel, soit en l'absence de représentants élus du personnel, par un ou plusieurs salariés mandatés spécialement par un ou plusieurs syndicats représentatifs dans la branche ou à défaut au niveau national et interprofessionnel. Dans ces deux cas, la validité de l'accord est subordonnée au vote des salariés statuant à la majorité des suffrages exprimés.

Contenu de l'accord	L'accord peut aménager : – la durée du travail ; – ses modalités d'organisation et de répartition ; – la rémunération. L'accord ne peut : – déroger aux dispositions relatives à la durée légale du travail et aux heures supplémentaires, au droit au repos, aux jours fériés et aux congés payés ; – diminuer les rémunérations en deçà de 120 % du SMIC. *Remarque* : l'accord doit prévoir les conditions dans lesquelles les dirigeants, les mandataires sociaux et les actionnaires fournissent des efforts proportionnés à ceux demandés aux salariés.
Durée de l'accord	2 ans : pendant toute la durée de l'accord, l'employeur ne peut procéder à aucune rupture du contrat de travail pour motif économique des salariés auxquels s'applique l'accord. L'accord doit prévoir une clause pénale applicable lorsque l'entreprise n'a pas respecté ses engagements de maintien de l'emploi.
Effet de l'accord : le salarié a le droit de refuser l'accord, car il s'agit d'une modification de son contrat de travail	– Pour les salariés qui acceptent l'accord : les stipulations de l'accord sont applicables au contrat de travail. Les clauses du contrat de travail contraires (et plus favorables) à l'accord sont suspendues pendant la durée de l'accord. – Pour les salariés qui refusent l'accord : leur licenciement repose sur un motif économique (mais est-il pour autant justifié du seul fait de l'existence de cet accord de maintien de l'emploi ?). Quel que soit le nombre de refus, le licenciement est prononcé selon les modalités d'un licenciement individuel pour motif économique (le salarié ne pourra pas bénéficier de la mise en place d'un plan de sauvegarde de l'emploi).

Les accords de maintien de l'emploi ne rencontrent pas le succès attendu ; plusieurs raisons sont évoquées : les difficultés rencontrées par les entreprises sont structurelles et non conjoncturelles, les employeurs craignent de ne pas pouvoir maintenir l'emploi si la situation économique se dégrade, les syndicats refusent de signer un accord prévoyant une baisse de salaire ou une hausse de la durée du travail pour le même salaire.

exemple :

l'accord de maintien de l'emploi signé par tous les syndicats de l'équipementier automobile Mahle Behr a suscité le refus de 162 salariés.

a › Champ d'application du droit du licenciement économique

Ce droit du licenciement économique s'applique à toute rupture du contrat de travail résultant de l'une des causes économiques, quelle qu'en soit la forme, à l'exclusion de la rupture conventionnelle (C. trav. art. 1233-3). Pourtant, dans un arrêt du 9 mars 2011, la Cour de cassation a jugé que, lorsqu'elles ont une cause économique et s'inscrivent dans un processus de réduction des effectifs, les ruptures conventionnelles doivent être prises en compte pour déterminer les obligations de l'employeur en matière de plan de sauvegarde de l'emploi. Encore faut-il que les contrats de travail aient été rompus après l'homologation des conventions par l'administration du travail ; ne peuvent donc être retenues les conventions qui, faute d'avoir été homologuées, n'ont pas entraîné la rupture du contrat de travail (Soc. 29 oct. 2013).

b › La justification du licenciement pour motif économique

À la différence du motif personnel, le motif économique de licenciement est défini par le Code du travail.

■ Art. L. 1233-3. Constitue un licenciement pour motif économique le licenciement effectué par un employeur pour un ou plusieurs motifs, **non inhérents à la personne du salarié**, résultant d'une **suppression ou transformation d'emploi ou d'une modification**, refusée par le salarié, **d'un élément essentiel du contrat de travail** consécutives notamment à des **difficultés économiques** ou à des **mutations technologiques.**

Quels que soient la taille de l'entreprise et le nombre de licenciements, le licenciement économique est justifié à 3 conditions :
- l'existence d'une cause économique ;
- une incidence sur l'emploi ;
- l'impossibilité de reclassement le salarié.

La lettre de licenciement, qui fixe les limites du litige, doit énoncer à la fois la raison économique qui fonde la décision et sa conséquence précise sur l'emploi ou le contrat de travail du salarié. L'absence d'un seul de ces éléments prive le licenciement de cause réelle et sérieuse.

1 › Les causes économiques de licenciement

La cause économique est un motif non inhérent à la personne du salarié.
L'emploi du terme « notamment » a permis à la Cour de cassation d'ajouter deux causes économiques de licenciement (cessation d'activité et réorganisation de l'entreprise).

Motifs non inhérents à la personne du salarié	La distinction peut être difficile à faire quand l'insuffisance d'un salarié se manifeste dans le nouveau poste qui lui a été attribué à la suite d'une mutation technologique (*ex. :* le chef comptable, qui malgré la formation mise en place, ne peut s'adapter à l'informatisation du service). La jurisprudence tend à admettre, dans ce cas, le motif économique. Car elle prend en compte le motif premier et déterminant du licenciement (chronologiquement), ici l'informatisation de l'entreprise.
Difficultés économiques	Les difficultés économiques doivent être distinguées des fluctuations normales du marché. Une baisse peu importante ou temporaire du chiffre d'affaires ne suffit pas (Soc. 6 juill. 1999). Ne repose pas sur une cause économique réelle et sérieuse, le licenciement prononcé dans le but :

	– d'améliorer les performances financières ou la rentabilité de l'entreprise (Soc. 14 mai 1997, 1er déc. 1999, 29 mai 2001) ; – de réaliser des économies (Soc. 29 mars 2000, 10 mai 2000, 6 mars 2007). Les difficultés économiques doivent être appréciées : – lorsque l'entreprise n'appartient pas à un groupe : au niveau de l'entreprise et non de l'établissement (ex : au niveau de l'ensemble des magasins exploités par une entreprise) – lorsque l'entreprise appartient à un groupe : au niveau du groupe ou du secteur d'activité du groupe auquel appartient l'entreprise (Soc. 5 avr. 1995). Le motif économique s'apprécie à la date du licenciement. La lettre de notification du licenciement doit être suffisamment précise : Il ne suffit pas pour l'employeur de faire état d'une baisse d'activité, sans autre indication ; il convient de préciser quelles en sont les causes et quelle est son incidence sur l'emploi supprimé (Soc. 16 févr. 2011).
Mutations technologiques	L'adoption de nouvelles technologies par l'entreprise, même en l'absence de difficultés économiques, peut constituer une cause économique de licenciement. Il doit s'agir de mutations importantes mettant en cause l'existence de postes de travail (*ex.* : informatisation de l'entreprise ; passage d'un mode de production artisanal à un mode de production industriel). En revanche, un simple changement de logiciel ne constitue pas une mutation technologique (Soc. 13 mai 2003). Le licenciement ne sera cependant justifié que si l'entreprise a préalablement satisfait à son obligation d'adaptation, en proposant une formation complémentaire au salarié.
Réorganisation de l'entreprise	– **Finalité de la réorganisation :** Elle ne constitue un motif économique que si elle est effectuée pour sauvegarder la compétitivité de l'entreprise (Soc. 5 avr. 1995). Donc, la réorganisation ayant pour seul objet d'améliorer la compétitivité ou la rentabilité de l'entreprise afin de réaliser des profits plus importants, ne justifie pas des licenciements économiques. (Soc. 15 juin 2003). – **C'est un motif autonome de licenciement :** peu importe qu'il n'y ait ni mutations technologiques, ni difficultés économiques. Ce qui importe c'est que la compétitivité soit menacée, de telle sorte que l'entreprise ne serait plus compétitive si la réorganisation n'avait pas lieu. La réorganisation vise à prévenir des difficultés économiques prévisibles (Soc. 11 janv. 2006 : arrêt *Pages Jaunes*). Le juge contrôle seulement l'opportunité de la réorganisation, mais il ne se substitue pas à l'employeur pour déterminer quelle est la meilleure réorganisation pour l'entreprise et surtout pour l'emploi, lorsque plusieurs solutions sont possibles (Ass. plén. 8 déc. 2000). Le Sénat, reprenant la jurisprudence de la Cour de cassation, modifie la définition du licenciement économique applicable à toute rupture à l'exception de la rupture conventionnelle : « réorganisation destinée à sauvegarder la compétitivité de l'entreprise, sa situation ou celle du secteur d'activité auquel elle appartient ».

Cessation d'activité, fermeture d'entreprise	Elle constitue un motif économique de licenciement quand (Soc. 16 janv. 2001) : – elle est totale et définitive ; – elle « ne résulte pas d'une faute de l'employeur ou d'une légèreté blâmable de sa part » *La notion de légèreté blâmable permet-elle de condamner le comportement de l'employeur fermant son entreprise qui ne connaît pas de difficultés économiques ?* Soc. 1er févr. 2011 : « si, en cas de fermeture définitive et totale de l'entreprise, le juge ne peut, sans méconnaître l'autonomie de ce motif de licenciement, déduire la faute ou la légèreté blâmable de l'employeur de la seule absence de difficultés économiques ou, à l'inverse, déduire l'absence de faute de l'existence de telles difficultés, **il ne lui est pas interdit de prendre en compte la situation économique de l'entreprise pour apprécier le comportement de l'employeur** ». C'est donc un **motif autonome de licenciement** : il n'y a pas besoin de difficultés économiques pour justifier les licenciements. Concrètement, la fermeture de l'entreprise par un employeur en raison de son âge ou de son état de santé constitue une cessation d'activité, cause économique de licenciement. *Mais qu'en est-il quand l'entreprise appartient à un groupe ? Un groupe « en bonne santé économique » peut-il décider de fermer une entreprise et licencier les salariés pour cessation d'activité ?* Soc. 18 janv. 2011 : lorsque deux entreprises d'un groupe remplissent les critères permettant de les qualifier de **coemployeurs**, la **cessation d'activité** de l'une ne peut justifier le licenciement économique de son personnel qu'à la condition de reposer sur une **raison économique** (difficultés économiques, mutations technologiques, sauvegarde de la compétitivité), dont l'existence s'apprécie au niveau du secteur d'activité du groupe auquel ces deux entités appartiennent. Nous sommes en présence d'une situation de coemploi, lorsqu'il existe une **confusion d'intérêts, d'activités et de direction** entre les deux entreprises, coemployeurs.

2 › L'incidence sur l'emploi

Suppression d'emploi	Les tâches occupées par le salarié ont disparu ou elles ont été réparties entre des salariés déjà présents dans l'entreprise. Il n'y a pas suppression d'emploi, lorsque le salarié licencié est remplacé par un salarié en CDD par exemple.
Modification du contrat de travail refusée par le salarié	Le salarié a le droit de refuser toute modification d'un élément de son contrat de travail. Mais son employeur peut en tirer les conséquences, et procéder à un licenciement pour motif économique. Mais cela ne signifie pas pour autant que ce licenciement repose sur un motif économique réel et sérieux. Encore faut-il que l'employeur établisse que la réorganisation de l'entreprise était justifiée par des difficultés économiques, des mutations technologiques ou la nécessité de sauvegarder la compétitivité de l'entreprise (Soc. 10 juill. 2013).

Transformation d'emploi	Il s'agit d'une mutation profonde des conditions d'exécution du travail ; ce qui constitue aussi, le plus souvent, une modification du contrat de travail.

3 › L'obligation préalable de reclassement individuel

L'article L 1233-4, al. 1er, du Code du travail dispose que :

■ Le licenciement pour motif économique d'un salarié ne peut intervenir que lorsque tous les efforts de formation et d'adaptation ont été réalisés et que le reclassement de l'intéressé ne peut être opéré dans l'entreprise ou dans les entreprises du groupe auquel l'entreprise appartient.

Le licenciement est injustifié si l'employeur ne satisfait pas à son obligation de reclassement.
Il en est de même si l'employeur ne laisse pas un délai de réflexion assez long au salarié pour étudier les offres de reclassement (Soc. 19 févr. 2014 : les offres de reclassement transmises au salarié engageaient son avenir professionnel et financier, de sorte que le délai de quatre jours francs qui lui était imparti pour faire connaître sa réponse était manifestement insuffisant).

• › Portée de l'obligation

Cette obligation s'impose même si l'employeur est aussi tenu de mettre en place un plan de sauvegarde de l'emploi.

- Le reclassement intervient :
  - ***en priorité*** sur un emploi relevant « de la même catégorie que celui que le salarié occupe » ;
  - ou sur un emploi équivalent, « assorti d'une rémunération équivalente » (loi du 18 mai 2010) ;
  - ***à défaut***, et « sous réserve de l'accord exprès du salarié, sur un emploi d'une catégorie inférieure » ;
  - Le reclassement doit être envisagé non seulement au sein de l'entreprise, mais, le cas échéant, au niveau du groupe dont l'entreprise dépend, y compris à l'étranger (Soc. 5 avr. 1995) ;
- L'employeur « doit proposer des postes accessibles, ou rendus accessibles par des mesures d'accompagnement » (Soc. 29 mai 2002). Il doit fournir au salarié une formation complémentaire (de courte durée) qui lui permettrait d'occuper un poste disponible.
- l'employeur doit exécuter loyalement son obligation de reclassement ; les offres de reclassement adressées au salarié doivent être :
  - écrites et précises ;
  - concrètes et personnalisées (Soc. 20 sept. 2006).

Ainsi, ne satisfait pas à cette obligation l'employeur qui se borne à informer le personnel par voie d'affichage des possibilités de reclassement au sein des sociétés du groupe ou lorsque la seule proposition faite au salarié porte sur un poste à créer et mal défini.

- c'est une **obligation de moyen** : s'il ne propose aucun reclassement, l'employeur doit faire la preuve de l'impossibilité de reclasser. S'il y parvient, le licenciement sera justifié.

Le salarié est en droit de refuser les mesures de reclassement proposées par l'employeur ; ce refus n'est pas constitutif d'une faute mais peut entraîner le licenciement, en l'absence d'autres postes disponibles (Soc. 9 avr. 2002 et 29 janv. 2003).

• › Cas du reclassement à l'étranger

Il est parfois arrivé ces dernières années que des entreprises, comportant des implantations à l'étranger, proposent à leurs salariés des emplois dans des filiales ou établissements étrangers, à des niveaux de rémunération très inférieurs à ceux pratiqués en France.

Une loi du 18 mai 2010 (C. trav. art. L. 1233-4-1) a voulu « encadrer » cette pratique ; ce texte prévoit que lorsque l'entreprise (ou le groupe auquel elle appartient) est implantée hors du territoire national, l'employeur doit demander au salarié :

- s'il accepte de recevoir des offres de reclassement à l'étranger ;
- et le cas échéant, s'il souhaite formuler des restrictions éventuelles quant aux caractéristiques de ces emplois, notamment en matière de rémunération et de localisation.

Le salarié doit répondre dans un délai de 6 jours ouvrables ; l'absence de réponse dans ce délai vaut refus de tout poste à l'étranger.

Les offres de reclassement à l'étranger ne doivent être adressées qu'aux salariés ayant accepté d'en recevoir et compte tenu des restrictions qu'ils ont pu exprimer. Les salariés sont, ensuite, libres de refuser ces offres.

L'employeur peut ainsi limiter son périmètre de recherche des postes de reclassement, en prenant en compte les souhaits de mobilité exprimés par le salarié. Cette démarche n'est possible que pour le reclassement à l'étranger. En dehors de cette hypothèse, la Cour de cassation a condamné cette pratique des questionnaires de mobilités, distribués « en dehors de toute proposition concrète » (Soc. 4 mars 2009).

Le projet de loi Macron (art. 100) prévoit de limiter l'obligation de reclassement aux « emplois disponibles situés sur le territoire national », charge au salarié qui le désire de demander l'accès à une liste avec les emplois disponibles à l'étranger.

C › La procédure du licenciement économique

La loi du 14 juin 2013 sur la sécurisation professionnelle a réformé en profondeur la procédure du grand licenciement économique. Elle renforce le rôle de

l'administration du travail et laisse une place à négociation collective. En outre, le contentieux est, dans une large mesure, passé entre les mains du juge administratif.
Il convient de distinguer :

Le licenciement *individuel*

Le licenciement *collectif*
- de 2 à 9 salariés sur une période de 30 jours
- d'au moins 10 salariés sur une période de 30 jours

Dans l'hypothèse du licenciement **d'au moins 10 salariés** et notamment pour les entreprises de 50 salariés et plus :
- les obligations d'information et de consultation des représentants du personnel sont renforcées ;
- la procédure est plus complexe : réunions obligatoires avec les représentants du personnel, délais à respecter, plan de sauvegarde de l'emploi...

Seule la fixation de l'ordre de licenciement est une règle commune à tous les licenciements économiques, quelle qu'en soit l'ampleur. Pour le reste, la procédure varie selon le nombre de licenciements envisagés et selon l'effectif de l'entreprise.

1 › L'ordre des licenciements

Les critères retenus pour fixer l'ordre des licenciements sont établis, soit par les conventions collectives, soit par l'employeur, après consultation du CE ou des DP. La détermination de ces critères est obligatoire, que ce soit pour un licenciement individuel ou pour un licenciement collectif.
L'article L. 1233-5 du Code du travail prévoit que ces critères « prennent notamment en compte » :
- les charges de famille et en particulier celles de parents isolés ;
- l'ancienneté dans l'entreprise ;
- la situation de salariés présentant des caractéristiques sociales rendant leur réinsertion professionnelle « particulièrement difficile » (salariés handicapés, âgés) ;
- les qualités professionnelles appréciées par catégorie.

Cette liste n'est pas limitative, l'employeur peut la compléter par d'autres critères ou même privilégier un des critères à partir du moment où il a pris en compte ceux qui sont fixés par la loi, mais il lui est interdit d'adopter des critères discriminatoires.

Parfois l'employeur n'a aucun choix à exercer, par exemple en cas de cessation totale d'activité (Soc. 5 févr. 2014)

L'*information* des salariés sur l'ordre des critères doit être assurée, auprès des représentants du personnel (le CE et les DP doivent être consultés) ainsi que de tout salarié qui en fait la demande écrite (par LR avec AR ou remise en main propre contre décharge) dans les dix jours de la cessation de travail.
Le refus de communiquer les critères peut donner lieu à indemnités.
Les critères peuvent être contestés devant le Conseil de prud'hommes.
L'employeur qui ne respecte pas les critères de l'ordre des licenciements encourt une amende pénale de 750 € maximum et la condamnation à des dommages-intérêts en raison du préjudice subi ; l'inobservation des règles relatives à l'ordre des licenciements n'a pas pour effet de priver le licenciement de cause réelle et sérieuse.

2 › Le licenciement économique individuel

La procédure ressemble à celle d'un licenciement individuel pour motif personnel.

Convocation à l'entretien préalable	→	**Entretien préalable**	→	**Lettre de licenciement**	Date de rupture du contrat de travail →	
– LR avec AR ou remise en main propre – Indication de la possibilité de se faire assister.	*5 jours ouvrables minimum*		*– 7 jours ouvrables minimum* *– 15 jours pour les cadres*	Énonciation – des motifs – de la priorité de réembauchage – de la possibilité de contester la validité du licenciement dans un délai de 12 mois (par LR avec AR).	*8 jours*	Information à la DIRECCTE

L'inscription du licenciement doit être portée sur le registre unique du personnel et pour les entreprises de plus de 50 salariés sur le relevé mensuel adressé à la DIRECCTE.

3 › Le licenciement de 2 à 9 salariés sur une période de 30 jours

L'employeur est tenu aux mêmes obligations qu'en cas de licenciement individuel, mais les représentants du personnel doivent être obligatoirement consultés.[1]

Consultation des représentants du personnel
L'article L. 1233-10 précise quelles informations doivent être données (raisons du projet de licenciement, nombre de licenciements envisagés, critères retenus...)

↓ *3 jours au moins, ou délai « raisonnable » dans les entreprises de moins de 50 salariés*

Réunion des représentants du personnel
Ils émettent un avis, qui doit être transmis à la DIRECCTE

↓

Convocation de chaque salarié à l'entretien préalable

↓ *5 jours ouvrables minimum*

Entretien préalable

↓ *7 jours ouvrables[1]*

Lettre de licenciement

↓ *8 jours ouvrables*

Information à la DIRECCTE

4 › Le licenciement d'au moins 10 salariés sur une période de 30 jours

La procédure diffère selon que l'entreprise comporte ou non des représentants du personnel et selon son effectif (plus ou moins de 50 salariés).

Remarque :

Le nouvel article L. 1233-39 du Code du travail concernant la notification des licenciements de 10 salariés et plus dans les entreprises de moins de 50 salariés, énonce que la notification du licenciement ne peut intervenir avant l'expiration d'un délai de 30 jours à compter de la notification du projet de licenciement à l'autorité administrative.

(1) ~~15 jours pour certaines catégories de cadres (ceux qui détiennent une délégation partielle d'autorité).~~

• › Entreprises sans représentants du personnel

Convocation à l'entretien préalable

↓

Entretien préalable

↓

Notification à la DIRECCTE

↓

Si le nombre des licenciements est inférieur à 100
Durée des vérifications par la DIRECCTE : 21 jours

Si le nombre des licenciements est entre 100 et 250
Durée des vérifications par la DIRECCTE : 28 jours

Si le nombre des licenciements est d'au moins 250
Durée des vérifications par la DIRECCTE : 35 jours

Envoi des lettres de licenciement

• › Entreprises de moins de 50 salariés ayant des délégués du personnel

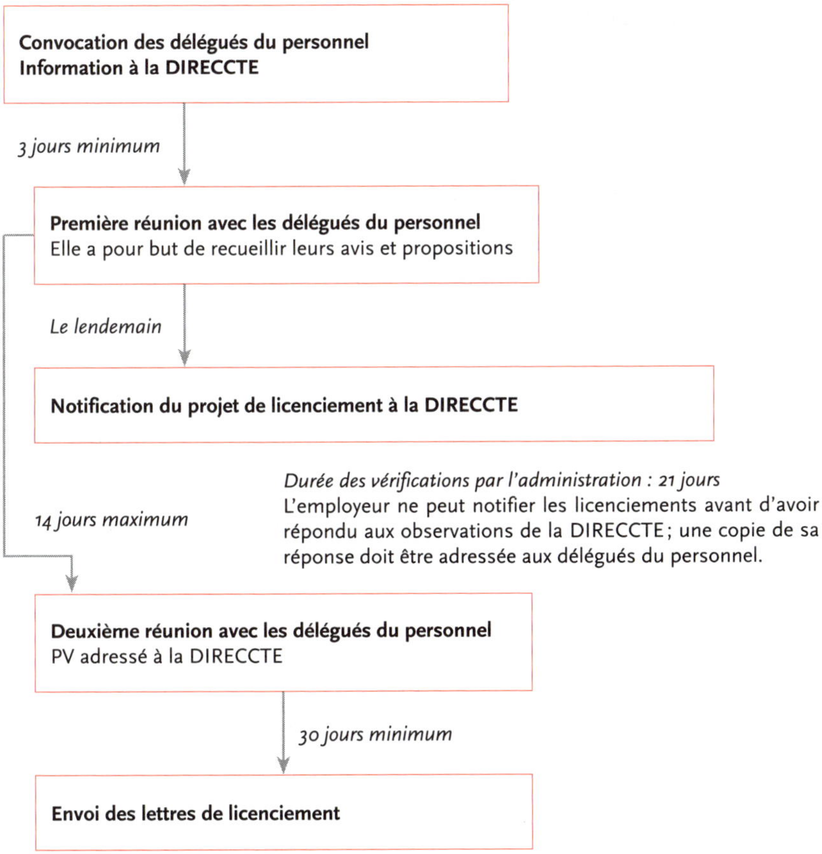

• › Entreprises de 50 salariés et plus avec des représentants du personnel

La procédure du grand licenciement collectif a été réformée par la loi de sécurisation professionnelle du 14 juin 2013.

Des **accords de méthode, conclus au niveau de l'entreprise, du groupe ou de la branche** peuvent être conclus, pour aménager la procédure de licenciement, et notamment les modalités d'information et de consultation du comité d'entreprise. Mais ils ne peuvent pas anticiper le contenu du PSE.

À défaut d'accords de méthode, la procédure prévue par le Code du travail est la suivante :

› Procédure

Convocation des représentants du personnel
Information à la DIRECCTE

↓ *3 jours minimum*

1re réunion avec les représentants du personnel
- Communication par le chef d'entreprise des informations utiles sur les licenciements envisagés
- Consultation sur l'ordre des licenciements
- Si le CE entend recourir à l'assistance d'un expert comptable, une autre réunion a lieu dans un délai de 20 à 22 jours

↓ *le lendemain*

Notification du projet de licenciement à la DIRECCTE

Délai entre les 2 réunions		*Durée maximum de la vérification administrative*
14 jours maximum	*Si le licenciement porte sur moins de 100 salariés*	*21 jours*
21 jours maximum	*Si le licenciement porte sur plus de 100 salariés et moins de 250*	*28 jours*
28 jours maximum	*Si le licenciement porte sur plus de 250 salariés*	*35 jours*

2e réunion des représentants du personnel
Le PV de cette réunion est transmis à la DIRECCTE

↓
30 jours minimum si le licenciement porte sur moins de 100 salariés
45 jours minimum si le licenciement porte sur plus de 100 salariés et moins de 250
60 jours minimum si le licenciement porte sur plus de 250 salariés

Envoi des lettres de licenciement

› Information des sous-traitants

L'article L. 2323-16 prévoit que « lorsque le projet de restructuration et de compression des effectifs soumis au CE est de nature à affecter le volume d'activité ou d'emploi d'une entreprise sous-traitante, l'entreprise donneuse d'ordre en informe immédiatement l'entreprise sous-traitante ».
Les représentants du personnel de celle-ci doivent être informés et recevoir des explications.

› Rôle du CE

- Le CE tient au minimum deux réunions espacées d'au moins 15 jours sur le projet de licenciement économique.

Attention au cumul des procédures de consultations : le droit du licenciement économique prévoit la consultation du CE sur le projet de licenciements ; si le

PSE est négocié, le CE sera consulté sur le projet d'accord (C. trav. art. L. 1233-30). Mais le CE doit également être consulté sur le projet économique de l'entreprise, en application de ses attributions de droit commun, en matière économique (C. trav. art. L. 2323-15). Ces deux procédures de consultation peuvent être conduites de manière concomitante.

– Cette double consultation est désormais limitée dans le temps : pour rendre ses deux avis, le CE dispose d'un délai fixé en fonction du nombre de licenciement envisagé, et qui commence à courir à compter de la 1re réunion. Il ne peut être supérieur à 2 mois lorsque le nombre des licenciements est inférieur à 100, 3 mois de 100 à 249, et 4 mois à partir de 250. Un accord collectif de travail peut prévoir des délais différents.

En l'absence d'avis dans le délai imparti, le CE est réputé avoir été consulté l'employeur peut donc poursuivre son projet.

› Le Plan de sauvegarde de l'emploi (PSE)

Le PSE a pour objet d'éviter les licenciements, d'en limiter le nombre (mesures de reclassement interne) ou de faciliter le reclassement des salariés dont le licenciement n'a pas pu être évité (mesures de reclassement externe).

• *L'obligation de mettre en place un PSE*

Le PSE est obligatoire dans les entreprises d'au moins *50 salariés,* dès lors que le licenciement porte sur *10 salariés* ou plus sur une *même période de 30 jours* (C. trav. art. L. 1233-61 à L. 1233-64). Le décompte de l'effectif se fait au niveau de *l'entreprise* et non pas du groupe dont l'entreprise fait partie. Par contre, si une entreprise comportant plusieurs établissements procède à une restructuration, elle doit, dans les conditions exposées ci-dessous, établir un PSE.

Il est également obligatoire dans le cas où l'entreprise :

– a procédé, pendant 3 mois consécutifs, au licenciement économique de plus de 10 personnes au total, sans atteindre 10 personnes sur une même période de 30 jours, et qu'elle envisage, dans les 3 mois suivants, un nouveau licenciement économique ;
– a procédé, au cours d'une année civile, au licenciement économique de plus de 18 personnes sans avoir eu à présenter de PSE ; dans ce cas, tout nouveau licenciement économique envisagé au cours des 3 mois suivant la fin de cette année civile sera soumis à l'obligation d'établir un PSE ;
– propose à au moins 10 salariés une modification, refusée, de leur contrat de travail pour motif économique ; cependant, si la modification résulte d'un accord RTT, le PSE n'est pas obligatoire ; en cas de refus par le salarié de cette modification, le licenciement sera alors un licenciement individuel pour un motif non économique.

• *Le cas particulier des plans de départs volontaires*

Même lorsqu'il entend ne procéder à aucun licenciement et se contenter de ruptures amiables, l'employeur est tenu d'établir un plan de sauvegarde de l'emploi lorsque les conditions de sa mise en place sont satisfaites. Toutefois, un plan de sauvegarde de l'emploi dépourvu de plan de reclassement interne est valable, lorsque le recours aux licenciements est exclu (Soc. 26 oct. 2010). La solution est empreinte d'une certaine logique : il n'est pas pertinent de proposer de rester à des salariés qui ont volontairement (en théorie tout au moins) décidé de quitter l'entreprise.

• *Négociation ou élaboration unilatérale du PSE*

Dans le but d'améliorer la qualité des PSE et accordant sa confiance aux partenaires sociaux, le législateur prévoit qu'un accord collectif peut déterminer le contenu du PSE.

Conditions de validité de l'accord *Pour faciliter la négociation, les organisations syndicales représentatives dans l'entreprise peuvent se faire assister par un expert-comptable.*	L'accord collectif est signé par une ou plusieurs organisations syndicales représentatives dans l'entreprise ayant recueilli au moins 50 % des suffrages exprimés en faveur d'organisations reconnues représentatives au premier tour des dernières élections des titulaires au CE ou de la délégation unique du personnel ou, à défaut, des délégués du personnel, quel que soit le nombre de votant.
Contenu de l'accord	L'accord porte sur le contenu du PSE, mais il peut aussi porter sur : – les modalités d'information et de consultation du CE ; – la pondération et le périmètre d'application des critères d'ordre des licenciements ; – le nombre de suppression d'emploi et les catégories professionnelles ; – les modalités de mise en œuvre des mesures de formation, d'adaptation et de reclassement.
Clauses interdites	L'accord ne peut déroger : – à l'obligation d'effort, d'adaptation et de reclassement incombant à l'employeur ; – aux règles générales d'information et de consultation du CE ; – à l'obligation de proposer aux salariés le contrat de sécurisation professionnelle ou le congé de reclassement ; – à l'obligation de communiquer les renseignements nécessaires aux représentants du personnel ; – aux règles de consultations applicables lors d'un redressement ou d'une liquidation.

À défaut d'accord collectif portant sur le PSE, un document élaboré unilatéralement par l'employeur après la dernière réunion du CE fixe le contenu du PSE. Le document doit aussi préciser les modalités d'information et de consultation du CE, la pondération et le périmètre d'application des critères d'ordre des licenciements, le nombre de suppression d'emploi et les catégories professionnelles et les modalités de mise en œuvre des mesures de formation, d'adaptation et de reclassement.

La négociation du PSE n'est donc qu'une possibilité offerte aux partenaires sociaux. Aucune disposition n'oblige l'employeur à ouvrir la négociation, préalablement à l'élaboration unilatérale du PSE.

- *Contrôle et sanctions*

<table>
<tr><td>Par les représentants du personnel</td><td colspan="2">Lorsque le projet de licenciement économique collectif fait l'objet d'un document unilatéral, le comité d'entreprise rend deux avis : l'un sur l'opération projetée et ses modalités d'application, et l'autre sur le projet de licenciement économique collectif. Le document unilatéral est élaboré après la dernière réunion du comité d'entreprise, ainsi l'avis du CE devrait être pris en compte par l'employeur dans le document unilatéral.
Lorsque le projet de licenciement économique fait l'objet d'un accord majoritaire, le comité d'entreprise rend un avis sur l'opération économique et un autre sur le projet d'accord.</td></tr>
<tr><td rowspan="2">Par l'administration (= le DIRECCTE dont relève l'établissement ou le siège de l'entreprise concerné par le projet de licenciement)
La loi du 3 janvier 1975 prévoyait qu'un licenciement pour motif économique devait être autorisé par l'autorité administrative ; cette autorisation nécessaire a été supprimée en 1986. L'autorité administrative (la DIRECCTE) continue cependant à jouer un rôle de contrôle du respect de la procédure de licenciement économique. Son rôle a été renforcé par la loi du 14 juin 2013.</td><td colspan="2">– L'employeur notifie à l'administration tout projet de grand licenciement pour motif économique.
– L'administration est informée sans délai de l'ouverture d'une négociation en vue de l'accord portant sur le PSE.
– L'administration peut présenter toute proposition pour compléter ou modifier le PSE, en tenant compte de la situation économique de l'entreprise.
– Le PSE ne pourra être mis en œuvre qu'après validation ou homologation par l'Administration</td></tr>
<tr><td>Validation de l'accord portant sur le PSE : contrôle léger.
L'accord est validé si l'administration s'est assurée de :
– sa conformité aux modalités de signature et relatives à son contenu ;
– la régularité de la procédure d'information et de consultation du CE et, le cas échéant, du CHSCT et de l'instance de coordination ;
– la présence dans le PSE de mesures de reclassement et d'accompagnement.
La décision de validation est notifiée dans un délai de 15 jours à l'employeur, au CE et aux organisations syndicales signataires. Elle est portée à la connaissance des salariés par voie d'affichage sur leurs lieux de travail.
Le silence de l'administration vaut décision de validation.</td><td>Homologation de l'acte unilatéral : contrôle approfondi.
L'accord est homologué si l'administration s'est assurée de :
– sa conformité aux modalités de signature et relatives à son contenu ;
– la régularité de la procédure d'information et de consultation du CE et, le cas échéant, du CHSCT et de l'instance de coordination ;
– la présence dans le PSE des mesures de reclassement et d'accompagnement, en fonction des moyens dont dispose l'entreprise, l'UES et le groupe, de l'importance du projet et des efforts de formation et d'adaptation.
L'administration apprécie la qualité du PSE. Elle dispose donc d'un délai plus long, soit 21 jours pour notifier sa décision (le silence vaut homologation).</td></tr>
</table>

	En cas de refus de validation ou d'homologation : l'employeur peut présenter à nouveau une demande, après avoir renégocié l'accord ou modifié le document unilatéral et consulté le CE sur les modifications apportées.
Par l'employeur	Le législateur a instauré une obligation d'établir un bilan du PSE à la charge de l'employeur ; le PSE doit déterminer les modalités de suivi de la mise en œuvre effective des mesures contenues dans le plan de reclassement. Le suivi fait l'objet d'une consultation régulière et détaillée du CE ou des délégués du personnel. Les avis sont transmis à l'administration qui est associée au suivi de ces mesures et reçoit un bilan établi par l'employeur.
Par les tribunaux **La loi de sécurisation professionnelle a créé un nouveau bloc de compétence pour le juge administratif.** *Toute contestation portant sur la régularité ou la validité du licenciement se prescrit par 12 mois, s'il est fait mention de ce délai dans la lettre de licenciement. À défaut, le délai de droit commun de 2 ans s'applique.*	Deux types d'actions en justice peuvent être engagés : – **devant le juge administratif**, pour contester : – la décision de validation ou d'homologation du PSE ; – l'accord collectif ou le document élaboré par l'employeur ; – le contenu du PSE ; – les décisions prises par l'administration au titre de son pouvoir d'injonction ; – la régularité de la procédure de licenciement collectif. Ces litiges relèvent de la compétence, en premier ressort, du tribunal administratif, à l'exclusion de tout autre recours hiérarchique ou gracieux. Le recours est présenté dans un délai de 2 mois par l'employeur et par les organisations syndicales et les salariés. Le tribunal administratif statue dans un délai de 3 mois. Si, à l'issue de ce délai, il ne s'est pas prononcé ou en cas d'appel, le litige est porté devant la cour administrative d'appel qui statue dans un délai de 3 mois. Si à l'issue de ce délai, elle ne s'est pas prononcée ou en cas de pourvoi en cassation, le litige est porté devant le Conseil d'État. – **devant le Conseil de prud'hommes**, pour contester : – le motif économique du licenciement ; – l'exécution du PSE : si un employeur ne respecte pas un engagement unilatéral de limiter les licenciements pendant une période déterminée, la procédure et le plan ne sont pas nuls, les salariés peuvent seulement demander réparation du préjudice que l'inobservation de l'engagement de l'employeur peut leur causer (Soc. 25 nov. 2003).
Sanctions	En cas d'annulation d'une décision de validation ou d'homologation en raison d'une **absence ou d'une insuffisance de PSE**, la procédure de licenciement économique collectif est nulle, ainsi que l'ensemble des licenciements notifiés. Il en est de même si les licenciements sont intervenus **en l'absence de toute décision relative à la validation ou à l'homologation** ou alors qu'une décision négative a été rendue. Dans ces cas, le juge peut prononcer la nullité du licenciement et ordonner la réintégration du salarié à la demande de ce dernier, sauf si cette réintégration est devenue impossible, notamment du

	fait de la fermeture de l'établissement ou du site ou de l'absence d'emploi disponible. Si le salarié ne demande pas la réintégration ou lorsque sa réintégration est impossible, le juge condamne l'employeur au versement d'une indemnité qui ne peut être inférieure aux salaires des 12 derniers mois.
	L'annulation de la décision de validation ou d'homologation **pour un motif autre que l'absence ou l'insuffisance de PSE** donne lieu, sous réserve de l'accord des parties, à la réintégration du salarié dans l'entreprise, avec maintien de ses avantages acquis. À défaut, le salarié a droit à une indemnité à la charge de l'employeur, qui ne peut être inférieure aux salaires des 6 derniers mois.

Selon le Professeur F. Favennec, « La chambre sociale de la Cour de cassation a bâti au cours des 30 dernières années un contrôle de la procédure et du contenu des plans sociaux dont les grands axes ont résisté aux diverses réformes législatives : exigences d'information et de consultation du CE, obligation de reclassement, prise en considération du groupe... La réorientation du contentieux vers le juge administratif n'opère pas, pour l'instant, de rupture » (SSL. 2015, n° 1665).

• › Le cas des entreprises soumises à une procédure collective

- L'administrateur judiciaire ou le liquidateur doit réunir et consulter les représentants du personnel et informer l'autorité administrative ; il n'y a qu'une seule réunion.
- Pour instruire une demande de validation ou d'homologation, le DIRECCTE dispose de 8 jours en procédure de sauvegarde ou de redressement judiciaire et de 4 jours si l'entreprise est en liquidation judiciaire.
- Les licenciements doivent être autorisés par le juge-commissaire chargé du contrôle de la procédure.

Il faut ajouter que si le projet de loi Macron devait être accepté, la valeur du PSE d'une entreprise en redressement ou liquidation judiciaire s'apprécierait en fonction des seuls moyens de l'entreprise, et non du groupe.

d › Les mesures d'accompagnement du licenciement

1 › Mesures de reclassement externe

Nous sommes dans l'hypothèse où le licenciement du salarié ne peut pas être évité. Il appartient donc à l'employeur de lui proposer des mesures d'accompagnement. Cette proposition doit être faite lors de l'entretien préalable ou, à défaut, à l'issue de la dernière réunion des représentants du personnel.
Trois dispositifs sont prévus (les deux premiers sont obligatoires) : le congé de reclassement, le contrat de sécurisation professionnelle, le congé de mobilité.

Le congé de reclassement – *Entreprises d'au moins 1 000 salariés (ou appartenant à un groupe ou une UES d'au moins 1 000 salariés)*	L'employeur doit proposer à chaque salarié dont il envisage le licenciement un congé de reclassement (durée : entre 4 et 12 mois) ; ce congé : – peut débuter par un bilan de compétences et doit permettre au salarié de définir un bilan professionnel et de déterminer les actions de formation nécessaires à son reclassement ; ces actions sont financées par l'employeur ; – est effectué pendant le préavis, dont le salarié est dispensé.
Le contrat de sécurisation professionnelle (CSP) – *Entreprises de moins de 1 000 salariés* Le CSP a été créé par la loi n° 2011-893 du 28 juillet 2011, il remplace les dispositifs de la « Convention de reclassement personnalisé » (CRP) et du « Contrat de transition professionnelle » (CTP). Les dispositions relatives au CSP s'appliquent aux salariés compris dans une procédure de licenciement pour motif économique engagée à compter du 1er septembre 2011.	**L'employeur doit proposer le bénéfice dû à chaque salarié dont il envisage de prononcer le licenciement pour motif économique, sous réserve d'avoir une ancienneté d'un an minimum (en deçà, les salariés peuvent adhérer au CSP, dans des conditions particulières).** Le contrat de travail d'un salarié ayant accepté un contrat de sécurisation professionnelle est rompu du commun accord des parties. Pendant la durée de la convention, qui ne peut excéder 12 mois, le bénéficiaire a le statut de stagiaire de la formation professionnelle. – Il bénéficie d'un entretien individuel de pré-bilan, puis de prestations, contenues dans un Plan d'Action de sécurisation professionnelle ; exemples : bilan de compétences, suivi individuel, mesures d'orientation, d'accompagnement dans la recherche d'emploi... ; – il perçoit une allocation spécifique de sécurisation : 80 % du salaire journalier de référence pendant 12 mois. – Au cours de son contrat de sécurisation professionnelle, le bénéficiaire peut réaliser des périodes d'activités professionnelles en entreprise, sous forme de contrat de travail à durée déterminée ou de contrat de travail temporaire d'une durée minimale de 14 jours.
Le congé de mobilité – *Entreprises d'au moins 1 000 salariés*	Le congé de mobilité peut être proposé au salarié par l'employeur qui a conclu un accord collectif relatif à la gestion prévisionnelle des emplois et des compétences. Ce congé a pour objet de favoriser le retour à un emploi stable par des mesures d'accompagnement, des actions de formation et des périodes de travail. C'est l'accord collectif qui en détermine les modalités précises, mais le Code du travail a fixé quelques règles : – l'acceptation par le salarié de la proposition de congé de mobilité dispense l'employeur de l'obligation de lui proposer un congé de reclassement ; elle emporte rupture de contrat de travail d'un commun accord à l'issue du congé ; – ce congé est pris pendant le préavis que le salarié est dispensé d'exécuter ; lorsque la durée du congé excède la durée du préavis, le terme de ce dernier est reporté jusqu'à la fin du congé de mobilité ; – les périodes de travail du congé de mobilité peuvent être accomplies au sein ou en dehors de l'entreprise qui a proposé le congé.

2 › La priorité de réembauchage

Elle doit être indiquée dans la lettre de licenciement. Le salarié licencié pour motif économique bénéficie d'une priorité de réembauchage pendant un an, s'il en fait la demande au cours de ce même délai (C. trav. art. L. 1233-45). L'employeur informe le salarié et les représentants du personnel des postes disponibles.

3 › La contribution de l'entreprise à la revitalisation du bassin d'emploi

(C. trav. art. L. 1233-84 à L. 1233-90)

Cette obligation avait été instituée en 2002 ; une loi de 2005 (complétée par les lois du 30 décembre 2006, 14 juin 2013 et 29 mars 2014) l'a réaffirmée. Sont concernées, les entreprises qui procèdent à un licenciement économique affectant gravement l'équilibre du/des bassin(s) d'emploi où elles sont implantées. L'objectif est qu'elles contribuent à la création d'activités et au développement des emplois afin d'atténuer les effets des licenciements prévus dans les autres entreprises.
Ne sont pas concernées les entreprises soumises à une procédure de redressement ou de liquidation judiciaire.
La nature de l'obligation diffère selon la taille de l'entreprise :
- **pour les entreprises de plus de 1 000 salariés** ou appartenant à un groupe de plus de 1 000 salariés ; elles peuvent s'acquitter de leur obligation selon deux modalités : par une convention signée avec l'autorité administrative ou par un accord collectif. La convention ou l'accord collectif doivent préciser notamment les mesures permettant la création d'activités, le développement des emplois et l'atténuation des effets du licenciement envisagé sur les autres entreprises dans le ou les bassins d'emploi concernés ; une contribution financière par emploi supprimé est à la charge de l'entreprise (elle ne peut être inférieure à 2 fois la valeur mensuelle du SMIC par emploi supprimé) ;
- **pour les entreprises de 50 à moins de 1 000 salariés** ; l'autorité administrative élabore un plan d'action, en concertation avec les collectivités locales, les organismes consulaires et les partenaires sociaux ; une convention est ensuite signée entre l'autorité administrative et l'entreprise ; une contribution financière peut être mise à la charge de l'entreprise.

e › Les recours possibles en cas de licenciement pour motif économique

■ En dehors du cas particulier où l'administration du travail intervient pour homologuer ou valider le PSE, qu'il s'agisse d'un licenciement individuel ou collectif, le Conseil de prud'hommes reste compétent pour apprécier :
- la régularité de la procédure ;
- le bien-fondé du licenciement.

1 › La régularité de la procédure

Le non-respect du formalisme très rigoureux de la procédure peut entraîner :
- l'irrégularité du licenciement (*ex.* : défaut d'information et de consultation des représentants du personnel...) ;
- la nullité de la procédure ; elle a pour conséquence la nullité des licenciements (seule l'absence ou l'insuffisance du plan de sauvegarde de l'emploi entraîne la nullité de la procédure du licenciement économique : Soc. 3 mai 2012).
- Des sanctions pénales sont encourues en cas de non-respect par l'employeur :
  - de la procédure de consultation des représentants du personnel ;
  - de la procédure de notification du plan de sauvegarde de l'emploi et du projet de licenciement à l'administration ;
  - du délai à observer entre la notification à l'administration et l'envoi des lettres de licenciement.

2 › Le bien-fondé du licenciement

La question est de savoir si le motif économique invoqué par l'employeur est réel et sérieux. Le salarié allègue parfois que ce licenciement est en réalité fondé sur un autre motif. Le Conseil de prud'hommes se prononce sur ce point, s'il estime que le motif n'est pas véritablement économique, le licenciement sera considéré comme injustifié. Le délai pour agir est de 2 ans.
C'est à l'employeur de rapporter la preuve du motif économique ; le doute profite au salarié (Soc. 26 oct. 1994).
La lettre de licenciement qui ne mentionne pas la cause économique du licenciement ne répond pas aux exigences de motivation. De même, la seule référence à des motifs économiques, sans énonciation de leur nature, équivaut à une absence de motif. Toutefois, la Cour de cassation a récemment fait preuve de souplesse ; ainsi, même si la lettre de licenciement fait seulement état d'une réorganisation de l'entreprise, il revient aux juges du fond de vérifier si celle-ci était nécessaire à la sauvegarde de la compétitivité du secteur d'activité du groupe dont relevait l'entreprise (Soc. 28 janv. 2014).
S'il y a contestation du caractère économique, les délais de procédure sont abrégés :

Délais (à partir de la saisine du Conseil) → *conciliation* : 1 mois
→ *jugement* : 6 mois

Synthèse : obligations de l'employeur en cas de licenciement économique

Type de licenciement	Intervention des représentants du personnel	Notification à l'administration	Rapports avec le salarié licencié
Licenciement individuel	Non	Oui (dans les 8 jours suivant l'envoi de la lettre de licenciement)	Entretien individuel + lettre de licenciement (LR avec AR)
Licenciement de 2 à 9 salariés sur 30 jours	Oui (avant l'entretien)	Oui (dans les 8 jours suivant l'envoi de la lettre de licenciement)	Entretien individuel + lettre de licenciement (LR avec AR)
Licenciement de 10 salariés et plus sur 30 jours			
– **Entreprises de moins de 50 salariés** – sans délégués du personnel	Non	Oui	– Entretien individuel + lettre de licenciement
– avec délégués du personnel	2 réunions	Oui	– Pas d'entretien individuel – Lettre (LR avec AR) de licenciement
– **Entreprises de 50 salariés et plus** – sans représentants du personnel	Non	Oui	– Pas d'entretien individuel – Information et consultation du CE – PSE obligatoire
– avec représentants du personnel	2 réunions (3, s'il y a recours à un expert-comptable)	Oui	

> IV La rupture pour des causes extérieures au contrat

> A La force majeure

■ Un événement de force majeure constitue une impossibilité absolue et durable d'exécuter le contrat de travail, sans que cette impossibilité puisse être imputée à l'employeur.

Dans ce cas, les parties ne peuvent que constater la rupture du contrat de travail « de plein droit » ; la rupture est libre et aucune indemnité n'est due, sauf en cas de sinistre.
La jurisprudence est exigeante sur la caractérisation de la force majeure.

a › Caractères

La force majeure résulte d'un événement *extérieur, imprévisible* et *insurmontable* (ou *irrésistible*).
- *Extérieur à l'employeur* : mais le décès accidentel de l'employeur n'a pas été retenu (Soc. 29 oct. 1996) ;
- *imprévisible* : mais un événement type « Guerre du Golfe », contemporain de la signature du contrat, n'est pas imprévisible (Soc. 10 déc. 1996) ;
- *insurmontable pour l'employeur* : c'est-à-dire qu'il doit entraîner l'impossibilité absolue et durable de poursuivre le contrat de travail ; la force majeure ne pourra être invoquée si la cessation d'activité a un caractère temporaire et partiel et si la poursuite de l'activité est possible, il y aura suspension du contrat de travail.

Constituent, par exemple, des faits de force majeure :
- le « fait du prince » (*ex.* : retrait d'une autorisation administrative...) ;
- un incendie ou un cyclone ayant entraîné la destruction totale de l'entreprise...

Ne constituent pas, en revanche, des cas de forces majeures :
- un cyclone ayant entraîné la destruction partielle d'un hôtel ne rendant pas impossible la reprise de l'activité après remise en état (Soc. 12 févr. 2003).
- Les difficultés financières de l'entreprise et même sa liquidation judiciaire.
- La grève dans les services publics ou dans l'entreprise, sauf si elle présente un caractère imprévisible et irrésistible.

b › Conséquences

La rupture est alors non imputable à l'employeur ; il est dispensé de respecter la procédure de licenciement et de verser des indemnités de préavis et de licenciement (mais l'indemnité de congés payés est due).
Exceptionnellement, si la force majeure résulte d'un sinistre, le salarié aura droit à une indemnité compensatrice d'un montant égal à l'indemnité de préavis et à l'indemnité de licenciement.

> B La retraite

Les salariés ayant travaillé dans l'entreprise un certain temps et donc ayant cotisé à un régime de retraite ont le droit (ou l'obligation) de cesser leur activité, à partir d'un certain âge, et de bénéficier d'une pension de vieillesse.
Le système des retraites est actuellement fondé sur le principe de la « répartition » (les cotisations des actifs financent les pensions des retraités) ; il n'en a pas toujours été ainsi et, au XIXe siècle, les caisses de retraite étaient souvent alimentées par un système de « capitalisation », système encore utilisé actuellement pour certains régimes complémentaires.

C'est une ordonnance du 26 mars 1962 qui avait fixé l'âge légal de départ à la retraite à 60 ans ; ces dernières années, pour faire face aux besoins de financement du système des retraites, plusieurs lois ont repoussé l'âge de départ à la retraite. Deux lois du 9 et 30 novembre 2010 ont modifié les règles applicables.

a › Les différents régimes de retraite

Salariés du privé	Agents de la fonction publique	Non-salariés
• Régime général. • Régime complémentaire pour tous les salariés de l'industrie, du commerce et des services (arrco). • Régime complémentaire des cadres (agirc).	Régimes particuliers pour les agents : – de l'État et des collectivités publiques non titulaires (IRCANTEC) ; – des collectivités locales (CNRACL).	• Artisans et commerçants : Régime social des indépendants (RSI). • Professions libérales : cnavpl (pour les avocats : cnbf).

Seules seront exposées ci-dessous les principales dispositions concernant le régime général applicable aux salariés du secteur privé.

b › Distinction entre mise à la retraite par l'employeur et départ volontaire à la retraite

Départ volontaire à la retraite	Mise à la retraite par l'employeur
Décision du salarié ; il demande la liquidation de sa pension de vieillesse, qu'il ait droit ou non au taux plein.	Décision de l'employeur
Conditions	
L'âge légal de départ à la retraite est de 60 ans, mais est porté progressivement jusqu'à 62 ans, en fonction de la date de naissance de l'assuré. Un calendrier progressif a été établi. Un départ anticipé est possible pour : – certains travailleurs handicapés ; – les salariés ayant eu une longue carrière ; – ceux qui ont accompli un travail « pénible » ayant eu des répercussions sur leur santé. Depuis le 1er novembre 2012, les personnes ayant travaillé avant l'âge de 20 ans peuvent prendre leur retraite à 60 ans si elles disposent du nombre de trimestres suffisants.	L'employeur peut « mettre à la retraite » un salarié : – à partir de 70 ans, sans l'accord du salarié. – ou à partir de l'âge d'attribution d'une retraite à taux plein ; le salarié doit avoir entre 65 et 67 ans (selon un calendrier progressif). L'employeur doit interroger le salarié sur ses intentions dans un délai de 3 mois avant son anniversaire ; s'il n'a pas respecté cette obligation ou s'il se heurte à un refus, l'employeur ne pourra réitérer sa demande que l'année suivante. En cas d'accord du salarié, l'employeur peut le mettre à la retraite. Si ces conditions ne sont pas remplies, la rupture du contrat de travail sera considérée comme un licenciement nul car fondé sur l'âge, motif discriminatoire (Soc. 21 déc. 2006). *Remarque :* Si la limitation à soixante ans de l'exercice du métier de pilote dans le transport aérien public poursuit un but de sécurité aérienne, elle n'est pas nécessaire à la satisfaction de cet objectif et elle ne constitue pas un moyen approprié et nécessaire dans le cadre d'une politique de l'emploi (Soc., 3 juill. 2012).
Le respect d'un préavis	
Le futur retraité doit respecter un préavis. Il est calqué sur celui du licenciement (C. trav. art. L. 1237-10), sauf si un préavis plus court est prévu par la convention collective, le contrat de travail ou un usage.	La durée du préavis est celle prévue en cas de licenciement, sauf si un délai plus long est fixé par la convention collective ou le contrat de travail.
Indemnité (sauf dispositions contractuelles ou conventionnelles plus favorables)	
Elle varie selon l'ancienneté : – 1/2 mois de salaire après 10 ans d'ancienneté ; – 1 mois de salaire après 15 ans ;	Elle est égale à l'indemnité de licenciement sauf accords ou contrats plus avantageux.

– 1 mois et demi de salaire après 20 ans ; – 2 mois après 30 ans. Elle est soumise à l'impôt sur le revenu, à cotisations sociales, à la CSG et la CRDS. Si le départ à la retraite a lieu dans le cadre d'un PSE, des exonérations sont prévues et, à partir de 2012, l'indemnité est exonérée partiellement de cotisations.	Elle est exonérée de cotisations sociales, de CSG et CRDS et d'impôt sur le revenu si elle ne dépasse pas un certain montant.
Les clauses « couperets »	
Toute clause d'une convention, d'un accord ou d'un contrat, prévoyant une rupture de plein droit du contrat de travail, en raison de l'âge du salarié ou de la plénitude de ses droits, est nulle ; la jurisprudence avait admis la validité de ces clauses, mais l'article L. 1237-4 du Code du travail impose la nullité.	

> C
La retraite progressive

La loi du 9 novembre 2010 a organisé la possibilité pour un salarié de demander la liquidation partielle de sa retraite, en poursuivant une activité *à temps partiel* ; l'employeur doit donner son accord. Le salarié doit remplir les conditions suivantes :
- avoir atteint l'âge légal de la retraite ;
- justifier d'une durée d'assurance vieillesse – tous régimes confondus ;
- exercer son activité à temps partiel avec des horaires de travail au moins inférieurs à 80 % de la durée légale ou conventionnelle du travail.

Le salarié bénéficie d'une fraction de sa pension de retraite (retraite de base et retraite complémentaire) ; cette fraction dépend du taux d'activité à temps partiel. La loi du 20 janvier 2014 et le décret du 16 décembre ont assouplit les conditions d'accès à la retraite progressive.

> D
La préretraite

Les personnes âgées de 60 ans et qui justifient d'un certain nombre d'années de cotisations bénéficient d'une pension de retraite à taux plein (sous les réserves exposées ci-dessus). Ces dernières années, l'augmentation du nombre de demandeurs d'emploi avait conduit les pouvoirs publics à favoriser les départs en préretraite avant 60 ans. Mais cette politique est contestée et actuellement les entreprises sont incitées à ne pas se séparer de leurs salariés âgés.

Deux dispositifs de préretraite spécifiques sont actuellement en vigueur :
- la préretraite « amiante » : elle concerne les salariés ayant été exposés à ce matériau ;
- la préretraite « CATS » (cessation d'activité de certains travailleurs salariés) : pour les salariés handicapés ou ayant exercé des métiers pénibles.

Auparavant, la possibilité qui était offerte à tout salarié âgé menacé de licenciement économique d'une préretraite totale a été supprimée. Depuis le 10 octobre 2011, ces derniers ne peuvent plus demander à bénéficier de l'allocation spéciale du Fonds national de l'emploi (FNE).

1 › Pour les salariés exposés à l'amiante

Un dispositif particulier a été mis en place depuis le 1er janvier 1999 (il a été modifié par la loi du 9 novembre 2010).

Conditions	Le salarié concerné doit : – avoir travaillé pendant une certaine période dans un établissement figurant sur une liste fixée par arrêté ; l'âge de départ est déterminé en retirant de 60 ans le tiers de la durée du travail « à risque » (*ex.* : un salarié ayant travaillé 12 ans dans un tel établissement pourra partir à 60 – 4 = 56 ans). Âge minimum : 50 ans ; – ceux qui sont atteints d'une maladie professionnelle liée à l'amiante (liste fixée par arrêté ministériel) ; la cessation d'activité peut se faire dès 50 ans, sans condition de durée d'activité ; – ouvriers dockers ou personnels portuaires en contact avec l'amiante.
Montant de l'allocation	– 65% du salaire brut, dans la limite du plafond de la sécurité sociale ; – 50% pour la part de salaire comprise entre 1 et 2 plafonds de la sécurité sociale.

Les salariés exposés à l'amiante ont droit à réparation du préjudice d'anxiété liée au risque de déclaration à tout moment d'une maladie liée à l'amiante (p. 397).

2 › Cessation anticipée d'activité de certains travailleurs salariés (CATS)

Des dispositifs de préretraite spécifiques à un secteur professionnel peuvent être mis en place par un accord national professionnel pour permettre à certains salariés de suspendre leur activité à partir de 55 ans s'ils sont handicapés ou ont exercé, pendant 15 ans, un travail pénible (travail à la chaîne, en équipes successives, travail de nuit...).

Le salarié perçoit alors, au plus tard jusqu'à 65 ans, une allocation versée, pour le compte de l'employeur, par un organisme gestionnaire.

La prise en charge par l'État d'une partie du coût du dispositif est subordonnée à la conclusion de deux accords collectifs :

– un accord national professionnel ;
– un accord d'entreprise.

De plus, une convention doit être signée avec l'État et l'organisme gestionnaire qui verse la préretraite.

3 › Préretraite d'entreprise

Un accord d'entreprise ou une décision unilatérale de l'employeur peuvent prévoir des dispositifs de « préretraite-maison » ou de congé de fin d'activité. Il peut s'agir d'une suspension du contrat de travail avec dispense totale ou partielle d'activité ou d'une rupture du contrat de travail.
L'entreprise s'engage à une contribution financière.

> V Les suites de la rupture du contrat de travail

> A Les indemnités de rupture

a › Indemnité de licenciement

Cette indemnité répare le préjudice subi du fait de la perte de l'emploi. Elle est due indépendamment de la régularité et de la justification du licenciement.
Elle est versée à tout salarié qui compte au moins *1 an* d'ancienneté au service du même employeur, (loi du 25 juin 2008 ; C. trav. art. L. 1234-9).

Qu'il s'agisse d'un licenciement pour motif économique ou pour motif personnel, le montant de l'indemnité légale ne peut être inférieur à :

– 1/5e de mois de salaire par année d'ancienneté : le salaire pris en compte est le salaire brut moyen des 12 derniers mois (ou des 3 derniers mois si le mode de calcul est plus avantageux pour le salarié) ;
– à partir de 10 ans d'ancienneté, cette indemnité est de 1/5e de mois de salaire pour les premières années plus 2/15e de mois par année d'ancienneté au-delà de 10 ans.

Les conventions collectives de branche, un accord d'entreprise ou le contrat de travail peuvent prévoir des indemnités de licenciement plus avantageuses.

L'indemnité de licenciement n'est pas due en cas de **faute grave**, et a fortiori, de faute lourde du salarié.

Régime fiscal et social	L'indemnité de licenciement a le caractère de dommages et intérêts ; elle est exonérée de cotisations sociales, de CSG et CRDS dans certaines limites ; de même pour l'impôt sur le revenu.

Cas particulier :

en cas de rupture conventionnelle, l'indemnité de rupture est au moins égale à l'indemnité légale ou conventionnelle de licenciement.

b › Indemnité compensatrice de préavis

1 › Le préavis

Durée :

- C'est la période qui doit s'écouler obligatoirement entre la notification de la rupture et la cessation effective du travail.

Pendant le préavis, le contrat est maintenu, chacune des parties doit exécuter ses obligations ; le salarié a généralement le droit (prévu par la convention collective) de prendre 2 heures rémunérées par jour pour rechercher un nouvel emploi (ces 2 heures peuvent être cumulées en fin de préavis).

Licenciement La lettre de licenciement marque le point de départ du préavis ; la simple présentation de la lettre suffit.	**Ancienneté de moins de 6 mois :** Pas de durée minimale légale sauf pour certaines professions (VRP, journalistes...). Ancienneté comprise entre 6 mois et 2 ans : 1 mois minimum, sauf convention collective prévoyant un préavis plus long. **Ancienneté d'au moins 2 ans :** 2 mois minimum, sauf convention collective prévoyant un préavis plus long (3 mois en principe pour les cadres).
Démission	La durée du préavis est fixée par la loi ou les conventions collectives ou, à défaut, par les usages dans la profession ou la localité (le plus souvent, 4 mois pour les ouvriers, employés et techniciens et 3 mois pour les cadres). Si le salarié manque à son obligation d'exécuter ce préavis, il peut être condamné au versement d'une indemnité égale à la rémunération qu'il aurait perçue s'il avait effectué le préavis.
Prise d'acte	En principe, l'exécution d'un préavis est incompatible avec la prise d'acte, en raison du comportement fautif de l'employeur. Toutefois, l'exécution du préavis (souvent calqué sur celui de la démission) ne prive pas le salarié de la possibilité de se prévaloir de la gravité des manquements de l'employeur justifiant la prise d'acte (Soc. 2 juin 2010).
Rupture conventionnelle	La longueur de la procédure de rupture conventionnelle est compensée par l'absence de préavis obligatoire.

Départ à la retraite	Voir préavis de licenciement.
Mise à la retraite	Voir préavis de licenciement.

Le délai de préavis est un délai « préfix » c'est-à-dire qu'il ne peut être ni reporté, ni interrompu, ni suspendu.
Cependant :
Il peut être *suspendu* en cas :
- d'accident du travail en cours de préavis ;
- de début de congé de maternité ou d'adoption au cours de préavis :

Il peut être *prolongé* en cas :
- de départ en congés payés (lorsque la date a été fixée avant la notification du licenciement) ;
- si la convention collective le prévoit ;
- par accord des parties.

2 › L'indemnité

L'indemnité est due = Elle est égale au montant du salaire dû pendant le délai de préavis.	**L'indemnité n'est pas due**
Si l'employeur a dispensé le salarié de l'exécution du préavis	Si le salarié a demandé à ne pas travailler pendant le préavis. Sauf en cas de prise d'acte justifiée, l'indemnité est toujours due (Soc. 20 janv. 2010)
	Si le salarié licencié a commis une faute grave ou lourde (le licenciement entraîne la cessation immédiate du contrat de travail, sans exécution du préavis). Le versement de cette indemnité prive l'employeur de la possibilité d'invoquer une faute grave à l'appui du licenciement.
	Si le salarié est dans l'impossibilité d'effectuer le préavis (maladie, incarcération, absence de titre de séjour). Sauf en cas de prise d'acte (Soc. 20 janv. 2010)
En cas de prise d'acte justifiée par un manquement grave de l'employeur, l'indemnité de préavis est toujours due, même en cas de maladie ou de dispense donnée par l'employeur (Soc. 20 janv. 2010).	En cas de prise d'acte injustifiée : l'employeur est donc en droit de réclamer l'indemnité compensatrice correspondant au préavis non effectué et ce, sans avoir à démontrer l'existence du moindre préjudice (Soc. 8 juin 2011).

Régime social et fiscal	L'indemnité compensatrice de préavis a le caractère d'un salaire ; elle est soumise à cotisations et à l'impôt sur le revenu dans certaines limites.

c › Indemnité compensatrice de congés payés

Le salarié qui n'a pas pu prendre tous ses congés payés avant la rupture du contrat de travail percevra une indemnité compensatrice de congés payés qui est versée avec le dernier salaire.
En cas de licenciement pour faute lourde, le salarié est privé de l'indemnité compensatrice de congés payés.

d › Synthèse

Des indemnités sont dues au salarié, néanmoins, la faute de celui-ci a des incidences sur le versement de ces indemnités.
Le droit aux indemnités du salarié licencié est le suivant :

Licenciement irrégulier →	– indemnité de licenciement – congés payés – préavis + – indemnité pour licenciement irrégulier
Licenciement pour cause réelle et sérieuse →	– indemnité de licenciement – congés payés – préavis
Faute grave →	– ~~indemnité de licenciement~~ – congés payés – ~~délai-congé (ou préavis)~~
Faute lourde →	– ~~indemnité de licenciement~~ – ~~congés payés~~ – ~~délai-congé (ou préavis)~~

> B Les documents établis lors de la rupture

a › Le certificat de travail

■ C'est un document qui doit être remis obligatoirement par l'employeur au salarié en cas de rupture du contrat de travail.

*Son contenu est **impératif** :*
– identité des parties ;
– dates d'entrée et de départ du salarié ;

– nature de l'emploi ou des emplois successivement occupés et les périodes correspondantes ;
– signature de l'employeur ;

Il ne doit contenir *aucune appréciation susceptible de nuire* au salarié.
Il est « quérable » ; c'est-à-dire que le salarié doit aller le chercher ; il ne peut exiger qu'il lui soit envoyé.
Il doit être remis à la fin du préavis.

Modèle de certificat de travail

Je soussigné, <...>
Agissant en qualité de

Certifie avoir employé :
M. <...>
Demeurant à <...>

En qualité de : <indiquer les emplois successifs en indiquant les périodes correspondantes>

Du <...> au <la date de sortie est celle de fin de préavis qu'il soit effectué ou non>

Le compte personnel de formation de M. ... représente un solde de (indiquer le nombre d'heures) pour un montant de XXX €.

L'entreprise relève de l'organisme collecteur (indiquer l'organisme collecteur agréé OPCA).

M. <...>, nous quitte ce jour, libre de tout engagement.

Fait à <...>, le <jour de délivrance>
<signature de l'employeur>

Des sanctions pénales (amendes) sont encourues par l'employeur en cas de non-respect de ces règles.
Le salarié peut obtenir du Conseil de prud'hommes une condamnation sous astreinte de l'employeur à la délivrance de ce document et en cas de préjudice subi, une condamnation à des dommages et intérêts (Soc. 11 janv. 2006).

b › Le reçu pour solde de tout compte

En droit commun, un créancier qui signe ce document reconnaît – tout compte fait – que son débiteur ne lui doit plus rien.
En droit du travail, afin de protéger le salarié, ignorant parfois lors de l'établissement des comptes ses droits exacts, le Code du travail dispose désormais que « Le solde de tout compte, établi par l'employeur et dont le salarié lui donne reçu, fait l'inventaire des sommes versées au salarié lors de la rupture du contrat de travail » ; il « peut être dénoncé dans les six mois qui suivent sa

signature, délai au-delà duquel il devient libératoire pour l'employeur pour les sommes qui y sont mentionnées » (art. L. 1234-20, déclaré conforme à la Constitution par décision du 18 sept 2013).
La signature d'un reçu pour solde de tout compte, rédigé en termes généraux, ne peut valoir renonciation du salarié au droit de contester le bien-fondé de son licenciement ; que seule une transaction, signée après le licenciement et comportant des concessions réciproques, peut l'empêcher d'agir (Soc. 18 déc. 2013).

c › L'attestation d'assurance chômage

Une *attestation* (appelée aussi « attestation Pôle emploi ») doit être également remise au salarié pour lui permettre de faire valoir ses droits auprès de Pôle emploi ; elle est établie sur un imprimé délivré par cet organisme.
Le salarié à qui l'employeur n'a pas remis cette attestation peut demander sa délivrance (sous astreinte) au Conseil de prud'hommes et des dommages et intérêts en réparation du préjudice subi. La non remise de l'attestation prive le salarié de s'inscrire comme demandeur d'emploi et entraîne nécessairement pour lui un préjudice devant être réparé par des dommages et intérêts (Soc. 15 déc. 2010).
Pour non-remise de l'attestation, l'employeur encourt aussi une amende.

L'employeur doit également transmettre cette attestation à Pôle emploi ; à compter du 1er janvier 2012, les entreprises qui emploient au moins 10 salariés doivent obligatoirement le faire par voie électronique.

> C
La transaction

La transaction n'est pas un mode de rupture de contrat de travail (elle ne doit pas être confondue avec la rupture négociée ou la rupture conventionnelle du contrat de travail) ; c'est une convention par laquelle l'employeur et le salarié évitent ou terminent un litige ; elle intervient souvent à propos d'un licenciement.
Selon le vieux principe « tout ce que la volonté a fait, la volonté peut le défaire », l'article 2044 du Code civil énonce :

- « La transaction est un contrat par lequel les parties terminent une contestation née ou préviennent une contestation à naître. Ce contrat doit être rédigé par écrit. »

a › Évolution du droit

Durant des années, les employeurs ont pratiqué la « transaction », qui n'est pas réglementée par le Code du travail ; les salariés l'acceptaient le plus souvent, pour éviter le trouble d'une procédure et bénéficier d'une indemnisation immédiate.

Les dangers de cette manière de procéder sont évidents.
La transaction obéit aux règles du droit commun (concessions réciproques, conditions de validité...) mais l'existence d'un contrat de travail entraîne des particularismes.
La jurisprudence en avait fixé les limites, qui restaient cependant très ouvertes :
- Dès 1953, un arrêt de principe de la Cour de cassation a admis la liberté de la transaction, à condition :
- que le licenciement soit acquis au moment de la transaction ;
- que le salarié ne renonce pas par avance aux dispositions légales relatives au reçu pour solde de tout compte.
- Dans des arrêts postérieurs, la chambre sociale de la Cour de cassation avait jugé que la transaction sur les conséquences du licenciement pouvait être concomitante au licenciement (Soc. 16 févr. 1978) et même qu'il pouvait y avoir transaction, dès que le licenciement était considéré comme acquis (Soc. 26 mai 1988).

b › Conditions de validité

– De forme –

La transaction doit être signée par les parties ; toutefois, l'écrit n'est pas une condition de validité, mais uniquement un moyen de preuve.

– De fond –

L'existence d'un litige	En l'absence de conflit (existant ou potentiel), il n'est pas possible de transiger.
La date de la transaction	La transaction ne peut intervenir « qu'une fois que la rupture est intervenue et définitive » ; c'est le cas dans les situations suivantes : – réception de la lettre de licenciement (recommandée avec AR) ; – accord de rupture conventionnelle ; – démission notifiée ou certaine ; – « prise d'acte » de la rupture par le salarié.
La nécessité de concessions réciproques	Il appartient aux juges de rechercher en quoi il y a eu, de la part des parties, concessions réciproques ; ont été, par exemple, considérées comme telles le fait : – pour l'employeur, de renoncer à invoquer une faute grave et, pour le salarié, de renoncer à des dommages et intérêts pour rupture abusive (Soc. 27 janv. 1983) ; – pour le salarié de renoncer à son droit de commission moyennant une dispense de préavis accordée par l'employeur (Soc. 16 oct. 1996). Les concessions doivent être appréciables ; la transaction pourra être annulée, par exemple, si l'indemnité versée est « dérisoire » (Soc. 19 févr. 1997, 20 nov. 2001). Pour apprécier si les concessions sont réelles, le juge doit rechercher si la lettre de licenciement est bien motivée mais il n'a pas à se prononcer sur la réalité et le sérieux des motifs du licenciement (Soc. 23 janv. 2001).

Cas particulier :

Un salarié et un employeur ayant signé une **convention de rupture** ne peuvent valablement conclure une transaction, d'une part, que si celle-ci intervient postérieurement à l'homologation de la rupture conventionnelle par l'autorité administrative et d'autre part, que si elle a pour objet de régler un différend relatif non pas à la rupture du contrat de travail mais à son exécution sur des éléments non compris dans la convention de rupture (Soc. 26 mars 2014).

C › Effets

• › Autorité de la chose jugée

La transaction a l'autorité de la chose jugée[1] (C. civ. art. 2052) ; l'employeur comme le salarié ne peuvent donc remettre en cause les points sur lesquels ils ont voulu transiger.

• › Limitation

La transaction ne produit d'effets que sur les points qui ont été traités dans l'acte.
Dans le doute, le juge doit rechercher quelle a été l'intention des parties (il s'agit des règles de droit commun).
Ainsi, en dépit de l'insertion d'une formule très générale, la transaction ne faisait état que d'un litige portant sur la rupture du contrat de travail, de sorte que la discrimination alléguée par le salarié n'était pas incluse dans cette transaction (Soc. 24 avril 2013).

• › Contestation

Une action peut être engagée en cas :

- d'inexécution par l'une des parties des obligations prévues, l'autre partie pourra alors demander devant le Conseil de prud'hommes :
  - soit l'exécution forcée ;
  - soit la résolution.

(Il est possible d'insérer dans la transaction une clause pénale par laquelle la partie qui n'exécute pas la transaction devra verser une somme contractuellement prévue.)

- de vice du consentement ;
- de non-respect des conditions de validité.

• › Nullité

- Nullité *relative* si les conditions de validité n'ont pas été respectées ;
- nullité *absolue* si la transaction a été conclue avec un salarié protégé ; cette

(1) **Autorité de la chose jugée** : autorité attachée à toute décision de justice définitive, c'est-à-dire ne pouvant plus faire l'objet d'un recours.

nullité est d'ordre public et peut être invoquée par toute personne intéressée, y compris par l'employeur.

La nullité de la transaction a pour effet de restituer aux parties leurs droits antérieurs (le salarié pourra, par exemple, engager une action pour licenciement sans cause réelle et sérieuse) ; les sommes versées doivent être restituées (Soc. 25 avr. 2001).

Régime social et fiscal des sommes versées	– Les sommes correspondant à des salaires (*ex.* : rappels de salaires...) supporteront les mêmes charges ; – celles qui sont assimilées à une indemnité de rupture sont partiellement exonérées.
Droit aux allocations-chômage	Le salarié y a droit mais un différé du versement peut s'imposer, selon les termes de la transaction (*ex.* : un différé pour indemnisation de jours de congés non pris, si les indemnités de rupture sont supérieures à celles prévues par la loi...). Les cas de différé et les modes de calcul sont spécifiques.

L'employeur peut être tenu de rembourser à Pôle emploi les indemnités d'assurance chômage si la transaction est annulée et s'il est condamné pour licenciement sans cause réelle et sérieuse.

Chapitre 9

Les pouvoirs du chef d'entreprise

La gestion de l'entreprise nécessite une organisation, des objectifs, le respect de règles et des contrôles. Le pouvoir de l'employeur, affirmé par un arrêt du 31 mai 1956 (arrêt *Brinon*), trouve son fondement dans le droit de propriété et la liberté d'entreprendre.
Les pouvoirs du chef d'entreprise se traduisent par :
- un pouvoir *de direction* qui s'exerce dans la gestion de l'entreprise ;
- un pouvoir *normatif ou réglementaire* : il consiste à édicter des règles internes de fonctionnement dans le règlement intérieur et les notes de service ;
- un pouvoir *disciplinaire* : il peut prononcer des sanctions à la suite d'un agissement du salarié qu'il considère comme fautif.

Les pouvoirs réglementaire et disciplinaire de l'employeur ont été mieux définis et encadrés par la loi du 4 août 1982 relative aux « libertés des travailleurs dans l'entreprise ».
Ils doivent s'exercer dans le respect des droits fondamentaux et des libertés des salariés.

> I Le pouvoir normatif : le règlement intérieur

■ C'est un document établi unilatéralement par l'employeur qui fixe les conditions d'exécution du travail dans l'entreprise.

Il est obligatoire dans toutes les entreprises employant habituellement *20 salariés et plus (C. trav. art. L. 1311-2).*

a › Élaboration

Le règlement intérieur est :

- établi par écrit à l'initiative de l'employeur ;
- soumis pour avis (simplement consultatif) au comité d'entreprise, à défaut aux délégués du personnel et éventuellement au CHSCT (opposabilité conditionnée à l'avis du CHSCT Soc. 11 févr. 2015) ;
- envoyé en deux exemplaires à l'inspecteur du travail ;
- déposé au greffe du Conseil de prud'hommes ;
- affiché sur les lieux de travail et d'embauche ;

Il ne peut entrer en vigueur qu'un mois après ces formalités de dépôt et de publicité.

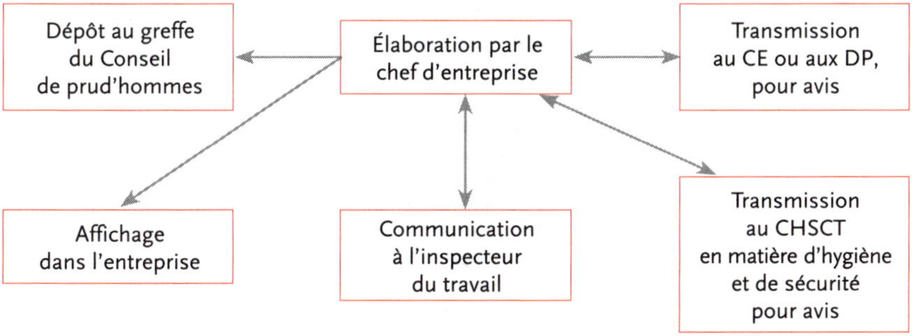

Toute modification du règlement intérieur est également soumise à ces formalités.

b › Contenu (C. trav. art. L. 1321-1 et s.)

Il fixe exclusivement : →

- les règles applicables en matière de santé et de sécurité;
- les règles en matière de discipline (respect des horaires de travail, cas d'absence, de retards...) :
- la nature et l'échelle des sanctions que peut prendre l'employeur; (une sanction ne peut être prononcée contre un salarié que si elle est prévue par ce règlement intérieur. Une mise à pied prévue par le règlement intérieur n'est licite que si ce règlement précise sa durée maximale (Soc. 26 oct. 2010) ; la durée fixée par la convention collective est sans effet (Soc. 7 janv. 2015)
- les conditions dans lesquelles les salariés peuvent être amenés à participer au rétablissement des conditions de travail protectrices de la santé et la sécurité des salariés, si elles sont compromises.

Remarque : le règlement intérieur peut toutefois contenir des dispositions restreignant le pouvoir de l'employeur de consulter la messagerie électronique du salarié, en le soumettant à d'autres conditions (ici présence du salarié même pour les messages professionnels Soc. 26 juin 2012).

Il rappelle : →

Les dispositions relatives :
- aux droits de la défense des salariés en cas de sanction disciplinaire et la procédure applicable;
- aux harcèlements moral et sexuel.

Il ne peut contenir : →

- Des clauses contraires aux lois, règlements et aux conventions et accords collectifs de travail;
- des restrictions aux droits des personnes et aux libertés individuelles et collectives, sauf si elles sont justifiées par la nature des tâches à accomplir et proportionnées au but recherché;

exemples :

Ont été notamment déclarées illicites les clauses :
  - autorisant l'employeur à se faire ouvrir à tout moment les armoires individuelles des salariés, à effectuer un contrôle systématique de l'alcoolémie pour tous les salariés;
  - exigeant des salariés d'un établissement bancaire qu'ils informent leur employeur des comptes qu'ils peuvent détenir dans d'autres établissements;
  - obligeant les salariés à signaler à leur employeur les symptômes d'une maladie professionnelle...
  - interdisant de manière générale et absolue la consommation d'alcool au sein de l'entreprise (y compris pendant les repas à la cafétéria), en l'absence d'une situation particulière de danger ou de risque.
- des dispositions discriminatoires lésant les salariés en raison de leur sexe, de leur situation de famille, de leurs origines, de leurs opinions ou confession, de leur handicap....

Le règlement intérieur peut limiter le pouvoir de licencier de l'employeur : le licenciement est sans cause réelle et sérieuse dès lors que le signataire de la lettre de licenciement n'avait pas le pouvoir de licencier en vertu du règlement intérieur. En l'espèce, c'est le responsable des ressources humaines qui avait notifié à un salarié son licenciement pour faute grave, alors que le règlement intérieur réservait cette possibilité au président de la société (Soc. 6 nov. 2013).

c › Contrôle

Par l'inspecteur du travail	Il peut, par décision motivée, exiger le retrait ou la modification des dispositions contraires aux lois et règlements ou aux conventions ou accords collectifs applicables dans l'entreprise. Sa décision peut faire l'objet d'un recours (p. 36).
Par les tribunaux	À l'occasion de la contestation par un salarié, devant le Conseil de prud'hommes, d'une sanction disciplinaire, le juge judiciaire peut écarter l'application d'une disposition du règlement intérieur contraire aux dispositions légales. Une copie du jugement est alors adressée à l'inspecteur du travail et aux représentants du personnel.

d › Notes de service

Les notes de service qui donnent des prescriptions générales en matière d'hygiène, de sécurité et de discipline, sont assimilées au règlement intérieur.
En cas d'urgence, elles peuvent cependant être appliquées immédiatement ; elles devront être communiquées au CHSCT, au CE et à l'inspecteur du travail.

> II

Le pouvoir disciplinaire du chef d'entreprise

> A

Le contrôle et la surveillance des salariés

a › Principe

Les tribunaux reconnaissent à l'employeur de droit de contrôler et de surveiller l'activité de son personnel durant le temps de travail ; cependant, ce droit connaît des limites. Dans la recodification opérée en 2008, *dès* le titre II du Livre 1er, l'article L. 1121-1 énonce en effet :

■ Nul ne peut apporter aux droits des personnes et aux libertés individuelles et collectives des restrictions qui ne seraient pas justifiées par la nature de la tâche à accomplir ni proportionnées au but recherché.

b › Mise en œuvre

Obligation de transparence de l'employeur : Les restrictions aux droits et libertés individuelles doivent figurer dans le règlement intérieur. De façon générale, le dispositif de contrôle ne doit pas être mis en place à l'insu du salarié ; il doit être préalablement porté à sa connaissance. Le comité d'entreprise (ou, à défaut, les délégués du personnel) doit également être informé et consulté sur les moyens et techniques permettant un contrôle de l'activité des salariés.

exemple :

Soc. 4 juill. 2012 : La Cour de cassation a condamné un nouveau mode de contrôle mis en place par La Poste à l'insu des salariés, consistant à introduire dans le courrier des lettres ayant la particularité de diffuser une encre bleue si elles sont ouvertes. Identifiée par ce stratagème, une salariée a été licenciée pour avoir ouvert une lettre qui ne lui était pas destinée. La Cour de cassation a écarté ce mode de preuve clandestin, donc déloyal.

Les tribunaux ont été amenés à se prononcer sur les principales questions suivantes :

Fouilles	– **Fouille des salariés :** Constituant une atteinte aux libertés individuelles, elles sont admises à condition qu'elles soient justifiées par des motifs de sécurité collective ou liées à la recherche d'objets volés. Le salarié doit être averti de son droit de s'opposer à ce contrôle ; si cette information n'a pas lieu, l'employeur ne peut se prévaloir du résultat de la fouille pour sanctionner le salarié (Soc. 11 févr. 2009) ; celui-ci peut exiger la présence d'un témoin. Le contrôle doit s'exercer dans des conditions qui préservent l'intimité et la dignité de la personne. – **Ouverture des armoires individuelles :** Sauf risque ou événement particulier, l'employeur n'est autorisé à procéder à l'ouverture de l'armoire individuelle d'un salarié que dans les cas et aux conditions prévues par le règlement intérieur et en présence de l'intéressé ou à condition que celui-ci ait été prévenu (Soc. 11 déc. 2001) ; de plus, une telle fouille ne peut être prévue qu'en cas de disparition de matériel ou un risque particulier de vol (CE 11 juill. 1990).
Contrôle de la tenue vestimentaire	Le salarié a le droit de se vêtir à sa guise (Soc. 28 mai 2003). Toutefois, le règlement intérieur peut imposer le port d'une tenue vestimentaire déterminée si cela est justifié par la nature de la tâche à accomplir et proportionné au but recherché (*ex. :* port obligatoire d'un vêtement de sécurité : le port de l'uniforme ne peut être imposé aux salariés sans contact avec la clientèle – Soc. 3 juin 2009) ou au contraire interdire le port d'un signe religieux extérieur (*ex.* : Aff. *Baby Loup* à propos du port du voile dans une crèche ; Ass. plén. 25 juin 2014).
Alcootest	Une clause du règlement intérieur peut prévoir le recours à l'alcootest si, d'une part, les modalités du contrôle en permettent la contestation et si, d'autre part, eu égard à la nature du travail confié au salarié, un état d'ébriété est de nature à exposer les personnes ou les biens à un danger, de sorte qu'il peut constituer une faute grave (Soc. 31 mars 2015, pour un routier).

Contrôle de l'utilisation du matériel informatique à des fins personnelles	Dans l'exercice de leur activité professionnelle, de nombreux salariés ont à leur disposition un poste de travail informatique comportant une connexion à Internet et une messagerie électronique. S'est posée plusieurs fois devant les tribunaux la question de l'utilisation de ces technologies à des fins personnelles pendant les heures de travail et celle du droit pour l'employeur, dans le cadre de son pouvoir de direction, d'en contrôler l'usage. La Cour de cassation a dégagé les principales règles suivantes : • ***Un principe :*** le salarié a droit, même au temps et au lieu du travail, au respect de l'intimité de sa vie privée, laquelle « implique en particulier le secret des correspondances » (Soc. 2 oct. 2001, arrêt Nikon) ; • ***Des limites :*** – tous les **mails et fichiers** créés par le salarié grâce à l'outil informatique mis à sa disposition par l'entreprise (même s'ils sont stockés sur une clé USB appartenant au salarié et connectée physiquement à l'ordinateur – Soc. 12 févr. 2013) sont présumés avoir un caractère professionnel. En conséquence, l'employeur peut y avoir librement accès. La seule solution pour le salarié est donc d'identifier ses fichiers comme « personnels » (les initiales du salarié, la mention « Mes documents », le prénom du salarié ne suffisent pas). Dans ce cas, sauf risque ou événement particulier, l'employeur ne peut ouvrir lesdits fichiers qu'en présence du salarié ou celui-ci dûment appelé. Il n'est pas possible d'identifier la totalité du disque dur comme personnel (Soc. 4 juill. 2012). – de même, les **connexions** établies par un salarié **sur des sites Internet** pendant son temps de travail sont présumées avoir un caractère professionnel de sorte que l'employeur peut les rechercher aux fins de les identifier, hors de la présence du salarié (Soc. 9 juill. 2008) ; – s'il peut utiliser les outils informatiques à des fins personnelles (les entreprises tolèrent en général cette pratique), le salarié ne doit pas en faire un **usage abusif** : *exemples :* a été considéré comme une faute grave le fait : – de visiter des sites à caractère pornographique (Soc. 21 sept. 2011) ; – de s'être connecté pendant son temps de travail à de très nombreuses reprises à de nombreux sites extraprofessionnels, tels que des sites de voyage, de comparaison de prix, de marques de prêt-à-porter, de réseaux sociaux... (Soc. 26 févr. 2013). – d'utiliser la messagerie à des fins non professionnelles pendant des durées excessives (41 heures sur un mois – Soc. 18 mars 2009). L'employeur peut cependant, s'il justifie d'un motif légitime, demander à un huissier d'enregistrer les messages personnels d'un salarié (Soc. mai 2007) ; en l'espèce, une société suspectait des actes de concurrence déloyale de la part de son responsable marketing. Lorsque, pour des raisons de sécurité (*ex. :* virus informatique), l'employeur a demandé des mesures de vérification sur tous les courriels émis et reçus, le juge peut valablement ordonner d'ouvrir une enquête avec les délégués du personnel pour voir dans quelles conditions les messages qualifiés de « personnels » ont pu être consultés et exploités (Soc. 17 juin 2009).

	L'adoption d'une « Charte informatique » (considérée sous certaines conditions comme une adjonction au règlement intérieur) peut permettre de définir avec précision les conditions d'utilisation de ces technologies.
Contrôle du téléphone et écoute téléphonique	– L'utilisation à des fins personnelles par un salarié du téléphone mis à sa disposition par l'employeur pour les besoins de son travail n'est pas prohibée, à condition que celle-ci ne porte pas préjudice à l'entreprise et que le salarié ne commette pas d'abus. Mais la prudence s'impose car les messages écrits ou SMS envoyés ou reçus par le salarié au moyen du téléphone professionnel sont présumés avoir un caractère professionnel, en sorte que l'employeur est en droit de les consulter en dehors de la présence du salarié (et de les produire en justice), sauf s'ils sont identifiés comme étant personnels. (Com. 10 févr. 2015). – L'écoute téléphonique d'un salarié est pénalement sanctionnée car attentatoire à sa vie privée.
Surveillance par des moyens humains	– *Par un détective privé :* Une filature par un détective privé, organisée à l'initiative de l'employeur pour surveiller l'activité d'un salarié constitue un moyen de preuve illicite ; elle implique nécessairement une atteinte à sa vie privée (Soc. 26 nov. 2002). – *Par un supérieur hiérarchique :* la simple surveillance du salarié faite sur les lieux de travail par un supérieur hiérarchique ne constitue pas en soi un mode de preuve illicite (Soc. 26 avr. 2006). – *Par un service interne à l'entreprise :* le contrôle de l'activité d'un salarié, au temps et au lieu de travail, par un service à l'entreprise chargé de cette mission ne constitue pas, en soi, même en l'absence d'information préalable du salarié, un mode de preuve licite (Soc. 5 nov. 2014).
Vidéo-surveillance	La vidéosurveillance est étroitement encadrée : – La mesure de surveillance doit correspondre à un besoin précis lié à l'activité de l'entreprise (assurer la sécurité des clients) ; l'employeur ne peut donc pas installer des caméras de surveillance uniquement pour contrôler ses salariés. A été jugé illicite un système de vidéosurveillance de la clientèle également utilisé pour contrôler les salariés (Soc. 7 juin 2006). – Le personnel doit avoir connaissance de l'existence et de la mesure de surveillance et de contrôle mise en place par l'employeur ; – le comité d'entreprise doit être informé et consulté préalablement à la mise en place de moyens ou de techniques permettant un contrôle de l'activité des salariés (C. trav. art. L. 2323-32). – Si le dispositif de contrôle constitue un système de traitement automatisé de données à caractère personnel, l'employeur doit déclarer ce système à la CNIL.
Géolocalisation	La Cour de cassation a précisé les conditions du recours à la géolocalisation (Soc. 3 nov. 2011) : – elle doit répondre à une finalité précise, déclarée auprès de la CNIL (commission nationale de l'informatique et des libertés) telle que la sécurité du salarié, du véhicule ou du chargement, ou encore le suivi du temps de travail. L'utilisation d'un dispositif de géolocalisation ne doit pas conduire à un contrôle permanent de du salarié ;

	– elle doit être portée à la connaissance des salariés et des représentants du personnel ; – l'utilisation d'un système de géolocalisation pour assurer le contrôle de la durée du travail, laquelle n'est licite que lorsque ce contrôle ne peut pas être fait par un autre moyen, n'est pas justifiée lorsque le salarié dispose d'une liberté dans l'organisation de son travail.

• › Déclaration des traitements automatisés de données personnelles

La banalisation des traitements informatisés des données concernant les salariés pose la question de la conciliation entre le droit au respect de la vie privée du salarié et les intérêts de l'entreprise.
C'est la loi « informatique et libertés » du 6 janvier 1978, modifiée par la loi du 6 août 2004 qui encadre la mise en œuvre des fichiers ou des traitements de données à caractère personnel, qu'ils soient automatisés ou manuels.
Les principales obligations de l'employeur sont les suivantes :

Dossiers individuels des salariés	– Un dossier individuel peut être constitué pour chaque salarié ; ce dossier ne doit pas comporter d'informations concernant la vie privée (opinions politiques ou syndicales, mœurs...) ;
	– si ce dossier fait l'objet d'un traitement informatisé :
	  – le salarié a un droit d'accès et de rectification ;
	  – l'employeur doit aussi déclarer à la CNIL l'existence et le contenu de ce fichier.

Traitements automatisés de données personnelles	Si un dispositif de contrôle des salariés constitue un système de traitement de données à caractère personnel (*ex.* : badge électronique, logiciel de gestion du temps de travail, système de géolocalisation...), le principe est que l'employeur doit en faire la *déclaration* auprès de la CNIL ; cependant :
	– certains fichiers doivent faire l'objet d'une *autorisation* de la CNIL (*ex.* : certains traitements sensibles tels que les données génétiques ou biométriques – reconnaissance de la main, de l'empreinte digitale, etc.) ;
	– certains traitements sont *dispensés* de déclaration :
	  – ceux qui correspondent à une liste donnée par la CNIL ;
	  – lorsque l'entreprise a mis en place un « correspondant aux données personnelles » ; il est désigné par l'employeur ; son rôle est notamment :
	    – d'établir et actualiser la liste des traitements automatisés de l'entreprise ;
	    – de veiller au respect des exigences de la loi ;
	    – de recevoir les demandes et réclamations ;
	    – d'informer le responsable des traitements avant de saisir la CNIL.

La CNIL peut exercer son contrôle ; elle peut se rendre dans l'entreprise et se faire communiquer les documents nécessaires. En cas d'opposition au contrôle par le responsable des locaux, une autorisation doit être demandée au président du TGI.

> B La sanction disciplinaire

- « Constitue une sanction toute mesure, autre que les observations verbales, prise par l'employeur à la suite d'un agissement du salarié considéré par l'employeur comme fautif, que cette mesure soit de nature à affecter immédiatement ou non la présence du salarié dans l'entreprise, sa fonction, sa carrière ou sa rémunération » (C. trav. art. L. 1331-1).

C'est une définition très large.

Toutefois :

Un arrêt du 6 janvier 2012 de l'Assemblée plénière a jugé que « ne constituait pas une sanction disciplinaire, le changement d'affectation d'un salarié consécutif au retrait de son habilitation à la conduite de certains véhicules dès lors qu'il a pour seul objet, conformément au règlement de sécurité de l'exploitation d'un système de transport de public guidé, d'assurer la sécurité des usagers, du personnel et des tiers » (il s'agissait de la conduite d'un tramway).

a › La nature des sanctions

1 › L'échelle des sanctions

Rappelons que l'échelle des sanctions doit être prévue par le règlement intérieur, car une sanction ne peut être prononcée contre un salarié que si elle est prévue par ce règlement intérieur (Soc. 26 oct. 2010).
Toute faute justifie une sanction, mais cette sanction doit être **proportionnée** à la faute. Ainsi, une faute légère justifie une sanction légère telle qu'un avertissement, alors qu'une faute grave peut entraîner un licenciement disciplinaire.
Il faut préciser qu'une même faute ne saurait être sanctionnée deux fois (*non bis in idem*) ; néanmoins des sanctions antérieurement prononcées (dans la limite de 3 ans) peuvent être évoquées lors du prononcé d'une nouvelle sanction.

Le blâme	Il concerne une faute légère ; il est souvent exprimé oralement. De simples observations verbales ne rentrent pas dans la catégorie des sanctions.
L'avertissement	Il est exprimé par écrit (lettre remise en main propre ou recommandé avec AR). *exemple :* un courriel par lequel l'employeur reproche à un salarié des manquements aux règles et procédures internes à la banque, et l'invite de manière impérative à se conformer à ces règles et ne pas poursuivre ce genre de pratique, sanctionne un comportement fautif et constitue un avertissement (Soc. 7 avr. 2014). La faute est ainsi bien déterminée ; le salarié peut – si nécessaire – se « ressaisir ».

	Un employeur peut essayer, par des avertissements de « se constituer un dossier » en vue d'un licenciement. Mais l'avertissement n'est pas un préalable obligatoire au licenciement ; un fait isolé, suffisamment grave, suffit à justifier un licenciement.
La mutation	Elle peut être refusée par le salarié si elle est effectuée à titre disciplinaire. Si la faute reprochée le justifie, l'employeur peut licencier le salarié.
La rétrogradation	Il s'agit d'un déclassement, souvent assorti d'une diminution de salaire. Il s'agit d'une modification du contrat de travail susceptible d'être refusée par le salarié. Mais si la faute est suffisamment importante, l'employeur peut alors prononcer une autre sanction, tel que le licenciement.
La mise à pied sanction ou mise à pied disciplinaire	Le contrat de travail est suspendu ; le salaire n'est pas payé. Sa durée maximale doit être fixée et prévue par le règlement intérieur (Soc. 26 oct. 2001 ; la jurisprudence a admis une durée de 14 jours), peu importe que la durée soit fixée par la convention collective (Soc. 7 janv. 2015). La procédure disciplinaire doit être respectée. Il s'agit d'une sanction, donc un licenciement ne peut pas être notifié après une mise à pied disciplinaire. **Il faut bien distinguer mise à pied disciplinaire et mise à pied conservatoire :** la mise à pied conservatoire n'est pas une sanction, c'est une dispense de travail pendant la procédure disciplinaire, dans l'attente d'une sanction. Un licenciement peut donc être prononcé après une mise à pied conservatoire (Soc. 18 mars 2009).
Le licenciement disciplinaire	Une faute suffisamment importante (sérieuse, grave ou lourde) justifie la rupture du contrat de travail.

2 › Les sanctions interdites

• › Les sanctions discriminatoires

Ce sont des sanctions qui prendraient en compte la race, le sexe... (page 68).
L'employeur peut cependant, pour une même faute, sanctionner différemment des coauteurs en se fondant sur des critères objectifs, mais non discriminatoires (principe général d'individualisation des peines).

• › Les amendes et autres sanctions pécuniaires

Utilisées abusivement au XIXe siècle, elles sont actuellement interdites (C. trav. art. L. 1331-2).
La retenue sur salaire, la suppression d'une prime de fin d'année constituent par exemple des sanctions pécuniaires interdites ; par contre la suppression du salaire pendant une mise à pied ou une diminution du salaire en cas de rétrogradation sont autorisées.
Le fait d'infliger une amende ou une sanction pécuniaire est puni d'une amende de 3750 €.

• › Autres sanctions interdites

Sont notamment interdites les sanctions :
- liées à la vie personnelle du salarié ;
- vis-à-vis des personnes ayant témoigné ou relaté, de bonne foi, un fait de harcèlement (p. 254).
- vis-à-vis des personnes ayant relaté ou témoigné, de bonne foi, soit à son employeur, soit aux autorités judiciaires ou administratives, de faits de corruption dont il aurait eu connaissance dans l'exercice de ses fonctions (C. trav. art. L. 1161-1, issu de la loi du 13 novembre 2007 relative à la lutte contre la corruption), de faits relatifs à un risque grave pour la santé publique ou l'environnement (L. 1351-1 Code de la santé publique) ou encore des faits relatifs à une situation de conflits d'intérêts concernant par exemple les membres du gouvernement (art. 25 L. 11 oct. 2013).

b › La procédure disciplinaire

L'article L. 1332-1 du Code du travail énonce : « aucune sanction ne peut être prise à l'encontre du salarié sans que celui-ci soit informé, dans le même temps et par écrit, des griefs retenus contre lui ». Les droits de la défense du salarié doivent être garantis.
Le Code du travail prévoit une procédure « allégée » pour les sanctions légères.

1 › Sanctions légères

Ce sont les sanctions qui n'affectent pas la présence du salarié dans l'entreprise, sa fonction ou sa rémunération ; sont considérés comme telles, l'avertissement, le blâme, ou une simple lettre d'observations.
L'employeur doit seulement informer le salarié des griefs retenus contre lui par une notification écrite et motivée, par lettre recommandée avec AR ou remise en main propre avec décharge.

2 › Sanctions lourdes

Une faute sérieuse, grave ou lourde justifie une sanction lourde.
Ce sont des sanctions qui affectent la carrière ou la rémunération du salarié : mise à pied disciplinaire, rétrogradation, mutation et licenciement.
Une procédure, rappelant celle à suivre en cas de licenciement, doit être respectée (si le licenciement est envisagé, la procédure est celle présentée p. 163).
Des conventions collectives peuvent aggraver cette procédure (*ex.* : comparution devant un conseil de discipline).
Les salariés protégés sont soumis à la même procédure, sans autorisation préalable, sauf en cas de licenciement.

La convocation à l'entretien préalable
La lettre recommandée ou remise en main propre doit mentionner : – les dates, heures et lieu de l'entretien ; – l'objet de la convocation ; – la possibilité de se faire assister par une personne de son choix appartenant à l'entreprise. Cette lettre doit être envoyée dans les **2 mois** à compter du jour où l'employeur, ou le supérieur hiérarchique a eu connaissance de la faute.

↓ Délai « suffisant » (jurisprudence)
(5 jours minimum en cas de licenciement)

Le déroulement de l'entretien
L'employeur indique le motif de la sanction envisagée et recueille les explications du salarié (L. 1332-2 C. trav.) qui peut se faire assister par une personne de l'entreprise.

↓ Délai de 2 jours ouvrables minimum à un mois maximum

La lettre de notification
Elle doit être : – recommandée ou remise en main propre contre décharge ; – motivée (date de l'entretien, exposé des faits constitutifs de la faute, sanction).

Remarque

Si le comportement du salarié justifie de l'écarter de l'entreprise pendant la procédure disciplinaire, l'employeur peut prononcer une mise à pied conservatoire. Une mise à pied est souvent prononcée pour une durée indéterminée. Mais, même à durée déterminée, la mise à pied notifiée dans l'attente d'une sanction, a un caractère conservatoire et non de sanction (Soc. 18 mars 2009).

Cas particulier :

L'employeur doit informer le salarié qu'il est en droit de refuser la sanction proposée si elle modifie son contrat de travail (rétrogradation, mutation). En cas de refus, l'employeur doit engager une nouvelle procédure disciplinaire et convoquer le salarié à un nouvel entretien préalable à la sanction de substitution, dans les deux mois du refus de la sanction initiale (Soc. 28 avr. 2011). Le licenciement est alors fondé sur la faute commise par le salarié (et non sur le refus), celle-ci devant être suffisamment grave pour justifier le licenciement.

3 › Prescription (C. trav. art. L. 1332-4 et L. 1332-5)

- Aucun fait ne peut donner lieu à des poursuites disciplinaires au-delà d'un délai de deux mois, du jour où l'employeur a eu connaissance de la faute, sauf si ce fait a donné lieu à des poursuites pénales ; mais l'employeur peut prendre en considération un fait antérieur à 2 mois, si le comportement du salarié s'est poursuivi dans ce délai (Soc. 7 mai 1991).
- Aucune sanction antérieure de plus de 3 ans ne peut être invoquée à l'appui d'une nouvelle sanction.

Persistance des faits fautifs ? L'employeur peut invoquer des faits prescrits et déjà sanctionnés à l'appui d'une nouvelle sanction dès lors que les mêmes

faits se sont poursuivis postérieurement à la première sanction (Soc. 9 avr. 2014).
Tolérance de l'employeur ? L'employeur qui, ayant connaissance de divers faits commis par le salarié considérés par lui comme fautifs, choisit de n'en sanctionner que certains, ne peut plus ultérieurement prononcer une nouvelle mesure disciplinaire pour sanctionner les autres faits antérieurs à la première sanction.

4 › Recours

Le salarié peut saisir le Conseil de prud'hommes (ce qu'il fait rarement).
Celui-ci peut annuler une sanction :
- irrégulière en la forme (la procédure disciplinaire n'a pas été respectée) ;
- injustifiée (le salarié n'a pas commis de faute) ou disproportionnée (la faute ne justifiait pas une sanction si lourde), mais le juge ne peut la modifier, sauf si l'employeur a dépassé les limites du règlement intérieur.

5 › Preuve de la faute

- Il s'agit d'un fait juridique, la preuve peut donc être faite par tous moyens.
- cependant les procédés portant atteinte à la vie privée du salarié sont jugés illicites.
- le salarié peut produire en justice des documents ou photocopies appartenant à l'entreprise, à condition qu'ils soient strictement nécessaires à sa défense et qu'il en ait eu connaissance à l'occasion de l'exercice normal de ses fonctions (Soc. 30 juin 2004) ; cette tolérance ne peut jouer que lors d'un litige prud'homal (Soc. 9 juin 2009).

Chapitre 10

La durée du travail

Le temps consacré au travail fut longtemps sans limite légale.
Vers le milieu du XIXe siècle, des préoccupations sociales (protection de la santé des travailleurs) ont conduit à l'adoption de plusieurs textes visant à réduire la durée du travail.
Un modèle légal s'est imposé peu à peu ; il était nécessaire de juguler les abus constatés. Au cours du XXe siècle et au début du XXIe, plusieurs interventions du législateur ont réduit la durée légale hebdomadaire : 40 heures (1936), 39 heures (1982) et 35 heures (1998 et 2000).
Cependant, ces dernières années, plusieurs textes ont assoupli les règles légales ; l'objectif recherché était de tenir compte aussi des besoins de flexibilité des entreprises dans un contexte économique mondialisé de plus en plus concurrentiel. Le Code du travail prévoit toujours une durée légale hebdomadaire mais il est possible, par accord d'entreprise, d'aménager les horaires de travail sur une période d'une durée supérieure.
Les auteurs et les praticiens, d'une manière générale, constatent la complexité croissante de la législation relative à la durée du travail.

Les règles concernant la durée et l'aménagement du temps de travail résultent actuellement de la loi du 20 août 2008. En septembre 2014 le MEDEF proposait de revoir les 35 heures.

Les principales étapes de la législation relative à la durée du travail ont été les suivantes :

Loi de 1841	Limitant le temps de travail à – 12 heures journalières pour les enfants de 12 à 16 ans. – 8 heures journalières pour les enfants de 8 à 12 ans.
Loi de 1892	Limitant à 11 heures journalières le temps de travail pour les femmes et les enfants de 16 à 18 ans.
Loi de 1906	Repos hebdomadaire.
Loi de 1919	Journée de 8 heures.
Loi de 1936	Instituant la ***durée légale*** ; c'est la « semaine de 40 heures ».
Loi de 1982	Semaine de 39 heures (la diminution de la durée du temps de travail était une promesse électorale).
Lois de 1986 et 1987	Possibilité de ***déroger*** par accords de branche, puis d'entreprise à certaines dispositions légales.
Lois de 1992 et 1993	Incitation à la réduction du temps de travail et au développement du temps partiel.
Accord interprofessionnel national de 1995	Encourage la conclusion d'accords collectifs organisant le temps de travail sur l'année, et réduisant la durée d'ensemble.
Loi de 1996	Loi « tendant à favoriser l'emploi par l'aménagement et la réduction conventionnelle du temps de travail » (Loi dite Robien).
Loi du 13 juin 1998	« Loi d'orientation et d'incitation relative à la réduction du temps de travail » (dite Loi Aubry I). Elle a institué les « 35 heures ».
Loi du 19 janvier 2000	Relative à « la réduction négociée du temps de travail » (dite Loi Aubry II).
Loi du 17 janvier 2003	Relative aux « salaires, au temps de travail et au développement de l'emploi » ; elle modifie sur certains points la loi précédente (Loi dite Fillon).
Loi du 31 mars 2005	Portant réforme du temps de travail dans l'entreprise (compte épargne temps et heures supplémentaires choisies).
Loi du 21 août 2007	En faveur du travail, de l'emploi et du pouvoir d'achat des salariés (dite loi TEPA) : exonérations fiscales et de cotisations sociales pour les heures supplémentaires.
Loi du 8 février 2008	Pour le pouvoir d'achat des salariés : possibilité pour les salariés de renoncer à des jours de RTT ou à un repos compensateur en contrepartie d'une rémunération.
Loi du 20 août 2008	Elle modifie de nombreuses règles et donne aux accords d'entreprise le pouvoir de définir de manière autonome le système d'organisation du temps de travail le plus adapté aux nécessités de l'activité de l'entreprise.
Loi du 10 août 2009	De nouvelles dérogations au principe du repos dominical sont introduites.
Loi du 14 juin 2013	Sur le contrat de travail à temps partiel ; loi sur la sécurisation de l'emploi.

La loi Macron prévoit un nouveau cadre pour le travail de dimanche (augmentation du nombre de dimanches travaillés...).

> I La durée légale du travail

Le Code du travail prévoit une durée légale hebdomadaire et des durées maximales.

> A La durée légale hebdomadaire

La durée hebdomadaire de travail est fixée à **35 heures par semaine** civile (C. trav. art. L. 3121-10), 1 607 heures par an.
La semaine civile débute le lundi à 0 heure et se termine le dimanche à 24 heures, sauf stipulations contraires d'un accord d'entreprise ou d'établissement ou, à défaut, d'une convention ou d'un accord de branche (C. trav. art. L. 3122-1 et L. 3122-2).

Champ d'application

Entreprises	– Employeurs privés ; – établissements publics à caractère industriel et commercial. Des régimes particuliers existent pour certains secteurs d'activité : transports urbains, mines...
Salariés concernés	Tous les salariés du secteur privé sauf les cadres dirigeants ; selon l'article L. 3111-2 al. 2, sont considérés comme ayant cette qualité les cadres : – auxquels sont confiées des responsabilités dont l'importance implique une grande indépendance dans l'organisation de leur emploi du temps ; – qui sont habilités à prendre des décisions de façon largement autonome et qui perçoivent une rémunération se situant dans les niveaux les plus élevés des systèmes de rémunération pratiqués dans leur entreprise ou établissement. Ces critères sont cumulatifs. Par ailleurs, connaissent un régime spécial ou aménagé : les concierges et employés d'immeubles, les VRP, les travailleurs à domicile...

Un arrêt de la Cour de cassation du 18 févr. 2015 a jugé que les changements d'horaires ne constituaient pas une modification du contrat de travail, le CDD se bornant à renvoyer « aux horaires de l'entreprise ».

> B

Les heures d'équivalence (C. trav. art. L. 3121-9)

Ce régime prend en compte les périodes d'inactivité inhérentes à certaines professions (« heures creuses »).
Les heures d'équivalence tendent à décroître, mais existent encore dans certaines activités : commerce de détail alimentaire, veilleurs de nuit, transports routiers de marchandises...

- Le système des heures d'équivalence peut être mis en place selon deux modalités : soit par décret en Conseil d'État, « soit par décret pris après conclusion d'une convention ou d'un accord de branche » ;
- au-delà de la durée d'équivalence, les heures doivent être rémunérées comme heures supplémentaires.

Ces périodes sont rémunérées conformément aux usages, conventions ou accords collectifs.
Les heures d'équivalence ne peuvent s'appliquer au travail à temps partiel.

> C

Les durées légales maximales

Sur la semaine	La loi prévoit un double plafond de la durée de travail : **48 heures**, au cours d'une même semaine. En cas de circonstances exceptionnelles, certaines entreprises peuvent être amenées à dépasser 48 heures par semaine ; une demande doit être adressée à l'inspecteur du travail, après avis des DP ou du CE ; le dépassement ne peut avoir pour effet de porter la durée du travail à plus de 60 heures par semaine. La décision doit préciser l'ampleur de la dérogation ainsi que la durée pour laquelle elle est accordée.
	44 heures en moyenne sur une période quelconque de 12 semaines consécutives. Plusieurs dérogations sont prévues ; elles peuvent porter la durée moyenne à 46 heures : – par décret, pris après conclusion d'un accord de branche ; – par autorisation administrative, à titre exceptionnel, dans certains secteurs, certaines régions ou entreprises.

Sur la journée	**10 heures** : 8 heures pour les jeunes de moins de 18 ans qui bénéficient de plus de dispositions particulières (pas plus de 4 h 1/2 de travail effectif sans une pause de 30 minutes) et 7 heures pour les jeunes de moins de 16 ans qui travaillent pendant les vacances scolaires. Un dépassement de la durée de 10 heures peut être autorisé : • par l'inspecteur du travail en cas de surcroît temporaire d'activité concernant des travaux : – impliquant une activité accrue pendant certains jours de la semaine, du mois ou de l'année ; – saisonniers ; – devant être exécutés dans un délai déterminé, compte tenu de leur nature, des charges imposées à l'entreprise ou des engagements contractés par elle ; • par une convention ou un accord collectif étendu ou par un accord d'entreprise à condition que le dépassement n'ait pas pour effet de porter la durée quotidienne à plus de 12 heures ; • par une convention ou un accord collectif étendu ou par un accord d'entreprise prévoyant la conclusion de conventions de forfait en heures sur l'année.

Les durées maximales de travail ne doivent pas être confondues avec *l'amplitude* journalière, qui inclut les pauses et les interruptions ; l'amplitude n'est pas fixée par le Code ; la Cour de cassation (18 déc. 2001) en a déduit que l'amplitude ne peut être supérieure à 13 heures (24 heures – 11 heures de repos.

> D
La notion de temps de travail effectif

Les durées étudiées précédemment s'appliquent au temps de travail « effectif ». Avant la loi du 13 juin 1998, le Code du travail ne définissait pas cette notion, contrairement au droit communautaire, dans une directive de 1993. La Cour de cassation s'est souvent prononcée sur ce point.
Les lois de 1998 et 2000 ont introduit dans le Code une définition du « temps de travail effectif » (qui reprend celle de la jurisprudence) et précisé la qualification applicable à des périodes où, sans être véritablement au travail, le salarié n'est pas totalement libre.
Un salarié, même étant à son domicile, se tenait à la disposition de son employeur, il s'agissait donc de travail effectif (Soc. 29 juin 2011).

■ « La durée du travail effectif est le temps pendant lequel le salarié est à la disposition de l'employeur et se conforme à ses directives, sans pouvoir vaquer librement à des occupations personnelles » (C. trav. art. L. 3121-1).

• › Exclusion du temps de travail effectif

Les jours fériés et les congés ne sont pas du travail effectif ; ils sont cependant rémunérés et pris en compte pour d'autres calculs, selon la loi et certains accords collectifs. L'article 2 du décret du 22 décembre 2003 énonce que la durée du travail effectif est égale à l'amplitude de la journée de travail diminuée de la durée totale des coupures et du temps consacré au repos, à l'habillage et au casse-croûte (Soc. 24 sept. 2014). Des conventions collectives, dans cette affaire celle des transports routiers, peuvent être différentes.
Concernant d'autres périodes, la loi de janvier 2000 a apporté quelques précisions car la frontière entre certaines « occupations » et le temps de travail effectif n'est pas toujours facile à distinguer :

Temps de pause et de repas (C. trav. art. L. 3121-2)	En principe, ils ne sont pas assimilés à du temps de travail, sauf s'ils répondent aux critères mentionnés par l'article L. 3121-1 ; par exemple, il n'y a plus pause mais temps de travail effectif : – si les salariés sont tenus de prendre leur repas sur leur lieu de travail sans disposer d'aucune liberté pendant ce temps (Soc. 4 janv. 2000) ; – ou s'ils doivent exercer une surveillance permanente sur leur poste de travail (Soc. 12 oct. 2004). Même s'ils ne constituent pas un temps de travail effectif, les temps de pause et de repas peuvent faire l'objet d'une rémunération prévue par voie conventionnelle ou contractuelle.
Temps d'habillage et de déshabillage (C. trav. art. L. 3121-3)	Il n'est pas, sauf dispositions plus favorables, considéré comme du temps de travail effectif. Cependant, lorsque le port d'une tenue de travail est imposé par la loi, la convention collective, le règlement intérieur ou le contrat de travail, le temps d'habillage et de déshabillage doit donner lieu à une contrepartie, soit sous forme de repos, soit financière. Ces contreparties sont déterminées par convention ou accord collectif ou, à défaut, par le contrat de travail ; en l'absence de dispositions, c'est au juge de fixer la contrepartie (Soc. 16 janv. 2008). Les conditions cumulatives de l'octroi de la contrepartie ont été précisées par un arrêt de la chambre sociale du 26 mars 2008 ; il faut que : – le port d'une tenue de travail soit obligatoire ; – que l'habillage et le déshabillage soient réalisés dans l'entreprise ou sur le lieu de travail. – ou si le salarié (conducteur) est contraint, pendant ses interruptions de conduite, de se livrer à des opérations de chargement et de déchargement (Soc. 18 mars 2015). Par cet arrêt, la chambre sociale a opéré un revirement ; en effet, une précédente jurisprudence avait induit du même article du code que le caractère obligatoire de la tenue de travail impliquait que les opérations d'habillage et de déshabillage aient lieu dans l'entreprise ou sur le lieu de travail. Un arrêt du 13 janvier 2010 a précisé que peu importait le lieu où le salarié y procédait.

Temps de trajet (C. trav. art. L. 3121-4)	– **Trajet domicile-lieu de travail** En principe, il n'est pas considéré comme du temps de travail effectif ; cependant, s'il dépasse le temps normal de trajet entre le domicile et le lieu habituel du travail, il doit faire l'objet d'une contrepartie (financière ou sous forme de repos). La part de ce temps de déplacement professionnel ne doit pas entraîner une perte de salaire. Le temps de déplacement excédentaire, travail effectif, s'apprécie mission par mission lorsque celle-ci dépasse un jour et que le salarié ne regagne pas son domicile (Soc. 24 sept. 2014, Crim. 2 sept. 2014). – **Trajet entre deux lieux de travail** Il est assimilé à du temps de travail effectif (Soc. 16 juin 2004).
Astreintes (C. trav. art. L. 3121-5 à L. 3121-8)	C'est une période « pendant laquelle le salarié, sans être à la disposition permanente et immédiate de l'employeur, a l'obligation de demeurer à son domicile ou à proximité afin d'être en mesure d'intervenir pour accomplir un travail au service de l'entreprise ». La durée de cette intervention est considérée comme un travail effectif ; de même (Soc. 31 oct. 2007), le temps de déplacement pour effectuer l'intervention. Exception faite de la période d'intervention, la période d'astreinte est prise en compte pour le calcul des durées minimales de repos quotidien et hebdomadaire. La Cour de cassation a, dans des arrêts du 2 avril 2003, précisé les points suivants : – il n'y a pas astreinte mais temps de travail effectif si le salarié a l'obligation de demeurer dans des locaux imposés par l'employeur et à proximité immédiate du lieu de travail ; – si un accident survient pendant une période d'astreinte, il n'est pas présumé être un accident de travail. L'astreinte étant une sujétion pour le salarié, celui-ci doit percevoir une contrepartie (pécuniaire ou sous forme de repos). L'attribution d'un logement à titre gratuit ne peut être considérée ainsi que si elle est prévue par la convention collective (Soc. 12 juill. 2006). La suppression de la contrepartie est considérée comme une modification du contrat de travail (Soc. 19 juin 2009). Un employeur abusant de son pouvoir de direction donnerait droit à indemnisation (Soc. 10 oct. 2012). Un cadre dirigeant ne peut prétendre à la rémunération de l'astreinte, sauf dispositions conventionnelles (Soc. 25 oct. 2008).
	Mise en place – Les astreintes peuvent être mises en place par : – un accord de branche étendu ; – un accord d'entreprise ou d'établissement ; – décision unilatérale de l'employeur, après consultation des représentants du personnel et information de l'inspecteur du travail. – La programmation individuelle des périodes d'astreintes doit être portée à la connaissance du salarié 15 jours à l'avance (1 jour franc en cas de circonstances exceptionnelles).
Temps de présence pendant la nuit	Les veilleurs ou surveillants de nuit, même si une chambre est mise à leur disposition, sont considérés comme accomplissant un travail effectif (Toutefois voir régime d'équivalence p. 218).

> E Les heures supplémentaires

Pour répondre aux besoins de l'activité de l'entreprise, l'employeur peut demander au salarié d'effectuer des heures supplémentaires ; elles ouvrent droit à une majoration de salaire et, sous condition, à un repos compensateur.

Depuis la loi du 1er août 2012 les heures supplémentaires ou complémentaires (CTT) sont à nouveau imposables.

a › Définition

- Ce sont les heures de travail effectuées au-delà de la durée légale hebdomadaire du travail ou de la durée considérée comme équivalente, dans certaines professions.

Elles se décomptent par semaine civile, du lundi 0 heure au dimanche 24 heures.
Ce décompte par semaine ne s'applique pas dans le cas du travail à domicile.

b › Régime juridique

- La décision de recourir aux heures supplémentaires appartient à l'employeur mais il doit respecter un contingent annuel (cf. *infra*).
- Le salarié ne peut refuser d'effectuer des heures supplémentaires ; ce refus peut constituer une faute (éventuellement grave) pouvant justifier une sanction qui peut aller jusqu'au licenciement.

  Le salarié peut cependant valablement refuser d'effectuer des heures supplémentaires si l'employeur n'a pas rémunéré les heures précédemment effectuées (Soc. 7 déc. 1999), s'il n'a pas octroyé de repos compensateur (Soc. 5 nov. 2003) ou encore s'il n'a pas averti l'inspection du travail (Soc. 10 juin 2003).

- Preuve (C trav. art. L. 3171-4) :

« En cas de litige relatif à l'existence ou au nombre d'heures supplémentaires effectuées, l'employeur fournit au juge les éléments de nature à justifier les heures effectivement réalisées par le salarié ; le juge forme sa conviction au vu de ces éléments et de ceux fournis par le salarié à l'appui de sa demande, après avoir ordonné, en cas de besoin, toutes les mesures d'instruction qu'il estime utiles... »

c › Limites à l'accomplissement d'heures supplémentaires

1 › Contingent annuel d'heures supplémentaires

Un certain nombre d'heures supplémentaires peut être effectué, dans la limite d'un contingent annuel, après *information* du comité d'entreprise ou, à défaut, des délégués du personnel.

Fixation	Le contingent annuel d'heures supplémentaires est défini par un accord collectif d'entreprise ou d'établissement ou, à défaut, par une convention ou un accord de branche ; à défaut, ce contingent est fixé à 220 heures par salarié et par an (C. trav. art. D. 3121-14-1).
Salariés exclus du contingent	– Les cadres dirigeants : ce sont les cadres auxquels sont confiées des responsabilités dont l'importance implique une grande indépendance dans l'organisation de l'emploi du temps ; ils participent à la direction de l'entreprise (Soc. 2 juill. 2014). – les salariés soumis à une convention de forfait annuel en heures.
Dépassement du contingent	Quand le contingent annuel est épuisé, les heures supplémentaires ne peuvent être effectuées qu'après avis du CE ou à défaut des délégués du personnel. Le salarié peut refuser de les effectuer. Les heures supplémentaires accomplies dans le cas de travaux urgents ne s'imputent pas sur le contingent annuel d'heures supplémentaires (C. trav. art. L. 3121-16).

2 › Durées maximales du travail

L'accomplissement d'heures supplémentaires ne peut avoir pour effet de porter la durée du travail au-delà des limites fixées par la loi.

d › Contreparties liées à l'accomplissement d'heures supplémentaires

L'employeur est tenu d'accorder une majoration de salaire et, sous certaines conditions, un repos compensateur.

1 › Majorations de salaire

Le taux de majoration est fixé par un accord de branche étendu ou un accord d'entreprise ou d'établissement. Ce taux ne peut être inférieur à 10 %. À défaut d'accord, il est de :

Pour les 8 premières heures	25 %
Les heures suivantes	50 %

Le régime social et fiscal de faveur sur la rémunération des heures supplémentaires (exonération de l'impôt sur le revenu, réduction des cotisations salariales de sécurité sociale, droit pour l'employeur à une déduction forfaitaire sur ses cotisations patronales) instauré par la loi du 21 août 2007 a été supprimé par la loi du 16 août 2012.

2 › Repos compensateur de remplacement
(C. trav. art. L. 3121-24 et L. 3121-25)

Le paiement des heures supplémentaires peut être remplacé totalement ou en partie par l'attribution de repos compensateur.
Cette contrepartie doit être organisée par :
- une convention ou un accord collectif de branche ;
- un accord d'entreprise ou d'établissement ;
- par décision de l'employeur, en l'absence d'accord, pour les entreprises non assujetties à l'obligation de négociation annuelle ; le CE, ou à défaut les DP, peut faire opposition à cette décision unilatérale.

Le repos compensateur est d'une durée équivalente à la majoration des heures supplémentaires, soit :

En cas d'accord collectif	Heures majorées de 10 %	Repos de 1 heure 06
En l'absence d'accord	– Heures majorées de 25 % – Heures majorées de 50 %	– Repos de 1 heure 15 – Repos de 1 heure 30

« Les heures supplémentaires donnant lieu à un repos compensateur équivalent ne s'imputent pas sur le contingent annuel d'heures supplémentaires. »

3 › Contrepartie obligatoire en repos

Les heures supplémentaires accomplies *au-delà du contingent annuel* ouvrent droit à une contrepartie obligatoire en repos selon les modalités suivantes :

Entreprises de 20 salariés au plus	50 % de chaque heure supplémentaire effectuée au-delà du contingent conventionnel ou réglementaire.
Entreprises de plus de 20 salariés	100 % de chaque heure supplémentaire effectuée au-delà du contingent conventionnel ou réglementaire.

> F

Les conventions de forfait (C. trav. art. L. 3121-38 et s.)

a › Définition et conditions de validité

- Il s'agit d'un accord par lequel l'employeur et le salarié conviennent d'une rémunération forfaitaire incluant toutes les heures travaillées, y compris supplémentaires.

Il existe différents types de forfaits (cf. *infra*) ; la loi et la jurisprudence soumettent la validité des clauses de forfait au respect de conditions : le forfait

- doit faire l'objet d'un *accord écrit* (accord individuel ou collectif selon les cas) ; il ne se présume pas ;
- ne peut être désavantageux pour le salarié ; il ne peut permettre d'éluder la réglementation sur la durée du travail ; l'article L. 3121-41 prévoit que la rémunération du salarié doit être « au moins égale à la rémunération minimale applicable dans l'entreprise pour le nombre d'heures correspondant à son forfait, augmentée des majorations pour heures supplémentaires » ;
- doit mentionner le nombre d'heures supplémentaires inclus dans la rémunération forfaitaire.

En cas de contestation, l'employeur doit prouver l'existence d'une convention de forfait.

b › Les différents types de forfaits

En heures sur la semaine ou le mois	Permet de fixer une durée du travail supérieure à la durée légale incluant les heures supplémentaires, sous réserve que le nombre d'heures supplémentaires ne dépasse pas le contingent annuel.
En heures sur l'année	Permet de rémunérer une durée annuelle du travail intégrant un nombre prédéterminé d'heures supplémentaires sur l'année.
En jours sur l'année	Permet de rémunérer un salarié sur la base d'un nombre de jours travaillés annuellement, sans référence horaire.

c › Modalités d'application

Les règles qui suivent sont applicables aux conventions de forfait conclues postérieurement à la loi du 20 août 2008 (les accords antérieurs restent cependant valides).

Type de forfait	Salariés concernés	Mise en place
En heures sur la semaine ou sur le mois (C. trav. art. L. 3121-38)	Tous les salariés	Par une *convention individuelle* qui requiert l'accord du salarié. Un accord collectif n'est donc pas exigé.
En heures sur l'année (C. trav. art. L. 3121-42)	– Cadres dont la nature des fonctions ne les conduit pas à suivre l'horaire applicable au sein de l'atelier, du service ou de l'équipe auquel ils sont intégrés ;	– Nécessité d'un *accord collectif d'entreprise* ou d'établissement ou, à défaut, de branche ; cet accord doit prévoir :

	– salariés qui disposent d'une réelle autonomie dans leur emploi du temps. Mais une convention de forfait annuel en heures, n'instaure pas au profit du salarié un droit à la libre fixation de ses horaires de travail en dehors de toute contrainte liée à l'horaire collectif (Soc. 2 juill. 2014).	– les catégories de salariés concernés ; – la durée annuelle de travail sur la base de laquelle le forfait est établi ; – les caractéristiques principales des conventions de forfait. – Le salarié doit avoir donné son accord par acte individuel écrit.
En jours sur l'année (C. trav. art. L. 3121-43 à L. 3121-48) le nombre de jours travaillés dans l'année, prévu par l'accord collectif, ne peut dépasser 218 jours (si l'accord collectif ne précise rien, la limite est de 235 jours).	– Cadres correspondant à la définition exposée ci-dessus ; – salariés dont la durée du travail ne peut être prédéterminée et qui disposent d'une réelle autonomie dans leur emploi du temps pour l'exercice des responsabilités qui leur sont confiées.	Mêmes règles que ci-dessus. En outre, l'accord collectif doit prévoir des garanties suffisantes pour assurer la protection de la santé et de la sécurité des salariés. À défaut, la convention de forfait est sans effet et le salarié a droit au paiement des heures supplémentaires *ex.* : document de contrôle mentionnant les jours travaillés (Soc. 29 juin 2011, Soc. 14 mai 2014) *ex.* : le salarié doit être reçu en entretien chaque année par l'employeur ; cet entretien doit porter sur la charge de travail du salarié, l'organisation du travail dans l'entreprise, l'articulation entre l'activité professionnelle et la vie personnelle et familiale ainsi que sur la rémunération. Toute fixation de forfait en jours doit prévoir le repos par accord collectif (Soc. 11 juin 2014).

L'article L. 3121-45 prévoit que le salarié en « forfait-jours » peut, en accord avec son employeur, renoncer à une partie de ses jours de repos en contrepartie d'une majoration de salaire qui ne peut être inférieure à 10 %.
Le « forfait-jour » fait débat. Le Comité européen des droits sociaux a en effet affirmé à plusieurs reprises que ce forfait est contraire à la Charte européenne des droits sociaux selon laquelle la durée du travail ne doit pas être « déraisonnable » ; or, certains font ressortir que le cadre en forfait-jour pourrait être amené à travailler jusqu'à 78 heures par semaine sans paiement d'heures supplémentaires.

Par arrêt du 29 juin 2011, la Cour de cassation a jugé que le dispositif était acceptable à condition de préserver la santé du salarié par des horaires « raisonnables ». Elle souligne que « le droit à la santé et au repos est au nombre des exigences constitutionnelles ». Les stipulations de l'accord collectif prévoyant la convention de forfait doivent assurer « la garantie du respect des durées maximales de travail, ainsi que des repos journaliers et hebdomadaires » (voir p. 12).

> II La répartition et l'aménagement des horaires de travail

Le principe est classiquement celui de l'horaire collectif et hebdomadaire, mais les aménagements possibles de ce principe sont nombreux.
L'horaire collectif de travail doit être affiché sur les lieux de travail et communiqué à l'inspecteur du travail avant sa mise en place et avant toute modification.

> A La répartition des horaires sur une période supérieure à la semaine et au plus égale à l'année

La loi du 20 août 2008 a fusionné sous un seul régime tous les dispositifs antérieurs d'aménagement du temps de travail (modulation, travail par cycles...) et a prévu qu'un accord collectif d'entreprise ou d'établissement ou, à défaut un accord de branche pouvait organiser la répartition de la durée du travail sur une période supérieure à la semaine et au plus égale à l'année (C. trav. art. L. 3122-1 à L. 3122-5).
À défaut d'accord, ce sont les modalités fixées par un décret du 4 novembre 2008 qui s'appliquent [1] ; ce texte prévoit notamment que :
- la durée du travail de l'entreprise peut être organisée sous forme de périodes de travail, chacune d'une durée de 4 semaines au plus ;
- l'employeur doit établir le programme indicatif de la variation de la durée du travail et le soumettre, pour avis, au CE ;
- les salariés doivent être prévenus des changements de leurs horaires de travail au moins 7 jours ouvrés avant la date à laquelle le changement intervient ;
- la rémunération est calculée sur la base de 35 heures hebdomadaires ;
- sont considérées comme heures supplémentaires :
  - les heures effectuées au-delà de 1 607 heures annuelles (ou de la limite inférieure fixée par l'accord) ;
  - les heures effectuées au-delà de la durée moyenne de 35 heures hebdo-

(1) Cependant, les accords conclus avant la loi du 20 août 2008 restent en vigueur.

madaires calculée sur la période de référence choisie, déduction faite, éventuellement, des heures supplémentaires effectuées au-delà de la limite haute hebdomadaire fixée.

Il avait été jugé à plusieurs reprises (Soc. 22 sept. 2009 ; 28 sept. 2010...) que l'instauration d'un système de modulation constituait, pour le salarié, une modification de son contrat de travail qui requiert son accord. La loi du 22 mars 2012 a réécrit l'article 3122-6 du Code du travail : « la mise en place d'une répartition des horaires sur une période supérieure à une semaine et au plus égale à un an, par un accord collectif ne constitue pas une modification du contrat de travail » sauf pour les salariés à temps partiel.

> B
L'aménagement des horaires

a › Les horaires individualisés

On emploie aussi les dénominations : « à la carte », flexibles, variables...
Développés depuis les années 1970 ; ils accordent plus de souplesse aux salariés dans la gestion de leur temps (*ex.* : possibilité d'accompagner des enfants à l'école...).

Principe	Les salariés peuvent aménager individuellement leur horaire de travail. Dans les entreprises où ils sont pratiqués, la journée de travail est divisée en « plages » : – plages fixes : tout le personnel doit être présent ; – plages variables : les salariés peuvent choisir leur temps d'absence ou de présence. Ce système peut donner lieu à des reports d'heures. Les heures reportées ne sont pas des heures supplémentaires pourvu qu'elles résultent du libre choix du salarié. Le report d'une semaine sur l'autre, ne peut dépasser 3 heures ; le cumul des reports ne peut excéder 10 heures.
Conditions de mise en place	– Il faut que le personnel en ait fait la demande ; – les représentants du personnel ne doivent pas s'y être opposés (même s'il existe un accord collectif) ; – l'inspecteur du travail doit avoir préalablement été informé.

b › La récupération des heures perdues

L'employeur a la possibilité de faire effectuer, en plus de l'horaire normal, des heures de travail *collectivement* perdues du fait de circonstances exceptionnelles ; ces heures ne sont pas rémunérées comme heures supplémentaires.

• › Cas de récupération

Il est possible de récupérer des heures perdues :

– à la suite de causes accidentelles (pannes, détérioration de matériel…), d'intempéries, de force majeure ;
– pour cause d'inventaire ;
– pour bénéficier d'un « pont », c'est-à-dire le « chômage d'un ou deux jours ouvrables compris entre un jour férié et une journée de repos hebdomadaire ou d'un jour précédant les congés annuels ».

Ne peuvent donner lieu à récupération les interruptions pour grève, *lock-out* ou jours fériés.

• › Modalités pratiques

– L'employeur doit informer l'inspecteur du travail, consulter le CE ;
– il doit faire connaître les modalités de récupération à l'avance et afficher l'horaire collectif modifié ;
– la récupération a lieu dans les 12 mois précédant ou suivant l'interruption collective de travail ;
– les heures de récupération ne peuvent pas augmenter la durée générale de travail de l'établissement de plus d'1 heure par jour, ni de plus de 8 heures par semaine.

C › Le travail de nuit (C. trav. art. L. 3122-29 et s.)

Il y a travail de nuit lorsque le salarié accomplit, au moins 2 fois par semaine, 3 heures de son temps de travail entre 21 heures et 6 heures.

Il devrait rester exceptionnel et correspondre à des situations particulières (activité en continu, utilité sociale…) mais le travail de nuit se développe de plus en plus.

La Cour de cassation (Soc. 24 sept. 2014) énonce que le travail de nuit « ne peut être le mode d'organisation normal du travail au sein d'une entreprise et ne doit être mis en œuvre que lorsqu'il est indispensable à son fonctionnement ». Le Conseil constitutionnel (4 avr. 2014) avait souligné aussi le caractère exceptionnel du travail de nuit (il s'agissait de la société Sephora, qui tenait à sa boutique ouverte sur les Champs-Élysées après minuit).

Des dispositions particulières sont applicables aux jeunes travailleurs (p. 73).

• › Mise en place

Elle peut se faire :
– par une convention ou un accord collectif de branche étendu ou par un accord d'entreprise ou d'établissement ;
– à défaut d'accord, et dans le cas de circonstances particulières, l'employeur doit solliciter l'autorisation de l'inspecteur du travail et l'avis des représentants du personnel.

Le médecin du travail doit être consulté avant toute mise en place ou réorganisation du travail de nuit.
- Le passage d'un horaire de jour à un horaire de nuit constitue une modification du contrat de travail que le salarié peut refuser ;
- lorsque le travail de nuit est incompatible avec « des obligations familiales impérieuses », le salarié peut demander le retour à un travail de jour.

• › Statut du travailleur de nuit

- La durée du travail effectué pendant la nuit ne peut dépasser 8 heures (sauf dérogations exceptionnelles, autorisées par accord de branche et l'inspection du travail) ;
- la durée hebdomadaire de travail des travailleurs de nuit, calculée sur une période quelconque de 12 semaines consécutives ne peut dépasser 40 heures ; un accord de branche ou un accord d'entreprise ou d'établissement peut porter cette limite à 44 heures si les caractéristiques de l'activité le justifient ;
- l'accord collectif qui met en place le travail de nuit doit prévoir une contrepartie sous forme de repos, et, le cas échéant, financière ;
- les salariés bénéficient d'une surveillance médicale particulière ;
- les salariés qui ont un travail de nuit ont une priorité pour occuper un poste de jour.

> III
Le contrôle du temps de travail

a › Par l'employeur

Information des salariés et affichages	– Le décompte des heures de travail par l'employeur peut être fait par tous moyens ; système auto-déclaratif, enregistrement automatique (pointeuse, badge...), système biométrique (une déclaration auprès de la CNIL peut alors être nécessaire – page 210).
	– Le bulletin de paie doit comporter les informations relatives au nombre d'heures travaillées (page 284) ;
	– des documents plus précis doivent être annexés au bulletin de paie pour :
	  – les salariés non assujettis aux horaires collectifs ;
	  – ceux qui sont soumis à des dispositifs d'aménagement du temps de travail sur une période plus longue que la semaine.
	Les représentants du personnel peuvent consulter tous les documents permettant l'enregistrement des temps de travail.

	– L'employeur doit afficher : – les heures auxquelles commence et finit le travail ; – les heures et la durée des repos ; – et, si les horaires sont répartis sur une période supérieure à la semaine, la répartition de la durée du travail dans le cadre de cette organisation.
Registres et documents obligatoires	Lorsque tous les salariés occupés dans un service ou un atelier ne travaillent pas selon le même horaire collectif, l'employeur doit établir les documents nécessaires au décompte de la durée du travail, des repos compensateurs acquis et de leur prise effective, pour chacun des salariés concernés.

b › Par les représentants du personnel

- Le CE a une compétence générale en matière de durée du travail.
- Il doit aussi être consulté dans de nombreuses hypothèses : modalités de dépassement du contingent annuel d'heures supplémentaires, recours à une modalité spécifique d'aménagement du temps de travail, à des conventions de forfait, mise en œuvre d'horaires de travail à temps partiel...
- Le CE (ou, à défaut, les DP) a un droit de veto :
- dans les entreprises dépourvues de délégué syndical, sur le remplacement du paiement des heures supplémentaires par un repos compensateur ;
- dans toutes les entreprises, pour la mise en place d'horaires individualisés.
- Le DP, dans le cadre de ses attributions, peut saisir l'inspection du travail de toutes les plaintes ou observations relatives à l'application des règles concernant la durée du travail (*ex.* : dépassement d'horaires) ; en l'absence de CE, il a les mêmes attributions que celui-ci.
- Le CHSCT, qui a pour mission de contribuer à l'amélioration des conditions de travail, peut proposer des mesures en matière de durée du travail.

c › Par le délégué syndical

Depuis qu'a été instaurée une obligation annuelle en matière de durée et d'aménagement du temps de travail, le délégué syndical est devenu un interlocuteur privilégié du chef d'entreprise dans ce domaine ; il doit aussi être informé et consulté dans plusieurs hypothèses : travail de fin de semaine, dépassement de la durée maximale journalière de 10 heures de travail...

d › Par les agents de l'inspection du travail

Ils sont compétents pour assurer le respect de la réglementation du travail ; ils constatent les infractions et dressent procès-verbal.
Ils peuvent être amenés à constater l'existence d'un travail dissimulé lorsqu'est mentionné sur le bulletin de paie un nombre d'heures de travail inférieur à celui qui est réellement effectué.

> IV
Les sanctions

– L'employeur qui ne respecte pas les règles relatives à la durée du travail encourt des sanctions :

Sanctions pénales – Pour non-respect des durées maximales, de repos, des heures supplémentaires, du temps partiel... – pour défaut d'affichage des horaires...	Amendes.
Sanctions civiles Requalification : d'un temps partiel en temps plein, de temps de travail effectif...	Paiement des arriérés de salaires ; éventuellement : dommages et intérêts.

En cas de litige relatif à l'existence ou au nombre d'heures accomplies, le juge doit se prononcer au vu des éléments fournis par chaque partie « après avoir ordonné, en cas de besoin, toutes les mesures d'instruction qu'il estime utile » (C. trav. art. L. 3171-4).

– Le salarié doit respecter les horaires de travail. Les retards ou les absences non justifiées sont considérées comme une faute grave (Soc. 26 oct. 2007) ou non (Soc. 2 mars 2010).

Chapitre 11

Les repos et les congés

> I
Le repos quotidien

> A
Les principes

– « Tout salarié doit bénéficier d'un repos quotidien d'une durée minimale de onze heures consécutives » (C. trav. art. L. 3131-1) ;
– aucun temps de travail ne peut atteindre 6 heures sans que le salarié ne bénéficie d'une pause d'une durée minimale de 20 minutes, sauf dispositions conventionnelles plus favorables (C. trav. art. L. 3121-33).

Des règles spécifiques s'appliquent aux jeunes travailleurs (p. 73).

> B Les dérogations au repos quotidien

Elles peuvent être accordées :
- par « une convention ou un accord collectif étendu ou par accord d'entreprise ou d'établissement » pour les activités nécessitant d'assurer une continuité du service ou par des périodes d'intervention fractionnées (C. trav. art. L. 3131-2) ;
- exceptionnellement, à l'initiative de l'employeur pour des travaux urgents (accident, menace d'accident, surcroît exceptionnel d'activité...). L'inspecteur du travail doit être informé.

Ces dérogations doivent être compensées par des périodes au moins équivalentes de repos ; si ce n'est pas possible, une contrepartie équivalente doit être prévue par un accord collectif.

> II Le repos hebdomadaire

> A Les principes

Les articles L. 3132-1 à L. 3132-3-1 du Code du travail fixent les règles suivantes :

- Il est interdit de faire travailler un même salarié plus de 6 jours par semaine ;
- le repos hebdomadaire doit avoir une durée minimale de 24 heures consécutives[1] ;
- dans l'intérêt des salariés, le repos hebdomadaire est donné le dimanche[2].
- le refus d'un demandeur d'emploi d'accepter une offre d'emploi impliquant de travailler le dimanche ne constitue pas un motif de radiation de la liste des demandeurs d'emploi.

L'application des règles relatives au repos hebdomadaire a été assouplie depuis quelques années.

(1) Compte tenu de l'article L. 3131-1 qui prévoit un repos quotidien d'une durée minimale de 11 heures, le repos hebdomadaire doit être de : 24 + 11 = 35 heures consécutives.
(2) Le jour du dimanche a été choisi par référence à la tradition catholique (le « jour du Seigneur »).

> B Les dérogations

Elles sont nombreuses et touchent :
- soit au principe du repos hebdomadaire ;
- soit au principe du repos dominical.

a › Les dérogations à la règle du repos hebdomadaire

(C. trav. art. L. 3132-4 à L. 3132-11, R. 3132-1)

Pour certains salariés ou dans certaines activités, le repos hebdomadaire peut être différé, suspendu ou réduit ; des compensations doivent être prévues, soit sous forme de repos compensateur ou par le report du repos. Sont concernées les activités suivantes :
- travaux urgents dont l'exécution immédiate est nécessaire pour organiser des mesures de sauvetage, pour prévenir des accidents imminents ;
- industries traitant de matières périssables ou ayant à répondre à un surcroît extraordinaire de travail ;
- travaux de chargement ou déchargement dans les ports, débarcadères ou stations ;
- activités intermittentes et saisonnières ;
- travaux d'entretien, de nettoyage des locaux industriels et de maintenance, lorsqu'ils doivent être réalisés nécessairement le jour du repos collectif et qu'ils sont indispensables pour éviter un retard dans la reprise normale du travail ;
- travaux intéressant la Défense nationale ;
- dans les établissements industriels fonctionnant en continu ;
- pour les concierges et gardiens de ces établissements âgés de plus de 18 ans.

b › Les dérogations à la règle du repos dominical

(C. trav. art. L. 3132- 12 à L. 3132-30, R. 3132-5)

Des dérogations, soit permanentes, soit temporaires, existaient déjà depuis plusieurs années ; la loi du 10 août 2009 a élargi les dérogations à certaines zones et pour certaines catégories d'établissements. Cette question de l'ouverture du dimanche fait actuellement débat. La loi Macron prévoit un élargissement de ces dérogations.

– Dérogations permanentes de droit –

- Pour certaines professions ou activités, il est possible de donner le repos hebdomadaire par roulement ; un décret précise les entreprises et travaux concernés et notamment :
  - hôtels, restaurants et débits de boisson ;
  - hôpitaux ;

  - services aux personnes ;
  - péages autoroutiers ;
  - établissements de commerce de détail de bricolage (décr. 30 déc. 2013) ;
  - activités récréatives, culturelles et sportives...
- Dans les commerces de détail alimentaire, le repos hebdomadaire peut être donné le dimanche à partir de 13 heures (C. trav. art. L. 3132- 13).

– Dérogations conventionnelles –

Dans l'industrie, sous réserve d'un accord collectif (ou, à défaut, d'une dérogation accordée par l'inspecteur du travail), il est possible :
- de prévoir la possibilité, pour des raisons économiques, d'organiser le travail en continu ;
- d'organiser le travail en deux équipes dont une est appelée « équipe de suppléance ».

– Dérogations sur autorisation –

- *Du préfet*

Fermeture préjudiciable au public ou compromettant le fonctionnement normal de l'établissement (C. trav. art. L. 3132-20)	S'il est établi que le repos simultané, le dimanche, de tous les salariés serait préjudiciable au public ou compromettrait le fonctionnement normal de l'établissement, le repos peut être autorisé par le préfet, soit toute l'année, soit à certaines époques de l'année, selon diverses modalités : un autre jour que le dimanche, du dimanche midi au lundi midi... L'autorisation préfectorale peut être étendue à plusieurs ou à la totalité des établissements de la même localité exerçant la même activité.
Zones touristiques ou thermales (C. trav. art. L. 3132-25)	Les établissements de vente au détail situés « dans les communes d'intérêt touristique ou thermal et dans les zones touristiques d'affluence exceptionnelle ou d'animation culturelle permanente, peuvent, de droit, donner le repos hebdomadaire *par roulement* pour tout ou partie du personnel ». La liste des communes et zones concernées est établie par le préfet, sur proposition des élus et des syndicats d'employeurs et de salariés concernés. Les salariés concernés ne bénéficient d'aucune contrepartie, sauf si un accord le prévoit.
Périmètres d'usage de consommation exceptionnel (PUCE) (C. trav. art. L. 3132-25-1 à L. 3132-25-6)	Dans les villes de plus d'un million d'habitants (sauf Lyon), les établissements de vente au détail situés dans des périmètres d'usage de consommation exceptionnel peuvent donner le repos hebdomadaire, *par roulement*, pour tout ou partie du personnel ; le PUCE doit être caractérisé par : – des habitudes de consommation dominicale ; – l'importance de la clientèle concernée ; – et l'éloignement de celle-ci de ce périmètre. La liste et le périmètre sont établis par le préfet de Région, sur demande du conseil municipal et en tenant compte de circonstances particulières locales (sont actuellement concernées des unités urbaines déterminées par les préfets des régions Provence-Alpes-Côte d'Azur, Nord-Pas de Calais et île de France).

	– L'autorisation préfectorale est accordée pour 5 ans, au vu d'un accord collectif ou, à défaut, d'une décision unilatérale de l'employeur prise après avis des représentants du personnel et approuvée par référendum ; – des contreparties doivent être accordées aux salariés privés de repos dominical ; – seuls les salariés volontaires, ayant donné leur accord par écrit, peuvent travailler le dimanche ; – le refus du salarié ne peut donner lieu à une mesure discriminatoire et ne constitue pas une faute ou un motif de licenciement ; il ne peut non plus être un motif de refus d'embauche.

La loi Macron prévoit la création de zones commerciales où le travail dominical sera autorisé toute l'année. Elles devraient remplacer les PUCE. Il reviendra aux accords collectifs de fixer la contrepartie obligatoire en salaire ou en repos.

• *Du maire (ou du préfet à Paris)*

Pour les commerces de détail, le repos hebdomadaire peut être supprimé le dimanche, dans la limite de 5 dimanches par an. La loi Macron porte à 12 le nombre d'ouverture dominicales.

Chaque salarié privé du repos hebdomadaire perçoit une rémunération au moins égale au double de la rémunération normalement due et a droit à un repos compensateur équivalent en temps (C. trav. art. L. 3132-26 et L. 3132-27).

C › Les sanctions

– Civiles –

Les inspecteurs du travail peuvent saisir le juge des référés pour voir ordonner la fermeture des établissements ouverts le dimanche (sans dérogation) et ce, sous astreinte.

La procédure de référé est aussi ouverte :

– aux syndicats de salariés, pour la défense des intérêts collectifs de la profession ;

exemple :

Soc. 3 février 1994 : *Syndicat CFDT services et commerces c/ SA Virgin Stores.*

– aux syndicats d'employeurs, quand ils estiment que l'emploi de salariés le dimanche est de nature à désorganiser le commerce et à fausser le jeu de la concurrence.

exemple :

Soc. 7 avril 1994 : *Syndicat des textiles, de l'habillement et de la chaussure de l'Aude c/ SARL Bolor La Foir'fouille.*

– Pénales –

L'inspecteur du travail peut, bien évidemment, relever l'infraction en dressant procès-verbal.

Les infractions à la règle du repos dominical, comme d'ailleurs à celle du repos hebdomadaire, sont des contraventions réprimées par une amende.

> III
Les congés payés

• › Rappel historique

- La généralisation des congés payés a été réalisée en France par la loi du 20 juin 1936 : 2 semaines ; (puis 3 semaines en 1956).
- En 1969, à la suite d'un accord « Renault » qui octroyait une quatrième semaine de congés payés aux salariés de l'entreprise, une loi a étendu ce bénéfice à l'ensemble des salariés.
- L'ordonnance du 16 janvier 1982, relative à la durée du travail, a porté la durée légale des congés payés à 5 semaines.

• › Le principe (C. trav. art. L. 3141-3)

■ Le salarié a droit à un congé de deux jours et demi ouvrables par mois de travail effectif chez le même employeur.
La durée totale du congé exigible ne peut excéder trente jours ouvrables[1].

La loi subordonnait l'acquisition du droit à congé payé à une condition de durée de présence de 10 jours de travail effectif dans l'entreprise. Mais la décision de la CJUE du 24 janvier 2012 a jugé que cette condition était contraire au droit de l'Union européenne.
La loi de simplification du droit, du 23 mars 2012, a donc supprimé cette condition.

• › Décompte

Il se fait en tenant compte de la durée de travail effectif au cours de *l'année de référence* (du 1er juin de l'année précédente au 31 mai de l'année en cours).
Les accords collectifs peuvent prévoir une autre période de référence.

- Sont exclues : les périodes d'absence pour maladie, grève, chômage (ce qui est en contradiction avec la position de la CJUE, 24 janv. 2012).
- Sont comprises : la période de congés payés de l'année précédente, les absences pour accident du travail, maternité, paternité, accueil de l'enfant et adoption, diverses périodes de formation, les jours de repos acquis au titre de la RTT...

Quand le nombre de jours, ainsi calculé, ne donne pas un nombre entier (5 mois de travail donnent 14 jours 1/2), on arrondit au nombre entier supérieur (15).

Les jours de congés se prennent en jours « ouvrables » ; le samedi par exemple est un jour ouvrable, même s'il n'est pas travaillé dans l'entreprise ; cependant

(1) **Jours ouvrables** : ce sont les jours de la semaine, excepté les dimanches et jours fériés.

des accords ou des usages prenant en compte les jours « ouvrés[1] » sont souvent utilisés.

• › Majorations

- Les jeunes mères de famille de moins de 21 ans (au 30 avril) ont droit à 2 jours supplémentaires par enfant à charge ; ce congé est réduit à 1 jour si le congé légal n'excède pas 6 jours.
- Les jeunes de moins de 21 ans au 30 avril de l'année précédente, ont droit, sur leur demande, à un congé de 30 jours ouvrables, mais seuls sont rémunérés les jours de congé correspondant à leur temps de travail effectif.
- Pour fractionnement : si le salarié prend des jours de congé en dehors de la période légale (voir ci-dessous), il a droit à :

– 1 jour supplémentaire pour 3 à 5 jours pris en dehors de la période légale ;
– 2 jours supplémentaires pour 6 jours et plus.

• › Dates

- L'employeur choisit entre le roulement et la fermeture temporaire de l'établissement (dans ce dernier cas, il doit consulter le CE ou, à défaut, les DP).

La période des congés payés est fixée par les conventions et accords collectifs de travail ; à défaut, c'est l'employeur qui la détermine, en se référant aux usages et après avoir consulté les délégués du personnel et le CE.
L'ordre des départs doit être fixé par l'employeur, en tenant compte de la situation personnelle du salarié (famille, conjoint, ancienneté...).

- La période des congés doit être portée à la connaissance du personnel au moins 2 mois avant son point de départ ; elle ne peut être modifiée dans le délai d'1 mois avant la date prévue du départ.
- Il est prévu une période légale pendant laquelle les congés doivent être pris : du 1er mai au 31 octobre, mais dès lors qu'il a travaillé pendant au moins 4 semaines, le salarié peut prendre des congés payés sans attendre cette période.

Le salarié qui ne respecte pas les dates de départ et de retour commet – sauf cas particulier – une faute grave.

- La durée des congés pris en une fois ne peut excéder 24 jours ouvrables (la 5e semaine peut donc être prise séparément[2]). Le congé peut être fractionné, avec accord du salarié, à la condition qu'il comporte au moins 12 jours ouvrables pris en continu. Les conjoints et partenaires pacsés travaillant dans la même entreprise ont droit à un congé simultané.

---

(1) **Jours ouvrés** : tous les jours travaillés dans l'entreprise.
(2) Il peut être dérogé à cette disposition, pour les salariés qui justifient de contraintes géographiques particulières.

• › Conséquences de certains événements

Événements familiaux pendant des congés payés (naissance, décès...)	Pas d'incidence
Maladie avant le départ en congés	Si le salarié tombe malade avant son départ en congé et s'il est toujours en maladie le jour où il aurait dû partir, les congés sont reportés.
Maladie pendant le congé	Lorsque la période de congé dans l'entreprise est terminée et que le salarié n'a pu en profiter parce qu'il était en maladie, les congés ne sont pas perdus mais reportés (Soc. 24 février 2009).
Maternité	Les congés doivent être pris au cours d'une période distincte du congé maternité.

• › Indemnité de congés payés

– Si le congé est pris –

L'indemnité de congé peut être calculée de deux manières :
- 1/10e de la rémunération totale perçue par le salarié au cours de la période de référence ou
- la rémunération qu'il aurait perçue s'il avait travaillé durant le congé.

On doit utiliser le mode de calcul le plus favorable au salarié.

– Si le congé ne peut être pris (rupture du contrat de travail) –

L'indemnité compensatrice de congés payés est égale à ce qu'aurait dû percevoir le salarié s'il avait pris ses congés payés au moment de la résiliation.

- L'indemnité est supprimée en cas de faute lourde du salarié.
- Dans certaines professions (*ex.* : bâtiment, transports...), des « caisses de congés payés » se substituent à l'employeur pour le paiement des indemnités.

> IV
Le compte épargne-temps (CET)

Ce dispositif créé par une loi de 1994 a connu différentes réformes (lois du 31 mars 2005 et du 20 août 2008).
Il permet à un salarié « d'accumuler des droits à congé rémunéré ou de bénéficier d'une rémunération, immédiate ou différée, en contrepartie des périodes de congé ou de repos non prises ou des sommes qu'il y a affectées » (C. trav. art. L. 3151-1).

Il est mis en place par accord collectif d'entreprise ou d'établissement ou, à défaut, par une convention ou un accord de branche.
Les partenaires sociaux ont toute liberté pour négocier les conditions et limites d'alimentation du CET :
- en argent : majorations pour heures supplémentaires, primes et indemnités conventionnelles, sommes attribuées dans le cadre d'un accord d'intéressement... ; l'employeur peut décider d'un abondement, dans les conditions fixées par l'accord ;
- sous forme de congés : congé parental d'éducation, congé sans solde, pour création d'entreprise...

Le CET peut être liquidé afin de compléter la rémunération du salarié, alimenter un plan d'épargne salariale, financer un complément de retraite...

> V Les jours fériés

Ils sont actuellement au nombre de 11 :
- 1er janvier
- Lundi de Pâques
- 1er mai
- 8 mai
- Jeudi de l'Ascension
- Lundi de la Pentecôte
- 14 juillet
- 15 août
- Toussaint (1er novembre)
- 11 novembre
- Noël (25 décembre)

Les jours de fête peuvent être chômés, rémunérés ou non.

• › Le 1er mai

Il est légalement chômé et rémunéré.
S'il était travaillé, l'employeur devrait le payer en plus, et pourrait encourir une amende.

• › Les jours fériés chômés

Les conventions collectives, accords collectifs ou usages prévoient très généralement que les jours de fête seront non travaillés.
Ces jours ne peuvent donner lieu à récupération.

• › Les jours fériés chômés payés

Les « mensualisés » sont rémunérés pour les jours fériés chômés.
Pour les autres salariés, les conventions accords ou usages décident des jours chômés et de leur rémunération. « Le chômage des jours fériés ne peut entraîner

aucune perte de salaire pour les salariés totalisant au moins trois mois d'ancienneté dans l'entreprise ou l'établissement » (L. 22 mars 2012, art. L. 3133-3 du Code). « Ces dispositions ne s'appliquent pas aux salariés travaillant à domicile, aux saisonniers, aux intermittents et aux salariés temporaires ».

• › Les « ponts »

Si l'employeur en accorde un, il peut en prévoir la récupération.
Il doit accomplir un certain nombre de formalités (affichage, notification à l'inspection du travail.).

> VI
La journée de solidarité

Elle a été instaurée par une loi du 30 juin 2004. Elle consiste en une journée de travail supplémentaire dans l'année, destinée au financement d'actions en faveur de l'autonomie des personnes âgées ou handicapées. Cette journée non rémunérée pour le salarié, se traduit, pour l'employeur, par le versement d'une contribution de 0,3 % des salaires.
Une loi du 16 avril 2008 a assoupli ses modalités de mise en œuvre :
- Elle est en priorité fixée *par accord d'entreprise ou d'établissement* ou, à défaut, par *accord de branche* ; l'employeur doit engager des négociations dans ce sens ; l'accord peut prévoir :
- un jour férié précédemment chômé (autre que le 1er mai, obligatoirement férié et chômé) ;
- un jour de RTT ;
- toute autre modalité permettant le travail de 7 heures précédemment non travaillées.

Le fractionnement en tranches horaires est autorisé à condition qu'il corresponde à un travail supplémentaire de 7 heures.
- En l'absence d'accord collectif, l'employeur définit unilatéralement les modalités d'accomplissement de la journée de solidarité après consultation du CE ou, à défaut, des DP ; cette procédure doit être renouvelée chaque année.

> VII
Les congés spéciaux

Sont présentés ici les principaux congés ; les congés liés à la formation professionnelle continue et les congés de maternité, sont exposés par ailleurs.
Les règles qui suivent sont les règles légales ; les conventions et accords collectifs de travail peuvent prévoir des dispositions plus favorables aux salariés.

a › Le congé pour événements familiaux

	Durée	Rémunération		Source
		oui	non	
• Mariage ou Pacs du salarié (*)	4 jours	× (1)		C. trav. art. L. 3142-1
Décès du conjoint, du partenaire d'un pacs ou d'un enfant	2 jours	× (1)		
• Mariage d'un enfant	1 jour	× (1)		
Naissance (ou adoption)	3 jours	× (1)		C. trav. art. L. 1225-35
congé de paternité et d'accueil de l'enfant	11 jours		× (1)	C. trav. art. L. 1225-35
• Adoption	De 10 à 22 semaines selon le nombre d'enfants adoptés	×		C. trav. art. L. 1225-37
• Adoption nécessitant un voyage à l'étranger ou dans les Dom-Com	6 semaines		×	C. trav. art. L. 1225-46
• Décès du père, de la mère, du beau-père, de la belle-mère, d'un frère ou d'une sœur	1 jour	×		C. trav. art. L. 3142-1
• Congé parental d'éducation, ou travail à temps partiel (ancienneté minimale : 1 an dans l'entreprise)	1 an, renouvelable au maximum 2 fois	non (sauf si travail à temps partiel)		C. trav. art. L. 1225-47

• Congé pour enfant malade	3 à 5 jours selon le nombre d'enfants et leur âge		×	C. trav. art. L. 1225-61
• Congé de présence parentale (enfant malade, handicapé...)	310 jours maximum		× mais allocation	C. trav. art. L. 1225-62
• Congé de solidarité familiale [1]	3 mois maximum, renouvelable une fois		×	C. trav. art. L. 3142-16 à L. 3142-21
• Congé de soutien familial* (réservé aux salariés ayant une ancienneté d'au moins 2 ans)	3 mois (renouvelables) maximum : 1 an sur l'ensemble de la carrière		×	C. trav. art. L. 3142-22 et s.

* Pour accompagner un membre de la famille présentant un handicap ou une perte d'autonomie d'une particulière gravité.

b › La loi du 4 août 2014 sur le congé parental

La loi tend à inciter les pères à prendre un congé, jusqu'à maintenant ce congé étant pris à 97 % par les mères. Le texte s'appliquera aux enfants nés ou adoptés depuis le 1er octobre 2014. Le congé est pris de manière continue, il n'est pas rémunéré par l'employeur mais le salarié peut percevoir de la part de la CAF des allocations :
– la PAJE, prestation de base d'accueil du jeune enfant ;
– le CLCA, complément de libre choix d'activité ;
– le COLCA, complément optionnel de libre choix d'activité, s'il y a au moins 3 enfants.
Ce congé est ouvert à tout salarié ayant un an d'ancienneté dans l'entreprise, il est d'un an, renouvelable :

Naissance d'un ou plusieurs enfants	renouvelable 2 fois
Naissance multiple d'au moins trois enfants	renouvelable 5 fois
Adoption d'un ou plusieurs enfants de moins de 3 ans	renouvelable 2 fois
Adoption simultanée d'au moins trois enfants	renouvelable 5 fois
Adoption d'un ou deux enfants ayant entre 3 et 16 ans	non renouvelable

C › Le congé pour convenances personnelles[1][2]

	Congé sabbatique (C. trav. art. L. 3142-91 et s.)	Congé pour la création ou la reprise d'entreprise [1] (C. trav. art. L. 3142-78 et s.)
Durée	de 6 mois à 11 mois	1 an, plus possibilité de prolongation pour un an [2]
Conditions	36 mois d'ancienneté dans l'entreprise 6 ans d'activité professionnelle	Au moins 24 mois d'ancienneté dans l'entreprise
Demande par le salarié	Il n'a pas à donner de motifs. À formuler 3 mois à l'avance	À formuler par LR avec AR ou remise en main propre contre décharge au moins 2 mois à l'avance.
Report	L'employeur peut différer le congé de 6 mois lorsque le nombre de salariés en congé pour convenances personnelles atteint un certain pourcentage.	
Refus	Dans les entreprises de moins de 200 salariés uniquement, l'employeur peut, après avis du CE (ou DP), refuser ce congé s'il estime qu'il aura des conséquences préjudiciables à la production et à la bonne marche de l'entreprise. Le motif du refus doit être indiqué à peine de nullité. Le salarié peut contester ce refus devant le bureau de jugement du conseil des prud'hommes.	

La loi du 9 mai 2014 permet le « don de congés ». Un salarié peut renoncer sur sa demande et en accord avec son employeur, de manière anonyme et sans contrepartie, à tout ou partie de ces congés payés (non pris, dans la limite des 24 jours obligatoirement pris), pour les donner à un autre salarié de l'entreprise assurant la charge d'un enfant malade.

(1) Ou pour diriger une jeune entreprise innovante (loi du 18 avril 2006).
(2) Le salarié peut aussi opter pour une période d'activité à temps partiel.

d › Autres congés

	De solidarité internationale	De formation économique, sociale et syndicale	D'aide aux victimes de catastrophes naturelles	Réserve dans la sécurité civile, de participation aux instances d'emploi et de formation professionnelle ou d'un jury d'examen
Salariés concernés	Ceux qui ont une ancienneté d'au moins 12 mois.	Tous les salariés, y compris les apprentis dans les entreprises d'au moins dix salariés.	Salariés résidant ou travaillant dans la zone sinistrée.	Salariés, sapeurs pompiers volontaires.
Formalités pour la demande	LR avec AR ou remise en main propre, 30 jours à l'avance. 48 heures à l'avance, *en cas d'urgence*.		En cas d'urgence, sous préavis de 24 heures.	Dans l'urgence. Délai de prévenance de 15 jours avant le début de la session d'examen en y joignant la convocation.
Décision de l'employeur	Il peut refuser, s'il estime ce congé préjudiciable à l'entreprise.	Le congé peut être différé ou refusé, par décision motivée.	L'employeur peut refuser, après consultation du CE (ou des DP).	Refus possible (motivé) et transmis au service départemental d'incendie. Refus possible motivé, si l'employeur estime après avis conforme du CE/des DP, que cette absence pourrait avoir des conséquences préjudiciables à la production et à la marche de l'entreprise.
Durée	6 mois maximum. 6 semaines, *en cas d'urgence*.	12 jours maximum.	20 jours.	Le temps de la mission. (+ congé pour formation) : 30 jours sur les 3 premières années de l'engagement.
Rémunération	Non	Oui, si l'entreprise occupe au moins 10 salariés (0,08 % du montant des salaires annuels).	Non	– Le maintien de la rémunération n'est pas obligatoire. – Des indemnités sont versées. (prise en compte au titre de la participation).
Effets du congé	– Le salarié retrouve son travail ou un emploi similaire. – Est assimilé à du travail effectif.			

e › Les absences autorisées

• **Militaires de réserve**	5 jours par an, sur demande présentée 1 mois à l'avance ; l'employeur ne peut refuser.
• **Appel pour la préparation à la Défense**	1 journée rémunérée pour les salariés âgés de 16 à 26 ans.
• **Témoins ou jurés d'assises**	Le temps de la session ; l'employeur doit autoriser cette absence, non rémunérée.
• **Assesseurs au tribunal des affaires sociales**	Le temps des audiences ; absence non rémunérée.
• **Élus locaux**	Les autorisations et crédits d'heures ne peuvent être refusés (Soc. 16 avril 2008).
• **Parlementaires, maires et adjoints ; présidents et vice-présidents des conseils généraux et régionaux**	Le contrat de travail est suspendu jusqu'à l'expiration du mandat, à la demande du salarié élu, à condition qu'il ait 1 an d'ancienneté.
• **Candidats aux élections à l'Assemblée nationale et au Sénat**	20 jours ouvrables, pris par demi-journées au moins.
• **Candidats au Parlement européen, à l'assemblée de Corse, aux conseils généraux, régionaux, municipaux (communes de plus de 3 500 habitants)**	10 jours ouvrables, pris au moins par demi-journées. L'employeur doit être averti 24 heures à l'avance.
• **Acquisition de la nationalité française**	Une demi-journée, non rémunérée, pour assister à la cérémonie d'accueil.

Il existe aussi un « congé d'enseignement et de recherche » :
Les salariés ayant au moins 1 an d'ancienneté dans l'entreprise peuvent bénéficier d'un congé aux fins de dispenser un enseignement technologique ou professionnel, ou se livrer à une activité de recherche (C. trav. art. L. 6322-53 à L. 6322-58).
Ce congé est d'un an si l'enseignement est dispensé à temps plein, de 8 heures par semaine ou 40 heures par mois, s'il est dispensé à temps partiel.
Le salarié n'est pas rémunéré par l'entreprise, sauf accord contraire.

Chapitre **12**

La santé et la sécurité au travail

■ « Le droit à la santé et au repos est au nombre des exigences constitutionnelles », Soc. 29 juin 2011, à propos des conventions de forfaits jours, prévue par un accord collectif dont les stipulations assurent la garantie du respect des durées maximales de travail ainsi que des repos, journaliers et hebdomadaires : « le droit à la santé et au repos est au nombre des exigences constitutionnelles ».

L'hygiène et la sécurité dans l'entreprise n'ont pas été réglementées pendant des siècles ; lors de la révolution industrielle, l'état des lieux était généralement sordide.

Les premières lois furent votées au milieu du XIXe siècle, complétées depuis par une réglementation abondante et complexe.

Ces règles avaient surtout pour but de lutter contre les accidents du travail, les maladies qui pouvaient être générées par l'industrie lourde, les constructions du BTP ou la manipulation de nouveaux produits que l'évolution scientifique avait rendus de plus en plus dangereux.

La quatrième partie du Code du travail s'intitule : « Santé et sécurité au travail » : les rédacteurs ont en effet souhaité « consacrer la problématique de la santé au travail, qui constitue un enjeu majeur des relations du travail et tend à y occuper une place croissante[1] ».

(1) Source : Guide à l'usage du nouveau Code du travail.

Le terme « hygiène » n'est plus employé, même s'il est sous-entendu.
L'article L. 4121-1, qui énonce les obligations de l'employeur, vise la santé physique, mais aussi mentale des travailleurs.

• › Champ d'application

Selon l'article L. 4111-1, les règles relatives à la santé et à la sécurité au travail s'appliquent aux :
- employeurs de droit privé (établissements industriels, commerciaux, agricoles, associations, coopératives...) ;
- établissements publics à caractère industriel et commercial ;
- établissements publics administratifs lorsqu'ils emploient du personnel dans les conditions du droit privé ;
- établissements de santé sociaux et médico-sociaux hospitaliers.

Deux décrets du 30 janvier 2012 ont apporté des précisions sur l'organisation de la médecine du travail et du fonctionnement des services de santé au travail.

Les ateliers des établissements publics dispensant un enseignement technique ou professionnel sont aussi soumis à la plupart de ces règles.
Les mines et les carrières voient cette réglementation complétée et adaptée pour tenir compte de leur spécificité.

> I Les obligations de l'employeur

> A Une obligation générale de sécurité

a › Principes

L'article L. 4121-1 du Code du travail dispose :

■ « L'employeur prend les mesures nécessaires pour assurer la sécurité et protéger la santé physique et mentale des travailleurs.
Ces mesures comprennent :
1° des actions de prévention des risques professionnels et de la pénibilité au travail ;
2° des actions d'information et de formation ;

3° la mise en place d'une organisation et de moyens adaptés. L'employeur veille à l'adaptation de ces mesures pour tenir compte du changement des circonstances et tendre à l'amélioration des situations existantes ».

b › Une obligation de résultat

Un arrêt de la chambre sociale de la Cour de cassation du 28 février 2002 – condamnant une entreprise à propos des risques liés à l'amiante – a jugé : « Attendu qu'en vertu du contrat de travail le liant à son salarié, l'employeur est tenu envers celui-ci *d'une obligation de résultat*. Le manquement à cette obligation a le caractère de *faute inexcusable* au sens de l'article L. 452-1 du Code de la sécurité sociale, lorsque l'employeur avait ou aurait dû avoir conscience du danger auquel était exposé le salarié, et qu'il n'a pas pris les mesures nécessaires pour l'en préserver ».
La Cour de cassation a rappelé ces obligations, notamment en matière de protection contre le tabagisme (Soc. 29 juin 2005 ; 6 oct. 2010...), à propos d'actes de harcèlement ayant entraîné la tentative de suicide d'un salarié (Civ. 2e, 22 févr. 2007), ou encore en matière de surveillance médicale des salariés (Soc. 17 oct. 2012 : obligation de faire passer la visite médicale d'embauche ; Soc. 20 mars 2013 : obligation de suivre les recommandations du médecin du travail ; Soc. 29 mai 2013 : interdiction de donner un volume de travail anormalement excessif).
C'est à l'employeur de prouver que le dommage subi par un salarié est étranger à tout manquement à son obligation de sécurité de résultat.

> B La prévention des risques professionnels

a › Évaluation des risques

L'évaluation est une étape obligatoire, préalable à la démarche de prévention des risques.
Les employeurs doivent évaluer les risques au niveau de chaque unité de travail.
Tous les ans au moins, un document d'évaluation des risques pour la sécurité et la santé des salariés retranscrit les résultats de cette évaluation. Ce document identifie tous les dangers susceptibles de porter atteinte à la santé et à la sécurité des salariés dans l'entreprise. Il liste aussi les solutions à mettre en place pour combattre les risques à la source.
Ce document doit notamment être mis à la disposition des travailleurs, du CHSCT, des délégués du personnel, du médecin du travail et des agents de l'inspection du travail.

b › Formation et information des travailleurs

La formation à la sécurité concourt à la prévention des risques professionnels. L'employeur *informe* les travailleurs sur les risques pour leur santé et leur sécurité d'une manière compréhensible pour chacun.
La *formation* a pour objet d'instruire le travailleur des précautions à prendre pour assurer sa propre sécurité et celles des autres. Une formation pratique doit être organisée et financée par l'employeur en matière de sécurité notamment au bénéfice des nouveaux embauchés, de ceux qui changent de poste ou de technique, des travailleurs en CTT (avec une dispense s'il s'agit de travaux urgents de sécurité et si ces salariés sont déjà qualifiés).

c › Prévention de certains risques

Dans l'intérêt de la santé et de la sécurité au travail, des règles et des procédures spécifiques sont mises en place pour la prévention des risques chimiques, biologiques, d'exposition aux bruits, aux vibrations mécaniques, aux rayonnements ionisants et aux risques en milieu hyperbare.
Certaines activités à risques, comme les installations nucléaires, les opérations de chargement ou déchargement, font l'objet de procédures particulières.
Certains travailleurs sont protégés par des dispositions spéciales : les femmes enceintes, venant d'accoucher ou allaitantes (p. 81), les jeunes travailleurs (p. 73) et les salariés temporaires ou sous contrat à durée déterminée (p. 134).

d › Prévention de la pénibilité

La pénibilité au travail est caractérisée par une exposition à un ou plusieurs facteurs de risques professionnels susceptibles de laisser des traces durables, identifiables et irréversibles sur la santé (C. trav. art. L. 4121-3-1).

Les facteurs de risques à prendre en compte sont ceux liés à :
- des contraintes physiques marquées (manutention de charges, postures pénibles…) ;
- un environnement agressif (agents chimiques dangereux, températures extrêmes, bruit assourdissant…) ;
- des contraintes liées aux rythmes de travail.

La réforme sur les retraites (p. 189) a introduit des dispositions sur la pénibilité au travail, ce qui se traduit notamment par deux nouvelles obligations pour les employeurs :
- Un **accord ou un plan d'action visant à prévenir la pénibilité doit être négocié** dans les entreprises d'au moins 50 salariés (ou appartenant à un groupe d'au moins 50 salariés), dont plus de la moitié de l'effectif est

exposée à un ou plusieurs facteurs de risques professionnels, sous peine d'encourir une pénalité de 1 % de la masse salariale.
- Une **fiche de pénibilité** doit être tenue pour chacun des salariés, concernés par l'exposition à un ou plusieurs facteurs de risques professionnels. Elle indique les conditions de pénibilité auxquelles le travailleur est exposé, et les mesures mises en œuvre par l'employeur pour faire disparaître ou réduire ces risques.

Transmise au médecin du travail, cette fiche permet un suivi individualisé des salariés.
Le gouvernement annonce (mai 2015) une simplification du compte pénibilité. Les organisations patronales estiment que « le bon sens l'emporte » ; les métiers « pénibles » seraient identifiés par le référentiel de la branche.

e › Une organisation matérielle stricte

• › Conception et utilisation des lieux de travail

L'hygiène et la sécurité des lieux de travail furent une urgence certaine il y a deux siècles.
Actuellement des règles rigoureuses et détaillées – sans doute pour réagir contre ce sombre passé – doivent s'appliquer :
- Lors de la construction ou de l'aménagement des lieux de travail, le maître d'ouvrage doit se conformer à des règles visant à protéger la santé et la sécurité des travailleurs.
- L'employeur a, ensuite, des obligations quant à l'utilisation des lieux de travail.

Les locaux doivent être tenus dans un état constant de propreté.
Des décrets fixent d'une manière très précise les règles concernant :
- l'aération et l'assainissement (*ex.* : nombre et dimension des fenêtres) ;
- l'éclairage, l'insonorisation et l'ambiance thermique ;
- la sécurité des lieux de travail ;
- les installations électriques ;
- les risques d'incendies, d'explosions et l'évacuation ;
- les installations sanitaires (*ex.* : nombre de douches), la restauration...

• › Équipements de travail et moyens de protection

Il s'agit des machines, appareils, outils, engins... et des dispositifs de protection.
Lors de leur conception, des règles techniques doivent être respectées ; ils peuvent faire l'objet de procédures de certification de conformité ; une procédure de sauvegarde est organisée afin de rendre conformes ces équipements.
Ils doivent ensuite être installés et utilisés d'une manière conforme à la protection de la santé et de la sécurité des travailleurs.

> C La santé mentale des travailleurs

Le droit de la santé au travail veillait initialement à la protection de l'intégrité physique des travailleurs. La prise en compte de la santé mentale est récente. Sa consécration légale ne date que de la loi du 17 janvier 2002 portant modernisation sociale (C. trav. art. L. 4121-1).
Pour cette protection, l'employeur a aussi une obligation de résultat et peut commettre des fautes inexcusables. Il est relativement simple – par des règles qui ne le sont pas toujours – de lutter pour préserver la santé physique des salariés ; mais prévoir les réactions d'un être humain ne l'est pas !

a › Le stress au travail

Les entreprises recherchent la productivité maximale, mais cela induit la pression mise sur les salariés, notamment les cadres ; notons que les conséquences pratiques de la notion relativement récente de « travail effectif » n'ont pas amélioré les conditions de travail.
Le « stress au travail » est une réalité de plus en plus fréquemment évoquée. L'opinion publique a été particulièrement interpellée à la suite de suicides que le stress au travail aurait pu induire (ont été ainsi relatés ceux survenus dans des entreprises telles que Renault, France Télécom ou La Poste...) ; c'est à la suite de ces circonstances, que le ministre du Travail avait demandé un rapport sur les risques psychologiques au travail.
Sous l'impulsion de l'Union européenne (accord-cadre européen du 8 octobre 2004) et dans le but de prévenir, détecter et agir contre le stress au travail, les partenaires sociaux ont élaboré un accord national interprofessionnel (ANI) le 2 juillet 2008 ; il a été étendu par un arrêté ministériel du 23 avril 2009.

– Définition –

Reprenant la définition donnée par l'Agence européenne pour la santé et la sécurité au travail, l'ANI a défini le stress au travail comme : « un déséquilibre entre la perception qu'une personne a des contraintes que lui impose son environnement et la perception qu'elle a de ses propres ressources pour y faire face ».

– Détection –

Des exemples d'indicateurs de stress sont évoqués par l'accord : dépassements excessifs des horaires, exposition à un environnement agressif (bruit, chaleur, promiscuité...), problèmes de communication...

– Mesures à mettre en œuvre –

« Dès qu'un problème de stress au travail est identifié, une action doit être menée pour le prévenir, l'éliminer ou, à défaut, le réduire ».
Des mesures doivent être prises pour améliorer l'organisation et l'environnement du travail, la communication ; une formation sur ce problème doit être assurée, notamment pour l'encadrement ; le dialogue doit être organisé.

– Négociation dans les entreprises de plus de 1 000 salariés –

Il leur a été demandé d'engager des négociations sur la prévention du stress au travail.
À défaut d'accord, l'entreprise doit avoir réalisé au minimum un diagnostic et un plan d'action et avoir renseigné une application informatique.
Au vu du résultat de ces négociations, la création d'une pénalité pourrait être décidée.

b › Le harcèlement moral

Tout en consacrant la protection de la santé mentale du salarié, la loi de modernisation sociale du 17 janvier 2002 a condamné le harcèlement moral.
Un accord national interprofessionnel sur le harcèlement et la violence au travail a été conclu le 20 mars 2010 ; il a été rendu obligatoire par un arrêté ministériel du 31 juillet 2010. Cet accord, qui prend en compte des directives communautaires, vise à mieux identifier, prévenir et gérer les situations de harcèlement.
L'article L. 1152-1 du Code du travail dispose que :

- Aucun salarié « ne doit subir les agissements répétés de harcèlement moral qui ont pour objet ou pour effet une dégradation des conditions de travail susceptible de porter atteinte à ses droits et à sa dignité, d'altérer sa santé physique ou mentale ou de compromettre son avenir professionnel ».

Le **harcèlement peut être assimilé à une discrimination**, lorsqu'un tel agissement, est lié à l'un des motifs discriminatoire interdit par la loi (art. 1er de la loi du 27 mai 2008, portant diverses dispositions d'adaptation au droit communautaire dans la lutte contre les discriminations).

Définition	Critères retenus	Critères exclus
	• *Des agissements répétés :* les agissements doivent être répétés, même sur une brève période (Soc. 26 mai 2010) ; – la décision de l'employeur de rétrograder un salarié constitue un acte isolé, même si l'employeur a refusé à plusieurs reprises de revenir sur sa décision (Soc. 9 déc. 2009) ;	• *Qualité de l'auteur du harcèlement :* Il n'est pas nécessaire qu'il y ait un rapport d'autorité entre la victime et l'auteur du harcèlement, celui-ci peut être le fait de l'employeur, d'un supérieur hiérarchique ou d'un collègue. L'employeur engage aussi sa responsabilité quand le harceleur est extérieur à l'entreprise (Soc. 1er mars 2011).

	– Soc. 5 nov. 2014 : les écarts de langage de la supérieure hiérarchique de la salariée, tenus un jour, ne peuvent, en tant que fait unique, caractériser un harcèlement moral.	
	• *La dégradation des conditions de travail susceptibles de porter atteinte aux droits ou à la dignité du salarié :* – Retrait du téléphone portable à usage professionnel, obligation nouvelle de se présenter tous les matins au bureau d'une supérieure hiérarchique, attribution de tâches nouvelles sans rapport avec les fonctions de la salariée, générant un état dépressif (Soc. 27 oct. 2004). – Les pressions continuelles, reproches incessants, mépris affiché, absence de dialogue (Soc. 10 nov. 2009). – Le fait, pour l'employeur, d'imposer à un salarié, de manière répétée, d'effectuer des tâches incompatibles avec son état de santé au mépris des recommandations du médecin du travail (Soc. 28 janv. 2010) – pressions psychologiques, un manque de respect total, humiliation devant des tiers et une pression constante pour le pousser à démissionner (Soc. 20 juin 2013). – la mise en péril de la santé du salarié en lui faisant effectuer des tâches qui dépassent sa capacité (Soc. 7 janv. 2015).	• *Élément intentionnel :* l'intention de nuire du harceleur n'est pas nécessaire. En conséquence : des méthodes de gestion mises en œuvre par un manager pour obtenir les meilleurs résultats économiques peuvent être condamnées au titre d'un harcèlement moral, communément appelé « harcèlement managérial » (Soc. 10 nov. 2009).
Obligation de prévention de l'employeur	– L'employeur doit rappeler les dispositions relatives à l'interdiction de toutes pratiques de harcèlement moral ou sexuel dans le règlement intérieur (C. trav. art. L. 1321-2). – L'employeur doit prendre toutes les dispositions nécessaires en vue de prévenir les agissements de harcèlement moral (C. trav. art. L. 1152-4). Il a une obligation de sécurité de résultat ; une absence de faute ne saurait donc l'exonérer de sa responsabilité (Soc. 21 juin 2006) ; il est aussi responsable quand bien même il aurait pris des mesures en vue de faire cesser les agissements (Soc. 3 févr. 2010). Il peut licencier le salarié harceleur pour faute grave, (Soc. 21 nov. 2012) sauf s'il a lui-même été harcelé par son employeur (Soc. 9 juill. 2013).	

	Le CHSCT peut aussi proposer des mesures de prévention en cas de harcèlement ou de violences au travail. Les délégués du personnel peuvent exercer leur droit d'alerte.	
Protection du salarié harcelé	– Aucun salarié ne peut être sanctionné aucune personne en formation ou en stage, licencié ou faire l'objet d'une mesure discriminatoire, pour avoir subi ou refusé de subir des agissements de harcèlement moral (C. trav. L. 1152-2). – *Preuve du harcèlement facilitée :* le salarié doit seulement « établir des faits objectifs » qui permettent de présumer l'existence d'un harcèlement ; l'employeur doit ensuite prouver que ces agissements ne sont pas constitutifs d'un harcèlement ou que ses décisions (sanction, mutation...) ou actes reprochés sont justifiés par des éléments objectifs étrangers à tout harcèlement. Ex. : l'agressivité verbale que le supérieur hiérarchique manifestait à l'égard de ses subordonnées et la dégradation de l'état de santé du salarié attestée par un certificat médical et l'avis d'inaptitude du médecin du travail laisse présumer l'existence d'un harcèlement (Soc. 11 juin 2014). Mais : – La preuve par enregistrement téléphonique à l'insu de l'auteur incriminé n'est pas recevable; il n'en est pas de même des SMS (Soc. 23 mai 2007), et des messages enregistrés sur la messagerie téléphonique (Soc. 6 févr. 2013), dont il est impossible d'ignorer l'enregistrement. – De seuls documents médicaux ne sont pas de nature à établir la présomption (Soc. 30 sept. 2014).	
Protection des témoins	Pour « délier les langues », le témoin de harcèlement moral est protégé : le salarié qui témoigne ou relate un fait de harcèlement ne peut être sanctionné ou licencié (C. trav. L. 1152-2), *sauf mauvaise foi,* laquelle ne peut résulter de la seule circonstance que les faits dénoncés ne sont pas établis (Soc. 10 mars 2009). La mauvaise foi est caractérisée quand le salarié témoin a connaissance de la fausseté des faits dénoncés (Soc. 7 févr. 2012) et dénonce de façon mensongère des faits inexistants de harcèlement moral dans le but de déstabiliser l'entreprise et de se débarrasser du salarié (Soc. 6 juin 2012). L'invocation par l'employeur dans la lettre de licenciement du grief de dénonciation calomnieuse de harcèlement emporte à elle seule la nullité de plein droit du licenciement ; peu importent les autres motifs figurant dans la lettre (Soc. 13 févr. 2013).	
Sanctions	***Sanction disciplinaire du harceleur***	– Pour tout salarié ayant procédé à ces agissements (C. trav. art. L. 1152-5 et L. 1153-6). – Les faits avérés peuvent justifier un licenciement pour faute grave. Si un salarié était licencié, puis relaxé au pénal, le licenciement serait considéré comme sans cause réelle et sérieuse (Soc. 23 nov. 2010).

	Sanctions civiles *Le salarié victime peut initier devant le Conseil de prud'hommes une action pour demander des dommages et intérêts ou pour demander la nullité d'une sanction. Il peut également se porter partie civile au pénal afin d'obtenir réparation du préjudice subi.*	– Le salarié harcelé peut obtenir la résiliation de son contrat de travail aux torts de l'employeur (Soc. 15 mars 2000) ou prendre acte de la rupture de son contrat, même si l'employeur a pris les mesures pour mettre fin au harcèlement (Soc. 3 févr. 2010 ; voir toutefois : 11 mars 2015) – Nullité de plein droit de toute sanction, de toute mesure discriminatoire, d'un licenciement à l'encontre d'un salarié ayant subi ou refusé de subir de tels agissements. ex : Le licenciement prononcé pour inaptitude physique en cas de harcèlement moral est nul (Soc. 13 févr. 2013). ex : la résiliation judiciaire prononcée aux torts de l'employeur motivée par des faits harcèlement moral dont le salarié a été victime sur le lieu de travail produit les effets d'un licenciement nul. Soc. 20 févr. 2013 Ex : est nulle une rupture conventionnelle conclue avec un salarié qui se trouvait dans une situation de harcèlement moral au moment de la signature (Soc. 30 janv. 2013). – *Cumul des responsabilités :* le harceleur engage sa responsabilité personnelle et doit réparer le préjudice subi par la victime ; l'employeur (qui a manqué à son obligation de sécurité de résultat) engage aussi sa responsabilité, même s'il n'est pas le harceleur (Soc. 21 juin 2006).
	Sanctions pénales	La loi du 6 août 2012 réformant l'article 222-33-2 du Code pénal aggrave les peines précédemment prévues. Elle punit le harcèlement moral de 2 ans d'emprisonnement et 30 000 euros d'amende.

Le pouvoir de l'employeur de rompre le contrat de travail est neutralisé en cas de harcèlement moral :

- L'inaptitude s'inscrivant dans un contexte de harcèlement moral imputable à l'employeur rend le licenciement prononcé sans cause réelle et sérieuse (Soc. 15 janv. 2014) ;
- L'employeur ne peut pas proposer une rupture conventionnelle à un salarié victime de harcèlement moral (Soc. 30 janv. 2013) ; l'employeur a une obligation de sécurité de résultat (Soc. 11 mars 2015).

Une **procédure de médiation** peut être envisagée par toute personne s'estimant victime d'un harcèlement moral ou par la personne mise en cause.
Le choix du médiateur fait l'objet d'un accord entre les parties.

C › Le harcèlement sexuel (C. trav. art. 1153-1)

Le Code du travail indique que :

- « Les agissements de harcèlement de toute personne dans le but d'obtenir des faveurs de nature sexuelle à son profit ou au profit d'un tiers sont interdits ».

La loi portant sur le harcèlement sexuel du 6 août 2012 donne une nouvelle définition du harcèlement sexuel, dans le Code pénal : c'est « le fait d'imposer à une personne, de façon répétée, des propos ou comportements à connotation sexuelle qui soit portent atteinte à sa dignité en raison de leur caractère dégradant ou humiliant, soit créent à son encontre une situation intimidante, hostile ou offensante ».
Cette nouvelle rédaction de l'article 222-33 du Code pénal prévoit des peines identiques à celles mentionnées pour le harcèlement moral (2 ans d'emprisonnement et 30 000 euros d'amende), mais prévoit également de porter ces peines à 3 ans d'emprisonnement et à 45 000 euros d'amende lorsque l'auteur des faits avait autorité sur la victime, si cette dernière a moins de 15 ans ou est vulnérable (maladie, grossesse, âge, situation économique précaire...), si l'auteur a agi avec des coauteurs ou complices.
Ce nouveau texte vise à combler le vide juridique créé par la décision du Conseil constitutionnel du 4 mai 2012 qui a déclaré contraire à la Constitution en raison de son imprécision l'article 222-33 du Code pénal relatif au délit de harcèlement sexuel.
Cette nouvelle rédaction de l'article **n'a pas d'incidence sur la définition retenue par le Code du travail**.

Ont été considérés comme des faits de harcèlement sexuel par la jurisprudence :

- le fait pour un salarié de faire parvenir à une salariée nouvellement embauchée dans l'entreprise de longs courriers manuscrits, de nombreux courriels par lesquels il lui faisait des propositions et des déclarations, de lui exprimer le souhait de la rencontrer seule dans son bureau, de lui adresser des invitations qu'elle a toujours refusées, et de lui faire parvenir des bou-

quets de fleurs alors que leur différence d'âge, d'ancienneté dans l'entreprise et de situation professionnelle auraient dû l'inciter à plus de réserve et de respect vis-à-vis de la salariée (Soc. 23 janv. 2014) ;
- des tentatives de baisers, des avances de nature sexuelle (Soc. 24 sept. 2008) ;
- le fait pour un salarié d'abuser de son pouvoir hiérarchique dans le but d'obtenir des faveurs sexuelles, même si les agissements ont lieu en dehors du temps de travail (Soc. 11 févr. 2012).

> II
Droits et obligations des salariés

> A
Obligation de sécurité du salarié

L'article L. 4122-1 du Code du travail précise « qu'il incombe à chaque travailleur de prendre soin, en fonction de sa formation et selon ses possibilités, de sa santé et de sa sécurité ainsi que de celles des autres personnes concernées par ses actes ou ses omissions au travail... ».
Un employeur peut licencier pour faute grave un salarié ne respectant pas une obligation de sécurité (port du casque : Soc. 23 mars 2005 – interdiction de fumer : Soc. 1er juillet 2008).
La chambre sociale de la Cour de cassation (21 juin 2006) a jugé que si l'employeur est tenu de prendre les mesures nécessaires à la prévention des risques professionnels liés au harcèlement moral, cela n'exclut pas la responsabilité du travailleur auquel il incombe de prendre soin de la sécurité et de la santé des personnes concernées du fait de ses actes ou de ses omissions au travail.

exemple :

Soc. 4 oct. 2011 : manque à son obligation de ne pas mettre en danger, dans l'enceinte de l'entreprise, les autres membres du personnel, le salarié qui laisse son chien pendant trois heures à l'intérieur de son véhicule stationné sur le parking de l'entreprise et n'a pas été en mesure de l'empêcher d'attaquer une salariée sur ce parking.

> B
Droit d'alerte et retrait du salarié

L'article L. 4131-1 du Code du travail impose une obligation et un droit pour le salarié :
- le salarié **doit alerter** immédiatement l'employeur de toute situation de travail dont il a des raisons de penser qu'elle représente un danger grave et imminent pour sa vie ou sa santé, ainsi que toute défectuosité qu'il constate dans les systèmes de protection ;
- le salarié a le **droit de se retirer** d'une telle situation, pour se mettre à l'abri du danger. Aucune sanction ou retenue de salaire ne peut être prononcée à l'encontre de ce salarié. Le licenciement du salarié qui a régulièrement exercé son droit de retrait est nul.

Une fois avisé, l'employeur doit ordonner une enquête et prendre les mesures nécessaires. L'employeur se rend coupable d'une faute inexcusable si le risque signalé s'est réalisé.
Cette disposition, critiquée à l'origine par les employeurs et les salariés, pour des raisons différentes, ne fait en réalité que traduire une règle de bon sens.

Le droit d'alerte joue aussi si le travailleur estime que les produits ou procédés de fabrication font peser un risque grave sur la santé publique ou l'environnement (loi du 16 avr. 2013).

> III
Le Comité d'hygiène, de sécurité et des conditions de travail (CHSCT)

■ C'est un organisme technique créé en vue d'associer le personnel au maintien et à l'amélioration des conditions d'hygiène et de sécurité dans l'entreprise.

Les dispositions actuellement applicables résultent de la *loi du 23 décembre 1982*. Ce comité s'appelait auparavant CHS et obéissait à une réglementation moins rigoureuse.

Création	Il est obligatoire dans tous les établissements d'au moins 50 salariés ; les entreprises de moins de 50 salariés peuvent se regrouper pour constituer un CHSCT. L'inspecteur du travail peut aussi imposer la création d'un CHSCT pour tout établissement présentant des risques particuliers. C'est une personne morale ; il a le droit de poursuivre l'employeur pour réparation du dommage pour atteinte à ses prérogatives (Soc. 3 mars 2015). *Remarque :* possibilité offerte par la loi de sécurisation professionnelle de créer une instance de coordination des CHSCT, en cas de projet commun à plusieurs établissements.
Composition	• Le chef d'entreprise ou son représentant. • Des représentants du personnel : – leur nombre varie entre 3 et 9 selon la taille de l'entreprise. Ils sont désignés pour 2 ans par un collège constitué par les membres élus du comité d'entreprise et les délégués du personnel ; – la seule obligation, pour être éligible, est d'être salarié de l'entreprise ; il n'y a pas d'incapacité électorale comme pour les délégués du personnel et les membres du comité d'entreprise ; il s'agit probablement d'une omission du législateur, mais la jurisprudence ne peut la pallier (Soc. 9 juill. 1996). • Le médecin du travail à titre consultatif.
Réunions obligatoires	• au moins une fois par trimestre ; • à la suite de chaque accident du travail ; • il est consulté avant toute décision d'aménagement important modifiant les conditions d'hygiène et de sécurité ou les conditions de travail – en cas de projet de modification des cadences et des normes de productivité – (*ex.* : Soc. 30 juin 2010 : à propos d'un projet de regroupement sur un même site d'un service commun occupant 80 salariés, dont la mise en œuvre doit entraîner le transfert hors de leur secteur géographique d'origine ou le changement des attributions de ces salariés) ; • sur demande motivée de deux de ses membres représentants du personnel. Ces réunions ont lieu pendant le temps de travail ; elles sont rémunérées comme temps de travail.
Rôle	• Contribuer à la protection de la santé et de la sécurité des salariés de l'établissement par l'étude et l'analyse des risques professionnels et la proposition de mesures et d'actions de prévention ; • améliorer les conditions de travail et notamment : – faciliter l'accès des femmes à tous les emplois ; – répondre aux problèmes liés à la maternité ; • veiller à l'observation des prescriptions législatives et réglementaires en matière d'hygiène et de sécurité.
Moyens	• Les missions du CHSCT sont larges, mais ses moyens sont limités : il n'a pas de budget de fonctionnement, il reçoit seulement de l'employeur les moyens nécessaires à la préparation et à l'organisation des réunions et aux déplacements nécessaires pour les enquêtes. • Il procède à des inspections dans l'établissement ; • en cas d'accident du travail ou de maladie professionnelle, il effectue des enquêtes ;

	• le représentant du personnel au CE dispose d'un droit d'alerte s'il constate un danger grave et imminent, notamment par l'intermédiaire d'un salarié ; Chaque membre du CHSCT qui constate une cause de danger grave et imminent doit aviser l'employeur ou son représentant, qui est tenu de procéder immédiatement à une enquête avec lui et de prendre les mesures nécessaires ; • si un risque grave est révélé ou s'il existe un projet important modifiant les conditions de travail, le CHSCT peut faire appel à un expert ; les frais d'expertise sont à la charge de l'employeur ; • il reçoit au moins une fois par an, du chef d'entreprise : – un rapport faisant le bilan sur l'hygiène et la sécurité dans l'entreprise ; – le plan d'activité annuel établi par le médecin du travail ; – un programme annuel des actions envisagées dans ce domaine ; – le document d'évaluation des risques (les questions de travail de nuit et de la prévention de la pénibilité sont traitées spécifiquement : loi du 20 janv. 2014 en vigueur depuis le 1er janv. 2015). • les membres du CHSCT disposent d'un crédit d'heures mensuel, variable selon l'effectif de l'entreprise ; ce sont des salariés protégés ; • les représentants du personnel au CHSCT ont droit à une formation renouvelable tous les 4 ans : – 3 jours dans les entreprises de moins de 300 salariés ; – 5 jours dans les entreprises de 300 salariés et plus.

Les observations et mises en demeure notifiées par l'inspecteur du travail en matière d'hygiène et de sécurité doivent être conservées par l'employeur.

> IV
Le contrôle de l'application des règles d'hygiène et de sécurité

Il est effectué par :

– le Comité d'hygiène, de sécurité et des conditions de travail –

– l'inspecteur du travail –

– la Caisse régionale d'assurance maladie (CRAM), service « prévention » – Les contrôleurs de la CRAM peuvent demander à un employeur de réaliser une mesure de prévention dans son entreprise ; si l'employeur ne l'exécute pas, ils peuvent proposer une majoration du taux de ses cotisations au titre des accidents du travail. Ces services élaborent des dispositions concernant des risques non couverts par le Code du travail, qui deviennent applicables, après l'approbation du directeur régional du travail.

– la commission de contrôle –

Mentionnons aussi le rôle de deux autres institutions :

– l'Institut national de recherche et de sécurité (INRS) – il effectue des études sur la prévention, et apporte son concours aux entreprises et aux salariés dans ce domaine ; il assure aussi des formations ;
– l'Agence nationale pour l'amélioration des conditions de travail (ANACT) –
– créée en 1973, elle a pour rôle de rassembler, analyser et diffuser les informations relatives aux expériences qui s'effectuent en France et à l'étranger pour améliorer les conditions de travail ;
– par l'intermédiaire du FACT (Fonds pour l'amélioration des conditions de travail), l'ANACT finance les études et réalisations qui visent à améliorer les conditions de travail.

> V Les sanctions applicables en cas d'infraction

En cas d'inobservation des règles légales, l'employeur (ou son représentant) est soumis au pouvoir de sanction de l'inspecteur du travail et des juridictions.

a › La responsabilité pénale de l'employeur

Les sanctions prévues par le Code pénal sont les suivantes :

Homicide par imprudence (C. pén. art. 221-6). En cas de violation délibérée à une obligation de sécurité ou de prudence.	3 ans d'emprisonnement et 45 000 € d'amende 5 ans d'emprisonnement et 75 000 € d'amende
Blessures par imprudence : – incapacité totale de travail supérieure à 3 mois (C. pén. art. 222-19) ; – dues à un manquement délibéré à une obligation de sécurité et de prudence ; – incapacité inférieure ou égale à 3 mois (C. pén. art. 222-20).	2 ans d'emprisonnement et 30 000 € d'amende 3 ans d'emprisonnement et 45 000 € d'amende Un an d'emprisonnement et 15 000 € d'amende
Mise en danger d'autrui : violation délibérée d'une obligation de sécurité ou de prudence, même sans dommage pour autrui (C. pén. art. 223-1).	1 an d'emprisonnement et 15 000 € d'amende

b › Les infractions prévues par le Code du travail

(C. trav. art. L. 4741-1)

Il s'agit des cas dans lesquels les règles de santé et de sécurité n'ont pas été respectées par l'employeur, qu'il y ait eu ou non une victime.
Ces infractions peuvent se cumuler avec un délit pénal ; s'il y a cumul, seule la peine la plus élevée s'appliquera.
Une amende de 3750 € est encourue ; elle est prononcée autant de fois qu'il y a de salariés concernés.
Le juge peut prononcer l'affichage de la décision aux portes de l'entreprise et de l'établissement.
En cas de récidive, la juridiction peut prononcer une amende de 9 000 €, une peine d'un an d'emprisonnement et une interdiction d'exercer pendant une durée maximale de 5 ans.

• › La délégation

Les grandes entreprises pratiquent couramment la délégation, l'employeur ne pouvant pas avoir « un œil sur tout ».
Le chef d'entreprise peut se dégager de toute responsabilité pénale en déléguant ses pouvoirs de direction à des agents ; la responsabilité pénale sera donc encourue par l'agent ayant fait l'objet de la délégation.

À qui peut-on déléguer ?	Le délégataire doit être un salarié pourvu de l'autorité, de la compétence et des moyens nécessaires pour veiller à l'application de la réglementation. Il y a abandon d'autorité ; elle se fera donc généralement à des cadres de l'entreprise (*ex.* : délégation à des agents ayant pouvoir « de sanctionner le refus des salariés de se soumettre aux directives reçues en matière de sécurité » – Crim. 4 mars 1986).
Preuve de la délégation	C'est le chef d'entreprise qui doit rapporter la preuve de la délégation, par tous moyens (Crim. 8 mars 1986). En l'absence de délégation, l'indisponibilité du dirigeant ne le soustrait pas à son obligation de surveiller personnellement (Soc. 7 juin 2006).
Forme de la délégation	La délégation doit être expresse, et suffisamment précise pour que le délégataire ait connaissance des risques qu'il encourt ; mais l'écrit n'est pas exigé ; le juge doit apprécier la réalité de la délégation dans les circonstances de fait, l'écrit ne constituant « qu'un élément d'appréciation parmi d'autres » (Crim. 26 juin 1979).
Sous-délégation	Elle est possible, si elle était autorisée par la délégation et dans les mêmes conditions.
Restrictions à l'exonération de responsabilité pénale	Il n'y aura pas exonération, bien qu'il y ait délégation : – si l'infraction résulte d'une décision ou d'une omission réalisée à un niveau plus élevé que celui du délégataire ; – il peut y avoir, en cas de fautes distinctes, double responsabilité du délégataire et du chef d'entreprise.

c › La responsabilité civile de l'employeur

Les caisses de Sécurité sociale versent aux salariés les rentes prévues en cas d'incapacité, mais l'employeur peut avoir à verser une cotisation supplémentaire destinée à financer la majoration de rente allouée à la victime en cas de faute inexcusable, ou faute intentionnelle de sa part.
De plus, en cas de faute inexcusable, la responsabilité civile de l'employeur peut être engagée pour le préjudice personnel subi par la victime (préjudice physique, *pretium doloris*...). L'employeur peut s'assurer contre ce risque.

> VI
Les services de santé au travail

La loi du 17 janvier 2002 a rebaptisé ainsi la médecine du travail.
Après plusieurs mois de débats, la loi du 20 juillet 2011 (complétée par deux décrets du 30 janvier 2012) réforme l'organisation de la médecine du travail. Cette réforme crée de nouvelles obligations à la charge de l'employeur. Elle inscrit la protection de la santé dans une démarche plus collective (peut-être afin de pallier la pénurie de médecin du travail).

a › Les services de santé au travail

• › Obligation

Les employeurs ont l'obligation d'organiser les services de santé au travail (C. trav. art. L. 4622-1 et s.). Les dépenses afférentes aux services de santé sont à la charge de l'employeur. Pratiquement tous les établissements ont cette obligation ; certains sont soumis à des règles spécifiques (les établissements agricoles, hospitaliers, les entreprises de transport, les mines ; ceux qui emploient des apprentis, des employés de maison, des travailleurs à domicile...).
Selon l'effectif de l'entreprise et le nombre d'examens médicaux pratiqués annuellement, les services de santé au travail sont organisés soit sous la forme d'un *service autonome* propre à l'entreprise ou, le plus souvent pour les PME, sous la forme d'un *service interentreprises.*

• › Mission

Les services de santé au travail ont pour mission exclusive d'éviter toute altération de la santé des travailleurs du fait de leur travail. À cette fin, ils *conduisent les actions de santé au travail*, dans le but de préserver la santé physique et mentale des travailleurs tout au long de leur parcours professionnel et *conseillent* les employeurs, les travailleurs et leurs représentants sur les dispositions et mesures nécessaires afin d'éviter ou de diminuer les risques professionnels et d'améliorer les conditions de travail.

• › Organisation

Les services de santé au travail sont assurés par une *équipe pluridisciplinaire de santé* au travail comprenant des médecins du travail, des intervenants en prévention des risques professionnels et des infirmiers. Ces équipes peuvent être complétées par des assistants de services de santé au travail et des professionnels recrutés après avis des médecins du travail. La pluridisciplinarité est un des moyens mis en place par la réforme pour pallier les difficultés de recrutement des médecins du travail.

b › Le médecin du travail

Le médecin du travail, titulaire d'un diplôme spécial, anime et coordonne l'équipe pluridisciplinaire du service de santé au travail.

• › Son statut

C'est un **salarié** ; mais il doit demeurer indépendant en ce qui concerne ses décisions médicales et techniques. Il agit en coordination avec les employeurs, le CHSCT et les représentants du personnel.
C'est un salarié **protégé** ; son statut protecteur a été renforcé par la réforme. L'inspecteur du travail doit autoriser toute rupture du contrat de travail du médecin du travail (licenciement, rupture de CDD, rupture conventionnelle...)
Le recours à l'intérim est interdit pour remplacer un médecin du travail.

• › Son rôle

Le médecin du travail a un rôle exclusivement préventif.

– Étude des postes de travail –

Le médecin du travail peut « proposer des mesures individuelles » (mutation, transformation de poste...) justifiées par des considérations relatives à l'âge, à l'état de santé du salarié.

exemple :

L'employeur est tenu de suivre les recommandations du médecin du travail (Soc. 19 décembre 2007 : le médecin avait déclaré le salarié apte, mais indiqué qu'un changement de poste avec moins de manutention serait souhaitable ; l'employeur a proposé une formation, qui n'a pas eu lieu ; quelques mois après, un avertissement pour faible productivité a été donné au salarié ; la justice a été saisie, et la chambre sociale a annulé l'avertissement et condamné l'employeur à des dommages et intérêts pour n'avoir pas suivi les recommandations du médecin).

– Activité de conseil –

La réforme de la médecine du travail renforce *le dialogue entre le médecin du travail, l'employeur et ses salariés.* En présence d'un risque pour la santé des travailleurs, le médecin du travail devra formuler des préconisations écrites et l'employeur devra les prendre en compte. À défaut, il sera tenu de faire connaître par écrit les raisons de son refus. Ces documents sont tenus à la disposition du CHSCT, ou à défaut, des représentants du personnel (C. trav. art. L. 4624-3).

Il a un rôle de conseiller en ce qui concerne :
- l'amélioration des conditions de vie et de travail dans l'entreprise,
- l'adaptation des postes, des techniques et des rythmes de travail à la physiologie humaine,
- la protection des salariés,
- l'hygiène dans l'entreprise et les services de restauration,
- la prévention et l'éducation sanitaires.

Le médecin du travail doit être informé et consulté sur certains projets (*ex.* : modifications apportées aux équipements ou aux constructions). Il participe avec voix consultative aux réunions du CHSCT.

Lorsque le médecin du travail est saisi par un employeur d'une question relative à la santé des travailleurs, il fait connaître ses préconisations par écrit (C. trav. art. L. 4624-3).

– Surveillance médicale des salariés : les visites médicales –

Ces visites médicales s'imposent à l'employeur qui doit les organiser et au salarié qui s'expose à une sanction disciplinaire en refusant de s'y soumettre.

Visite médicale d'embauche
Le salarié doit faire l'objet d'un examen médical, au plus tard avant la fin de la période d'essai ou avant l'embauche pour les salariés soumis à une surveillance spéciale (travailleurs handicapés, femmes enceintes...). Elle est obligatoire quelle que soit la nature du contrat de travail ou la durée du travail. Exceptionnellement, la visite médicale n'est pas obligatoire (sauf si le médecin du travail l'estime nécessaire ou si le salarié en fait la demande) lorsque les conditions suivantes sont réunies : – le salarié est appelé à occuper un emploi identique ; – le médecin a déjà une fiche médicale d'aptitude concernant le salarié ; – le salarié a fait l'objet d'un avis médical d'aptitude dans l'année précédente (s'il change d'employeur) ou dans les 24 derniers mois (s'il reste chez le même employeur) – si le salarié ne bénéficie pas d'une surveillance médicale particulière. Il a été jugé (Soc. 5 oct. 2010) que l'absence de visite médicale d'embauche entraînait un manquement de l'employeur causant nécessairement un préjudice au salarié, lui ouvrant droit à des dommages et intérêts.
Visite médicale périodique
La visite médicale doit être renouvelée au moins tous les 2 ans. Une surveillance renforcée est organisée : – en raison d'un travail à risque (fixé par arrêté), – pour certains salariés (handicapés, migrants, femmes enceintes ou jeunes mères, jeunes...).

Visite médicale de préreprise
Elle peut être organisée par le médecin du travail à l'initiative du salarié, du médecin traitant ou du médecin-conseil de la sécurité sociale, pour les salariés absents depuis plus de trois mois. Le médecin peut recommander des aménagements du poste de travail ou préconiser le reclassement du salarié. **Facultative**, cette visite permet de préparer, d'anticiper le retour au travail après une longue absence du salarié. Elle ne met pas fin à la suspension du contrat de travail et ne remplace pas la visite de reprise.
Visite médicale de reprise
Organisée pour vérifier l'aptitude du salarié à reprendre son travail, elle est obligatoire après une absence : – pour maladie professionnelle, congé de maternité, – d'au moins 8 jours pour accident du travail, – d'au moins 30 jours pour cause d'accident du travail, de maladie ou d'accident non professionnel La visite de reprise met fin à la suspension du contrat de travail. C'est à l'employeur de provoquer la visite de reprise au plus tard dans un délai de 8 jours. Le salarié qui s'y soustrairait commettrait une faute justifiant un licenciement. La Cour de cassation a jugé (Soc. 13 déc. 2006) qu'un salarié qui a repris le travail sans visite de reprise a subi nécessairement un préjudice.

Outre ces visites périodiques, l'employeur ou le salarié peuvent toujours faire une demande de visite.

À l'issue de chacune de ces visites médicales, le médecin du travail peut soit :
– déclarer le salarié **apte** à occuper son poste de travail (avec, au besoin, un aménagement du poste de travail que l'employeur est tenu de mettre en place),
– déclarer le salarié **inapte** à son poste de travail.

– *La déclaration d'inaptitude*

Le médecin du travail ne peut constater l'inaptitude qu'après une étude du poste de travail et des conditions de travail dans l'entreprise et après **2 examens médicaux espacés de « 2 semaines »**.
Limites : une seule visite est requise
– en cas de danger immédiat pour la santé et la sécurité de l'intéressé ou celle des tiers. Un arrêt (Soc. 21 mars 2007) a déclaré nul le licenciement prononcé pour inaptitude à la suite d'un seul examen médical, alors que l'avis ne portait pas mention d'un danger immédiat ;
– lorsqu'une *visite de préreprise* a eu lieu moins de 30 jours avant le premier examen de reprise. La réforme de la médecine du travail donne ainsi une place plus importante à la visite de préreprise.

Certes, il est interdit de licencier un salarié en raison de son état de santé ou de son handicap. Toutefois, l'inaptitude justifie le licenciement si l'employeur est dans l'impossibilité de reclasser le salarié. À défaut de recherche sérieuse et loyale de poste de reclassement, le licenciement est sans cause réelle et sérieuse (le licenciement est nul, seulement si l'inaptitude n'a pas été régulièrement constatée par le médecin du travail).

S'il y a inaptitude à l'emploi occupé précédemment	S'il y a inaptitude à tout emploi dans l'entreprise
L'employeur doit, dans le mois, essayer de reclasser le salarié dans l'entreprise ou, le cas échéant, au sein du groupe auquel appartient l'entreprise. Le poste proposé doit être aussi comparable que possible au précédent (au besoin par la mise en place de mesures telles que des transformations ou aménagement d'horaire...). Ce n'est que par défaut que l'employeur peut proposer un poste moins qualifié. La précipitation de l'employeur à engager la procédure de licenciement permet d'établir l'absence de sérieux de la tentative de reclassement (Soc. 30 avr. 2009). Le salarié pourra refuser le poste proposé. C'est à l'employeur de rapporter la preuve de l'impossibilité de reclassement. Une rupture amiable du contrat de travail est impossible.	Cela ne dispense pas l'employeur de rechercher un poste de reclassement pour le salarié inapte. Cependant, si le reclassement est impossible, dans le délai d'un mois, l'employeur peut licencier ou payer le salaire correspondant à l'emploi que le salarié occupait avant la suspension de son contrat de travail.

Rappel :

L'inaptitude justifie aussi la rupture anticipée du CDD.

– Les documents médicaux –

Le médecin du travail doit établir les documents suivants :

Dossier médical	Établi lors de la visite d'embauche et complété ensuite ; le salarié peut accéder à ce dossier ; il n'en est pas de même pour l'employeur.
Fiche d'aptitude	En double exemplaire, dont un remis au salarié, après chaque visite.
Fiche d'entreprise ou d'établissement	Les risques professionnels et les effectifs des salariés exposés à ces risques doivent être mentionnés. Cette fiche est communiquée à l'employeur et au CHSCT.
Plan d'activité	Établi chaque année, il peut être commun à plusieurs entreprises. Il est transmis à l'employeur qui doit le soumettre, pour avis, au CHSCT.

C › Aide à l'employeur pour la gestion de la santé et de la sécurité au travail

L'employeur doit désigner un ou plusieurs salariés compétents pour s'occuper des activités de protection et de prévention des risques professionnels de l'entreprise.

À défaut, si les compétences dans l'entreprise ne permettent pas d'organiser ces activités, l'employeur peut notamment faire appel :

– aux intervenants en prévention des risques professionnels appartenant au service de santé au travail interentreprises auquel il adhère ;
– aux services de prévention des caisses de Sécurité sociale.

Chapitre **13**

Le salaire

■ Le salaire est la rémunération versée par l'employeur au salarié en contrepartie de son travail.

La question du salaire peut être examinée sous trois aspects :

– L'aspect juridique – le salaire résulte du caractère synallagmatique du contrat de travail et constitue une des obligations essentielles de l'employeur. La preuve du paiement lui incombe ;

– L'aspect social – par son caractère « alimentaire », il doit assurer la subsistance du salarié et la garantie de son pouvoir d'achat ; c'est pour cela que le salaire est une créance protégée ;

– L'aspect économique – le niveau des salaires a une incidence sur les coûts de production et le niveau des prix, et peut jouer un rôle dans une politique de relance.

Ces deux derniers aspects justifient l'intervention de l'État sur le mode de fixation des rémunérations.

Le salaire représente aussi un coût pour l'entreprise, les charges sociales devant être prises en compte (v. annexe).

Pour le salarié, il peut être un élément de motivation notamment quand s'ajoutent divers avantages tels que primes et sommes perçues au titre de la participation, de l'intéressement, de l'actionnariat ou quand le salarié effectue des heures supplémentaires.

> I
Le principe de la libre détermination du salaire

Le salaire est librement fixé par le contrat de travail, une convention ou un accord collectif ; cependant, cette liberté est limitée par :
- l'interdiction de payer un salaire inférieur au SMIC ;
- le respect des minima conventionnels (conventions collectives de branche ou accords d'entreprise) ;
- l'interdiction d'indexer le salaire sur des indices généraux :
  - sur le SMIC (C. trav. art. L. 3231-3) ; l'employeur ne peut s'engager par avance à une révision automatique du salaire, indexée sur le SMIC (Soc. 8 mars 2007) ;
  - sur le niveau général des prix ; cependant, il est possible de stipuler des clauses d'indexation sur le prix des biens et services en rapport avec l'activité de l'entreprise (règle conforme au droit commun) ;
- le respect du principe de non-discrimination (p. 69) et plus particulièrement la non-discrimination entre les hommes et les femmes (Soc. 6 juill. 2010). Cet arrêt constate une inégalité de traitement entre une femme qui « à identité de niveau hiérarchique, de classification, de responsabilité (...) perçoit une rémunération inférieure » ; sur l'égalité de rémunération et les critères de comparaison (Soc. 22 oct. 2014). Il est constaté que les salaires des hommes sont de 25 à 30 % supérieurs à ceux des femmes.

Par ailleurs, une négociation annuelle sur les salaires est obligatoire dans les entreprises où sont constituées une ou plusieurs sections syndicales ; cette négociation doit notamment porter sur les salaires effectifs et l'égalité des salaires hommes/femmes.

> II
Les éléments du salaire

> A
Le salaire de base

C'est la rémunération stable que l'employeur doit verser au salarié en contrepartie du travail fourni.
Il peut être calculé au temps, au rendement ou de manière mixte.

a › Le salaire au temps

Il est composé d'une somme calculée à partir du temps de travail effectif (p. 219) :
- à l'heure ;
- au mois ; la mensualisation a été organisée à la suite d'un accord de 1977 et d'une loi du 19 janvier 1978 ; elle est réputée plus avantageuse pour le salarié puisqu'il perçoit la même somme mensuelle, quel que soit le nombre de jours dans le mois, qu'il y ait ou non des jours fériés.

b › Le salaire au rendement

Dans ce cas, le contrat de travail prévoit une clause de variation du salaire selon les quantités produites (salaire aux pièces, à la tâche, au pourcentage, à la commission), en fonction d'une norme de qualité ou de la réalisation d'objectifs ; ceux-ci sont fixés par l'employeur mais, s'ils font partie du contrat de travail, ils ne peuvent être révisés que d'un commun accord. La variation doit être fondée sur des éléments objectifs, indépendants de la volonté de l'employeur. Si ce taux de variation a été prévu par le contrat, il ne peut être modifié sans l'accord du salarié (Soc. 8 janvier 2002).
L'application de ce système ne doit pas entraîner un salaire inférieur au SMIC ou aux minima conventionnels pour les salariés à temps complet.
Le CHSCT doit être consulté lors de la mise en place de ce type de salaire ou de modification des règles.

c › Le salaire mixte

Il comprend une partie fixe et une partie variable prenant en compte les résultats obtenus par le salarié.

> B Les compléments et les accessoires du salaire

a › Les heures supplémentaires (p. 221)

b › Les pourboires

Dans certaines professions, le personnel peut être rémunéré totalement par les pourboires ; l'employeur doit, dans ce cas, assurer le complément si le total des pourboires n'atteint pas le SMIC.
Si l'employeur centralise les pourboires, ceux-ci doivent être intégralement versés au personnel en contact avec la clientèle ; un registre de répartition doit être tenu par l'employeur.

c › Les primes et gratifications

Dans la pratique le mot prime peut désigner des gratifications (primes de rendement) ou des remboursements de frais (prime de transport).
Les primes et gratifications peuvent être des éléments du salaire ou des libéralités.

Le caractère obligatoire ou non de la prime	
Elle est obligatoire pour l'employeur	Si elle résulte : – du contrat de travail ; – d'un accord collectif ; – d'un usage d'entreprise qui devra présenter les caractères de généralité, fixité et constance (page 20) ; – d'un engagement unilatéral de l'employeur ; – d'une recommandation patronale, émanant d'un groupement ou d'un syndicat dont l'employeur est adhérent (Soc. 6 janv. 2001).
Elle n'est pas obligatoire et n'est pas un élément du salaire mais une libéralité	Si elle est bénévole de la part de l'employeur et exceptionnelle (*ex. :* prime pour marquer le cinquantenaire de l'entreprise) ; des confusions peuvent naître, dans les faits, avec un usage récent.
Les conditions d'attribution doivent être licites	Généralement, des conditions doivent être remplies pour percevoir les primes (ancienneté, assiduité...). Elles ne doivent pas être discriminatoires, ou porter atteinte à des droits fondamentaux. Mais dès lors elles ne peuvent être contestées par exemple en évoquant le principe « à travail égal, salaire égal ».
Modification et suppression des primes et gratifications	L'employeur peut librement modifier ou supprimer les primes qui constituent des libéralités ; pour les autres, son droit dépend de l'origine de la prime ; si elle est prévue : – par le contrat de travail : l'accord du salarié est nécessaire car il s'agit d'une modification du contrat (page 120) ;

	– par une convention ou un accord collectif : les formalités de révision et de dénonciation doivent être respectées ; – par un usage ou un engagement unilatéral de l'employeur : l'employeur doit respecter les formalités exposées page 20.

Les primes d'ancienneté ou d'assiduité ne sont pas prises en compte par les juges pour s'assurer du respect d'un minimum conventionnel. Ils ne retiennent que celles qui correspondent au travail du salarié.

d › Les indemnités pour frais professionnels

Une abondante jurisprudence précise que les frais pour les besoins de l'activité professionnelle et dans l'intérêt de l'employeur doivent être remboursés, sauf forfait prévu.
Les indemnités ne font pas partie du salaire et il convient de les distinguer :
- des avantages en nature ;
- des primes, même si le mot employé est parfois identique (*ex. :* les primes de transport, d'outillage, de grand déplacement, de salissure...).

– Frais professionnels ou complément de salaire ? –

Les frais professionnels sont des dépenses exposées par le salarié en raison de ses conditions de travail et entraînant pour celui-ci une charge supérieure à celles liées à la vie courante. Ils doivent être remboursés au salarié.
Ces remboursements de frais sont exonérés de cotisations sociales, sous certaines conditions ; ils ne sont pas pris en compte dans la rémunération servant de base au calcul de certaines indemnités (de congés payés, de licenciement...).
La jurisprudence a, par exemple, considéré comme :

- *Frais professionnels*
  - une indemnité forfaitaire couvrant les frais de repas et de « petit déplacement » ;
  - des indemnités de déplacement et de nuit (allouées au personnel effectuant un service de nuit).
- *Complément de salaire*
  - une prime de panier accordée à des salariés pratiquant la journée continue (ceci n'engendrant pas de frais de repas supplémentaires) ;
  - une indemnité de détachement à l'étranger.

Ces « primes » peuvent être calculées forfaitairement ou sur justification de frais réels.

– Frais de trajet –

Les frais d'abonnement à des transports publics (y compris la location de vélos à des services publics) doivent être remboursés au moins à 50 % sur le trajet

domicile-lieu de travail. Certains employeurs avaient pour usage de plafonner sur la base d'une distance maximale ce remboursement (40 km) s'inspirant d'une règle fiscale. Un arrêt de la Cour de cassation du 12 décembre 2012 s'est prononcé contre cette pratique ; elle se fonde sur le principe fondamental du libre choix du domicile.
Les frais de carburant peuvent être (sans obligation) remboursés, avec un plafond de 200 € par an (non soumis à cotisations).

e › Les avantages en nature

Ils peuvent concerner la fourniture de chauffage, de nourriture, de voiture, de matériel informatique ou autres outils liés aux NTIC ou la fourniture à prix réduit de produits de l'entreprise.
Il s'agira vraiment d'avantages en nature et non de remboursement de frais quand la fourniture du bien ou du service n'est pas indispensable à la réalisation de la tâche par le salarié.

exemple :

une voiture fournie par l'entreprise à un commercial ou à un inspecteur qui doit se déplacer pour son travail n'est pas considérée comme un avantage en nature. Il en serait différemment si la voiture était mise à la disposition du salarié aussi pour un usage personnel.

Le salaire peut être constitué partiellement ou en totalité par des avantages en nature (*ex.* : le logement pour un gardien).

f › L'intéressement et la participation (page 288)

> III
Les salaires minimums

> A
Le Salaire minimum interprofessionnel de croissance (SMIC)

C'est une loi de 1950 qui a créé le SMIG (salaire minimum interprofessionnel garanti) et une loi de 1952 a introduit une clause d'échelle mobile : le SMIG devait augmenter lorsque l'indice des prix avait accusé au cours de deux mois consécutifs, une augmentation de 2 %.
En 1970, le SMIG est devenu le SMIC (salaire minimum interprofessionnel de croissance).

■ Le salaire minimum de croissance assure aux salariés dont les rémunérations sont les plus faibles la garantie de leur pouvoir d'achat et une participation au développement économique de la nation (C. trav. art. L. 3231-2).

S'il permet de faire évoluer le niveau des bas salaires en fonction de la croissance économique, le SMIC ne peut cependant pas être pris comme référence pour l'évolution des salaires conventionnels.

a › Le mode de fixation du SMIC

• › Revalorisation

Conformément aux règles fixées par le Code du travail, le SMIC est revalorisé (par arrêté ministériel) :
- chaque 1er janvier, en tenant compte de l'évolution de l'indice des prix à la consommation ;
- et lorsque l'indice national des prix à la consommation augmente de 2 % : le SMIC augmente dans la même proportion.

Le gouvernement peut aussi l'augmenter en cours d'année, s'il l'estime souhaitable, après consultation de la commission nationale de la négociation collective.
Depuis le 1er janvier 2015, le montant du SMIC horaire brut est de 9,61 €, soit 1 457,52 € bruts mensuels (augmenté de 0,8 % en 2015) sur la base de la durée légale de travail de 35 heures hebdomadaire.
Le non-respect du SMIC par l'employeur entraîne des sanctions pénales.

• › Minimum garanti

C'est un autre taux qui est uniquement fonction de l'évolution des prix.
Un certain nombre d'indemnités (pour recherche d'emploi, de transport, de chômage partiel…) sont calculées à partir de ce taux.
Le taux horaire est de 3,49 € (janvier 2013).

b › Abattements

Ils sont liés à l'âge :
- De 16 à 17 ans = 20 % ;
- de 17 à 18 ans = 10 %.

Ces abattements ne doivent plus être appliqués après 6 mois de pratique professionnelle.
Les apprentis ont une rémunération fixée en pourcentage du SMIC, selon leur âge ; il en est de même pour les titulaires d'un contrat de professionnalisation âgés de moins de 26 ans.

> B
Le Salaire minimum conventionnel

Il correspond à la classification du salarié dans la convention collective applicable. Il s'impose à l'employeur qui ne peut y déroger.
Les éléments à inclure dans le salaire sont déterminés par la convention, si ce n'est pas le cas, ce sont les règles concernant le SMIC qui s'appliquent.

> IV
Le principe d'égalité de traitement

Le tableau ci-après montre une certaine temporisation de ce principe.

a › « À travail égal, salaire égal »

Ce principe a été affirmé par l'arrêt *Ponsolle* du 29 octobre 1996 ; la Cour de cassation a jugé que l'employeur est tenu d'assurer l'égalité de rémunération entre tous les salariés « placés dans une situation identique » (il s'agissait de deux employées effectuant le même travail). Cette règle a depuis été rappelée de manière constante par la jurisprudence.

› Champ d'application

Le respect de ce principe s'apprécie au niveau de l'entreprise ; les salariés relevant d'établissements différents, mais d'un même employeur et exerçant un travail égal ou de valeur égale ne doivent pas non plus souffrir de disparité.
Il n'en est pas de même au niveau du groupe (Soc. 14 sept. 2010).
Au niveau d'une UES, ce principe ne s'applique que pour les salariés travaillant dans un même établissement ou ayant un accord collectif commun (Soc. 31 oct. 2006, 2 juin 2010).

› Charge de la preuve

Le salarié doit soumettre au juge les éléments prouvant une disparité de traitement. C'est à l'employeur de rapporter la preuve des éléments « objectifs » et « matériellement vérifiables » (Soc. 21 juin 2005) pouvant justifier la différence de traitement.
Le doute profite au salarié.

› Critères justifiant une différence de rémunération

L'ancienneté	**Non**, s'il existe déjà une prime d'ancienneté.
Les diplômes	**Non**, sauf si : – l'un des diplômes spécifiques atteste de connaissances particulières utiles à la fonction occupée, alors que le niveau est équivalent (Soc. 16 déc. 2008) ; – le diplôme, requis par la convention collective, est possédé par certains salariés et non par leurs collègues (Soc. 10 nov. 2009) ; – le diplôme, sanctionnant des formations de niveaux et de durée inégales, est utile à l'exercice des fonctions (Soc. 24 mars 2010).
Les contraintes budgétaires	**Non** (Soc. 4 févr. 2009).
La compensation d'un préjudice	**Oui**, dans un cas particulier : la date de l'embauche avait entraîné, à la suite d'un accord collectif de diminution du temps de travail, la mise en place pour les salariés d'une indemnité différentielle, tenant compte de leur date d'embauche (Soc. 1er déc. 2005)
Le niveau du coût de la vie selon les régions	**Non** il s'agissait du coût de la vie Paris/province (Soc. 5 mai 2010).
Le maintien d'avantages acquis	**Oui**, quand il n'y a pas d'accord de substitution.
Le statut dans l'entreprise (*ex.* : travailleur intermittent)	**Oui**, mais le juge doit rechercher si des raisons objectives justifient les disparités (Soc. 15 mai 2007).
Des accords d'établissement différents	**Oui**, s'il existe des accords collectifs propres à certains établissements et si des raisons objectives justifient les différences de traitement.
Des fonctions différentes à un même niveau hiérarchique	**Non**, si les fonctions exigent des capacités et une charge nerveuse comparable (Soc. 10 juillet 2010).
L'appartenance à la catégorie des cadres	**Non** (Soc. 1er juill. 2009), sauf si la différence de traitement a pour objet ou pour but de « prendre en compte les spécificités de la situation des salariés relevant d'une catégorie déterminée, tenant notamment aux conditions d'exercice des fonctions, à l'évolution de carrière ou aux modalités de rémunération » (Soc. 10 juin 2011 et 28 mars 2012). Toutefois : Soc. 27 janv. 2015). Plusieurs arrêts du 27 janv. 2015 énoncent que les différences de traitement entre catégories professionnelles (cadre et non cadre par exemple) créées par voie d'accords collectifs négociés et signés par des organisations spéciales représentatrices des salariés sont présumées justifiées. Le salarié lésé peut renverser cette présomption en prouvant que la différence de traitement ne repose pas sur des considérations professionnelles.
Travail de nuit	**Oui** (Soc. 24 avr. 2013).

Sont discriminatoires les différences de rémunération fondées sur le sexe l'âge, la religion, la nationalité, l'origine, la situation de famille, l'état de santé, l'activité syndicale[1].

b › L'égalité de rémunération entre les hommes et les femmes

C'est l'application du principe plus général « *à travail égal, salaire égal* ». Cette égalité de traitement est affirmée par une convention de l'OIT, le traité d'Amsterdam et une directive communautaire du 5 juillet 2006.
L'article L. 3221-2 du Code du travail l'affirme clairement :

- « Tout employeur assure, pour un même travail ou pour un travail de valeur égale, l'égalité de rémunération entre les femmes et les hommes ».

L'article L. 3221-4 énonce :

- « Sont considérés comme ayant une valeur égale, les travaux qui exigent des salariés un ensemble comparable de connaissances professionnelles consacrées par un titre, un diplôme ou une pratique professionnelle, de capacités découlant de l'expérience acquise, de responsabilités et de charge physique ou nerveuse ».

Mais la notion de « valeur égale » doit être précisée ; un même niveau hiérarchique peut-il être déterminant ?
La Cour de cassation avait d'abord jugé qu'il n'en était rien si les fonctions sont différentes (Soc. 26 juin 2008) mais elle a ensuite retenu le contraire (Soc. 6 juillet 2010) : il s'agissait de deux directeurs spécialisés (un homme et une femme) ayant la même classification et tous deux membres du comité de direction.
L'employeur peut néanmoins justifier la différence de traitement si, à niveau hiérarchique égal, l'ancienneté ou les diplômes sont différents.
La CJCE a, quant à elle, admis des critères tels que l'effort musculaire, le degré de pénibilité ou de flexibilité.
La différence de diplôme ne peut fonder une différence de rémunération entre des salariés exerçant les mêmes fonctions, sauf si un diplôme spécifique justifie des connaissances particulières utiles à la fonction occupée. Le juge contrôlera (Soc. 13 nov. 2014). Une différence de traitement fondée directement sur le sexe « constitue une discrimination qui ne pouvait recevoir de justification objective » (CJUE 12 déc. 2013). La sévérité de la CEDH se confirme à propos de l'état de santé (CEDH 3 oct. 2013). Les discriminations fondées sur l'orientation sexuelle sont sanctionnées quand elles existent (CJUE 25 avr. 2013, Soc. 24 avr. 2013).
La jurisprudence a également précisé que des différences de traitement pouvaient être justifiées ; par exemple, une allocation forfaitaire versée aux

(1) Jurisprudence sous l'art. 1132-1, Code du travail Dalloz, édition 2012.

femmes partant en congé de maternité (CJCE 16 sept. 1999) ; mais une « prime de crèche » doit bénéficier au père et à la mère (Soc. 27 févr. 1991).
La loi du 4 août 2014 pour l'égalité réelle entre les femmes et les hommes prévoit que les organisations professionnelles doivent lutter contre les écarts de rémunération (C. trav. art. L. 2241-1). L'égalité professionnelle et salariale entre les hommes et les femmes devra être l'objet de négociations périodiques :
– tous les 3 ans : mesures de rattrapage ;
– tous les 5 ans : révision des classifications.
La prestation partagée d'éducation de l'enfant : si les deux membres du couple y ont droit, la durée totale de versement peut être prolongée. Le père bénéficie également de l'autorisation d'absence pour se rendre à trois examens médicaux obligatoires.
Une étude de mars 2015 fait état de la permanence des écarts de salaires entre hommes et femmes au détriment de ces dernières.
Le harcèlement moral et la discrimination entraînent des préjudices différents et des réparations distinctes (Soc. 3 mars 2015).

> V
Les retenues sur salaires

Il s'agit essentiellement des retenues périodiques que sont les cotisations de Sécurité sociale (maladie, vieillesse, retraite, assurance chômage).
Il peut y avoir aussi des retenues à caractère exceptionnel (*ex.* : la saisie sur rémunération p. 286).
Des retenues sont également pratiquées pour absences ; différentes méthodes sont utilisées. La Cour de cassation retient la méthode des heures réelles.

Tableau récapitulatif de la prise en compte des compléments et accessoires du salaire[1]

Compléments et accessoires	Pour atteindre le SMIC [1]	Pour le calcul de l'indemnité de congés payés ou de rupture	Pour établir l'assiette des cotisations sociales	Pour le paiement de l'IR	Pour le paiement de la CSG et de la CRDS
Primes, contreparties du travail fourni (*ex.* : prime de production)	Oui	Oui	Oui	Oui	Oui
Primes n'étant pas la rémunération du travail (*ex.* : prime d'ancienneté, prime de pause)	Non	Oui	Oui (sauf dispositions spéciales)	Oui	Oui
Remboursement de frais	Non	Non	En principe, non (mais régime particulier pour certains frais)	Non	Non
Avantages en nature	Oui	Oui	Oui	Oui	Oui
Pourboires	Oui	Oui	Oui	Oui	Oui
Intéressement et participation	Non	Non	Non	Oui sauf si PEE	Oui

(1) La question se pose, dans la pratique, de savoir si l'employeur a bien atteint le minimum de salaire ; il est donc important de savoir quelles sommes exactes doivent être prises en compte ; ne sont pas prises en compte les libéralités, les primes d'ancienneté, celles liées à la production...

> VI
La mensualisation

La loi du 19 janvier 1978 a généralisé la mensualisation en étendant un accord interprofessionnel conclu sur le plan national.
Ce texte n'avait jamais été intégré dans le Code du travail, malgré sa « portée pratique considérable »[1] ; son intégration a été réalisée dans le nouveau Code du travail (C. trav. art. L. 3242-1 à L. 3242-4).
La mensualisation est plus avantageuse pour les salariés ; elle concerne un grand nombre de salariés, à l'exclusion des travailleurs à domicile, temporaires, intermittents, des travailleurs saisonniers.

a › Principe

- La rémunération perçue mensuellement est indépendante du nombre de jours effectivement travaillés (ceci a pour but de compenser le fait de la répartition inégale des jours entre les douze mois de l'année).
- Le calcul du salaire aux pièces, au rendement... n'est pas exclu.
- Un acompte peut être versé pour une quinzaine.

b › Mode de calcul du salaire

- Les heures supplémentaires s'ajoutent ;
- le salarié mensualisé bénéficie en outre :
  - du paiement des jours fériés chômés, sous certaines conditions ;
  - de l'indemnisation de certains jours d'absence : maladie, accident ;
  - d'une indemnité de départ à la retraite et de licenciement ;
  - congés pour des événements personnels (page 243) ;
- l'employeur peut convenir avec le salarié d'une rémunération forfaitaire (relative aux heures supplémentaires, à certains éléments du salaire...).

c › Le « lissage » de la rémunération

Il se pratique dans le cas d'aménagements du temps de travail : modulation annuelle, cycle, travail intermittent...
Il consiste à prévoir une rémunération mensuelle moyenne, calculée sur un nombre d'heures annuel, indépendamment du nombre d'heures effectuées dans le mois.
Il peut être prévu par des accords d'entreprise ou d'établissement, qui sont alors dérogatoires.

(1) Source : Guide à l'usage du nouveau Code du travail.

> VII
Les règles de paiement du salaire

a › Le mode de paiement

- En espèces
- ou obligatoirement par chèque barré, virement postal ou bancaire au-delà d'un montant mensuel fixé par décret (actuellement : 1 500 €).

Il faut noter que, ces dernières années, ont été instaurés des dispositifs permettant, pour certains types d'emplois, de simplifier les formalités liées à la fois à l'embauche et au paiement des salaires. Il s'agit, par exemple : du chèque emploi associatif pour les associations à but non lucratif, du chèque emploi service universel (CESU) mis en place par la loi du 26 juillet 2005 relative au développement des services à la personne (il remplace le chèque emploi service – créé en 1993 – et le titre emploi service).

b › La périodicité du paiement

- Au moins deux fois par mois, à 16 jours d'intervalle pour les ouvriers non mensualisés. Un acompte correspondant à la moitié de la rémunération mensuelle versée au salarié qui en fait la demande.
- Au moins une fois par mois pour les salariés mensualisés.
- Au moins tous les 3 mois pour les commissions des VRP.

c › Le lieu de paiement

- Il s'effectue sur les lieux de travail.
- Il ne peut avoir lieu dans les débits de boisson ou les magasins de vente (sauf s'ils constituent le lieu de travail).
- Il doit être versé au salarié lui-même. Pour le mineur non émancipé : le salaire devrait en principe être versé à son représentant légal. Cependant l'absence d'opposition de celui-ci équivaut à un accord. On admet que le salaire puisse être versé au mineur.

Le non-respect de ces règles est sanctionné pénalement.

> VIII
Les documents justificatifs du paiement du salaire

a › Le bulletin de paie

- Il est *obligatoire*.
- Il n'est soumis à aucune condition de forme, mais doit comporter certaines mentions obligatoires (C. trav. art. R. 3243-1).

Le bulletin de paie doit comporter les informations relatives :
- *à l'entreprise :* nom et adresse, référence des organismes auxquels sont versées les cotisations sociales code NAF (nomenclature d'activités française), n° SIRET, intitulé de la convention collective de branche applicable ;
- *au salarié :* nom, adresse, n° de sécurité sociale, emploi, classification, ancienneté (valant présomption de reprise d'ancienneté : Soc. 21 sept. 2011) ;
- *à l'exécution du contrat de travail :* période, nombre d'heures effectuées en distinguant les heures rémunérées au taux normal de celles qui sont majorées, indemnité de congés payés (ou indemnité compensatrice), éventuellement : nature et volume du forfait ;
- *au montant brut de la rémunération* en distinguant salaire de base, heures supplémentaires, primes et indemnités, avantages en nature et, éventuellement, le complément différentiel RTT ;
- *aux cotisations sociales et contributions déduites* (l'employeur est autorisé à fusionner les lignes concernant les prélèvements sociaux dès lors qu'ils ont une même assiette et un même organisme collecteur).

De plus, doit apparaître une mention incitant le salarié à conserver le bulletin de paie sans limitation de durée.

Il ne peut être fait mention de l'exercice du droit de grève ou d'une activité de représentation du personnel.

- La loi du 12 mai 2009 (loi de simplification du droit et d'allégement des procédures) a prévu que, avec l'accord du salarié, la remise du bulletin de paie peut être effectuée sous forme électronique.

• › Les sanctions

Le manquement aux règles concernant les modalités de paiement du salaire et au bulletin de paie est sanctionné pénalement.

En outre, peut être poursuivi pour travail dissimulé (dissimulation d'emploi salarié), l'employeur qui :

- ne conserve pas un double des bulletins de paie pendant 5 ans (ou les bulletins de paye remis aux salariés sous forme électronique) ;
- omet intentionnellement de remettre au salarié le bulletin de paie ;
- mentionne sur le bulletin de paie un nombre d'heures de travail inférieur à celui réellement effectué.

• › Effets du bulletin de paie

L'acceptation sans réserve du bulletin de paie ne vaut pas renonciation pour le salarié à faire valoir ses droits.
La remise du bulletin de paie entraîne présomption simple de paiement.

b › La conservation des bulletins de paie

La tenue d'un livre de paie était autrefois obligatoire. Il a été remplacé (loi du 2 juillet 1998), par l'obligation pour l'employeur de conserver un double des bulletins de paie des salariés pendant 5 ans, qu'ils soient sur support papier ou électronique.
L'inspecteur du travail peut les consulter à tout moment et avoir recours aux moyens informatiques.

> IX
La protection du salaire

Le salaire doit être particulièrement protégé, puisqu'il est le moyen de subsistance de la majorité des personnes.

a › L'action en paiement du salaire

Le salarié peut agir devant le Conseil de prud'hommes pour obtenir le paiement des sommes *ayant le caractère de salaire ou afférentes au salaire* (*ex.* : remboursements de frais professionnels – Soc. 30 juin 2010).
Le délai de prescription est de **3 ans (loi du 14 juin 2013, il était autrefois de 5 ans)**.
La durée de la prescription peut être abrégée ou allongée conventionnellement ; elle ne peut être inférieure à un an, ni supérieure à 10 ans.
Conformément au droit commun :

- le point de départ de la prescription est le jour où le titulaire du droit a connu ou aurait dû connaître les faits permettant de l'exercer ;

– la prescription peut être suspendue ou interrompue (*ex.* : par une action en justice, un commandement d'huissier...).

b › Si le salarié a des dettes

Le créancier peut faire saisir des sommes sur le salaire jusqu'au paiement de la créance.

• › La procédure

1 –L'employeur reçoit notification de l'ordonnance rendue par le juge (TI).
2 – Il retient, chaque mois, la somme saisie (selon le mode de calcul ci-dessous).
3 – Cette retenue entraîne attribution immédiate de la somme saisie au créancier[1].
Le Trésor public est dispensé de cette procédure.

• › La portion saisissable

La loi précise la fraction du salaire que le créancier peut faire saisir chaque mois jusqu'à extinction de la dette, le barème est révisé chaque année au 1er janvier. Le barème est le suivant (déc. 2014) :

Montant saisissable	Rémunération mensuelle		Tranche annuelle de rémunération
15,5	310		jusqu'à 3 720 €
45,08	310 à 605,83		de 3 720 à 7 240 €
104,58	605,83 à 903,33		de 7 240 à 10 840 €
178,45	903,33 à 1 199,17		de 10 840 à 14 390 €
247,53	1 199,17 à 1 495,83		de 14 390 à 17 950 €
478,54	1 495,83 à 1 797,50		de 17 950 à 21 570 €
Totalité	+ de 1 797,50		au-delà de 21 570 €

Chaque tranche est majorée d'un montant de 1 410 € par personne à charge du salarié. Ne peuvent être saisies : les prestations familiales et les rentes d'accident du travail. En tout état de cause, le salarié devra conserver un revenu qui ne peut être inférieur au RSA (513,88 € au 1er janv. 2015, majoré de 50 % pour un ménage).
La fraction saisissable du salaire est déterminée après déduction des cotisations obligatoires de sécurité sociale, de la CSG et de la CRDS.
À partir du 1er janvier 2013 les « petits créanciers » (500 €) seront prioritaires.
Contestation peut être portée devant le tribunal d'instance.

(1) S'il y a plusieurs créanciers, la somme saisie sera envoyée au greffe du tribunal d'instance qui procédera ensuite à la ventilation des sommes.

• › Le paiement direct

Les *pensions alimentaires* fixées par décision de justice peuvent être payées directement au créancier si celui-ci effectue la procédure nécessaire auprès de l'employeur ; ce paiement est prioritaire, même sur les sommes versées au Trésor public.

• › La cession de salaire

Le salarié peut céder à un créancier la partie saisissable de son salaire.
Une déclaration doit être faite au greffe du TI ; celui-ci notifie la cession à l'employeur (C. trav. art. R. 3252-45 et s.).

c › En cas de procédure collective

Les salariés sont des créanciers privilégiés. La loi du 26 juillet 2005 relative à la sauvegarde, au redressement et à la liquidation judiciaire des entreprises, leur a conservé ce statut.
Les créances de salaires (et sommes assimilées) doivent être déclarées au juge-commissaire, comme toutes les créances du débiteur en sauvegarde, redressement ou en liquidation judiciaire. Si elles ne sont pas acceptées par le juge-commissaire, le conseil de prud'hommes doit être saisi dans les deux mois.

– Privilège ordinaire –

Il porte sur les 6 derniers mois de salaire, mais il n'est pas de 1er rang et arrive notamment après le Trésor public.

– Super-privilège –

Il porte sur les 60 derniers jours de salaire (90 pour les VRP). L'administrateur judiciaire doit les payer en priorité avec le premier argent dont il dispose (privilège du 1er rang).

– Paiement par l'AGS (Association nationale pour la gestion du régime d'assurance des salariés) –

L'AGS est un organisme patronal qui gère le fonds de garantie des salaires (créé en 1973 après l'affaire *Lip*(1)). C'est une assurance contre le risque de non-paiement en cas de procédure de sauvegarde, redressement ou liquidation judiciaire.
Les employeurs doivent y cotiser obligatoirement.
L'AGS n'intervient que si des fonds sont indisponibles lors de la liquidation.

(1) Dans les années 70, cette belle entreprise d'horlogerie connaît des difficultés, les ouvrières et ouvriers luttèrent et sauvèrent l'usine.

• *Les délais*

Créances	Délai de communication à l'AGS à partir du prononcé du jugement d'ouverture de la procédure	Délai de paiement suivant la réception des relevés de créances
Créances super privilégiées	10 jours	5 jours
Autres créances	3 mois	8 jours

• *Le montant assuré*

L'AGS couvre les salaires, mais aussi les créances résultant de la rupture (*ex.* : indemnité compensatrice pour rupture sans cause réelle et sérieuse...).

Par dérogation l'avance des contributions de l'employeur au financement du contrat de sécurisation professionnelle est versée directement. Cette somme est affectée de plafonds.

L'AGS qui a payé est subrogée aux droits des salariés. Cette institution a grandement amélioré la situation des salariés créanciers qui, avant 1973, étaient souvent payés tardivement et non sans difficultés. Les interventions AGS continuent à être en hausse (août 2014).

> X
La participation, l'intéressement des salariés et l'épargne salariale

L'ordonnance du 7 janvier 1959 a mis en place un système d'intéressement contractuel, voulu par le Général de Gaulle, dans le but de rapprocher le capital et le travail.

C'est une ordonnance du 17 août 1967 qui a institué, pour la première fois, une formule obligatoire d'épargne salariale. Plusieurs réformes sont intervenues par la suite (1990, 1994) ; elles ont facilité la mise en place de systèmes d'épargne facultatifs et aménagé ceux qui existaient. Par la suite, plusieurs lois ont élargi les possibilités de mise en place de ces dispositifs et ont eu pour objectif d'associer davantage les salariés au développement de leur entreprise.

Les dernières réformes sont intervenues par des lois du 8 février et du 3 décembre 2008, et celle du 22 mars 2012. Cette dernière loi a précisé que ces

dispositions s'appliquaient dans les entreprises « d'au moins 50 salariés ». L'actuel gouvernement annonce des réformes.
Coexistent 2 types de systèmes :

Obligatoire →	La participation aux résultats : – obligatoire dans les entreprises d'au moins 50 salariés ; – facultative, en application d'un accord de branche, dans les entreprises de moins de 50 salariés.
Facultatifs →	L'intéressement Le plan d'épargne entreprise (PEE) Le plan d'épargne interentreprise (PEI) Le plan d'épargne retraite collectif (PERCO) L'actionnariat

a › La participation des salariés aux résultats de l'entreprise

Mise en œuvre : *Accord de participation*	Il est obligatoire dans les entreprises de 50 salariés et plus.
	La conclusion de l'accord, qui doit comporter des clauses obligatoires, se fait par :
	– une convention ou un accord collectif (les branches professionnelles ont l'obligation de négocier des accords de participation) ou un accord ;
	  – entre l'employeur et les représentants des syndicats représentatifs dans l'entreprise ;
	  – conclu au sein du comité d'entreprise ;
	– proposé par l'employeur et ratifié par les 2/3 du personnel.
	En l'absence d'accord ; dans un délai d'un an de la clôture de l'exercice, un régime subsidiaire est appliqué (les sommes sont versées sur des comptes courants bloqués pour 8 ans, à un taux fixé par décret ; une provision pour investissement ne peut être constituée par l'entreprise).
	
	Participation volontaire (entreprises de moins de 50 salariés)
	Les entreprises peuvent, par un accord, se soumettre volontairement à la participation.
	En cas d'échec des négociations, l'employeur peut mettre en place unilatéralement un régime de participation, les représentants du personnel sont consultés.

Dépôt de l'accord	À la DIRECCTE.
Principe et mode de calcul de la réserve	Une réserve de participation est constituée ; elle est calculée sur le reliquat obtenu après déduction de l'impôt. Formule : R = (B – 5 % C)SVA B = bénéfice fiscal ; S = total des salaires bruts ; C = capitaux propres ; VA = valeur ajoutée.

	L'accord de participation peut retenir une base et une formule de calcul différentes, à condition de garantir des avantages au moins équivalents.
Répartition de la réserve	• En principe, tous les salariés de l'entreprise, y compris les apprentis, en bénéficient ; la durée minimale d'ancienneté pour en bénéficier ne peut excéder 3 mois. • La répartition se fait proportionnellement au salaire dans la limite d'un double plafonnement : – le salaire est retenu jusqu'à concurrence d'une somme égale à 4 fois le plafond de la Sécurité sociale ; – il ne peut être attribué à un salarié pour un même exercice qu'une somme au plus égale aux 3/4 de ce plafond. Les modalités de répartition de la réserve sont alignées sur celles de l'intéressement ; les accords de participation peuvent prévoir une répartition : – uniforme ; – proportionnelle à la durée de présence dans l'entreprise au cours de l'exercice ; – retenant conjointement plusieurs de ces critères. *Supplément de réserve :* l'entreprise peut, depuis la loi du 31 décembre 2006, verser un supplément de réserve spéciale, soumis aux mêmes exonérations fiscales.
Modalités d'emploi des fonds	Avant la loi du 30 décembre 2006, l'entreprise pouvait utiliser les fonds issus de la réserve de participation de 6 façons différentes (acquisition de titres de SICAV, de fonds commun de placement, attributions d'actions de l'entreprise...). Pour les accords conclus depuis le 1er janvier 2007, seuls 2 modes de gestion subsistent (ils doivent être combinés) : – l'affectation à un plan d'épargne entreprise ; – ou à un compte-courant bloqué que l'entreprise doit consacrer à des investissements.
Indisponibilité des droits	Les droits des salariés n'étaient auparavant exigibles qu'après un délai de 5 ans ; la loi du 3 décembre 2008 prévoit désormais la possibilité de déblocage immédiat dans les cas suivants : mariage ou conclusion d'un PACS, naissance ou adoption, divorce, séparation ou dissolution d'un PACS assortis d'une décision de Justice, invalidité, décès, rupture du contrat de travail, création ou reprise d'entreprise par le salarié son conjoint ou partenaire, ses enfants, acquisition ou agrandissement de la résidence principale.
Régime social et fiscal	• Pour l'entreprise : Les sommes portées à la réserve spéciale sont déductibles pour le calcul de l'impôt sur le revenu ou sur les sociétés. Elles ne sont pas soumises aux cotisations sociales. • Pour les salariés : – exonération fiscale et sociale ; – mais les sommes sont soumises à la CSG et à la CRDS. Depuis le 1er janvier 2009, l'employeur doit payer à l'Urssaf un « forfait social » d'un montant de 6 % (à partir du 1er janvier 2011) des sommes versées au titre de la participation.

b › L'intéressement

C'est un système *facultatif* qui est mis en place par accord collectif au niveau d'un groupe, d'une entreprise, d'un établissement ou même d'une unité de travail. Les sommes ainsi attribuées n'ont pas le caractère de rémunération.
Pour inciter les entreprises à le mettre en place, la loi du 3 décembre 2008 a prévu un crédit d'impôt en faveur des entreprises qui concluront un accord avant le 31 décembre 2014.
La mise en place des accords de participation entraîne les mêmes formalités que pour la participation ; une fiche précise doit être remise à chaque salarié.
L'accord est conclu pour 3 ans et doit être approuvé par les 2/3 des salariés.
Un « intéressement de projet » a été prévu par la loi du 30 décembre 2006. Elle offre la possibilité de mettre en place cette formule pour les salariés relevant d'entités distinctes mais associées à la mise en œuvre d'un projet commun.
Les sociétés coopératives de production ou agricoles peuvent y participer.

Bénéficiaires	Tous les salariés ; toutefois, une durée minimale d'ancienneté, limitée à 3 mois, peut être exigée. Dans les entreprises de 1 à 250 salariés[1], le chef d'entreprise, les dirigeants d'une personne morale ou le conjoint collaborateur peuvent en bénéficier.
Mode de calcul	• L'intéressement est collectif et résulte d'un calcul effectué en fonction soit des performances de l'entreprise soit de ses résultats. • La période de référence peut être l'année ou une période inférieure, mais au moins égale à 3 mois. • Le montant global des primes distribuées est plafonné annuellement à 20 % des salaires bruts versés au salarié. • Le montant distribué à un salarié ne peut excéder une somme égale à la moitié du plafond annuel moyen de la Sécurité sociale. Un conseil d'administration, un directoire ou un employeur peuvent décider unilatéralement un versement supplémentaire d'intéressement. Les modalités de versement peuvent soit, reprendre celles des accords de participation ou d'intéressement existants, soit faire l'objet d'un accord spécifique. La formule d'intéressement aux résultats se réfère à des indicateurs financiers et comptables (bénéfices, atteinte d'objectifs, augmentation de la productivité...). La formule d'intéressement aux performances a des objectifs moins facilement chiffrables (qualité, sécurité, satisfaction de la clientèle...).
Régime social et fiscal	• L'intéressement est exonéré des charges sociales (à l'exception, pour l'employeur, du « forfait social » de 6 %). Il est soumis à la CSG et à la CRDS. • L'intéressement est déductible du bénéfice imposable et exonéré de certaines taxes. • Il est soumis à l'IR des salariés, sauf s'il est affecté (dans les 15 jours) à un PEE.

(1) S'il n'y a qu'un salarié et qu'il est un dirigeant de la société, la mise en place d'un accord d'intéressement ne peut être conclu.

c › Le Plan d'épargne d'entreprise (PEE)

L'article L. 3332-1 du Code du travail le définit comme un système d'épargne collectif ouvrant aux salariés « la faculté de participer, avec l'aide de l'entreprise, à la constitution d'un portefeuille de valeurs mobilières ».
C'est un système facultatif ; l'éventuelle constitution d'un plan d'épargne d'entreprise doit être obligatoirement envisagée lors de la négociation des accords d'intéressement ou de participation.

Bénéficiaires	– Les salariés (la durée minimale d'ancienneté exigée ne peut excéder 3 mois) ;
	– les anciens salariés ;
	– dans les entreprises dont l'effectif comprend au moins un salarié et au plus 250 salariés :
	  – les chefs d'entreprise ;
	  – les conjoints collaborateurs ou associés ;
	  – les mandataires sociaux (même s'ils ne sont pas titulaires d'un contrat de travail), dans les sociétés.

Mise en place	– Par accord collectif, selon les mêmes modalités que celles applicables aux accords d'intéressement et de participation ; – ou unilatéralement par le chef d'entreprise ; dans ce cas, le CE est consulté et le plan déposé à la DIRECCTE. Dès la création du PEE, l'employeur doit informer les salariés de son contenu.
Versements	Le fonds est alimenté par : – des versements volontaires des salariés ; limités au 1/4 de la rémunération brute annuelle ; – les fonds de l'intéressement et de la participation ; – un abondement (ici = versement) de l'entreprise avec plafonds ; – les sommes provenant d'un compte-épargne temps.
Gestion des droits	Les sommes recueillies peuvent être affectées à l'acquisition de valeurs mobilières et de parts de fonds communs de placement ; de multiples facultés de placement existent, le transfert entre PEE et PEI est possible. Les sommes versées au plan par les chefs d'entreprise et les mandataires sociaux ne peuvent excéder le quart de leur revenu professionnel.
Indisponibilité des droits	Les actions ou parts des salariés sont indisponibles pendant 5 ans ; un déblocage anticipé des droits est cependant possible, dans les mêmes conditions qu'en matière de participation et en cas d'augmentation de capital réservée aux salariés.
Régime fiscal et social	Exonérations fiscales et sociales sauf CSG et CRDS (à l'exception, pour l'employeur, du « forfait social » de 6 % et d'un prélèvement de solidarité de 2 %).

d › Le Plan d'épargne interentreprises (PEI)

Le but de ce dispositif (qui est *facultatif*) est de favoriser l'épargne salariale dans les petites entreprises, par le biais d'un groupement.
Le PEI peut recueillir des sommes provenant de l'intéressement, de la participation, des versements volontaires du salarié, des abondements de l'entreprise.
En ce qui concerne les bénéficiaires, l'alimentation du plan, l'utilisation des fonds et la possibilité de leur transfert, le PEI obéit aux dispositions relatives aux plans d'épargne d'entreprise, l'innovation réside dans sa mise en place ; elle peut être faite :

- par un accord collectif, soit à un niveau géographique, soit à un niveau professionnel ;
- par un accord collectif interentreprises ou par un accord conclu au niveau de la branche professionnelle ou à tout autre niveau local.

e › Le plan d'épargne pour la retraite collective (PERCO)

Il a été créé par la loi du 21 août 2003. Son but est de permettre un complément de retraite.
Le PERCO ne peut être mis en place que si les salariés peuvent opter pour un plan de durée plus courte (PEE ou PEI).
Il est ouvert à tous les salariés ; une condition minimale d'ancienneté (limitée à 3 mois) peut cependant être exigée.

Mise en place	Par accord collectif d'entreprise ou de groupe ; ou par un accord interentreprises. Depuis la loi du 3 décembre 2008, il peut aussi être mis en place par décision unilatérale de l'employeur.
Alimentation du plan	– Versements volontaires du salarié, dans la limite de 25 % de la rémunération annuelle ; possibilité d'y affecter les sommes issues de la participation, de l'intéressement, d'un PEE, PEI ou d'un autre PERCO ; – les versements (sauf ceux issus d'un PEE) peuvent être complétés par l'employeur, dans la limite d'une somme plafond.
Disponibilité de l'épargne	– Les fonds sont bloqués jusqu'à la date du départ en retraite ; – un déblocage anticipé des droits est possible (*ex.* : décès du bénéficiaire, de son conjoint ou de la personne qui lui est liée par un pacs, expiration des droits à l'assurance chômage...).
Avantages fiscaux et sociaux	– Pour l'entreprise : les avantages sont identiques à ceux du PEE, avec des limites concernant l'abondement. – Pour les salariés : Le capital issu du PERCO est exonéré d'impôt sur le revenu, mais, depuis le 1er janvier 2011 un prélèvement de 12,3 % est dû sur la différence entre les sommes provenant du PERCO et les sommes versées.

f › L'actionnariat des salariés

Il permet aux salariés, dans les sociétés par actions, de détenir une part du capital de leur société.
L'actionnariat des salariés s'est développé ces dernières années, notamment à l'occasion des opérations de privatisations réalisées depuis les années 1990, mais il concerne surtout les grandes entreprises (*ex.* : France Télécom, Air France, Auchan, Société Générale...). Le PEE et le PEI, qui facilitent le placement des sommes recueillies en valeurs mobilières émises par les sociétés, renforcent également l'actionnariat salarié. La loi du 22 mars 2012 assouplit le délai nécessaire pour proposer à une AGE un projet sur l'actionnariat salarial, elle augmente le pourcentage d'actions gratuites allouées aux salariés pour les SA non cotées.
Le récent rapport « Gallois » préconise le développement de cet actionnariat favorisant les PMI.

– Des attributions d'actions gratuites –

Les sociétés peuvent attribuer des actions gratuites à leurs salariés et aux mandataires sociaux ; la décision appartient au conseil d'administration ou au directoire, sur autorisation de l'assemblée générale.
Cependant, dans les sociétés cotées (loi du 3 décembre 2008), cela n'est possible que si l'une des trois conditions suivantes est remplie au cours d'un exercice :
- 1) la société doit avoir procédé à une attribution :
  - de *stocks options* au bénéfice de l'ensemble de ses salariés et d'au moins 90 % de l'ensemble des salariés de ses filiales ;
  - d'actions gratuites, dans les mêmes conditions ;
- 2) un accord d'intéressement ou de participation dérogatoire ou de participation volontaire doit être en vigueur au sein de la société et au bénéfice d'au moins 90 % de l'ensemble des salariés de ses filiales.
- 3) L'assemblée générale détermine le délai d'acquisition et de conservation des actions ; ces délais ne peuvent être inférieurs à 2 ans.

Régime social :
- Exonération des cotisations de sécurité sociale, de CSG/CRDS sur les revenus d'activité.
- Les attributions d'actions gratuites sont soumises à une contribution sociale patronale et salariale.

– Des options sur actions –

Le conseil d'administration, ou le directoire, sur délégation de l'AGE, peuvent offrir à tout le personnel, à une partie, à certains dirigeants le droit de souscrire des actions ou des certificats d'investissement à un prix qui ne peut être modifié pendant la durée de l'option.
Le bénéficiaire de l'option pourra réaliser ainsi des gains dus :

– à un prix avantageux au moment de l'attribution ou à celui de la levée de l'option,
– à une plus-value.

Le régime social et fiscal est avantageux, variable suivant qu'il s'agit du rabais consenti, des plus-values d'acquisition ou de cession.

La contribution sociale spécifique patronale ou salariale s'applique.

Pour tous ces dispositifs, les salariés doivent bénéficier d'une information relative à l'épargne salariale par :

– la remise, à tout salarié nouvellement embauché, d'un livret d'épargne salariale présentant l'ensemble des dispositifs de participation, d'intéressements ou de plans d'épargne ;
– l'obligation, dans tout accord de participation ou d'intéressement, de prévoir les modalités d'information des représentants du personnel.

Conformément à la loi du 14 juin 2013, le gouvernement doit remettre au parlement un rapport sur le bilan de l'obligation de représentation des salariés aux conseils d'administration ou de surveillance.

	Mise en place	Alimentation	Utilisation des fonds	Régime social	Régime fiscal
PARTICIPATION	• *Régime obligatoire* Convention ou accord de participation d'entreprise (avec CE, syndicats représentatifs ou du personnel) Convention de branche. • À défaut, *régime subsidiaire* • *Régime volontaire par accord.* À défaut d'accord : mise en place unilatérale par l'employeur.	Réserve de participation (formule légale).	– Versement immédiat ou blocage pendant 5 ans ; – possibilités de déblocage anticipé.	*Entreprises :* – Exonération des cotisations sociales mais forfait social. *Salariés :* – Exonération des cotisations sociales, sauf CSG et CRDS.	*Entreprises :* Déduction du bénéfice imposable. Exonération des taxes. *Salariés :* Non imposable.
INTÉRESSEMENT	• *Régime facultatif* Accord collectif d'entreprise, de groupe, interentreprises.	Calcul lié aux résultats ou aux performances de l'entreprise.	Versement au salarié dans les 7 mois suivant la clôture de l'exercice.	*Entreprises :* Exonération des cotisations sociales sauf CSG et CRDS. *Salariés :* Idem participation.	*Entreprises :* *Idem* participation. *Salariés :* Non imposable si versement dans un plan d'épargne.
PEE PEI	• *Régime facultatif* envisagé lors des accords de participation ou intéressement.	– Versements des salariés (limites), – fonds de l'intéressement et de la participation, – abondement de l'entreprise.	– Achat de valeurs mobilières. – Indisponibles pendant 5 ans minimum. – Déblocage anticipé possible (idem participation).	*Entreprises :* Exonération des cotisations sociales. *Salariés :* Abondement de l'entreprise. – Exonéré des cotisations, avec limites. – Assujettis à CSG et CRDS (avec abattement 3 %).	*Entreprises :* *Idem* participation. *Salariés :* Abondement non imposable (limite).
PERCO	• *Régime facultatif* – Accord collectif, d'entreprise, de groupe ou interentreprises ; – décision unilatérale de l'employeur.	– Versements des salariés (fonds provenant de la participation, de l'intéressement, d'un PEE ou PEI), – Versements de l'employeur (plafond).	Épargne utilisable au moment de la retraite.	*Entreprises :* Exonération des cotisations sociales. Contribution spécifique au-dessus d'une certaine somme. *Salariés :* *Idem* PEE.	*Entreprises :* *Idem* participation. *Salariés :* Non imposable si sortie en capital.

Chapitre **14**

La représentation des salariés : étude d'ensemble

> I

Les représentants élus ou désignés

Tableau comparatif[1]

	Délégués du personnel	Membre du CE	Délégués syndicaux
Date de création	1936	1945	1968
Seuil d'application	au moins 11 salariés[1]	au moins 50 salariés	au moins 50 salariés
Désignation	– *Élus* par les salariés âgés de 16 ans, ayant 3 mois d'ancienneté dans l'entreprise ; – Sont *éligibles* les salariés ayant au moins 18 ans et un an d'ancienneté ; – scrutin de liste avec représentation proportionnelle.		*Désignation* par chaque syndicat

(1) Les salariés « mis à disposition » doivent être pris en compte (Soc. 19 janv. 2011). Tenant compte d'un même site d'au moins 50 salariés (*supra*).

Heures de délégation (ou crédit d'heures mensuel)	– **15 heures dans les entreprises de 50 salariés et plus ;** – 10 heures dans les autres.	20 heures	10 h (50 à 150 sal.) 15 h (151 à 500 sal.) 20 h (+ de 500 sal.)
Rôle	– Réclamations ; – information ; – remplacement du CE et du CHSCT (dans ce dernier cas, pour les établissements d'au moins 50 salariés[2]).	– Consultation ; – information ; – organisation et gestion des activités sociales et culturelles.	– Liaison entre la section syndicale et le syndicat ; – représentation et défense des salariés ; – revendications et négociation.

> II
Le crédit d'heures (ou heures de délégation)

• › Définition

Ce sont des heures que l'employeur est tenu d'accorder aux représentants du personnel aux fins d'exercer leur mission.

Le nombre d'heures alloué dépend de l'effectif de l'entreprise (page 8). Un dépassement est possible en cas de circonstances « exceptionnelles » (*ex.* : projet de licenciement collectif important).

Le temps passé en heures de délégation est considéré comme du temps de travail ; ces heures sont donc rémunérées normalement.

• › Utilisation

– Des difficultés surgissent parfois lorsque l'employeur conteste l'utilisation du crédit d'heures par un représentant du personnel ;

exemples :

– il a été jugé (Soc. 30 oct. 1996) qu'un représentant du personnel pouvait imputer sur son crédit d'heures les heures passées pour sa défense dans un litige relatif à l'utilisation de ce crédit ;

– par contre, ne peut être imputé sur le crédit d'heures le temps passé par un délégué du personnel pour assister un autre salarié devant le Conseil de prud'hommes (Soc. 21 févr. 1990).

(1) Dans les entreprises de moins de 50 salariés avec seulement les moyens attribués aux DP.

– L'employeur ne peut contrôler *a priori* l'utilisation des heures de délégation ; s'il en conteste l'emploi, il doit d'abord les payer à l'échéance normale, avant de saisir le Conseil de prud'hommes.

La loi a établi une présomption de bonne utilisation (ou « d'utilisation conforme ») de ces heures ; il appartient donc à l'employeur de rapporter la preuve que ces heures n'ont pas été utilisées à des fins conformes au mandat représentatif.

Le temps de trajet s'impute sur les heures de délégation (Soc. 9 déc. 2014)

> III La protection

Les représentants du personnel sont des *salariés protégés* et, à ce titre, leur licenciement obéit à des règles particulières : il faut, notamment, *l'autorisation de l'inspection du travail.*

L'article L. 2411-1 du Code du travail réforme la liste des catégories de salariés protégés, 18, 14 en cas de rupture d'un contrat à durée déterminée (art. 2412-1).

• › Le délit d'entrave

Toutes les institutions représentatives du personnel peuvent être concernées par ce délit.

Il est constitué quand :
– il y a atteinte à la libre désignation des délégués du personnel, du comité d'entreprise ou du CHSCT ;
– il y a atteinte à l'exercice régulier des fonctions des délégués du personnel, du comité d'entreprise, du CHSCT, des délégués syndicaux et des fonctions de conseiller du salarié ;
– il n'y a pas eu information et consultation des représentants du personnel dans les cas prévus par la loi (*ex.* : en cas de licenciements économiques…) ;
– l'employeur prend à l'encontre de ces différents membres ou délégués des mesures discriminatoires personnelles ;
– il y a eu licenciement de représentants du personnel sans autorisation de l'inspecteur du travail ;
– l'employeur refuse d'engager des négociations ou de consulter les représentants du personnel quant à l'exercice du droit d'expression dans l'entreprise.

Quand le délit est constitué, le tribunal correctionnel peut prononcer des peines d'un an maximum et une amende de 3750 € ou l'une de ces deux peines.

• › La protection en cas de licenciement

– Principales catégories de salariés protégés et durée de la protection –

Représentants du personnel élus – membres élus du CE et DP	À compter du jour de la proclamation des résultats, pendant toute la durée de leur mandat et jusqu'à 6 mois après la fin de leur mandat.
– candidats aux fonctions de membres du CE et de DP – anciens membres du CE et DP – salariés qui ont demandé la mise en place d'un CE ou de DP – représentants syndicaux au CE	Pendant 6 mois à partir de la date d'envoi à l'employeur des listes de candidatures au 1er ou au second tour de scrutin. Pendant les 6 premiers mois suivant l'expiration de leur mandat. Pendant 6 mois à compter de leur demande. Pendant toute la durée de leur mandat et pendant 6 mois après, à condition d'avoir exercé leurs fonctions pendant 2 ans consécutifs.
Délégués syndicaux	Pendant toute la durée de leur mandat et pendant 12 mois à compter de la cessation de leurs fonctions s'ils les ont exercées pendant au moins 1 an.
Le représentant de la section syndicale	Pendant la durée de son mandat et pendant les 12 mois qui suivent la fin de celui-ci, s'il a exercé ses fonctions pendant au moins 1 an.
Conseillers prud'homaux – en fonction – candidats aux fonctions – anciens conseillers	À compter de la publication de la liste des élus à la préfecture. Dès la notification de la candidature ou dès que l'employeur a eu connaissance de l'imminence de la candidature et pendant 6 mois suivant la publication des candidatures. Ayant cessé leurs fonctions depuis moins de 6 mois.
Autres catégories de salariés – conseillers du salarié (page 163) – salariés mandatés par les organisations syndicales pour négocier le protocole préélectoral – salariés mandatés pour négocier des accords d'entreprise – représentants du personnel dans les procédures de sauvegarde, redressement ou liquidation judiciaire	À compter de la publication de la liste arrêtée par le préfet et pendant les 12 mois qui suivent la cessation de leurs fonctions (à condition qu'elles aient été exercées pendant au moins 1 an). Pendant 6 mois Dès que l'employeur a eu connaissance de l'imminence de leur désignation et pendant 12 mois après la signature de l'accord, la fin du mandat ou la fin de la négociation matérialisée par un procès-verbal de désaccord. Dès leur désignation et jusqu'au paiement par l'AGS des sommes dues aux salariés.

– représentants du personnel au CHSCT – médecins du travail	Pendant la durée de leur mandat et pendant 6 mois après la fin de leur mandat. Pendant l'exercice de leurs fonctions.

– La procédure applicable –

– Le CE doit être consulté ; il émet un avis après audition de l'intéressé[1] ;
– le licenciement ne peut intervenir qu'après **autorisation préalable** de l'inspecteur du travail :
– la demande d'autorisation doit lui être transmise (LR avec AR) au plus tard dans les 15 jours suivant la délibération du CE ;
– l'inspecteur du travail procède à une enquête contradictoire ; il doit se prononcer dans un délai de 15 jours (8 jours en cas de mise à pied) ; son silence vaut décision implicite de rejet.

Le non-respect de la procédure ou le fait de passer outre la décision de l'inspecteur du travail constitue un délit d'entrave.

Procédure applicable en cas de licenciement d'un salarié « protégé »

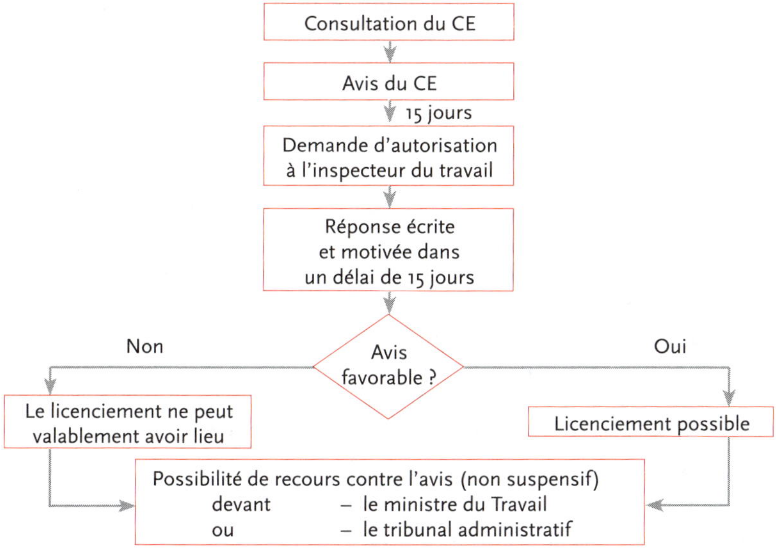

Cette procédure doit être respectée dans tous les cas de rupture du contrat de travail *à l'initiative de l'employeur*, la résiliation judiciaire, la rupture amiable, une mise à pied (Crim. 8 avr. 2014) sont exclues.

Pour les délégués syndicaux, conseillers prud'homaux, salariés mandatés...

(1) Pour les délégués syndicaux, conseillers prud'homaux, salariés mandatés... seule est obligatoire la demande d'autorisation à l'inspecteur du travail. Cette procédure se cumule avec la procédure de licenciement de droit commun.

seule est obligatoire la demande d'autorisation à l'inspecteur du travail. Cette procédure se cumule avec la procédure de licenciement de droit commun (page 154). L'autorisation de l'inspection du travail en cas de licenciement est de plus nécessaire pour :
– un membre du groupe spécial de négociation ;
– un membre du CE européen ;
– un représentant du personnel d'une entreprise extérieure au CHSCT ;
– un représentant des salariés au conseil d'administration ou de surveillance des entreprises (l. 14 juin 2013) ;
– un membre du CA d'une caisse de sécurité sociale ;
– ou d'une mutuelle ou fédération.

Un salarié protégé peut aussi :

– prendre acte de la rupture du contrat de travail aux torts de l'employeur (page 151) ; cette rupture produit soit les effets d'un licenciement nul pour violation du statut protecteur si les faits invoqués la justifiaient, soit, dans le cas contraire, les effets d'une démission ;
– demander la résiliation judiciaire de son contrat de travail ;
– avoir recours à la procédure de la rupture conventionnelle du contrat de travail ; celle-ci doit être homologuée par l'inspecteur du travail.

– Les recours –

La décision de l'inspecteur du travail peut faire l'objet d'un recours :
– *gracieux* qui lui est adressé dans les 2 mois suivant la notification de sa décision ;
– *hiérarchique*, auprès du ministre du Travail (dans un délai de 2 mois à compter de la notification de la décision) qui dispose d'un délai de 4 mois pour faire connaître sa décision ; son silence après les 4 mois vaut rejet de la demande ;
– *contentieux* devant les tribunaux administratifs, dans les 2 mois à compter de la notification de la décision du ministre ou de l'inspecteur du travail.

Le juge judiciaire demeure compétent pour statuer sur la régularité de la procédure, examiner la validité du plan de sauvegarde de l'emploi, contrôler les critères utilisés pour déterminer l'ordre des licenciements...

– Les sanctions –

Licenciement irrégulier	• C'est le cas si l'employeur : – est passé outre la décision de refus de l'inspecteur du travail ou du ministre ; – n'a pas saisi l'inspecteur du travail pour demander l'autorisation ; – a licencié pour un motif autre que celui de l'autorisation demandée. • Le licenciement du salarié est nul et le salarié a droit à sa *réintégration* : – les règles exposées ci-dessus s'appliquent et le salarié a droit à une indemnité compensant la perte de salaires entre son licenciement et sa réintégration ;

	– s'il n'a pas demandé sa réintégration, il a droit : – à une indemnité pour violation du statut protecteur : elle est forfaitaire et correspond au minimum au salaire que le salarié aurait perçu s'il avait continué à travailler jusqu'à la fin de la période de protection correspondant au mandat qu'il exerce ; – à une indemnisation au titre de la rupture du contrat : – indemnités de rupture de droit commun ; – indemnité résultant du caractère illicite du licenciement (minimum : 6 mois de salaires).
Annulation de l'autorisation de licenciement	• *Droit du salarié à la réintégration dans son emploi ou un emploi équivalent :* – Le salarié dispose d'un délai de 2 mois à compter de la notification de la décision pour la demander (le juge des référés peut être saisi) ; – en cas de refus de réintégration, l'employeur commet un délit d'entrave ; – l'employeur n'est libéré de son obligation que si la réintégration est absolument impossible. • *Réparation du préjudice subi :* – Qu'il ait ou non demandé sa réintégration, le salarié a droit au paiement d'une indemnité correspondant à la totalité du préjudice subi au cours de la période écoulée entre son licenciement et sa réintégration lorsque l'annulation de la décision administrative est devenue définitive (Soc. 23 novembre 2004) ; – si le salarié n'a pas demandé sa réintégration, cette indemnisation n'est pas exclusive du droit aux indemnités dues pour un licenciement sans cause réelle et sérieuse.

> IV
Les élections

L'employeur a l'obligation, tous les 4 ans, d'informer le personnel par voie d'affichage de l'organisation d'élections pour désigner les représentants du personnel.
L'affiche précise la date envisagée pour le premier tour (au plus tard 45 jours après l'affichage ; le délai est porté à 90 jours par l'employeur qui organise les élections pour la 1re fois, loi 5 mars 2014)
Il doit inviter, par tout moyen, les syndicats intéressés à établir leurs listes et à négocier avec lui un *protocole préélectoral* fixant les modalités du déroulement des opérations électorales ; doivent obligatoirement être prévus la répartition des sièges et du personnel entre les collèges électoraux.
La validité de ce protocole est soumise à une double condition de majorité : il doit être signé par la majorité des syndicats ayant participé à sa négociation *et*

parmi ces signataires, doivent figurer les syndicats représentatifs ayant recueilli la majorité des suffrages exprimés lors des dernières élections professionnelles. Ce protocole doit être transmis à l'inspecteur du travail.
Depuis la loi du 9 mai 2001 relative à l'égalité professionnelle entre les hommes et les femmes, les syndicats doivent, à l'occasion de l'élaboration du protocole préélectoral, examiner « les voies et les moyens en vue d'atteindre une représentation équilibrée des femmes et des hommes ».
L'élection des délégués du personnel et celle des représentants du personnel au CE doivent avoir lieu à la même date.
- Des élections *partielles* peuvent être organisées si un collège électoral n'est plus représenté ou si le nombre de titulaires est réduit de moitié ;
- des élections *complémentaires*, lorsque l'effectif augmente en cours de mandat, ne sont pas obligatoires, mais peuvent être organisées si elles étaient prévues par un accord collectif (Soc. 13 oct. 2010).

Dans le cas où l'employeur ne prend pas l'initiative d'organiser les élections, un salarié ou un syndicat peut lui en faire la demande ; l'employeur doit engager la procédure dans le délai d'un mois, sinon, il se rendrait coupable du délit d'entrave.

• › Le cadre de la mise en place

L'assiette du calcul des seuils varie selon les institutions.

Délégués du personnel	• **L'entreprise** • **L'établissement** (p. 5) (conception large ; dès lors qu'il existe une communauté de salariés ayant des problèmes et des revendications en commun). • **Le site** (p. 311). • **L'unité économique et sociale** (page 6).
Comité d'entreprise	• **L'entreprise** Quand une entreprise a plusieurs établissements : La jurisprudence estime qu'il y a établissement distinct, dès qu'il y a autonomie dans la gestion du personnel et l'exécution du service. • **l'établissement** – **un comité central d'entreprise.** • **L'unité économique et sociale.** • **Le groupe** (comité de groupe). • **Entreprises ou groupes de dimension européenne**
Délégués syndicaux	• **L'établissement** (représentativité évaluée dans chaque établissement). • **L'entreprise**. • **L'unité économique et sociale**

• › Les collèges

S'il y a plus de 25 salariés, les électeurs doivent être divisés en collèges :
- premier collège : ouvriers et employés ;

- second collège : ingénieurs, chefs de service, techniciens, agents de maîtrise ;
- pour l'élection des membres du CE, dans les entreprises où le nombre de cadres est au moins égal à 25, un collège spécial « cadres » est obligatoire.

Le nombre et la composition des collèges électoraux peuvent être modifiés par une convention de branche, un accord d'entreprise ou un accord préélectoral, à condition que l'accord ait été signé par toutes les organisations syndicales représentatives dans l'entreprise (C. trav. art. L. 2314-10). Cet accord est communiqué à sa demande, à l'inspecteur du travail.

• › L'électorat et l'éligibilité

Conditions pour être électeur	Conditions pour être éligible
– Être salarié dans l'entreprise depuis au moins 3 mois. Les salariés à temps partiel sont électeurs ; – avoir 16 ans ; – ne pas avoir fait l'objet d'une interdiction, déchéance ou incapacité relative aux droits civiques.	– Être électeur dans l'entreprise ; – avoir 18 ans ; – être salarié dans l'entreprise depuis 1 an, de manière continue ou non (Soc. 3 octobre 2007) ; – ne pas être parent ou allié du chef d'entreprise ;
– salariés mis à disposition : 12 mois de présence continue pour être *électeur* ; 24 pour être *éligible* ; – pas d'interdiction, déchéance ou incapacité entraînant la perte des droits civiques.	

• › Les candidatures

- Depuis la loi du 20 août 2008, peuvent présenter des candidats *au premier tour* :

– les organisations syndicales qui satisfont aux critères d'ancienneté, d'indépendance et de respect des valeurs républicaines (p. 336) ;
– celles qui sont reconnues représentatives dans l'entreprise ou l'établissement (p. 336) ;
– celles qui y ont constitué une section syndicale ;
– les syndicats affiliés à une organisation syndicale reconnue représentative au niveau national et interprofessionnel.

- Si, au premier tour, le nombre des votants est inférieur à la moitié des électeurs inscrits (quorum non atteint), un second tour a lieu dans un délai de 15 jours ; dans ce cas, les candidatures sont libres et aucun quorum n'est exigé.

• › Le scrutin

Il est possible de recourir au vote électronique (s'il est prévu par un accord d'entreprise et par le protocole préélectoral et assurer la confidentialité des

données : Soc. 27 févr. 2013), sinon à bulletin secret, à condition qu'un accord d'entreprise ou un accord de groupe l'autorise.
C'est un scrutin de liste à 2 tours avec représentation proportionnelle à la plus forte moyenne, c'est-à-dire que le vote s'effectue par listes ; le panachage est autorisé. Il est attribué à chaque liste autant de sièges que le nombre de voix recueillies par elle, contient le « quotient électoral » :

$$\left(\frac{\text{nombre de suffrages}}{\text{nombre de sièges}}\right)$$

S'il reste des sièges à pourvoir, ils sont attribués à la plus forte moyenne (qui s'obtient en divisant le nombre de voix recueillies par le nombre de sièges déjà obtenu + 1).

Les contestations relatives à l'électorat ou à la régularité des opérations électorales sont de la compétence du tribunal d'instance qui statue en dernier ressort.
Les résultats obtenus par les syndicats aux élections professionnelles jouent un rôle important ; en effet, la loi du 20 août 2008 a fait des résultats aux élections professionnelles un critère primordial de la représentativité.

• › Le constat de carence

Si des représentants du personnel n'ont pu être désignés, l'employeur doit établir un « *procès-verbal de carence* » qui est affiché dans l'entreprise et transmis à l'inspecteur du travail dans les 15 jours.

Chapitre 15

Les délégués du personnel

> I Historique

- Les accords de Matignon (1936) prévoient que, dans tout établissement de plus de 10 salariés, des « délégués ouvriers » seront élus pour présenter des réclamations à la direction.
- Une loi de 1946 réorganise l'institution.
- La loi du 28 octobre 1982 précise que les élections de ces délégués sont obligatoires dans toutes les entreprises agricoles, commerciales, industrielles, professions libérales, sociétés civiles... où sont occupées au moins 11 personnes pendant douze mois consécutifs ou non au cours des trois années précédentes.
- La loi du 20 décembre 1993 prévoit la possibilité de mettre en place une délégation unique du personnel dans les petites entreprises.
- La loi du 2 août 2005 a porté la durée du mandat de 2 à 4 ans.

> II
La désignation des délégués

Ils sont élus, pour **4 ans** par le personnel. Un accord collectif de branche, de groupe ou d'entreprise peut fixer une durée comprise entre 2 et 4 ans.
Leur désignation est obligatoire dans les entreprises, établissements ou UES d'au moins 11 salariés. Si cet effectif est atteint « pendant douze mois », consécutifs ou non, au cours des trois années précédentes (C. trav. art. L. 2312-2).
Leur nombre dépend de l'effectif de l'entreprise ; il y a autant de délégués titulaires que de suppléants.
Dans les entreprises de 50 salariés et plus où les délégués doivent remplacer le CE (qui n'a pu être élu) ou le CHSCT, les délégués sont plus nombreux (*ex.* : de 50 à 74 salariés : 3 élus).

Nombre de salariés	Nombre de titulaires et de suppléants
11 à 25	1
26 à 74	2
75 à 99	3
100 à 124	4
125 à 174	5
175 à 249	6
De 250 à 499	7
De 500 à 749	8
De 750 à 999	9

Le nombre de suppléants est égal au nombre de titulaires. À partir de 1 000 salariés : 1 titulaire et un suppléant en plus par tranche supplémentaire de 250 salariés. Ces nombres peuvent être augmentés « par accord entre l'employeur et les organisations syndicales intéressées ».

> III
Les attributions des délégués du personnel

(C. trav. art. L. 2313-1 à L. 2313-16)

Relations avec l'employeur	• Les délégués présentent à l'employeur les **réclamations individuelles ou collectives des salariés** concernant la réglementation du travail ; Les salariés n'ont cependant pas l'obligation de présenter leurs revendications par l'intermédiaire des délégués, ils peuvent agir directement.

	• Ils saisissent l'employeur (« droit d'alerte ») en cas d'atteinte aux droits des personnes, à leur santé physique et mentale ou aux libertés individuelles (*ex.* : mesures discriminatoires, harcèlement sexuel ou moral ; loi du 6 août 2012) ; L'employeur doit alors procéder à une enquête et prendre les mesures nécessaires pour y remédier ; en cas de carence de l'employeur ou de divergence sur la réalité de cette atteinte et à défaut de solution trouvée, le Conseil de prud'hommes peut être saisi, même en référé. • Une **réunion mensuelle** avec l'employeur est obligatoire. Il peut aussi y avoir : – des réunions exceptionnelles : en cas d'urgence ; – des réunions restreintes, quand les délégués sont reçus sur leur demande pour des questions intéressant une catégorie de salariés, un atelier… Les délégués peuvent se faire assister, au cours de ces réunions, d'un représentant d'une organisation syndicale ; un représentant par confédération syndicale (Soc. 8 janv. 2015).
Relations avec les salariés	Les délégués portent à la connaissance des salariés : – le compte rendu des réunions avec l'employeur ; – la liste écrite des revendications présentées ; – la relation des démarches extérieures ; – toutes informations susceptibles de les intéresser, notamment par voie d'affichage.
Relations avec l'inspecteur du travail	• Ils le saisissent : – de toute plainte ou observation relative à l'application des règles du travail ; – en cas de « recours abusif » aux CDD ou aux contrats de travail temporaires ; • ils peuvent l'accompagner lorsque celui-ci effectue une visite dans l'entreprise.
Consultation	• Ils sont consultés sur la période de congés et l'ordre des départs, sur le reclassement d'un salarié après un accident du travail, en matière de repos compensateur. • De plus, en l'absence de CE, ils doivent obligatoirement être consultés sur certaines questions (*ex.* : chèques vacances, congés particuliers, formation professionnelle, règlement intérieur, licenciement collectif pour motif économique…).
Remplacement du CE et du CHSCT	• En l'absence de CE, ils exercent les attributions économiques du CE et interviennent, avec l'employeur, dans la gestion des activités sociales et culturelles ; • à défaut de CHSCT, les DP exercent les mêmes missions.
Relations avec les autres instances de représentation	• Ils communiquent aux CE et au CHSCT les suggestions et observations du personnel sur toute question entrant dans le champ de compétence de ces institutions ; • dans les entreprises de plus de 50 salariés, ils désignent, avec les délégués du CE, les membres du CHSCT.

> IV
Les moyens d'action

(C. trav. art. L. 2315-1 à L. 2315-12)

Heures de délégation (ou crédit d'heures mensuel)	**10 heures** par mois dans les entreprises de moins de 50 salariés ; **15 heures** dans les entreprises de 50 salariés et plus. Ce temps est considéré comme un temps de travail. Mais ces heures de délégation ne constituent pas un forfait : le délégué peut être amené à fournir des justifications ou peut obtenir un dépassement. Les représentants du personnel qui cumulent les attributions de DP et de membres du CE ont un crédit d'heures mensuel spécifique de 20 heures de délégation. Le temps passé avec l'employeur n'est pas comptabilisé dans le crédit d'heures. Dans les entreprises d'au moins 50 salariés, si les DP remplacent les membres du CHSCT, leurs heures de délégation varient (selon l'effectif de l'entreprise) entre 2 et 20 heures par mois.
Mise à la disposition de moyens par l'employeur	– d'un **local** pour se réunir ; – de **panneaux d'affichage** aux portes d'entrée des lieux de travail. Il a aussi été jugé (Soc. 6 avril 2004) qu'un délégué du personnel (également délégué syndical) devait bénéficier d'une ligne téléphonique assurant la confidentialité des communications ; ceci est également valable pour tout salarié « investi d'un mandat électif ou syndical ».
Déplacements	Les délégués peuvent se **déplacer librement** pour exercer leurs fonctions soit à l'intérieur de l'entreprise (sans en gêner le fonctionnement) soit au dehors (inspecteur du travail, caisse de sécurité sociale...) ; le fait d'assister à des réunions syndicales n'est pas pris en considération.
Informations par l'employeur	L'employeur doit leur fournir les informations nécessaires aux consultations les concernant. Ils sont reçus « collectivement par l'employeur au moins une fois par mois ». Ils le sont aussi sur leur demande.
Protection	Les délégués du personnel sont protégés : leur licenciement ne peut intervenir que sous certaines conditions (p. 300).
Formation économique	Ils ont droit : – comme tous les salariés, à une formation économique, sociale et syndicale ; – s'ils exercent les attributions du CE ou du CHSCT, aux formations spécifiques existant pour les membres de ces institutions.

> V
La délégation unique du personnel (DUP)

Dans les entreprises ou établissements de moins de 200 salariés, peut être mise en place une délégation unique du personnel (C. trav. art. L. 2326-1 et s.). L'initiative en revient à l'employeur. Les membres de la DUP exercent à la fois les attributions des DP et celles du CE.
Le nombre d'élus composant la délégation unique est fonction de l'effectif de l'entreprise : de 3 à 8.
Les délégués sont élus pour 4 ans ; leur mandat est renouvelable.
Le crédit d'heures ne peut excéder 20 heures par mois.
Les réunions des délégués du personnel et des membres du CE se tiennent une fois par mois, sur convocation de l'employeur. Elles ont lieu à la suite l'une de l'autre.
Cette mesure a été inspirée par la difficulté existante à trouver des candidats à ces fonctions, actuellement ; différentes explications peuvent être données à ce phénomène (problèmes d'emploi, individualisme croissant...). Cependant, l'organisation des relations employeurs/salariés est fondée sur la représentation.

> VI
Les délégués de site

L'article L. 2312-5 du Code du travail prévoit que lorsque, sur un même site, se trouvent plusieurs établissements de moins de 11 salariés, occupant au total au moins 50 salariés, « l'autorité administrative peut, de sa propre initiative ou à la demande des organisations syndicales, imposer l'élection » de délégués de site.
Il faut cependant :
- qu'il existe des problèmes communs aux entreprises du site ;
- que ces problèmes soient de même nature et suffisamment importants.

On peut entendre par « site » une zone industrielle, une rue commerçante dans une ville, un chantier composé d'entreprises différentes...
L'institution des délégués de site fonctionne dans les mêmes conditions que celles des délégués du personnel.

Chapitre **16**

Les comités d'entreprise

C'est une ordonnance du 22 février 1945 qui a créé les comités d'entreprise (et ceux d'établissement).

– Un CE est **obligatoire** pour les entreprises, établissements ou UES, d'au moins **50 salariés** –

Le Code du travail expose la méthode de calcul des seuils d'effectif (p. 7) ; ils doivent avoir été atteints pendant 12 mois, consécutifs ou non, au cours des trois années précédentes. L'employeur dispose d'un délai d'un an à compter du franchissement de ce seuil pour se conformer aux obligations « d'information et de consultation du CE » (loi du 14 juin 2013 ; art. 2322-2 du Code).
Si l'effectif diminue en cours de mandat, le chef d'entreprise et les syndicats représentatifs peuvent décider sa suppression, contrairement aux DP, qui terminent leur mandat.
Toutes les entreprises sont concernées (entreprises industrielles et commerciales, offices publics ou ministériels, professions libérales, sociétés civiles, syndicats professionnels, sociétés mutualistes, organismes de sécurité sociale) ; les établissements publics administratifs et les associations sont exclus.

– Le comité d'entreprise a la **personnalité juridique (ou morale)** ; c'est-à-dire qu'il peut ester en justice, contracter… –

La question s'était posée pour les comités d'établissements ; en effet l'ordonnance de 1945 n'avait pas dit expressément qu'ils avaient la personnalité juridique.

La Cour de cassation, par un arrêt du 28 janvier 1954 *Comité d'établissement de Saint-Chamond c/ Ray*, a décidé qu'ayant la même composition et le même fonctionnement qu'un CE, ils étaient aussi des personnes morales.
La même solution a été donnée pour les comités de groupe, 30 ans plus tard. La loi du 14 juin 2013 est venue préciser le rôle du CE (C. trav. art. 2323-4, 2327-1 s.)
Toutefois, le CE n'a pas qualité pour intenter une action visant à obtenir l'exécution des engagements résultant d'une convention collective. Cette action appartient aux syndicats qui ont seul le pouvoir de conclure un accord collectif (Soc. 19 nov. 2014).

> I La composition du comité d'entreprise

(C. trav. art. L. 2321-1 et s.)

Participent aux réunions du CE :

- Le chef d'entreprise ou son représentant qui préside ; il peut être assisté par deux collaborateurs qui ont voix consultative.
- Des représentants du personnel (titulaires et suppléants) élus, dont le nombre varie selon l'importance de l'entreprise :

Nombre de salariés	Délégués titulaires	Délégués suppléants
De 50 à 74	3	3
De 75 à 99	4	4
De 100 à 399	5	5
De 400 à 749	6	6
De 750 à 999	7	7
De 1 000 à 1 999	8	8
De 2 000 à 2 999	9	9
De 3 000 à 3 999	10	10
De 4 000 à 4 999	11	11
De 5 000 à 7 499	12	12
De 7 500 à 9 999	13	13
À partir de 10 000	15	15

Ce nombre peut être augmenté par accord entre le chef d'entreprise et la majorité des organisations syndicales ayant participé à la négociation.

Les représentants du personnel sont élus pour **4 ans** ; leur mandat est renouvelable. Les conditions de leur élection sont étudiées page 303.

– Des représentants syndicaux :

Ils ont voix consultative :
- dans les entreprises de moins de 300 salariés, le délégué syndical est, de droit, représentant syndical au CE ;
- dans les entreprises d'au moins 300 salariés, chaque organisation syndicale représentative (25 mars 2015) p. 344 peut désigner, de droit, un représentant syndical au CE.

– Selon les questions à l'ordre du jour : médecin du travail, commissaire aux comptes, expert-comptable...

> II
Les moyens d'action du comité d'entreprise

(C. trav. art. L. 2325-1 à L. 2325-44)

Heures de délégation	**20 heures** par titulaire et par mois. Le temps passé aux réunions du comité et à différentes commissions ne doit pas être imputé sur ce crédit et sont considérés comme du temps de travail. Ont également droit à ces heures de délégation les représentants syndicaux au CE dans les entreprises d'au moins 50 salariés.
Réunions	• Réunions **obligatoires** : *Fréquence :* Elle diffère selon l'effectif de l'entreprise : – au minimum **1 réunion** tous les **2 mois** pour les entreprises de moins de 150 salariés ; – au minimum **1 par mois** pour les entreprises de 150 salariés ou plus. Il peut y avoir aussi des réunions extraordinaires à la demande de la majorité des membres ou du chef d'entreprise. *Organisation :* – les réunions se déroulent en principe pendant le temps de travail ; – les réunions peuvent se dérouler par visioconférence, sauf s'il doit y avoir un vote à bulletin secret (Soc. 26 oct. 2011) ; – l'ordre du jour est fixé conjointement par le secrétaire du CE et le chef d'entreprise ; il doit être communiqué aux membres 3 jours avant la réunion ; l'employeur est lié par les termes de l'ordre du jour ; s'il traite une question non inscrite, il peut être condamné pour délit d'entrave (Soc. 5 févr. 2002). – les résolutions sont prises à la majorité des membres présents ; le vote peut se dérouler à main levée ; il doit être secret quand il s'agit du licenciement d'un représentant du personnel ou du médecin du travail ou encore si le règlement intérieur l'a rendu obligatoire ; le président du CE ne participe pas au vote lorsqu'il consulte les membres élus en tant que délégation du personnel (*ex. :* désignation des délégués au comité central).

	En cas de refus par l'employeur de tenir ces réunions, il peut être poursuivi pour *délit d'entrave*. • Réunions facultatives : le CE peut, en dehors du temps de travail, organiser des réunions : – d'information, internes à l'entreprise ; – avec des personnalités extérieures, syndicales ou non syndicales. Ces réunions peuvent être tenues par visioconférence, sauf si l'ordre du jour implique un vote à bulletin secret (Soc. 26 oct. 2011).
Commissions	Des commissions peuvent être créées pour l'étude de certaines questions ; elles sont parfois obligatoires : – commission de la formation professionnelle et commission de l'égalité professionnelle : dans les entreprises d'au moins 200 salariés ; – commission d'information et d'aide au logement : entreprises d'au moins 300 salariés ; – commission économique : entreprises d'au moins 1 000 salariés. Les CE ont la possibilité de créer des commissions pour l'examen de problèmes particuliers, d'ordre social, éducatif, professionnel...
Local	Le chef d'entreprise doit mettre à la disposition du CE un local ainsi que le matériel nécessaire au secrétariat et à la tenue des réunions, un panneau d'affichage doit aussi être installé. Mais l'employeur peut demander au CE de déménager « dès lors que ce local lui permet d'exercer normalement ses fonctions » (Soc. 22 oct. 2014).
Déplacements et assistance d'experts	Dans les mêmes conditions que les délégués du personnel (page 310). – Le CE peut se faire assister d'un expert-comptable (*ex.* : pour l'examen annuel des comptes, en cas de consultation sur un projet de licenciement économique...) ; – dans les entreprises d'au moins 300 salariés, le CE peut recourir à un expert en technologie lorsqu'il est consulté sur un projet important d'introduction de nouvelles technologies ; ces experts sont rémunérés par l'entreprise. Les frais de déplacements des membres du CE pour se rendre aux réunions, convoquées à l'initiative de l'employeur sont à la charge de celui-ci.
Formation	Les membres du CE bénéficient d'un stage de formation économique de 5 jours par an (renouvelés lorsqu'ils ont exercé leur mandat pendant 4 ans) ; la durée de ce stage est imputée sur le congé de formation économique, sociale et syndicale.
Ressources	Le CE ayant la personnalité juridique, il dispose de ressources propres. Le Code du travail prévoit deux types de ressources, financées par l'employeur : • une subvention **de fonctionnement** : son montant est de 0,20 % de la masse salariale brute versée dans l'année en cours ; • une contribution patronale **pour financer les activités sociales et culturelles** : Le calcul de la subvention se fait en prenant en compte deux minima : – le montant annuel « ne peut être inférieur au total le plus élevé des sommes affectées aux dépenses sociales de l'entreprise atteint au cours des 3 dernières années précédant la prise en charge des activités sociales et culturelles par le CE » (à l'exclusion des dépenses temporaires lorsque les besoins correspondants ont disparu) ;

	– le rapport de cette contribution au montant global des salaires payés ne peut non plus être inférieur au même rapport existant pour l'année de référence. Ces deux types de ressources doivent être affectés à deux budgets différents. Outre ces ressources, le CE peut : – recevoir des dons et legs et des subventions ; – encaisser les revenus des biens qu'il possède ; – organiser des manifestations procurant des recettes.
Protection	Les membres des CE sont des salariés protégés.

> III
Le rôle du comité d'entreprise

a › Attributions économiques et professionnelles

L'article L. 2323-1 du Code du travail définit le rôle du CE dans ce domaine de la façon suivante :

- Le comité d'entreprise a pour objet d'assurer une expression collective des salariés, permettant la prise en compte permanente de leurs intérêts dans les décisions relatives à la gestion et à l'évolution économique et financière de l'entreprise, à l'organisation du travail, à la formation professionnelle et aux techniques de production. Il formule, à son initiative, et examine, à la demande de l'employeur, toute proposition de nature à améliorer les conditions de travail, d'emploi et de formation professionnelle des salariés, leurs conditions de vie dans l'entreprise...

L'examen des garanties en matière de protection sociale, complémentaires à celles du régime général de sécurité sociale, relève également de ses attributions.

Pour exercer ce rôle, le chef d'entreprise doit lui fournir deux types d'informations :

– des informations périodiques ;

– des informations en vue d'une consultation donnée (*ex.* : sur un projet d'introduction de nouvelles technologies) pour que le CE puisse émettre un avis en toute connaissance de cause.

D'autre part, il a accès à l'information utile détenue par les administrations publiques.

Les articles L. 2323-6 à 2323-82 détaillent ces obligations ; nous en retiendrons l'essentiel.

• **Information**	
Un mois après chaque élection	Documentation économique et financière (forme juridique de l'entreprise et son organisation ; perspectives économiques...).
Une fois par an	– Entreprises de moins de 300 salariés Rapport d'activité portant sur : l'activité et la situation financière de l'entreprise, l'évolution de l'emploi, de la formation, des salaires... – Entreprises de 300 salariés et plus : – un rapport sur l'activité de l'entreprise, le chiffre d'affaires, les résultats globaux, transferts de capitaux, investissements, salaires..., sur les orientations stratégiques ; – un rapport sur les actions en faveur des handicapés ; – un bilan du travail à temps partiel ; – un bilan social : information sur l'emploi, les rémunérations, les conditions d'hygiène et de sécurité, la formation... – un rapport sur la situation comparée des hommes et des femmes en matière d'effectifs, plan d'action destiné à assurer l'égalité professionnelle (loi du 9 nov. 2010), conditions de travail, congés, rémunérations, formation et (loi du 23 mars 2006) d'embauche, de promotion qualification. La loi du 30 décembre 2006 a prévu qu'un accord de méthode, puisse, dans ces entreprises, adapter les modalités d'information du CE et organiser l'échange de vues auquel la transmission de ces informations donne lieu.
Une fois par trimestre	– Dans toutes les entreprises : Évolution générale des commandes et de la situation financière, de l'exécution des programmes de production et de la situation relative au paiement des cotisations sociales. – Entreprises de 300 salariés et plus : Évolution des effectifs, répartition par sexe et par qualification, nombre de salariés sous CDI, CDD, CTT, à temps partiel. Si, entre deux réunions consacrées à l'information trimestrielle sur l'emploi, est constaté un accroissement important du nombre de salariés sous CDD ou CTT, l'examen de cette question est inscrit de plein droit (à la demande de la majorité des membres du CE) à l'ordre du jour de la prochaine réunion.
Modification de l'organisation économique ou juridique, OPA	Information et consultation (v. ci-après). Projet de cession.
En matière de gestion du personnel	Utilisation de nouvelles méthodes de recrutement, traitement automatisé de gestion du personnel, moyens ou techniques permettant un contrôle de l'activité des salariés...
Dans les sociétés commerciales	L'ensemble des documents qui est communiqué aux associés l'est aussi au CE.
Base de données	Une base de données économique et sociale, mise régulièrement à jour rassemble un ensemble d'information que l'employeur met à disposition du CE ou à défaut des DP (loi du 14 août 2013 ; art. 2323-7-2 donne la liste de ces informations).

Recours pour manque d'information	Les membres élus du CE peuvent, s'ils estiment ne pas disposer d'informations précises et écrites transmises par l'employeur saisir le président du TGI statuant en la forme des référés pour qu'il ordonne la communication par l'employeur des éléments manquants. Le juge statue dans un délai de huit jours (art. 2323-4).
Confidentialité	Les membres du CE sont tenus au secret professionnel pour toutes les questions relatives aux procédés de fabrication. Ils ont obligation de discrétion à l'égard des informations revêtant un caractère confidentiel et présentées comme telles par l'employeur (art. 2325-5). C'est à l'employeur qu'il appartient d'établir le caractère confidentiel des informations (Paris, 11 mars 2013). Ces informations doivent non seulement être déclarées telles par l'employeur mais encore être de nature confidentielle, c'est à l'employeur de l'établir (Soc. 5 nov. 2014).
• Consultation (avec information)	
Chaque année	Au cours d'une réunion : sur l'évolution de l'emploi, les qualifications, la formation professionnelle et l'apprentissage, les techniques de production... Les orientations stratégiques de l'entreprise, une base de données économiques et sociales.
Lors de prévisions et modifications	– Relatives à *l'emploi* : mesures de nature à affecter le volume ou la structure des effectifs, gestion prévisionnelle des emplois... ; – *conditions de travail* : organisation et aménagement du temps de travail, horaires de travail, égalité professionnelle ; – orientation de la formation professionnelle ; plan de formation ; – apprentissage ; – politique de recherche et de développement technologique et notamment sur tout projet *d'introduction de nouvelles technologies* pouvant avoir des conséquences sur l'emploi, les qualifications ; – règlement intérieur ; – la mise en place d'un accord de participation ou d'intéressement ; – modification de l'organisation économique ou juridique de l'entreprise, notamment en cas de fusion, cession... – en cas d'OPA, d'opération de concentration.
En matière de licenciement	– Sur le licenciement d'un représentant du personnel ou d'un médecin du travail ; – Licenciement collectif pour motif économique.
• Emplois précaires	En cas de « recours abusif » aux CDD ou aux CTT ou d'accroissement important de leur nombre, le CE peut saisir l'inspecteur du travail.
• Droit d'alerte économique	Si le CE a connaissance de faits de nature à affecter de manière préoccupante la situation économique de l'entreprise, il peut demander à l'employeur de lui fournir des explications (art. L. 2323-78 et s.). Sans réponse suffisante, il établit un rapport qui est transmis à l'employeur et au commissaire aux comptes.

Accord obligatoire	Le CE doit donner son accord pour : – la mise en place de la semaine de 4 jours ou d'horaires individualisés ; – le remplacement du paiement des heures supplémentaires par un repos compensateur ; – la nomination d'un médecin du travail ; – la désignation des membres représentant le personnel au CHSCT.
Entreprise en difficulté (loi du 26 juillet 2005)	Si l'entreprise fait l'objet d'une procédure collective, le CE intervient : – il doit être informé et consulté avant toute déclaration de cessation de paiements et lorsque l'entreprise fait l'objet d'une mesure de redressement ou de liquidation ; – il désigne les « représentants des salariés » chargés des créances salariales ; – il peut être consulté par l'administrateur et doit l'être, sur son rapport ; – le tribunal statue sur le plan de redressement, de continuation ou de cession de l'entreprise après avoir entendu des représentants du CE.
Dans les sociétés anonymes	– Deux membres du CE assistent, avec voix consultative, aux séances du conseil d'administration ou du conseil de surveillance (dans les entreprises ayant 3 collèges électoraux, ce nombre est porté à 4) ; ils peuvent requérir l'inscription de projets de résolutions à l'ordre du jour des assemblées ; – ils doivent, à leur demande, être entendus lors des délibérations nécessitant l'unanimité des associés ; – le CE peut, en cas d'urgence, demander en justice la désignation d'un mandataire chargé de convoquer l'AG des actionnaires.

Pour analyser les documents comptables et donner un avis éclairé le CE peut faire appel à un expert comptable (choisi par le CE et rémunéré par l'employeur), ou à tout autre expert rémunéré par ses soins.

b › Attributions sociales et culturelles

C'était, au départ la véritable mission du CE, pour éviter les attitudes « paternalistes » des employeurs. Les avantages sociaux devenaient un droit et non une « charité » aléatoire.

• › Activités

– Prévoyance et entraide (*ex.* : sociétés de secours mutuel) ;
– amélioration des conditions de bien-être (cantines, logements, crèches, arbres de Noël, colonies de vacances...) ;
– loisirs et sports ;

– éducation et culture (apprentissage, formation professionnelle, bibliothèque...) ;
– services sociaux ;
– services médicaux...

– La spécificité de ces activités –

Elles ne doivent pas se substituer aux obligations légales de l'employeur.
Les avantages distribués par le CE n'ont pas le caractère de salaire.

• › Gestion

Le CE peut :
– soit gérer directement les activités (associations sportives...) ;
– soit en contrôler la gestion (sociétés de secours mutuel, CFA, logements du personnel...).

> IV
Les autres comités

En sus du comité d'entreprise classique, ont été créés d'autres comités.

Comités	Date de création	Création	Composition	Attributions
D'établissement	Ordonnance du 22 février 1945.	Établissement distinct (autonome) d'au moins 50 salariés.	La même que celles des CE.	Les mêmes que celles des CE.
Central d'entreprise	Loi du 22 octobre 1982.	Toute entreprise comportant au moins 2 comités d'établissement. Élection tous les 4 ans.	– Le chef d'entreprise ; – une délégation élue des comités d'établissements ; – des représentants syndicaux. Élection tous les 4 ans.	– Les mêmes que celles des CE ; – attributions concernant la marche générale de l'entreprise et qui excèdent la limite des pouvoirs des chefs d'établissements. – Au moins une réunion tous les 6 mois.

Interentreprises		Lorsque plusieurs entreprises possèdent ou envisagent de créer certaines institutions sociales communes (*ex. :* cantines).	– Constitué par les CE des entreprises intéressées. – Composé d'un représentant des chefs d'entreprise, 2 délégués salariés par CE des entreprises concernées.	– Les mêmes que celles des CE.
De groupe	Loi du 28 octobre 1982.	Dans les groupes de sociétés (une société dominante et ses filiales). La désignation des représentants du personnel a lieu tous les 4 ans.	– Le chef de l'entreprise dominante et deux personnes de son choix avec voix consultative. – Des représentants du personnel désignés par les syndicats parmi leurs élus dans les CE. – Facultativement : des représentants syndicaux[1].	– Informer les CE des différentes filiales sur les perspectives et la stratégie du groupe. – Il reçoit des informations, mais n'est pas consulté. – Réunions : au moins une fois par an.
D'entreprise européen	– Directives du 22 septembre 1994 et du 6 mai 2009. – Loi du 12 novembre 1996 et ordonnance du 20 octobre 2011.	Entreprises ou groupes d'entreprises de dimension communautaire/européenne employant au moins 1 000 salariés dans les États membres, comptant au moins un établissement employant au moins 150 salariés dans au moins 2 de ces pays.	Déterminée par accord ; à défaut : – chef d'entreprise, assisté de 2 personnes de son choix ayant voix consultative ; – représentants du personnel des établissements de l'entreprise ou des entreprises du groupe.	– Il doit permettre l'information et la consultation des salariés à l'échelon européen ; mais sa compétence est limitée aux questions transnationales. – Réunions : au moins une fois par an.

(1) Le changement d'appartenance à un syndicat n'autorise pas ce syndicat à mettre fin au mandat de l'intéressé au sein du comité de groupe en cours d'exercice (Soc. 9 juill. 2014).

De la société européenne (SE)	– Directive du 8 octobre 2001. – Loi du 25 juillet 2005.	– Sociétés européennes ayant leur siège social en France ; – filiales et établissements d'une société européenne, situés en France.	– Déterminée par un accord entre les dirigeants de la SE et les représentants des salariés ; – à défaut d'accord : – dirigeant de la SE ; – représentants du personnel des sociétés participantes, filiales et établissements concernés.	Réunions au moins 1 fois par an pour étudier toutes les questions économiques, financières et sociales relatives aux intérêts des salariés.

Chapitre 17

Les syndicats professionnels

L'article L. 2131-1 du Code du travail définit leur rôle de la façon suivante :

- Les syndicats professionnels ont exclusivement pour objet l'étude et la défense des droits ainsi que des intérêts matériels et moraux, tant collectifs qu'individuels, des personnes visées par leurs statuts.

La législation du travail ne serait sans doute pas ce qu'elle est actuellement, s'il n'y avait eu, depuis plus d'un siècle, une action continue des salariés en vue d'améliorer leurs conditions de travail, sous l'impulsion de syndicats.

Même si les syndicats sont bien implantés dans les entreprises, la France est l'un des pays qui connaît **le plus faible taux de syndicalisation** : un peu moins de 8 % (et autour de 5 % en ce qui concerne le secteur privé).
Ce taux est souvent comparé à celui des pays du nord de l'Europe (70 %, voire 80 %) ; cependant cette opposition doit être relativisée : dans les pays du nord de l'Europe, l'adhésion à un syndicat est souvent obligatoire pour bénéficier de certaines garanties, ce qui n'est pas le cas en France. Le faible taux de syndicalisation n'empêche pas plus de 90 % des salariés d'être couverts par une convention collective.

C'est une des raisons possibles de la désaffectation syndicale. Mais d'autres explications sont proposées : Individualisme croissant, « politisation » des syndicats, divisions syndicales, développement des formes d'emploi précaires, crainte du chômage...

La loi du 20 août 2008 portant « rénovation de la démocratie sociale », a eu pour but de « fonder le dialogue social sur des organisations fortes et légitimes ». Cette loi a réformé le droit syndical dans l'entreprise. Il est, en effet, important que les syndicats, aptes à négocier les conventions collectives (parfois moins favorables que la loi) au nom des salariés qu'ils représentent, bénéficient d'une réelle légitimité. C'est la raison pour laquelle l'audience des syndicats dans l'entreprise détermine leur représentativité, et par suite, leur capacité à signer ces conventions collectives.
La Cour de cassation s'est récemment appuyée sur cette légitimité des syndicats représentatifs pour juger que les accords collectifs créant des avantages au profit d'une catégorie professionnelle (les cadres par ex.) étaient « présumés justifiés ». En d'autres termes, ces accords, parce qu'ils ont été « négociés et signés par les organisations syndicales représentatives, investies de la défense des droits et intérêts des salariés et à l'habilitation desquelles ces derniers participent directement par leur vote », sont a priori conforme au principe d'égalité de traitement, de sorte qu'il appartient au salarié qui s'estime lésé d'apporter la preuve contraire (Soc. 27 janv. 2015).
La loi du 5 mars 2014 relative à la formation professionnelle, à l'emploi et à la démocratie sociale apporte quelques ajustements sur la désignation des représentants syndicaux ; elle pose surtout de nouvelles règles relatives à la représentativité patronale.

> I Historique du droit syndical

> A La conquête

- Avant la Révolution de 1789, du temps des corporations, les ouvriers créent des groupements : *les « compagnonnages »*.

Ils essaient d'établir une certaine solidarité entre eux ; ils organisent l'accueil des compagnons qui font « le tour de France », pour apprendre leur métier ; ils tentent de faire pression sur les maîtres pour obtenir de meilleures conditions d'embauche et de travail ; mais le pouvoir et les corporations leur sont hostiles.

- Avec la Révolution, la *loi Le Chapelier* (juin 1791), au nom de la liberté du commerce et de l'industrie, supprime les corporations et interdit aux membres d'une même profession tout groupement fondé « sur leurs prétendus intérêts communs ».
- Le mouvement ouvrier essaie de s'organiser, mais le *délit de coalition* frappe les associations de plus de vingt personnes constituées sans autorisation ; seules les *sociétés de secours mutuel* sont tolérées. Ce sont des groupements clandestins, les « *sociétés de résistance* » qui constitueront la principale forme de l'action collective.
- En *1864, le délit de coalition est supprimé par Napoléon III.*
- En *1884, sous la IIIe République, la loi Waldeck-Rousseau reconnaît les syndicats* ; ils peuvent se constituer librement et ont la personnalité juridique.

> B Évolution

1892	Création de la fédération des bourses du travail.
1895	Création au congrès de Limoges de la Confédération générale du travail, regroupant toutes les bourses et les fédérations.
1920	Une loi étend la capacité civile des syndicats.
1936	Les syndicats prennent peu à peu une place officielle dans la vie publique.
1941	Le gouvernement de Vichy (État français) corporatiste, institutionnalise dans la Charte du travail le principe du syndicat unique, obligatoire et contrôlé par l'État.
1946	La Constitution de la IVe République dans son préambule proclame : « tout homme peut défendre ses droits et ses intérêts par l'action syndicale et adhérer au syndicat de son choix ».
1968	Une loi consacre le libre exercice du droit syndical dans l'entreprise, en autorisant la création des sections syndicales d'entreprise.
2007	Une loi prévoit que tout projet de réforme en droit du travail doit d'abord comporter une phase de concertation avec les partenaires sociaux (organisations syndicales de salariés et d'employeurs).
2008	Une loi modifiant les critères de la représentativité syndicale.
2014	Une loi posant les critères de la représentativité patronale.

> C Le syndicalisme d'aujourd'hui

a › Les syndicats de salariés

Ils sont regroupés dans des confédérations.

Les principales confédérations de salariés

Création	Nom	Présidents ou secrétaires généraux
1895 – Congrès de Limoges.	Confédération générale du travail, ***CGT***.	P. Martinez
1919 – Succédant à des syndicats chrétiens créés en 1905.	Confédération française des travailleurs chrétiens, ***CFTC***.	P. Louis
1944 – Pour défendre les intérêts des cadres (syndicat catégoriel)	***CFE-CGC*** (Confédération française de l'encadrement et Confédération générale des cadres).	C. Couvert
1947 – Née d'une scission d'avec la CGT en vue de s'affranchir de la tutelle du parti communiste.	***CGT-FO*** (Force ouvrière).	J.-C. Mailly
1964 – Née d'une scission d'avec la CFTC.	Confédération française démocratique du travail, ***CFDT***.	L. Berger

D'autres syndicats, non représentatifs actuellement, font également entendre leurs voix :
- Le groupe des dix, union syndicale solidaire, regroupant les différents SUD,
- L'union nationale des syndicats autonomes (UNSA),
- La confédération nationale du travail (CNT),
- La confédération autonome du travail (CAT).

D'autres syndicats sont nettement reliés à des professions tels la FNSEA (exploitants agricoles), le SNES (enseignants), etc.

La comptabilisation des adhérents d'un syndicat est très délicate (manque de régularité dans le paiement des cotisations...). Leur audience est mesurée par les résultats obtenus aux élections professionnelles.

Un arrêté du 30 mai 2013 fixe la liste des organisations syndicales reconnues représentatives au niveau national et interprofessionnelle : (audience au niveau interprofessionnel) :
- la Confédération générale du travail (CGT) : 33,9 % ;
- la Confédération française démocratique du travail (CFDT) : 21,8 % ;
- la Confédération générale du travail-Force ouvrière (CGT-FO) : 15,8 % ;

– la Confédération française de l'encadrement-Confédération générale des cadres (CFE-CGC) : 8,2 % ;
– la Confédération française des travailleurs chrétiens (CFTC) : 8,2 %.

b › Les organisations d'employeurs

Leur rôle est multiple :

- *Envers l'État : ce sont des partenaires sociaux ; ils sont consultés* sur les projets de réforme en droit du travail *; ils s'efforcent de défendre les intérêts de leurs adhérents.*
- *Envers les syndicats de salariés :* ils négocient avec eux en vue de la signature d'accords collectifs.
- *Envers les entreprises :* ils s'efforcent de coordonner leurs actions et de leur apporter aide et conseils.

Les principales organisations d'employeurs

Le ***MEDEF***	Mouvement des entreprises de France, il a succédé au CNPF. C'est le groupement le plus puissant. (Présidente : M. P. Gattaz).
La ***CGPME***	Confédération générale des petites et moyennes entreprises (Président : M. Jean-François Roubaud).
La ***CNAMS***	Confédération nationale de l'artisanat, des métiers et des services (Président : M. Pierre Martin).
La ***CAPEB***	Confédération des artisans, petites entreprises du bâtiment (Président : M. Patrick Liébus) compose l'UPA (Union professionnelle artisanale) avec la CNAMS, la CGAD et le CNATP.

Une organisation d'employeur n'a pas à être représentative pour signer un accord collectif. Mais un tel accord ne peut être étendu que s'il a été négocié et conclu en commission paritaire, composée de représentants des organisations syndicales d'employeurs et de salariés représentatives.
La représentativité des organisations professionnelles d'employeurs est désormais déterminée à partir de 6 critères cumulatifs (art. L. 2151-1 C. trav.) :
– le respect des valeurs républicaines ;
– l'indépendance ;
– la transparence financière ;
– une ancienneté minimale de 2 ans dans le champ professionnel et géographique couvrant le niveau de négociation. Cette ancienneté s'apprécie à compter de la date de dépôt légal des statuts ;
– l'influence, prioritairement caractérisée par l'activité et l'expérience ;
– l'audience, qui s'apprécie en fonction du nombre d'entreprises adhérentes et selon les niveaux de négociation. Les organisations patronales seront représen-

tatives si elles représentent au moins 8 % de l'ensemble des entreprises adhérant à des organisations patronales représentatives.
Les cinq premiers critères sont identiques aux critères posés pour la représentativité des syndicats de salariés. La seule différence porte sur les critères d'appréciation de l'audience (un critère d'adhésion, à la place d'un critère électoral).
La première mesure d'audience s'effectuera en 2017, puis tous les quatre ans.
La suite des développements portera essentiellement sur les syndicats de salariés.

C › L'organisation et le fonctionnement des syndicats

1 › Les organes

L'assemblée générale prend les dispositions les plus importantes (par exemple modification des statuts). Elle désigne les administrateurs (dirigeants) ; ceux-ci représentent le syndicat et ont de larges pouvoirs.
Les dirigeants doivent :
- être âgés de 18 ans ;
- jouir de leurs droits civiques et ne pas avoir subi certaines condamnations pénales.

Les « permanents » : rémunérés par le syndicat, aident les dirigeants dans les syndicats importants.

2 › Les structures

Chaque syndicat a sa propre structure, mais on retrouve cependant des caractéristiques communes.
Il existe :
- un regroupement horizontal sur le plan géographique : les *unions* locales, départementales, régionales. Elles regroupent les salariés de toutes professions ;
- un regroupement vertical, sur le plan professionnel : les *fédérations* regroupant les syndicats d'une même branche. (*ex.* : fédération du bâtiment, de la chimie...) ;
- la *confédération* réunit les unions et les fédérations au niveau national. Elle constitue la centrale syndicale (*ex.* : CGT, CFDT...).
- Les *congrès* : réunissent les délégués de tous les métiers et de tous les départements ; ils sont organisés par les confédérations, et jouent un rôle important dans la vie syndicale.

Voir schéma page suivante.

Un exemple de structures syndicales

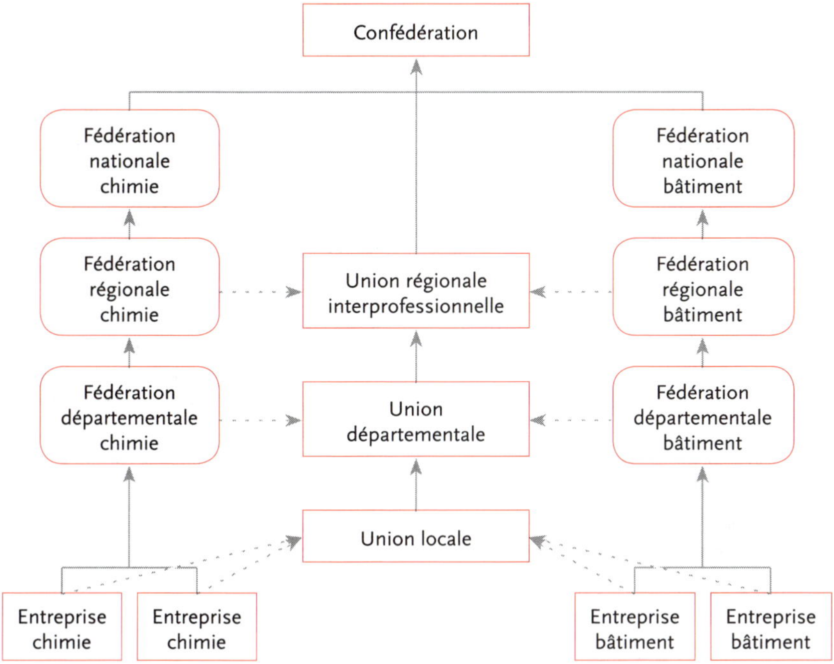

> II Les principes du droit syndical

> A La liberté syndicale

Reconnue par l'alinéa 6 du préambule de la Constitution de 1946, la liberté syndicale a valeur constitutionnelle. Elle recouvre deux dimensions :

La liberté du syndicat	La liberté des salariés
• Les syndicats se constituent librement entre des personnes exerçant une profession identique ou similaire : pas d'autorisation administrative préalable.	• Chaque salarié est libre d'adhérer au syndicat de son choix.

Il suffit de déposer les statuts et les noms des dirigeants à la mairie ; le maire doit les transmettre au procureur de la République. **Conséquences :** La liberté syndicale est un moyen de garantir le pluralisme syndical. Plusieurs syndicats peuvent se constituer dans la même branche ou dans la même entreprise.	**Conséquences :** – l'employeur ne peut pas prendre en considération l'appartenance syndicale du salarié pour prendre une décision : interdiction des discriminations syndicales. Ex : la seule mention de la disponibilité réduite du salarié du fait de ses fonctions syndicales suffit à laisser présumer de l'existence d'une discrimination syndicale (Soc. 11 janv. 2012, n° 10-16655). – l'adhésion du salarié à un syndicat relève de sa vie personnelle et ne peut être divulguée sans son accord. Le syndicat ne peut donc produire ni être contraint de produire une liste nominative de ses adhérents à l'employeur (Soc. 9 juill. 2009).
• Neutralité de l'État qui n'intervient pas dans le fonctionnement du syndicat.	• Chaque salarié est libre de se retirer à tout instant du syndicat qu'il a choisi.
• Neutralité de l'employeur qui ne peut pas favoriser un syndicat par rapport à un autre.	• Chaque salarié est libre de ne pas adhérer à un syndicat.

> B Le pluralisme syndical

Le pluralisme syndical est une conséquence de la liberté syndicale.
Le pluralisme syndical et l'émiettement syndical qui peut en découler peuvent être de nature à bloquer l'action syndicale. C'est pourquoi, afin de sauvegarder l'unité d'action, et donc l'efficacité, certains syndicats sont reconnus comme « représentatifs ».
Ils sont des partenaires sociaux privilégiés, et bénéficient, à ce titre, du monopole de la négociation collective. Ce sont les seuls aptes à négocier et signer les conventions collectives applicables aux salariés. Les conditions de la représentativité des syndicats ont été revisitées par la loi du 20 août 2008 (p. 336).

> C Le caractère professionnel

C'est ce qui distingue l'association du syndicat.

- L'association peut avoir n'importe quel but (sportif, culturel, social…).
- Le syndicat ne peut avoir qu'un caractère professionnel.

Ce principe emporte les conséquences suivantes :

Objet du syndicat	Membres du syndicat
• **Le syndicat ne peut avoir qu'un but professionnel :** l'étude et la défense des droits ainsi que des intérêts matériels et moraux, tant collectifs qu'individuels, de la profession qu'il représente.	• **Le syndicat ne peut se constituer qu'entre des personnes exerçant réellement une profession :** – les étudiants ne peuvent constituer un syndicat. – les demandeurs d'emploi ne peuvent pas constituer un syndicat ; ils peuvent seulement siéger en observateurs dans les organismes les concernant. – les retraités ne peuvent pas constituer un syndicat, mais ils peuvent rester dans le syndicat de la profession qu'ils exerçaient.
• **Un syndicat ne peut pas avoir un objet politique.** C'est une des raisons pour laquelle la Cour de cassation a refusé la qualification de « syndicat » au Front national de la Police qui n'était que l'instrument d'un parti politique (ch. mixte, 10 avr. 1998). Toutefois, l'activité des syndicats peut revêtir un aspect politique ; les positions politiques prises ne devraient intervenir que pour conforter la défense des intérêts professionnels.	• **Le syndicat ne peut se constituer qu'entre personnes exerçant une profession identique** (syndicat des pilotes de lignes), **similaire** (syndicat d'ingénieurs) **ou connexe** c'est-à-dire participant à l'élaboration d'un même produit (syndicat des travailleurs du livre).
• **Le syndicat ne peut pas avoir une activité commerciale.** Ainsi, il ne peut vendre des biens ou des services pour faire des bénéfices. Toutefois, un syndicalisme de service se développe pour lutter contre la désaffectation syndicale, et reconquérir une audience auprès des salariés. Il s'agit d'offrir aux salariés syndiqués, des conseils, gratuits, en matière juridique par exemple. Ex. : n'a pas la qualité de syndicat « l'union des syndicats anti-précarité » (SAP) dont l'activité consistait exclusivement à proposer des services rémunérés d'assistance et de conseil juridique (Soc. 15 nov. 2012).	• **Un syndicat peut se créer dans toutes les professions**, y compris les professions libérales (loi de 1920) et les agents publics (loi de 1946). Actuellement, seuls les militaires (interdiction par une loi du 13 juillet 1972), les officiers ministériels (notaires, huissiers...) ne peuvent se syndiquer ; par contre, les professions relevant d'un ordre professionnel (avocats, médecins, architectes...) ont créé des syndicats.

> III
L'action du syndicat

> A
Le rôle du syndicat

L'action du syndicat *est limitée au champ professionnel.*
Il a essentiellement :

- *une action revendicative :* les syndicats interviennent auprès de l'employeur (en matière de conditions de travail, salaires, formation professionnelle...) ou des autorités ; ils protestent, saisissent l'opinion publique et surtout peuvent recourir à l'appel à la grève. Dans les services publics, ils ont d'ailleurs un monopole dans le déclenchement des grèves ;
- *une action de représentation :* ce sont eux qui représentent les intérêts de leurs adhérents ou de la profession envers les employeurs, l'État et, sous certaines conditions, devant les tribunaux (cf. *supra*) ;
- *un rôle de partenaire dans la négociation collective.* Le syndicat, s'il est représentatif, a le monopole de la négociation des conventions et accords collectifs, applicables aux salariés.

> B
Les moyens d'action

Doté de la personnalité morale, le syndicat peut :

Ester en justice (soutenir une action en justice, comme demandeur ou défendeur)	
Pour la défense de ses propres intérêts en tant que personne morale	*exemple :* un syndicat agit en son nom propre lorsqu'il agit en annulation d'une élection professionnelle à laquelle il a présenté des candidats. De même, l'action du syndicat signataire d'une convention collective pour en obtenir l'application est une action que le syndicat exerce dans son propre intérêt.
Pour la défense des intérêts collectifs de la profession	Le syndicat professionnel veille au respect de la législation du travail (*ex. :* non-respect par un employeur d'une disposition d'une convention collective, des règles relatives aux CDD, ou en cas de recours abusif à des CDD).

L'intérêt collectif de la profession se situe entre l'intérêt individuel, défendu par le salarié lui-même et l'intérêt général, défendu par le Ministère public.	À propos de l'ouverture des magasins de bricolage le dimanche : L'action introduite par un syndicat est recevable du seul fait que ladite action repose sur la **violation d'une règle d'ordre public social** ; la circonstance que les salariés d'une entreprise sont consentants pour travailler le dimanche est sans incidence sur le droit d'agir du syndicat qui poursuit la réparation d'une atteinte à l'intérêt collectif de la profession en présence d'une méconnaissance du repos dominical. Soc. 22 janv. 2014. • Limites : Ex : la reconnaissance d'un contrat de travail est un droit exclusivement attaché à la personne de celui qui se prétend salarié. Une organisation syndicale n'est donc pas recevable à introduire une action en qualification de contrat de travail. Ex : le litige sur la qualification de faute grave des faits invoqués pour justifier le licenciement du salarié pendant la suspension de son contrat de travail n'était pas de nature à porter atteinte aux intérêts collectifs de la profession (Soc. 21 févr. 2014). Saisie sur ce point d'une question prioritaire de constitutionnalité, la Cour de cassation a refusé de la transmettre au Conseil constitutionnel au motif que « l'article L. 2132-3 du Code du travail qui donne qualité à agir au syndicat agissant dans l'intérêt collectif de la profession qu'il représente **découle de la liberté syndicale** consacrée par l'article 6 du préambule de la Constitution du 27 octobre 1946, l'article 11 de la Déclaration européenne des droits de l'homme et du citoyen et l'article 2 de la Convention internationale du travail n° 87, **et ne constitue pas une atteinte à la liberté personnelle des salariés ni à leur droit d'agir en justice » (Cass. 5 juin 2013)**.
Pour la défense des intérêts individuels d'un salarié	• Pour se constituer partie civile à l'occasion d'un procès devant une juridiction répressive (*ex. :* à l'occasion d'un accident du travail, s'il y a eu inobservation des règles de sécurité). • **En tant que mandataire :** lors d'un conflit opposant un salarié et un employeur devant le conseil de prud'hommes : la loi autorise le salarié à se faire **assister** devant ce tribunal par un délégué d'une organisation syndicale (« défenseur syndical »). • **Par une action en substitution :** un syndicat représentatif peut agir au lieu et place d'un salarié. Cette action de substitution est très encadrée, car elle constitue une exception au principe selon lequel « nul ne plaide par procureur ». – Le syndicat peut seulement se substituer aux personnes fragilisées, en raison de la précarité de leur situation (salariés en CDD, CTT, salariés étrangers) ou de la gravité du comportement de l'employeur (discriminations, harcèlement moral, licenciement économique)... – Le syndicat doit avertir le salarié concerné et celui-ci peut s'opposer à l'action ; le salarié peut également intervenir à l'instance ou y mettre fin à tout moment. – La majorité des actions de substitutions sont réservées aux syndicats représentatifs.

Acquérir des biens
– Il peut tout à fait librement recevoir des dons et des legs ou acheter des biens immobiliers ou mobiliers ; – les biens indispensables à son fonctionnement sont insaisissables.
Passer des contrats
• Contrats individuels (*ex.* : embauche d'une secrétaire, location d'un local, achat de matériel). • Contrats collectifs : négociation d'accords et de conventions collectives, applicables aux salariés.

Les ressources des syndicats proviennent :
- des cotisations de leurs membres ;
- des revenus de leurs biens ;
- des subventions de l'employeur : il peut participer au financement des syndicats, mais cette pratique (parfois contestée) ne doit pas constituer un moyen de pression en faveur ou à l'encontre d'une organisation syndicale.
- il peut prendre l'initiative de verser une contribution financière dénommée parfois « **chèque syndical** » ; celui-ci doit être remis à chaque salarié et non à une organisation syndicale.
- La Cour de cassation admet le principe d'un **financement direct** des syndicats par l'employeur, mais elle veille au respect du principe d'égalité de traitement entre les syndicats représentatifs. Ainsi *le principe d'égalité, de valeur constitutionnelle, ne permet pas à un employeur de subventionner un syndicat représentatif et non un autre, selon qu'il a signé ou non une convention ou un accord collectif* (Soc. 29 mai 2001). Toutefois, un accord collectif d'entreprise peut prévoir une participation de l'employeur plus élevée en faveur des syndicats considérés comme les plus influents dans l'entreprise (Soc. 10 oct. 2007). Une telle répartition inégalitaire, fondée sur la mesure de l'influence des syndicats représentatifs dans l'entreprise, relance le débat sur l'indépendance des syndicats directement financés par l'employeur.

Les dispositions d'une convention ou d'un accord collectif visant à faciliter la communication des organisations syndicales ne peuvent, sans porter atteinte au principe d'égalité, être limitées aux seuls syndicats représentatifs et doivent bénéficier à tous les syndicats qui ont constitué une section syndicale (Soc. 11 janv. 2012).

> C
Les syndicats représentatifs

La représentativité, atout majeur pour un syndicat, lui donne de nombreuses prérogatives.

a › Les critères de représentativité

La loi du 20 août 2008 a modifié les critères de représentativité.

• › Régime antérieur

Un arrêté du 31 mars 1966 avait désigné comme représentatives *de droit* au niveau national cinq grandes confédérations :
- la Confédération générale du travail (CGT) ;
- la Confédération française démocratique du travail (CFDT) ;
- la Confédération française des travailleurs chrétiens (CFTC) ;
- la Confédération française de l'encadrement (CFE) ;
- la Confédération générale du travail - Force Ouvrière (CGT-FO).

Tous les syndicats affiliés à l'une de ces cinq organisations déclarées représentatives par l'arrêté, bénéficiaient d'une *présomption irréfragable* de représentativité (qui ne pouvait pas être renversée par une preuve contraire).
Ce système a été critiqué :
- Peu importait l'influence réelle des syndicats dans l'entreprise ou la branche d'activité. Certains dénonçaient alors une représentativité fictive.
- En découlait une inégalité entre les syndicats, dans l'accès à la représentativité. Seuls les syndicats non affiliés à une organisation représentative au plan national devaient alors, pour l'application d'un texte déterminé (*ex.* : négociation d'un accord collectif au niveau d'une branche, présentation de candidats au premier tour des élections professionnelles...) faire la preuve de leur représentativité qui s'appréciait selon cinq critères : les effectifs, les cotisations, l'indépendance du syndicat, son expérience, son ancienneté et son « attitude patriotique pendant l'Occupation ». Toutefois, dans un arrêt du 2 décembre 2002, la Cour de cassation avait jugé qu'il convenait de constater « l'indépendance du syndicat et son influence réelle » (il s'agissait d'un syndicat très actif sur Internet).

En réponse à ces critiques, l**a loi du 20 août 2008** portant « rénovation de la démocratie sociale », **a supprimé la présomption de représentativité et instauré de nouveaux critères cumulatifs**.

• › Régime actuel

Toutes les organisations syndicales doivent désormais faire la preuve de leur représentativité devant les tribunaux si celle-ci est contestée. Ce qui suppose de satisfaire aux 7 critères de représentativité.

Respect des valeurs républicaines	• Cela implique notamment le respect de la liberté d'opinion, politique, philosophique ou religieuse ainsi que le refus de toute discrimination, de tout intégrisme et de toute intolérance. • Critère présumé rempli : c'est à celui qui conteste la représentativité d'un syndicat de prouver que ce dernier ne respecte pas les valeurs républicaines. La mention dans les statuts (prônant l'abolition de l'État et le recours à l'action directe) ne suffit pas à renverser la présomption. La preuve doit être rapportée que le syndicat poursuit, dans son action, un objet illicite (Soc. 13 oct. 2010).	
Indépendance	• Il doit s'agir d'une indépendance financière et idéologique, par rapport à l'employeur, par rapport à l'État, et par rapport aux partis politiques. • Critère présumé rempli.	
Transparence financière	• Les syndicats doivent justifier de l'origine de leur financement. • Selon leurs ressources, les syndicats sont tenus à des procédures d'établissement et de publicité de leurs comptes et à l'obligation de désigner un commissaire aux comptes.	
Ancienneté	Une ancienneté minimale de 2 ans dans le champ professionnel et géographique couvrant le niveau de négociation.	
Audience *La condition d'audience est d'ordre public absolu, ce qui interdit à un accord collectif comme à un employeur de reconnaître la qualité d'organisation syndicale représentative à une organisation qui n'a pas satisfait à cette condition (Soc. 18 mai 2011).*	Le vote des salariés n'est plus seulement destiné à élire un représentant du personnel (DP, CE) ; il détermine aussi l'audience des syndicats : Ce sont les suffrages exprimés au premier tour des élections des titulaires au comité d'entreprise (ou de la délégation unique du personnel) ou, à défaut, des délégués du personnel qui permettent de mesurer l'audience des syndicats. Peu importe que le quorum ne soit pas atteint ; le premier tour doit toujours être dépouillé. La représentativité est donc appréciée, à chaque élection, tous les 4 ans. peu importe que soient organisées au cours de cette période des élections intermédiaires (Soc. 13 févr. 2013, même en cas d'élections partielles ; Soc. 19 févr. 2014, même en cas de restructuration de l'entreprise). La cour de cassation a fait le choix de la stabilité de l'audience et donc de la représentativité des syndicats, nécessaire à l'exercice de leur mission de négociation.	
	Un seuil d'audience à atteindre est fixé pour chaque niveau :	
	National et interprofessionnel	8 % des suffrages exprimés ; de plus, l'organisation syndicale doit être représentative à la fois dans les branches de l'industrie, de la construction, du commerce et des services.
	Branche	8 % des suffrages exprimés ; l'organisation syndicale doit disposer d'une implantation géographique caractérisée par une présence territoriale équilibrée.
	Entreprise/ Établissement	10 % des suffrages exprimés ; le seuil de 10 % s'apprécie tous collèges confondus.

	Les très petites entreprises (TPE qui ne possèdent pas de représentants du personnel et donc ne procèdent pas aux élections professionnelles) participent aussi à la détermination des syndicats représentatifs : la loi du 15 octobre 2010 relative à la représentativité syndicale dans les TPE prévoit un scrutin spécifique organisé tous les quatre ans au niveau régional.
Influence	Elle est notamment caractérisée par l'activité et l'expérience. Un syndicat influent est un syndicat actif, dynamique (distribution de tracts…).
Effectifs des adhérents et cotisations	Ce critère rend compte de l'importance du syndicat, mais il doit être relativisé, en raison du faible taux de syndicalisation.

- **Principe de concordance** : l'appréciation des critères et notamment de l'audience se fait au niveau où la représentativité est recherchée. Pour être représentatif au niveau d'un établissement et négocier un accord d'établissement, le syndicat doit obtenir au moins 10 % des suffrages aux élections du comité d'établissement ; peu importe qu'il ait obtenu 10 % aux élections du comité d'entreprise et qu'il soit représentatif au niveau de l'entreprise. Un accord ne peut prévoir le contraire (Soc. 6 janv. 2011).
- **Ces sept critères sont cumulatifs.** Toutefois la Cour de cassation admet une appréciation différenciée et globale : D'un côté, les critères tenant au respect des valeurs républicaines, à l'indépendance et à la transparence financière doivent être satisfaits de manière autonome et permanente (ils peuvent être remis en cause à tout moment). De l'autre, les critères relatifs à l'influence, aux effectifs d'adhérents et aux cotisations, à l'ancienneté dès lors qu'elle est au moins égale à deux ans et à l'audience électorale dès lors qu'elle est au moins égale à 10 % des suffrages exprimés, doivent faire l'objet d'une appréciation globale ; ils restent acquis pendant toute la durée du cycle électoral soit jusqu'aux élections suivantes (Soc. 29 févr. 2012, Soc. 14 nov. 2013).
- **Le cas particulier du syndicat catégoriel** : un syndicat, affilié à une confédération syndicale catégorielle interprofessionnelle nationale (comme la CFE-CGE) a vocation à représenter une seule catégorie de salariés (les cadres). Ce syndicat bénéficie d'un avantage quant à la mesure de son audience. Dans l'entreprise, il est représentatif de la catégorie des cadres s'il recueille au moins 10 % des suffrages exprimés aux élections professionnelles, dans le seul collège des cadres où il a présenté des candidats (et non tous collèges confondus). Cet avantage a été jugé conforme au principe constitutionnel d'égalité de traitement par le Conseil constitutionnel (Cons. const. 7 oct. 2010, n° 2010-42 QPC). Le syndicat catégoriel ne peut pas signer seul un accord collectif intercatégoriel (Soc. 2 juill. 2014).

Les syndicats mènent désormais une véritable campagne électorale pour attirer les électeurs et obtenir le sésame de la représentativité qui leur permettra de

s'asseoir à la table des négociations. À cette fin, les syndicats s'unissent et se désunissent. La cour de cassation s'est alors prononcée sur deux hypothèses :
– le cas de listes communes : la règle est alors la transparence et l'information de l'employeur et des salariés appelés à voter. À défaut d'information sur la répartition inégalitaire des suffrages, la répartition se fait à parts égales, ce qui peut priver les 2 syndicats de l'accès à la représentativité si l'audience commune est de moins de 20 % (Soc. 13 janv. 2010). Des syndicats affiliés à une même confédération ne peuvent pas présenter une liste commune aux élections (Soc. 10 mai 2012) ;
– le cas de la désaffiliation : Après avoir énoncé que « l'affiliation confédérale sous laquelle un syndicat a présenté des candidats au 1er tour des élections, constitue un élément essentiel du vote des électeurs », la Cour de cassation en déduit qu'en cas de désaffiliation après les élections, le syndicat ne peut plus se prévaloir des suffrages obtenus sous son ancienne étiquette syndicale pour se prétendre représentatif. Donc la désaffiliation est un acte grave qui peut conduire à la perte de la représentativité. En revanche, la confédération délaissée conserve le bénéfice des votes obtenus par le syndicat primaire sous son étiquette (Soc. 18 mai 2011)

b › Les prérogatives des syndicats représentatifs

Au niveau national	Les syndicats représentatifs : – siègent dans certains organismes d'État : conseil économique, social et environnemental, commission nationale de la négociation collective... ; – désignent des administrateurs dans les entreprises nationalisées, aux caisses de sécurité sociale ; – négocient et signent les conventions et accords collectifs nationaux ; – reçoivent des subventions de l'État pour la formation syndicale ; – peuvent exercer en justice certaines actions (notamment relatives au licenciement économique), en faveur d'un salarié, sans avoir à justifier d'un mandat (actions de substitution). – sont consultés sur les projets de réformes en droit du travail, au même titre que les groupements d'employeurs. Ils participent donc à l'élaboration de la loi.
Au niveau de la profession	Les syndicats représentatifs participent seuls à la négociation des conventions et accords collectifs de travail et peuvent en demander l'extension.
Au niveau de l'entreprise	Les syndicats représentatifs sont seuls à pouvoir : – conclure des accords collectifs d'entreprise ; – désigner des délégués syndicaux.

La loi du 20 août 2008 a créé une nouvelle catégorie de syndicats qui, sans être représentatifs, remplissent 3 critères de représentativité sur les 7 : ancienneté, respect des valeurs républicaines et indépendance.

Le législateur a octroyé à ces syndicats **légalement constitués sans être encore représentatif** un certain nombre de prérogatives dans l'entreprise, qui étaient auparavant réservées aux syndicats représentatifs :
- présenter des candidats au premier tour des élections professionnelles ;
- constituer une section syndicale ;
- désigner un représentant au comité d'entreprise et un représentant de la section syndicale.

Ces prérogatives permettent à ces syndicats de s'implanter dans l'entreprise, et, par conséquent, leur donnent les moyens d'accéder à la représentativité ou atteignant le seuil d'audience requis.

> IV La présence syndicale dans l'entreprise

> A La section syndicale d'entreprise

Pendant longtemps, le syndicat est resté en dehors de l'entreprise, contrairement à ce qui existe, par exemple, aux États-Unis. C'est une loi du 27 décembre 1968 qui, conformément à ce qui avait été prévu dans les accords de Grenelle, a autorisé la section syndicale d'entreprise.
C'est « l'antenne » du syndicat dans l'entreprise. La section syndicale regroupe plusieurs adhérents du syndicat présents dans l'entreprise. Elle n'a pas la personnalité juridique.

Conditions de mise en place	Peuvent constituer une section syndicale : – les syndicats représentatifs – les syndicats qui satisfont aux critères de respect des valeurs républicaines, d'indépendance et d'ancienneté. – les syndicats affiliés à une organisation syndicale représentative au niveau national et interprofessionnelle.
La section syndicale peut être mise en place au niveau de l'entreprise ou de l'établissement.	– Le syndicat doit avoir plusieurs adhérents dans l'entreprise ou l'établissement (au moins deux, quel que soit l'effectif de l'entreprise : Soc. 4 nov. 2009). La désignation d'un délégué syndical dans l'entreprise ne présume donc plus de l'existence d'une section syndicale. – Une organisation ne peut pas être contrainte à produire une liste nominative de ses adhérents, lorsqu'elle souhaite constituer une

	section syndicale dans une entreprise et que la présence de plusieurs adhérents est contestée. Seul le juge peut en prendre connaissance ; le principe du contradictoire est exclu sur ce point (Soc. 8 juill. 2009, Soc. 1er avr. 2015).
Rôle	La mission de la section syndicale est d'assurer « la représentation des intérêts matériels et moraux de ses membres ». La section : – collecte les cotisations à l'intérieur de l'entreprise et pendant le temps de travail ; – réunit ses adhérents une fois par mois dans l'enceinte de l'entreprise, en dehors des locaux de travail ;
Moyens d'action et de diffusion	– L'affichage des communications syndicales s'effectue librement sur des panneaux réservés à cet usage. Soc. 11 janv. 2012 : l'affichage et la diffusion des communications syndicales à l'intérieur de l'entreprise sont liés à la constitution par les organisations syndicales d'une section syndicale. Dès lors, les dispositions d'une convention ou d'un accord collectif visant à faciliter la communication des organisations syndicales ne peuvent, sans porter atteinte au principe d'égalité, être limitées aux seuls syndicats représentatifs et doivent bénéficier à tous les syndicats qui ont constitué une section syndicale. – La distribution des tracts papiers peut avoir lieu dans l'enceinte de l'entreprise aux heures d'entrée et de sorties – Un accord d'entreprise peut autoriser la diffusion des publications et tracts de nature syndicale sur l'Intranet de l'entreprise ou sur la messagerie électronique de l'entreprise. Dans ce cas, la diffusion doit être compatible avec les exigences de bon fonctionnement du réseau informatique de l'entreprise et ne pas entraver l'accomplissement du travail. En tout état de cause, il faut l'accord de l'employeur. – Les blogs sur Internet : un syndicat a le droit de communiquer librement des informations au public sur un site internet, mais cette liberté peut être limitée dans la mesure de ce qui est nécessaire pour éviter que la divulgation d'informations confidentielles porte atteinte aux intérêts de l'employeur (Soc. 5 mars 2008).
Temps consacré à la mission de négociation	La section syndicale dispose d'un crédit d'heures, seulement dans les entreprises qui occupent au moins 5 000 salariés. Ce sont des heures de délégations qui sont rémunérées comme du temps de travail effectif. Il s'agit d'un nombre d'heures mensuel qui varie de 10 à 15 heures par an, selon la taille de l'entreprise. Il est accordé pour une finalité précise : permettre à ses membres de préparer la négociation d'entreprise.
Local	La section syndicale a droit à un local convenable, aménagé, et doté du matériel nécessaire à son fonctionnellement si l'entreprise a plus de 200 salariés ; ce local sera commun aux autres sections syndicales si l'entreprise n'atteint pas les 1 000 salariés. Mais dans tous les cas il sera distinct de celui des délégués du personnel. La section syndicale peut inviter des personnalités extérieures à l'entreprise pour participer à des réunions qu'elle organise. S'il s'agit de personnalités non syndicales, l'accord du chef d'entreprise est nécessaire.

> B
Le délégué syndical

Le rôle de délégué syndical se développerait au détriment de celui de délégué du personnel ; en pratique, la même personne cumule souvent ces deux mandats.

Conditions de désignation et rôle

Conditions relatives à l'entreprise *Le seuil de l'entreprise détermine aussi le nombre de délégués syndicaux :* *– 50 à 999 salariés : 1 délégué,* *– 1 000 à 1 999 salariés : 2 délégués,* *– 2 000 à 3 999 salariés : 3 délégués,* *– 4 000 à 9 999 salariés : 4 délégués,* *– au-delà de 9 999 salariés : 5 délégués.*	• **Seuil d'effectif de l'entreprise : 50 salariés au moins.** Cet effectif doit avoir été atteint pendant 12 mois, consécutifs ou non, au cours des 3 années précédentes. • **Si l'entreprise est divisée en plusieurs établissements distincts d'au moins 50 salariés**, chaque syndicat peut désigner un délégué syndical d'établissement au niveau de chacun de ces établissements. Si l'entreprise occupe plus de 2000 salariés, chaque syndicat peut désigner, en plus, un délégué syndical central, au niveau de toute l'entreprise. En deçà de ce seuil, c'est un des délégués d'établissement qui fera fonction de délégué central d'entreprise. La reconnaissance d'établissement distinct pour la mise en place d'un comité d'établissement permet nécessairement la désignation d'un DS dans ce même périmètre (Soc. 10 nov. 2010 ; 18 mai 2011).
	• **Dans les entreprises de moins de 50 salariés :** – Un délégué du personnel peut être désigné délégué syndical pour la durée de son mandat. – Un accord collectif peut abaisser ce seuil et autoriser la désignation d'un délégué syndical – Un délégué syndical peut être désigné au niveau de l'UES, si elle occupe au moins 50 salariés.
Conditions relatives au syndicat	Seul un syndicat représentatif ayant constitué une section syndicale peut désigner un délégué syndical.
Conditions relatives au salarié désigné	• Le délégué syndical doit avoir plus de 18 ans et avoir travaillé dans l'entreprise ou le groupe depuis au moins 1 an (4 mois en cas de création d'entreprise ou d'ouverture d'établissement) ; • il ne doit pas être déchu, par une condamnation, de ses droits civiques ; • il ne doit pas exercer de fonctions de direction • la loi de 2008 a ajouté une condition : il doit s'être porté candidat aux élections professionnelles et avoir, lui-même, recueilli sur son nom au moins 10 % des suffrages exprimés au premier tour de ces élections (CE, DUP ou DP), quel que soit le nombre de votants. Ce n'est que si aucun

	candidat, présenté par le syndicat, ne remplit cette condition que ce syndicat peut désigner un délégué syndical parmi les autres candidats ou, à défaut, parmi ses adhérents. S'il n'est pas exclu qu'un syndicat puisse désigner un salarié candidat sur la liste d'un autre syndicat, qui a obtenu au moins 10 % des voix et qui l'accepte librement, l'organisation syndicale n'est pas tenue de proposer, préalablement à la désignation d'un délégué syndical, à l'ensemble des candidats ayant obtenu au moins 10 %, toutes listes syndicales confondues, d'être désigné délégué syndical. Cette organisation syndicale a le droit de disposer d'un représentant dès lors qu'elle a présenté des candidats à ces élections dans le périmètre de désignation (Soc. 27 févr. 2013).
Conditions de forme	Le délégué syndical est désigné par le syndicat et non par la section syndicale ; La désignation d'un délégué syndical doit être notifiée : – à l'employeur, soit par lettre recommandée avec demande d'avis de réception, soit par lettre remise en main propre contre récépissé ; – à l'inspecteur du travail ; – aux salariés, par affichage du nom des salariés désignés en qualité de délégués syndicaux sur les panneaux réservés aux communications syndicales.
Contestation de la désignation	Le tribunal d'instance, qui statue en premier et dernier ressort, peut être saisi, par toute personne intéressée (salarié, employeur, syndicat) dans les 15 jours qui suivent la désignation du délégué syndical. Passé ce délai, la désignation est purgée de tout vice.
Fin du mandat	• Le syndicat qui choisit et désigne le délégué syndical a aussi le pouvoir de le révoquer. • Le mandat du délégué syndical prend fin au plus tard lors du 1er tour des élections professionnelles renouvelant l'institution dont l'élection avait permis de reconnaître la représentativité du syndicat l'ayant désigné (art. L. 2143-11 modifié par la loi du 5 mars 2014). • En cas de réduction importante et durable de l'effectif en dessous de 50 salariés, la suppression du mandat de délégué syndical est subordonnée à un accord entre l'employeur et l'ensemble des syndicats représentatifs. À défaut d'accord, la décision appartient à la DIRECCTE.
Rôle du délégué syndical	• **Revendication** : il représente le syndicat et défend les salariés auprès du chef d'entreprise. Il participe à la mission revendicative des syndicats (ceci peut poser des problèmes de « frontières » avec l'action des délégués du personnel). • **Négociation** : il négocie et signe, au nom du syndicat qu'il représente, le protocole d'accord préélectoral et les conventions et accords collectifs de travail ; • **Animation** de la section syndicale ; il assure la liaison entre la section syndicale et le syndicat.

Moyens d'action du délégué syndical *Pour l'exercice de sa mission, le délégué syndical dispose de tous les moyens d'action mis à la disposition de la section syndicale. Toute atteinte à l'exercice du droit syndical dans l'entreprise est sanctionnée pénalement par le délit d'entrave.*	• **Heures de délégation :** il a droit, pour exercer ses fonctions, à un crédit d'heures rémunérées – 10 heures par mois dans les entreprises de 50 à 150 salariés ; – 15 heures par mois dans les entreprises de 151 à 500 salariés ; – 20 heures par mois dans les entreprises de plus de 500 salariés. • **Liberté de déplacement :** il peut se déplacer à l'extérieur ou dans l'entreprise. Le délégué syndical peut rencontrer les salariés sur leur poste de travail, à condition de ne pas leur apporter de gêne importante. • **Information :** le délégué syndical est informé et reçoit communication, dans les mêmes conditions que les membres du CE sur un certain nombre de sujets : plan de formation dans l'entreprise, situation comparée des hommes et des femmes, bilan social...
Protection	• **C'est un salarié protégé :** son licenciement est soumis à l'autorisation de l'inspecteur du travail. Cette protection s'applique : – pendant son mandat – et pendant 12 mois après la cessation du mandat, s'il a exercé son mandat pendant au moins un an.

Un accord collectif peut autoriser la désignation de **délégués syndicaux supplémentaires** par rapport au nombre fixé par la loi et créer une différence de traitement entre les syndicats représentatifs, dès lors, d'une part, que la disposition ne prive pas les syndicats de l'exercice de leurs droits légaux, et d'autre part que cette différence est justifiée par des raisons objectives matériellement vérifiables liées à l'influence de chaque syndicat en rapport avec l'objet de l'accord. Ainsi, un accord peut autoriser la désignation par les syndicats représentatifs dans l'entreprise de délégués syndicaux centraux supplémentaires dont le nombre est fonction du nombre d'établissements dans lesquels les syndicats étaient représentatifs. Car le nombre de représentants surnuméraire était proportionné à la représentativité acquise par chaque organisation syndicale au sein des différents établissements de l'entreprise et en lien direct avec la mission de négociation et de représentation du délégué syndical (Soc. 29 mai 2013).

> C
Le représentant de la section syndicale

Il a été instauré par la loi du 20 août 2008 (C. trav. art. L. 2142-1-1 à L. 2142-1-4).

Conditions de désignation	– Il est désigné par les syndicats *non représentatifs* ayant valablement constitué une section syndicale dans les entreprises ou établissements d'au moins 50 salariés ; Il s'agit de permettre transitoirement à ces syndicats d'exister et, selon les termes du rapporteur devant l'Assemblée nationale, de leur permettre de bénéficier « de certains moyens et protections en vue d'obtenir ensuite les résultats électoraux qui constituent le principal fondement de leur légitimité ». – Dans une entreprise de moins de 50 salariés, un syndicat *non représentatif* ayant valablement constitué une section syndicale peut désigner, pour la durée de son mandat, un DP comme Représentant de la section syndicale. – Les modalités de désignation (de forme et de fond) sont les mêmes que pour le délégué syndical.
Mission	– Il représente le syndicat au sein de l'entreprise ou de l'établissement ; à ce titre, il peut formuler des revendications et des propositions ; – il est l'intermédiaire entre les salariés et l'organisation syndicale à laquelle il appartient ; – mais il *ne peut négocier des accords collectifs.*
Moyens	– 4 heures de délégation par mois ; – comme le délégué syndical il peut, pendant ses heures de délégation, circuler librement dans l'entreprise, collecter les cotisations, disposer de panneaux d'affichage...
Protection	– C'est un salarié protégé ; son licenciement est soumis à l'autorisation préalable de l'inspecteur du travail ; cette protection s'applique : – pendant toute la durée de son mandat ; – et pendant les 12 mois suivant la fin de celui-ci, s'il a exercé ses fonctions pendant au moins 1 an.
Fin du mandat	Le mandat du représentant de la section syndicale prend toujours fin à l'issue des premières élections professionnelles suivant sa désignation : – soit le syndicat qui l'a désigné n'est pas reconnu représentatif dans l'entreprise ou l'établissement : il ne peut le mandater à nouveau comme représentant de la section syndicale avant les 6 mois qui précèdent la date des élections suivantes, mais le syndicat peut désigner comme représentant de la section syndicale un autre salarié ; – soit, à l'issue des élections, le syndicat qui l'a désigné est reconnu comme représentatif : le représentant de la section syndicale perd aussi son mandat mais le syndicat pourra alors désigner un délégué syndical.

Il faut également ajouter la possibilité de désigner un **représentant syndical au Comité d'entreprise** : la loi du 5 mars 2014 a modifié les conditions de leur désignation (C. trav. art. L. 2324-2). Avant, dans les entreprises d'au moins 300 salariés, chaque organisation syndicale ayant des élus au comité d'entreprise pouvait y désigner un représentant (dans les entreprises de moins de 300 salariés, le délégué syndical est, de droit, représentant syndical au comité d'entreprise). Désormais, chaque organisation syndicale représentative dans l'entreprise ou l'établissement peut désigner un représentant syndical au comité. Une seule condition : être représentatif dans l'entreprise.

Chapitre 18

Le droit d'expression des salariés

> I Le droit d'expression directe et collective

Les salariés bénéficient d'un droit à l'expression directe et collective sur le contenu, les conditions d'exercice et l'organisation de leur travail (C. trav. art. L. 2281-1 et s.).

Il a été institué par la loi du 4 août 1982, complétée par une loi du 3 janvier 1986. Dans la pratique, son exercice est assez limité ; en effet, l'expression de la « citoyenneté dans l'entreprise » n'a pas, généralement, répondu aux attentes du législateur.

• › Entreprises concernées

Toutes les entreprises privées, les établissements industriels et commerciaux, quel que soit l'effectif.
Ce droit concerne tous les salariés, quel que soit le contrat qui les lie à l'employeur.

• › Domaine

C'est un droit à l'expression « directe et collective » sur le contenu, les conditions d'exercice et l'organisation du travail. L'objectif est de définir les actions à mettre en œuvre pour améliorer :
– les conditions de travail ;
– l'organisation de l'activité ;
– la qualité de la production.

• › Mise en place

Dans les entreprises d'au moins 50 salariés dans lesquelles un délégué syndical a été désigné, les modalités du droit d'expression sont fixées par un accord conclu entre l'employeur et les organisations syndicales représentatives. En l'absence d'accord, l'employeur doit engager, au moins une fois par an, une négociation pour la conclusion éventuelle d'un tel accord.
S'il n'y a pas de délégué syndical, l'employeur doit obligatoirement consulter, au moins une fois par an, le CE ou les DP sur les modalités d'exercice du droit d'expression.

• › Exercice collectif

Ce droit n'est pas réglementé, mais organisé consensuellement.
Les groupes d'expression sont constitués d'après l'organisation du travail dans l'entreprise (ateliers, services...).
Les réunions se tiennent sur les lieux et pendant le temps de travail. Le temps que le salarié consacre à l'expression directe et collective est rémunéré comme du temps de travail effectif. Le crédit d'heures annuel pour s'exprimer varie selon les entreprises.

Les vœux et avis émis par les groupes d'expression sont transmis à l'employeur et communiqués, ainsi que les suites données, aux représentants du personnel.
Les salariés, quelle que soit leur place dans la hiérarchie professionnelle, ne peuvent être ni sanctionnés, ni licenciés en raison des opinions émises dans l'exercice du droit d'expression.

> II La liberté d'expression individuelle

À la différence du droit d'expression, la liberté d'expression permet au salarié de s'exprimer librement non seulement dans l'entreprise, mais également en dehors. Un salarié auquel l'employeur reproche un manquement à l'obligation de réserve prétend souvent qu'il usait de sa liberté d'expression.

• › Une liberté fondamentale

Cette liberté fondamentale est consacrée par les articles 10 et 11 de la DDHC, et au niveau international, par l'article 10 § 1 de la Convention européenne des droits de l'homme et des libertés fondamentales (« Toute personne a droit à la liberté d'expression »).

La Cour de cassation a reconnu la liberté d'expression du salarié dans le fameux **arrêt Clavaud** du 28 avril 1988 : « *l'exercice du droit d'expression dans l'entreprise étant, en principe, dépourvu de sanction, il ne pouvait en être autrement hors de l'entreprise, où il s'exerce, sauf abus, dans toute sa plénitude* ». En l'espèce, un ouvrier avait été licencié pour avoir relaté ses difficiles conditions de travail à un journaliste. Il a obtenu la **nullité du licenciement, prononcé en violation d'une liberté fondamentale**.

Un ***droit de critique*** est donc reconnu au salarié, même investi d'un haut niveau de responsabilités (Soc. 27 février 2013). Ses propos doivent toutefois être modérés.

Exemple :

Exerce sa liberté d'expression dans des conditions normales le salarié qui adresse une lettre de critique aux membres du conseil d'administration et aux dirigeants de la société mère, dès lors qu'elle ne comporte pas de termes injurieux diffamatoires ou excessifs (Soc. 27 mars 2013).

Le licenciement d'un salarié, motivé par la présentation d'une réclamation, constitue un trouble manifestement illicite justifiant sa réintégration en référé (Soc. 18 févr. 2014).

• › Limite : l'exercice abusif de la liberté d'expression

La liberté d'expression connaît la limite classique de l'abus de droit. Sauf abus, le salarié jouit, dans l'entreprise et hors de celle-ci, de sa liberté d'expression ; il ne peut être apporté à celle-ci que des restrictions justifiées par la nature de la tâche à accomplir et proportionnées au but recherché.

L'exercice abusif de la liberté d'expression est sanctionné par un licenciement disciplinaire, pour faute grave.
Les juridictions examinent au cas par cas s'il y a eu abus. L'abus est caractérisé **quand les propos sont excessifs, injurieux ou diffamatoires.** La Cour de cassation prend aussi en compte le cercle de diffusion des propos, et les fonctions du salarié.

Même **si le support de l'expression change, les principes applicables restent identiques**. Ainsi, dans un célèbre jugement du 19 novembre 2010, le Conseil de prud'hommes de Boulogne-Billancourt a considéré comme fondé le licenciement de deux salariées ayant tenu sur Facebook des propos dénigrant leur société et incitant à la rébellion contre la hiérarchie ; les propos largement accessibles (aux amis et aux amis des amis) ont été considérés comme publics (dans le même sens CA Besençon, 15 nov. 2011).
Étant précisé que les propos tenu sur le site Facebook qui ne sont accessibles qu'aux seules personnes agréées par le salarié, en nombre très restreints, n'ont pas un caractère public (Civ. 1re 10 avr. 2013).
À l'issue du contrat de travail, il est aussi possible de restreindre la liberté d'expression du salarié, par transaction (Soc. 14 janv. 2014).

Chapitre 19

La négociation collective

Aux termes de l'article L. 2221-1 du Code du travail, les salariés ont un droit à « la négociation collective de l'ensemble de leurs conditions d'emploi, de formation professionnelle et de travail ainsi que de leurs garanties sociales ».
L'évolution de la législation a été la suivante :

1919	C'est à partir de cette date que les conventions collectives ont été soumises à un régime légal.
1936	Une loi a innové de façon importante en permettant à l'autorité publique de procéder, par arrêté ministériel, à l'extension des conventions collectives signées par les syndicats représentatifs. À partir de cette période, les accords se sont multipliés.
1950 et 1971	Deux lois ont facilité la conclusion d'accords car elles laissaient une grande souplesse aux partenaires sociaux et permettaient la conclusion d'accords au niveau des établissements.
1982	Le gouvernement a voulu donner une importance accrue à la négociation collective en instituant une obligation de négocier, au niveau de l'entreprise et au niveau de la branche afin que la plus large majorité des salariés bénéficie de normes conventionnelles.
1996	En vue de développer la négociation collective dans les entreprises dépourvues de délégués syndicaux, une loi du 12 novembre 1996 permet la conclusion d'accords d'entreprise entre l'employeur et de simples salariés mandatés par un syndicat ou avec des représentants du personnel non mandatés.
1998 et 2000	Les deux lois relatives à la réduction du temps de travail ont incité à la négociation collective ; ces accords ont leur régime propre.

2004	La loi du 4 mai 2004 modifie de façon importante le droit de négociation collective ; les nouvelles règles, assez complexes : – introduisent le *principe majoritaire* comme condition de validité des accords ; c'est-à-dire qu'un accord n'est valable que lorsqu'il recueille la signature de l'(ou des) organisation(s) syndicale(s) majoritaire(s) ou, à défaut, lorsqu'il n'a pas fait l'objet d'une opposition de la part de ceux-ci ; – laissent aux partenaires sociaux le soin d'aménager l'articulation entre les différents niveaux de négociation, en prévoyant des possibilités de dérogation ; – élargissent le champ de la négociation collective d'entreprise à des domaines qui étaient auparavant réservés à la négociation de branche ou interprofessionnelle ; – accordent une reconnaissance légale à l'accord de groupe (sans toutefois définir cette entité).
2007	– Loi du 31 janvier qui prévoit notamment que tout projet de réforme engagé par le gouvernement en matière de relations du travail doit faire l'objet d'une concertation préalable avec les partenaires sociaux. – Le nouveau Code du travail crée, en tête des dispositions consacrées à la négociation collective, un chapitre intitulé « Du dialogue social ».
2008	Loi du 20 août modifiant les conditions de validité des accords collectifs.
2014	Loi du 5 mars qui définit la représentativité patronale, crée une négociation unique sur la qualité de vie et a pour objectif de réduire le nombre de branches professionnelles.

La Cour de cassation a récemment reconnu la force de l'accord collectif, à la négociation duquel le salarié a participé par l'intermédiaire de ses représentants. En effet, par leur vote aux élections professionnelles, les salariés confient aux syndicats de salariés représentatifs un mandat pour assurer la défense de leurs droits et intérêts et pour négocier et signer des accords collectifs. Elle en a déduit que ces accords collectifs sont présumés respectueux du principe d'égalité de traitement entre les salariés. Il appartient alors au salarié lésé d'apporter la preuve que la différence de traitement ne repose pas sur des considérations professionnelles (Soc. 27 janv. 2015).

> I Les conventions et accords collectifs

> A Diversité des conventions et accords collectifs

a › La distinction entre conventions et accords

Une distinction est faite par la loi (C. trav. art. L. 2221-2) :

- – la **convention collective** : est un contrat conclu entre employeurs et syndicats représentatifs de salariés qui traite de l'ensemble des conditions d'emploi, de formation professionnelle, de travail et des garanties sociales applicables aux salariés compris dans son champ d'application (*ex.* : convention collective nationale des sociétés d'assurance) ;
- – l'**accord collectif** : est un contrat conclu entre employeurs et syndicats représentatifs de salariés qui porte sur un ou plusieurs sujets déterminés dans cet ensemble (*ex.* : accord sur le temps de travail, accord sur la formation professionnelle).

Toutefois, la convention collective et l'accord collectif obéissent au même régime juridique.

b › Les différents niveaux de négociation

Les textes légaux autorisent une pluralité de niveaux ; l'accord ou la convention doivent définir leur champ d'application territorial et professionnel ; plusieurs niveaux se sont développés au cours du temps.

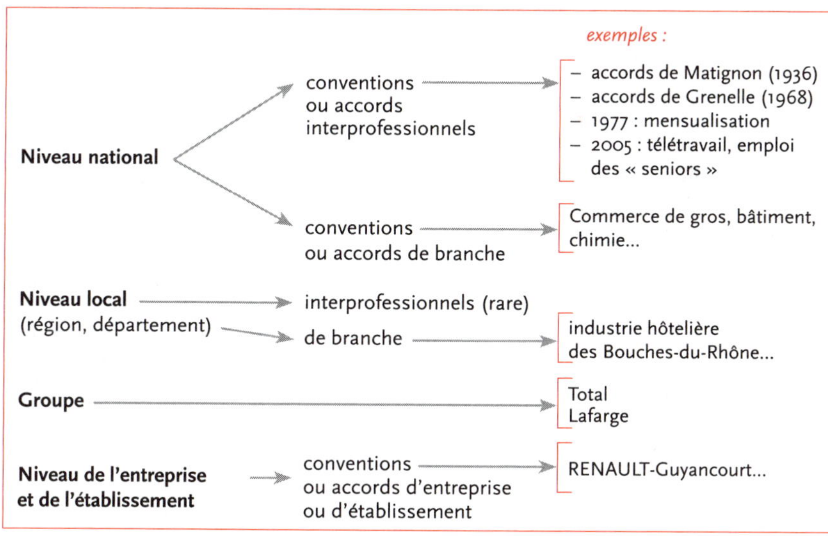

- « Tout projet de réforme envisagé par le Gouvernement qui porte sur les relations individuelles et collectives du travail, l'emploi et la formation professionnelle et qui relève du champ de la négociation nationale et interprofessionnelle fait l'objet d'une concertation préalable avec les organisations syndicales de salariés et d'employeurs représentatives au niveau national et interprofessionnel en vue de l'ouverture éventuelle d'une telle négociation... » (C. trav. art. 1).

– Le niveau national interprofessionnel : il couvre une pluralité de secteurs professionnels sans liens directs entre eux. Il porte donc sur des sujets larges, d'intérêts communs à l'ensemble de ces secteurs. Ces accords sont conclus par les syndicats représentatifs et côté employeur par le MEDEF, la CGPME et parfois l'UPA.

- La branche : règles applicables à un ensemble d'emplois relevant de la même profession (*ex. :* produits pétroliers).
- Le groupe : ce niveau de négociation a été reconnu par la loi du 4 mai 2004, faisant suite à un arrêt de la Cour de cassation du 30 avril 2003.
- L'entreprise : dans la période 2000-2003, les accords ont surtout porté sur le temps de travail ; ces dernières années, ce thème est toujours traité, mais de nombreux accords ont aussi concerné les dispositifs d'épargne salariale et les salaires.

C › Les conventions et accords simples ou étendus

Ordinaires	Étendus
– les organisations qui les signent peuvent ne pas avoir la représentativité au niveau national ; elles doivent être représentatives au niveau de la négociation (au niveau de l'entreprise, pour signer un accord d'entreprise) ; – ils n'engagent que les signataires. L'accord est applicable à tous les employeurs ayant signé l'accord et à tous leurs salariés (quelle que soit leur appartenance syndicale).	– ils doivent être signés en commission paritaire composée par des organisations représentatives des salariés et des employeurs au niveau national ; – ils doivent obligatoirement comporter certaines clauses ; – ils ne doivent pas avoir fait l'objet de l'opposition d'une ou de plusieurs organisations professionnelles d'employeurs reconnues représentatives dont les entreprises adhérentes emploient plus de 50 % de l'ensemble des salariés des entreprises adhérant aux organisations professionnelles d'employeurs reconnues représentatives (C. trav. art. L. 2261-19 modifié par la loi du 5 mars 2014). Après la procédure d'extension (voir ci-dessous), ils s'appliquent à toute la branche professionnelle (donc à des employeurs qui n'ont pas signé l'accord et à leurs salariés).

• › La procédure d'extension

Elle a pour effet de rendre une convention de branche ou un accord professionnel ou interprofessionnel applicable à toutes les entreprises d'une profession ou d'une région.

La procédure d'extension est engagée :

- à la demande d'une organisation d'employeurs ou de salariés représentative ;
- ou à l'initiative du ministre chargé du Travail ;

après avis motivé de la commission nationale de la négociation collective.
Le ministre peut exclure les clauses qui seraient en contradiction avec les dispositions légales.
Quand l'avis motivé de la commission a été émis sans opposition écrite et motivée soit de 2 organisations d'employeurs, soit de 2 organisations de salariés représentés à cette commission, le ministre prend un arrêté d'extension.

• › L'élargissement

Il a pour effet de rendre une convention de branche ou un accord professionnel ou interprofessionnel applicable à des entreprises d'un secteur territorial ou professionnel différent. Cela se produit lorsque, dans une branche, il se manifeste une impossibilité persistante de conclure une convention ou un accord.

exemple :
la convention collective de la chimie de la région A est élargie à la région B...

La procédure est la même que pour l'extension. Pour être élargi, l'accord doit avoir été préalablement étendu.

> B Dispositions communes

a › Conclusion

La convention ou l'accord collectif est conclu entre :
- une ou plusieurs organisations syndicales d'employeurs ou tout autre groupement d'employeurs ou un ou plusieurs employeurs pris individuellement ; et
- une ou plusieurs organisations syndicales représentatives[1] de salariés dans le champ d'application de l'accord.

Les règles de conclusion d'une convention ou d'un accord collectif ont évolué :

Avant la loi du 4 mai 2004	La signature d'un seul syndicat représentatif était suffisante.
Loi du 4 mai 2004	Principe « majoritaire » : condition alternative de validité – soit la signature d'une ou plusieurs organisation(s) majoritaire(s), (la moitié des suffrages) ; – soit l'absence d'opposition de la part d'une ou de plusieurs organisation(s) majoritaire(s).

(1) Sur la notion de représentativité, se reporter à la page 334.

Loi du 20 août 2008 portant rénovation de la démocratie sociale	Principe « majoritaire » renforcé : Double condition de validité : – signature par un ou plusieurs syndicat(s) ayant recueilli(s) au moins 30 % des suffrages valablement exprimés au 1er tour des dernières élections professionnelles au niveau considéré ; – absence d'opposition, des syndicats ayant obtenu la majorité des suffrages valablement exprimés au niveau considéré. Certains accords collectifs d'une gravité particulière sont soumis à la signature par un ou plusieurs syndicat(s) ayant recueilli(s) au moins 50 % des suffrages valablement exprimés en faveur d'organisations reconnues représentatives au premier tour des dernières élections professionnelles (*ex. :* accord de maintien de l'emploi, plan de sauvegarde de l'emploi).

b › Forme et publicité

- Toute convention ou accord doit être consigné par écrit, à peine de nullité et signé par les parties contractantes.
- Le texte doit être :
  - notifié à toutes les organisations représentatives qu'elles soient ou non parties à la négociation et à la DIRECCTE (pour les accords d'entreprise) ou à la direction générale du travail (pour les accords de branche, professionnels ou interprofessionnels) ;
  - déposé au greffe du Conseil de prud'hommes du lieu de la conclusion.
- Dans l'entreprise :
  - un exemplaire doit être procuré aux représentants du personnel et être mis à la disposition du personnel ;
  - au moment de l'embauche, l'employeur doit remettre au salarié une notice d'information relative aux textes conventionnels applicables dans l'entreprise ;
  - l'employeur doit également :
    - mentionner l'intitulé de la convention de branche applicable sur le bulletin de paie ;
    - chaque année, fournir aux représentants du personnel la liste des modifications apportées aux accords collectifs de travail ; s'il n'y a pas de DP, cette information doit être communiquée aux salariés.

c › Durée

Les conventions et accords peuvent être à durée indéterminée ou déterminée :
- l'accord à durée indéterminée s'applique aussi longtemps qu'il n'a pas été dénoncé ou révisé (voir ci-dessous) ;
- l'accord à durée déterminée a une durée maximale de 5 ans, pendant laquelle il ne peut être ni révisé, ni dénoncé ; à défaut de stipulations contraires dans

l'accord (*ex.* : cessation de plein droit à l'échéance, tacite reconduction...), il se transforme en accord à durée indéterminée à son échéance.

d › Application

Sont liés par une convention ou un accord :
- le ou les employeurs signataires (et tous leurs salariés) ;
- les membres des groupements ou organisations patronaux signataires ;
- ceux qui y adhèrent ultérieurement.

Un employeur peut choisir d'appliquer volontairement tout ou partie d'une convention ou d'un accord auquel il n'est pas soumis de droit ; mais les salariés peuvent invoquer les dispositions de l'accord normalement applicable si elles leur sont plus favorables.

La mention d'une convention collective sur le bulletin de paie vaut reconnaissance de son application à l'égard des salariés, l'employeur étant admis à rapporter la preuve contraire (en cas de convention mentionnée par erreur sur le bulletin).

Il peut y avoir concours d'accords collectifs applicables à une entreprise (*ex.* : une entreprise est soumise à la fois à un accord d'entreprise et à un accord de branche).

Avant l'entrée en vigueur de la loi de mai 2004, il devait être fait application, selon la Cour de cassation, des clauses les plus favorables aux salariés. Mais ce « principe de faveur » a été atténué par la loi de 2004 : un accord de niveau inférieur peut en principe déroger à un accord de niveau supérieur dans un sens moins favorable aux salariés. Par exception, le principe de faveur continue à s'appliquer pour certaines matières (salaires minima, classification, protection sociale complémentaire et mutualisation des fonds recueillis au titre de la formation professionnelle) et pour certains accords conclus avant l'entrée en vigueur de la loi du 4 mai 2004 ou prévoyant l'impossibilité d'y déroger dans un sens défavorable aux salariés.

e › Révision et dénonciation

• › La révision

On parle de révision lorsqu'un accord collectif modifie par voie *d'avenant* tout ou partie des dispositions d'une convention ou d'un accord antérieur :
- la convention ou l'accord prévoient dans quelles formes et à quelle époque ils pourront être révisés ;
- les accords de révision sont soumis aux mêmes conditions de validité que les accords initiaux (accord majoritaire, absence d'opposition...) ;
- les avenants portant révision se substituent de plein droit aux dispositions de la convention ou de l'accord qu'ils révisent (les salariés ne peuvent plus se prévaloir des dispositions plus favorables de l'accord initial).

• › La dénonciation

C'est la remise en cause d'une convention ou d'un accord à durée indéterminée par tout ou partie de ses signataires. Des règles précises concernant la dénonciation sont, en général, fixées dans la convention ou l'accord, sinon les règles du Code du travail s'appliquent :
- la dénonciation ne prend effet qu'après un délai de préavis à compter de la notification aux organisations signataires (3 mois) ;
- une négociation doit être engagée durant ce préavis, en vue de trouver un accord de substitution ;
- l'accord dénoncé survit pendant un an.

Au-delà de ce délai, le texte cesse de s'appliquer ; le Code du travail (art. L. 2261-13) prévoit cependant que les avantages individuels acquis sont maintenus.
La notion d'*avantage individuel acquis* est très restrictive ; selon la Cour de cassation (Soc. 13 mars 2001), constitue un avantage individuel acquis celui qui, au jour de la dénonciation, procurait au salarié une rémunération ou un droit dont il bénéficiait à titre personnel et qui correspondait à un droit déjà ouvert et non simplement éventuel (*ex.* : prime d'ancienneté ou de 13e mois).
Un avantage en matière salariale est le plus souvent individuel dès lors que les salariés en bénéficient à titre personnel. La distinction n'est toutefois pas toujours aisée : ainsi, la rémunération d'un temps de pause peut, selon les circonstances, constituer un avantage collectif (dans l'hypothèse d'un transfert d'entreprise emportant la mise en cause de la convention collective applicable aux salariés transférés : Soc. 8 juin 2011, n° 09-42807 : Bull. civ. V n° 146) ou un avantage individuel (en cas de dénonciation de l'accord : Soc. 5 nov. 2014, n° 13-14077, à paraître au Bulletin)

Lorsque l'application d'une convention ou d'un accord est « mise en cause » dans une entreprise à la suite d'une fusion, une cession, une scission ou un changement d'activité, l'ancienne convention continue également à s'appliquer pendant un an ; la négociation alors engagée dans les 3 mois suivants la mise en cause, doit avoir pour but soit l'adaptation aux dispositions conventionnelles nouvellement applicables, soit l'élaboration de nouvelles dispositions (C. trav. art. L. 2261-14).

> C
Conventions de branche et accords professionnels

Leur champ d'application peut être national, régional ou local :
- leur validité est subordonnée à la double condition exposée p. 354.

Un accord de branche et un accord professionnel peuvent comporter des dispositions moins favorables aux salariés que celles qui leur sont applicables en vertu d'un accord couvrant un champ territorial ou professionnel plus large, mais les signataires de l'accord de niveau supérieur peuvent expressément interdire une telle dérogation.

La loi du 5 mars 2014 a pour objectif de réduire le nombre de branches professionnelles.

Dans ce cadre, une section du Code de travail est consacrée à la restructuration des branches professionnelles. Il est prévu (C. trav. art. L. 2261-32) que :

- Dans une branche où moins de 5 % des entreprises adhèrent à une organisation professionnelle représentative des employeurs et dont l'activité conventionnelle présente une situation caractérisée par la faiblesse du nombre des accords signés et du nombre des thèmes de négociation couverts par ces accords, le ministre chargé du Travail peut, pour ce motif, élargir à cette branche la convention collective déjà étendue d'une autre branche présentant des conditions sociales et économiques analogues.
- Dans cette même situation d'insuffisance d'activité conventionnelle, le ministre chargé du Travail peut décider de fusionner le champ de la convention collective concernée avec celui d'une autre branche présentant des conditions économiques et sociales analogues.
- En raison de cette insuffisance d'activité conventionnelle, le ministre du Travail peut aussi refuser d'étendre une convention collective et décider de ne pas arrêter la liste des organisations professionnelles d'employeurs et de salariés reconnues représentatives pour la branche professionnelle.

> D

Accords de groupe

L'accord de groupe était déjà reconnu par la jurisprudence (Soc. 30 avr. 2003) ; la loi de 2004 l'a légalisé.

Définition du groupe	C'est celle qui est donnée par l'article L. 2331-1 du Code du travail : il est constitué par une entreprise dominante et des entreprises qu'elle contrôle ou sur lesquelles elle exerce une influence dominante.
Conditions de validité	– Pour être valide, l'accord doit être négocié dans les mêmes conditions que l'accord d'entreprise ou de branche ; – il doit préciser son périmètre d'application ; il peut donc couvrir tout ou partie des entreprises constitutives du groupe.
Effets	Il ne crée pas un niveau supplémentaire dans la hiérarchie des normes ; il a les mêmes effets que la convention ou l'accord d'entreprise.

> E Les accords d'entreprise ou d'établissement

a › Mode de conclusion

– *En présence de délégués syndicaux* dans l'entreprise, chaque syndicat représentatif constitue une délégation syndicale. Elle comprend le délégué syndical (en cas de pluralité de délégués, au moins deux d'entre eux). Chaque syndicat peut compléter sa délégation par des salariés de l'entreprise (nombre fixé par accord entre l'employeur et l'ensemble des syndicats) ; cet accord doit répondre à la double condition de majorité posée par la loi de 2008 (p. 354).
– *en l'absence de délégués syndicaux*, deux modes de négociation sont possibles :

Négociation avec les membres du CE ou, à défaut, les délégués du personnel	– C'est, selon la loi, le mode prioritaire dans les entreprises de moins de 200 salariés ; l'accord peut être passé :
	  – avec les représentants du personnel siégeant au CE ou la délégation unique du personnel ;
	  – à défaut de CE, avec les délégués du personnel.
	– La validité de l'accord est subordonnée à la signature de l'accord par des élus ayant obtenu au moins 50 % des suffrages exprimés lors des dernières élections professionnelles
	– Pour être valide, l'accord doit aussi impérativement être soumis pour approbation à la commission paritaire nationale de branche compétente (à défaut d'approbation par cette commission, l'accord est réputé non écrit).

Négociation avec des salariés mandatés	Cette modalité n'est possible que si un *procès-verbal* de carence aux élections professionnelles a été établi. – L'accord est négocié par un ou plusieurs salariés *mandatés* ; ils sont désignés par les organisations syndicales représentatives (un mandat par organisation) ; le mandat doit préciser les conditions dans lesquelles le projet d'accord devra être soumis à l'organisation mandante, le salarié mandaté est un salarié protégé. – L'accord doit être approuvé par les salariés de l'entreprise à la majorité des suffrages exprimés.

À titre exceptionnel, le **représentant de la section syndicale** peut être mandaté, sous conditions, pour négocier et conclure un accord d'entreprise (L. 2143-23).

b › Contenu : possibilité d'accords dérogatoires

Il est librement défini par les parties ; l'accord peut adapter les dispositions des conventions de branche ou des accords professionnels et interprofessionnels dans un sens plus favorable aux salariés mais ils peuvent aussi comporter des dispositions moins favorables (accords dérogatoires) ; deux limites sont cependant prévues :

- la convention de branche ou l'accord professionnel ou interprofessionnel peut interdire une telle dérogation ;
- la dérogation n'est pas possible dans 4 domaines :
  - salaires minima ;
  - classifications ;
  - garanties collectives édictées dans le domaine de la protection sociale complémentaire ;
  - mutualisation des fonds recueillis au titre de la formation professionnelle continue.

Certains domaines sont réservés exclusivement à la négociation de branche : durée maximale hebdomadaire du travail, mise en place d'horaires d'équivalence, définition du travail de nuit...

> F
L'articulation entre les différents niveaux de négociation

Il existe une hiérarchie entre les différents niveaux de négociation. Avant la loi de 2004, les conflits de normes étaient réglés au profit de la disposition la plus avantageuse pour les salariés (« *principe de faveur* ») ; sans remettre en cause ce principe, la loi de 2004 laisse aux partenaires sociaux le soin d'aménager l'articulation entre les différents niveaux de négociation en prévoyant des possibilités de dérogations, dans un sens *moins favorable* aux salariés ; des limites sont néanmoins fixées.

	Dérogations interdites (dans un sens moins favorable aux salariés)	**Dérogations autorisées (dans un sens moins favorable aux salariés)**
Accord national interprofessionnel	aux dispositions légales, sauf si la loi l'autorise expressément.	
Accord de branche ou accord professionnel	aux dispositions légales, sauf si la loi l'autorise expressément.	aux dispositions d'une convention ou d'un accord couvrant un champ territorial ou professionnel plus large, à moins que celui-ci ne l'ait expressément interdit.
Accord de groupe	aux accords de branche dont relèvent les entreprises du groupe, sauf si ces accords l'y autorisent.	
Accord d'entreprise	– aux dispositions légales, sauf si la loi l'autorise expressément ;	à un accord de niveau supérieur, sauf dans les 4 domaines cités ci-contre et à moins que

	– aux dispositions de l'accord de branche, dans 4 domaines : – salaires minima ; – classifications ; – prévoyance collective ; – mutualisation des fonds de la formation professionnelle continue.	cet accord ne l'interdise expressément.

> II Les obligations de négocier

Les obligations de négocier ont été introduites par la loi du 13 novembre 1982. Elles obligent à des rencontres périodiques entre employeurs et organisations syndicales sur les principaux aspects des conditions de travail, mais elles connaissent des limites dans la mesure où elles ne constituent pas des obligations de conclure.
En dehors de ces thèmes de négociation obligatoire, employeurs et syndicats peuvent librement négocier sur les thèmes qu'ils choisissent.

> A La négociation de branche et professionnelle

Dans les branches où existent une convention ou des accords collectifs, les organisations patronales et syndicales doivent se réunir pour négocier :

Une fois par an	Sur les salaires ; cette négociation doit prendre en compte l'objectif d'égalité professionnelle entre les hommes et les femmes.
Tous les 3 ans	Sur l'ensemble des questions liées aux conditions de travail, les mesures tendant à assurer l'égalité professionnelle entre hommes et femmes, sur les modalités d'information et de consultation du CE, sur la stratégie de l'entreprise et ses effets prévisibles sur l'emploi et les salaires, sur la mise en place d'un dispositif de gestion prévisionnelle des emplois, la formation professionnelle, l'apprentissage ainsi que sur l'emploi des travailleurs âgés, des travailleurs handicapés, la prise en compte de la pénibilité...
Tous les 5 ans	Pour examiner la nécessité de réviser les classifications professionnelles (en prenant en compte l'objectif d'égalité professionnelle entre les hommes et les femmes et de mixité), pour négocier sur les objectifs

	et les moyens de la formation professionnelle des salariés (actions de formation pour assurer l'adaptation des salariés à l'évolution de leurs emplois, validation des acquis de l'expérience...), et sur la mise en place de dispositifs d'épargne d'entreprise.

> B
La négociation en entreprise

a › Annuelle

Dès lors qu'est constituée dans une entreprise au moins une section syndicale d'organisations représentatives, l'employeur est tenu, une fois par an, d'engager une négociation portant sur :
- les salaires effectifs ;
- la durée effective et l'organisation du temps de travail ;
- la mise en place de dispositifs d'épargne salariale, s'il n'en existe pas dans l'entreprise, et sur les conditions d'affectation des sommes à l'acquisition de parts de fonds d'épargne solidaires si un plan partenarial d'épargne salariale volontaire est négocié ;
- les objectifs et les mesures en matière d'égalité professionnelle et salariale entre les hommes et les femmes (loi du 4 août 2014) ;
- l'insertion professionnelle et le maintien dans l'emploi des travailleurs handicapés.

Négociation unique sur la qualité de vie : Le législateur ouvre, à titre expérimental, la possibilité de regrouper, par accord majoritaire conclu pour trois ans au sein de l'entreprise, tout ou partie des négociations obligatoires dans une négociation unique sur la « qualité de vie au travail ». Peuvent être regroupées les négociations portant sur l'égalité professionnelle, la durée effective et l'organisation du temps de travail, la protection sociale complémentaire, les mesures relatives à l'insertion professionnelle et au maintien dans l'emploi des travailleurs handicapés, la mobilité interne à l'entreprise et la pénibilité.

La validité de l'accord est subordonnée à sa signature par une ou plusieurs organisations syndicales représentatives ayant recueilli au moins 50 % des suffrages exprimés au 1er tour des élections professionnelles. Pendant la durée de l'accord, l'obligation annuelle de négocier est, bien évidemment, suspendue pour les thèmes faisant l'objet du regroupement.

b › Triennale

Les entreprises d'au moins 300 salariés, les entreprises et groupes de dimension européenne ont, depuis la loi du 18 janvier 2005 (C. trav. art. L. 2242-15 et s.), une obligation de négocier tous les 3 ans sur les principaux points suivants :

- les modalités d'information et de consultation du CE sur la stratégie de l'entreprise et ses effets prévisibles sur l'emploi ainsi que sur les salaires ;
- la mise en place d'un dispositif de gestion prévisionnelle des emplois et de « prévention des conséquences des mutations économiques » ainsi que sur les mesures d'accompagnement susceptibles de lui être associée (*ex.* : en matière de formation, de validation des acquis de l'expérience, de bilans de compétences...) ;
- le déroulement de carrière des salariés exerçant des responsabilités syndicales et l'exercice de leur fonction ;
- les conditions d'accès et de maintien dans l'emploi des salariés âgés et de leur accès à la formation professionnelle ;
- le contrat de génération.

Chapitre **20**

Le Conseil de prud'hommes

- Le Conseil de prud'hommes est la juridiction compétente pour régler les conflits individuels du travail (entre un employeur et un salarié) dans le secteur privé.

En effet, les conflits collectifs (des salariés contre un ou plusieurs employeurs) ont des procédures de règlement particulières (page 374).

> I Historique

Depuis très longtemps existent des juridictions spéciales pour régler les litiges nés de l'exécution du travail.

- L'institution des juges appelés « prud'hommes », *homo prudens*, terme qui évoque les idées de sagesse, expérience, équité et probité, remonte au *Moyen Âge* : sous le régime des corporations existaient des jurandes, composées uniquement de maîtres, pour faire respecter la réglementation du travail ;

– à la *Révolution*, l'abolition des corporations entraîne la suppression des Jurandes. Les litiges professionnels sont de la compétence des tribunaux civils ;
– *1806* : création, par Napoléon Ier, d'un Conseil de prud'hommes à Lyon ;
– *1844* : création d'un conseil à Paris (composé uniquement d'employeurs) ;
– *1848* : des conseillers salariés siègent aux prud'hommes ;
– plusieurs réformes sont intervenues depuis, notamment en *1907*, *1958*, *1979*, *1982* et, plus récemment, par les lois du 16 novembre 2001, du 17 janvier 2002, par l'ordonnance du 24 juin 2004, un décret du 25 août *2009*.

La garde des Sceaux (sept. 2014) a dévoilé les réformes prévues ; pour le Conseil des prud'hommes, elle entend renforcer leur appartenance à l'ordre judiciaire et rationaliser les procédures. L'ANI du 11 janvier 2013, repris par la loi du 14 juin 2013 sur la sécurisation de l'emploi, marquent une certaine évolution. Lors de la conciliation, le juge doit proposer un barème fixant une indemnité forfaitaire de licenciement, dans le but de faciliter la conciliation. L'État a été condamné plusieurs fois en raison des dysfonctionnements du conseil, un rapport a été déposé auprès de la garde des Sceaux.

Vers un tribunal prud'homal du XXIe siècle ? En juillet 2014, un rapport rédigé par des magistrats près la Cour de cassation proposait notamment la création d'un tribunal social regroupant le conseil des prud'hommes et le tribunal des affaires sociales.

La loi Macron cherche également à alléger et simplifier la procédure prud' homale : mode de règlement alternatif des litiges (médiation, procédure participative), un bureau de conciliation et d'orientation, renvoi direct en départage, création d'un défenseur syndical.

> II Compétence du Conseil de prud'hommes

a › Compétence d'attribution

Pour être du ressort d'un Conseil de prud'hommes, le conflit doit répondre à trois critères :
– l'existence d'un contrat de travail (oral ou écrit) entre le salarié et l'employeur ; il peut s'agir aussi de contrats spécifiques : d'apprentissage, de professionnalisation...
– un litige :
– né à l'occasion de ce contrat (formation, exécution, rupture) ;
– individuel à l'occasion du travail.

Dans la quasi-totalité des litiges, les salariés sont demandeurs ; ils agissent très généralement lors de la rupture du contrat.

b › Compétence territoriale

Le conseil compétent est celui dans le ressort :
- où est situé l'établissement où travaille le salarié ;
- du domicile du salarié (VRP, travailleurs à domicile) ;
- du lieu où l'engagement a été contracté ;
- du lieu où l'employeur est établi.

Une clause attributive de juridiction (valable en droit commercial) serait nulle sauf si le contrat de travail est exécuté à l'étranger.

> III Organisation du Conseil de prud'hommes

Il existe au moins un conseil dans le ressort de chaque tribunal de grande instance. La réforme de la carte judiciaire est intervenue en 2008 ; il y a actuellement 210 Conseils de prud'hommes.

Le siège et le ressort des Conseils ont été réorganisés par un décret du 29 mai 2008 (modifié depuis). Ce texte mentionne la composition et le nombre de conseillers à élire par collège dans les différentes sections (un tableau précis est annexé au décret). Globalement leur ressort est celui du TGI, mais il peut être différent (ex. TGI de Tarascon, CPH d'Arles) et ils sont plus nombreux que les TGI.

Les Conseils de prud'hommes sont divisés en 5 sections autonomes :
- encadrement ;
- industries ;
- commerce et services commerciaux ;
- activités diverses ;
- agriculture.

Chaque section peut être divisée en chambres (décision du premier président de la cour d'appel).

Toute section comportant plusieurs chambres doit comprendre une chambre pour connaître les litiges relatifs aux licenciements pour motif économique.

Le conseil de prud'hommes comporte obligatoirement une formation de référé.

Le greffe est assuré par des fonctionnaires de l'État.

Il est reproché aux CPH la longueur de la procédure (plus de 10 mois en moyenne), qui est due au nombre important d'affaires.

Il existe un Conseil supérieur de la prud'homie qui a un rôle consultatif.

a › Une juridiction d'exception

C'est-à-dire une juridiction qui a une compétence spéciale, ici : les conflits individuels du travail (les juridictions qui ont une compétence générale sont des juridictions de droit commun).

b › Une juridiction paritaire

Il y a autant de conseillers employeurs que de conseillers salariés. Chaque section comprend au moins :
– 3 conseillers prud'hommes employeurs ;
– 3 conseillers prud'hommes salariés.

c › Une juridiction élective

Les conseillers sont élus :
– par les employeurs (pour les conseillers employeurs) ;
– par les salariés (pour les conseillers salariés).

> IV Élections des conseillers prud'homaux

Les conseillers sont élus à la représentation proportionnelle pour une durée de 5 *ans* et sont indéfiniment rééligibles.
Les élections prud'homales sont coûteuses et frappées par une forte abstention. C'est pourquoi la loi relative à la désignation des conseillers prud'hommes du 18 décembre 2014 autorise le gouvernement à prendre par ordonnance des dispositions relatives à la mise en place des juges prud'homaux. Ces derniers ne seront plus élus mais désignés par les organisations syndicales et patronales. Dans l'attente de ce texte, les règles énoncées ci-dessous restent d'actualité.

a › Les opérations électorales

• › Les conditions pour être électeur ou éligible

Conditions pour être électeur	Conditions pour être éligible
– Sont électeurs dans le collège des *salariés* : – les salariés et apprentis ;	Pour être éligible, il faut : – être âgé de 21 ans au moins et avoir la nationalité française ;

– les cadres ne détenant pas une délégation particulière d'autorité, – les personnes à la recherche d'un emploi inscrites sur la liste des demandeurs d'emploi, à l'exclusion de celles à la recherche de leur premier emploi (Ord. 24 juin 2004). – Sont électeurs dans le collège des *employeurs* : – les personnes employant pour leur compte ou pour le compte d'autrui un ou plusieurs salariés ; – les dirigeants sociaux ; – les cadres ayant une délégation d'autorité. À condition : – d'être âgé de plus de 16 ans, – de ne faire l'objet d'aucune interdiction, de déchéance ou d'incapacité relatives à leurs droits civiques.	– remplir les conditions pour figurer sur les listes électorales, – de ne faire l'objet d'aucune interdiction, de déchéance, d'incapacité relatives aux droits civiques, – être en activité ou avoir été inscrit au moins une fois sur les listes électorales prud'homales, si la cessation d'activité remonte à moins de 10 ans. – Nul ne peut être candidat sur plus d'une liste, ni dans plus d'un Conseil de prud'hommes.

• › La constitution des listes

L'employeur déclare les salariés qu'il emploie sur la déclaration annuelle des données sociales adressées aux organismes ou caisses de sécurité sociale en précisant le collège, la section et la commune d'inscription pour chaque salarié.

Les personnes à la recherche d'un emploi font part de leur intention d'être inscrites sur les listes électorales dans des conditions fixées par un décret.

La liste électorale est établie par le maire, assisté au-delà d'un certain seuil par une commission.

• › La déclaration de candidature

Elle résulte du dépôt à la préfecture d'une liste.

Ne sont pas recevables les listes présentées par un parti politique ou une organisation prônant la discrimination.

La liste doit comporter un nombre de candidats au moins égal au nombre de postes à pourvoir et qui ne peut être supérieur au double de ce nombre de postes.

Le mandataire de la liste doit notifier à l'employeur le ou les noms des salariés qu'il entend présenter sur la liste des candidats.

b › Le scrutin

C'est un scrutin de liste avec représentation proportionnelle à la plus forte moyenne, sans panachage.

c › Le vote

Les salariés et les employeurs votent, un jour de semaine, pendant les heures de travail dans la section à laquelle ils sont rattachés. (On constate un fort taux d'abstention.)
Le mandat des conseillers prud'hommes actuellement en place est prolongé jusqu'au 31 décembre 2017.

d › La contestation du scrutin

Les contestations sont de la compétence du juge judiciaire.
Elles peuvent être présentées par :
- l'autorité administrative ;
- le procureur de la République ;
- tout électeur, toute personne éligible ou mandataire d'une liste.

e › Élection du président et du vice-président

Ils sont élus parmi les membres du conseil pour un an. La présidence et la vice-présidence sont assurées alternativement chaque année par les conseillers prud'homaux salariés et employeurs. L'année où le président est employeur, le vice-président est salarié, et ainsi de suite.

> V
Statut des conseillers prud'homaux salariés

Ils sont élus pour 5 ans et rééligibles.
- Ils ont droit à 6 semaines de formation (fractionnées ou non) pendant la durée de leur mandat ; le financement est assuré par l'État.
- Ce sont des travailleurs protégés : licenciement autorisé par l'inspecteur du travail ; protection à compter de la publication de la liste des élus à la préfecture ou dès que l'employeur aura eu connaissance de l'imminence de la candidature, sous réserve d'en rapporter la preuve ; elle dure pendant le mandat et six mois après la cessation des fonctions.

L'employeur doit accorder le temps nécessaire à leurs fonctions aux mandataires, assesseurs, délégués de liste et membres du Conseil supérieur de la prud'homie ; ce temps est compté comme du temps de travail effectif ; l'employeur peut obtenir remboursement des salaires maintenus aux conseillers du collège salarié.
Le nombre d'heures indemnisables qu'un conseiller peut déclarer est limité (*ex* : 1 heure pour l'étude préparatoire d'un dossier avant le bureau de jugement ; 30 minutes pour la rédaction d'un procès-verbal…).

- les employeurs doivent leur accorder sur leur demande, des autorisations d'absence pour les besoins de leur formation dans une double limite :
- 6 semaines par mandat ;
- 2 semaines par an.
- Les présidents et vice-présidents bénéficient d'un forfait pour l'exercice de leur fonction ; il est de 17 heures à 72 heures par mois, suivant l'importance de la juridiction.

> VI
Procédure devant le Conseil de prud'hommes

La procédure se déroule en deux temps :

– Une phase de conciliation –

C'est une phase au cours de laquelle, en audience non publique, deux conseillers essaient de concilier les parties et peuvent ordonner des mesures telles que : la délivrance d'un certificat de travail, le versement d'une provision...
S'il y a conciliation, la procédure s'arrête ; s'il n'y a pas de conciliation ou conciliation partielle, la procédure continue (la conciliation totale intervient rarement malgré les efforts des conseillers prud'homaux dans ce sens ; moins de 10 %).
En principe, l'employeur et le salarié doivent comparaître personnellement, mais, en cas de motif légitime (*ex.* : impossibilité physique...), ils peuvent se faire représenter par :
- un salarié ou un employeur appartenant à la même branche d'activité ;
- leur conjoint, concubin ou partenaire d'un pacs ;
- un délégué d'une organisation syndicale ;
- un avocat.

La loi de sécurisation professionnelle (14 juin 2013) prévoit une indemnité forfaitaire qui pourrait rendre plus efficace les tentatives de conciliation.

– Une phase de jugement –

Elle a lieu après avoir entendu les arguments des parties, directement, ou par l'intermédiaire d'un avocat, seul à être dispensé d'un pouvoir, ou par l'une des personnes mentionnées dans le schéma ci-dessous. Le conseil peut estimer être insuffisamment informé et ordonner des mesures « avant dire droit » comme une enquête ou une expertise. Un (ou deux) conseiller (s) rapporteur(s) peu(ven)t être nommé(s) afin de « mettre la procédure en état » (terme repris de la procédure civile). De nouveaux chefs de demande sont recevables tant qu'une décision n'est pas intervenue.

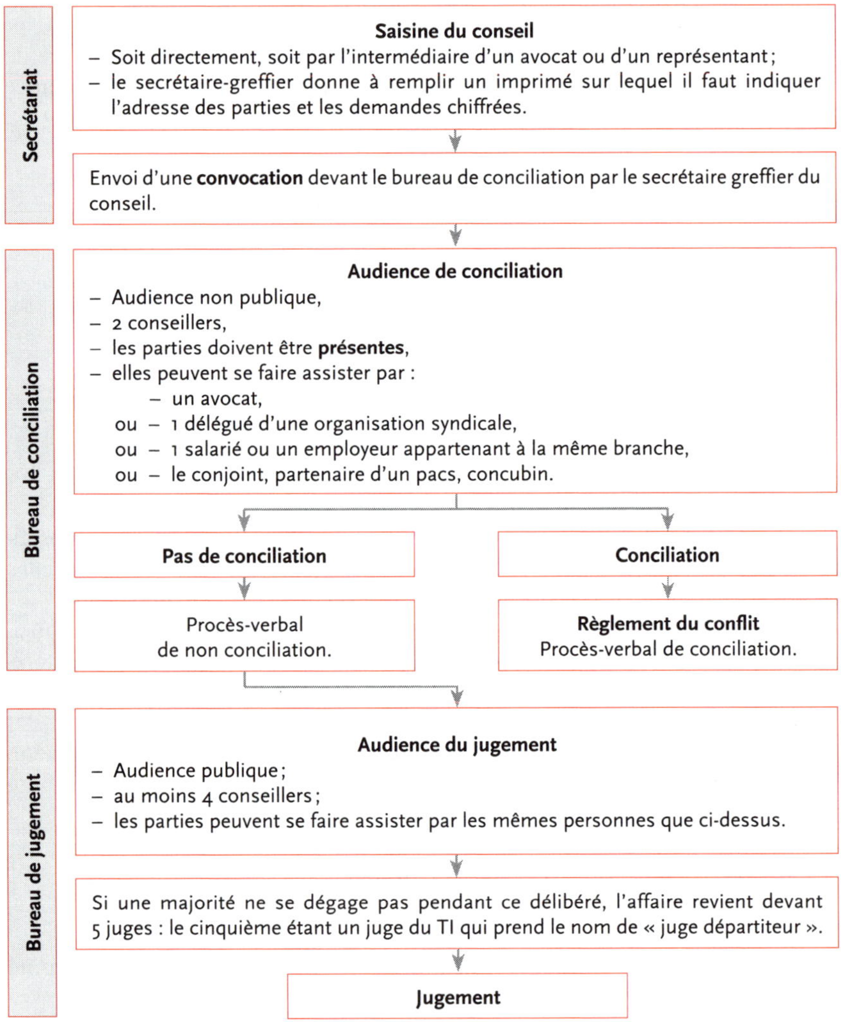

Les décisions sont prises à la majorité absolue des voix ; en cas de partage des voix, l'affaire est renvoyée à une audience ultérieure présidée par un *juge départiteur* (juge au tribunal d'instance).

La procédure devant le Conseil de prud'hommes est simple et relativement peu coûteuse, cependant, le nombre d'affaires en cours encombre les rôles et, devant certains conseils, les délais sont importants (deux ans dans la région île de France souvent, plus d'un an).

• › Le référé prud'homal

Procédure applicable en cas d'urgence, elle a été admise devant le Conseil de prud'hommes depuis une loi du 18 janvier 1979.
La formation de référé peut ordonner toutes les mesures qui ne se heurtent à aucune contestation sérieuse (*ex.* : l'existence d'une convention collective...) ou que justifie l'existence d'un différend. Même en cas de contestation sérieuse, le juge des référés peut prescrire des mesures conservatoires ou de remise en état qui s'imposent pour prévenir un dommage imminent ou faire cesser un trouble manifestement illicite. Le référé peut être utilisé pour demander, sous astreinte, le paiement d'un salaire (Soc. 3 mars 2015) ou d'une provision, la réintégration d'un représentant du personnel, d'une femme enceinte irrégulièrement licenciée...

• › La procédure abrégée

En cas de litige portant sur un licenciement pour motif économique : la tentative de conciliation doit avoir lieu dans le mois de la saisine et l'audience du bureau de jugement doit se tenir dans un délai maximum de 6 mois.

• › Les voies de recours

› L'opposition

Lorsque le défendeur a été jugé par défaut (sans avoir été présent pour se défendre), qu'il n'a pas été touché directement par la citation et qu'un jugement a été rendu contre lui, il peut, dans un délai d'un mois, « faire opposition » ; l'affaire revient devant le Conseil de prud'hommes.

› L'appel

– Les décisions rendues en premier ressort –

On peut, en principe, faire appel d'une décision rendue en premier ressort, dans un délai d'un mois (15 jours pour les référés) : devant une cour d'appel (35 en France dont 5 Outre-mer). C'est une juridiction de droit commun, composée de magistrats professionnels. La cour d'appel juge à nouveau le procès. Elle rend un arrêt qui peut être :
- confirmatif : elle juge comme le conseil ;
- infirmatif : elle juge différemment.

En matière prud'homale, l'appel est porté devant une chambre sociale.

– Les décisions rendues en premier et dernier ressort –

On ne peut faire appel des jugements rendus lorsque la demande porte sur une somme inférieure à 4 000 € (décret du 20 septembre 2005).

L'article R. 1462-1 du Code du travail, al. 1er, énonce que « *le Conseil de prud'hommes statue en dernier ressort lorsque la valeur totale des prétentions d'aucune des parties ne dépasse le taux de compétence* ».
Au sujet du taux de compétence en dernier ressort, la chambre sociale a rendu en 1996, puis en 2007 plusieurs décisions afin d'unifier la jurisprudence.
La Cour de cassation a été amenée à préciser la notion de « chef de demande » ; elle estime que diverses prétentions peuvent être regroupées sous un chef de demande ; trois grands groupes de chefs de demande peuvent être envisagés :
- les sommes ayant un caractère de salaire (y compris une indemnité de congés payés) ;
- les indemnités de rupture (compensatrices de préavis, de licenciement, de clientèle) ;
- les indemnités liées à la rupture anormale du contrat de travail (rupture anticipée d'un CDD, indemnité pour licenciement sans cause réelle et sérieuse, non-respect de la procédure, licenciement vexatoire).

L'appel est suspensif, sauf si le conseil a ordonné l'exécution provisoire de sa décision ; l'exécution provisoire est « de droit » dans certains cas (*ex.* : remise d'un certificat de travail, d'un bulletin de paie).

› La cassation

Celui qui a perdu son procès peut, dans un délai de deux mois faire un « pourvoi » en cassation (le pourvoi n'est pas suspensif). L'affaire vient devant la chambre sociale de la Cour de cassation (voir le schéma page suivante). Depuis le 1er janvier 2005, un avocat aux conseils doit présenter le pourvoi.
La Cour de cassation ne reprend pas le procès dans son ensemble, mais vérifie seulement que les premiers juges ont bien appliqué le droit. On peut se pourvoir en cassation de toutes les décisions rendues en dernier ressort :
- par la cour d'appel ;
- par le Conseil de prud'hommes, pour les demandes inférieures à 4 000 €.

La Cour de cassation soit :
- rejette le pourvoi, et le procès est alors définitivement terminé ;
- casse la décision qu'elle a eue à juger et renvoie alors le procès devant une juridiction de même niveau (la cour d'appel ou le Conseil de prud'hommes pour les demandes inférieures à 4 000 €).

Elle peut aussi juger sans renvoi.

› La médiation

En procédure civile, un juge, avec l'accord des parties, peut désigner un « médiateur » afin de trouver une solution au litige.
En droit du travail, la médiation conventionnelle à l'occasion d'un contrat de travail ne peut jouer que lorsque les différends sont de nature transfrontalière (relative à l'organisation des juridictions et à la procédure civile, pénale, administrative) (R. 1471-1, D. 20 janvier 2012).

› L'aide juridictionnelle

Les parties peuvent obtenir, conformément au droit commun, l'aide juridictionnelle totale ou partielle (frais de procédure et honoraires d'un avocat ou d'un expert désigné pris en charge *par l'État*) si leurs ressources ne dépassent pas un plafond.

› La preuve

Les règles de la « charge de la preuve » ne sont pas les mêmes qu'en droit commun. Le juge a de plus en plus un rôle inquisitorial pour rétablir une certaine égalité entre les parties, chacune devant apporter au conseil les éléments de preuve dont elle dispose.
Le juge peut, pour s'informer, ordonner des mesures d'instruction : renvoi devant des conseillers rapporteurs, expertise, enquête.

› Les autres juridictions compétentes en droit du travail

Les conflits liés au travail peuvent relever d'autres tribunaux :
- Tribunal d'instance : contentieux des élections professionnelles ;
- tribunal de grande instance : interprétation d'une convention collective, validité des plans de sauvegarde de l'emploi ;
- tribunal correctionnel : délit d'entrave, infractions aux règles d'hygiène et de sécurité… ;
- tribunal administratif : recours contre les décisions de l'inspecteur du travail, du ministre du Travail.

Voies de recours

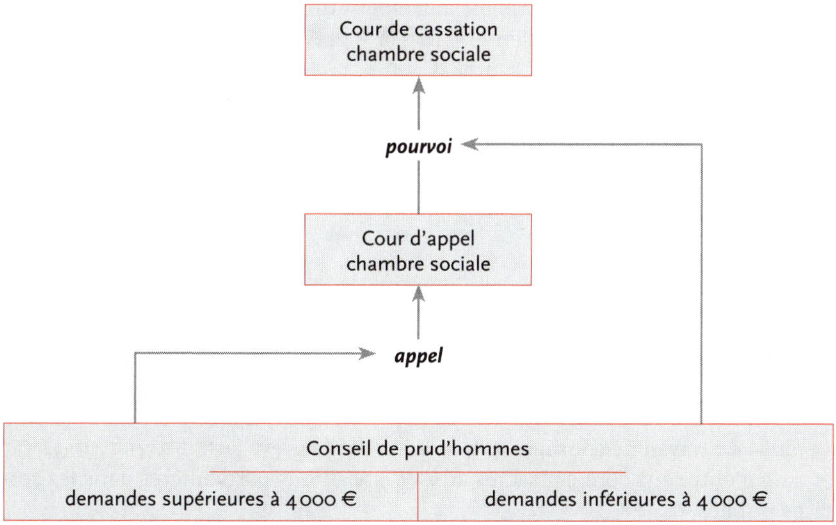

Chapitre **21**

Les conflits collectifs du travail

Il s'agit des rapports de force qui peuvent s'établir entre employeurs et salariés sur des intérêts collectifs.
Ils constituent un échec des rapports de droit, mais ont souvent permis les avancées du droit du travail, appelé autrefois « droit des barricades ».
Ils se manifestent essentiellement par la « grève » et plus rarement par la riposte patronale du « *lock-out* » (p. 383).
En 2010, 3,3 % des entreprises de 10 salariés ou plus déclarent avoir connu un ou plusieurs arrêts collectifs de travail (contre 2,2 % en 2009). La réforme des retraites a mobilisé un grand nombre de salariés (source : DARES, août 2012).

> I La grève

Le Code du travail ne consacre que six articles à la grève (art. L. 2511-1 à 2512-5) ; et cinq d'entre eux sont consacrés aux « dispositions particulières dans les services publics ».

Le droit de la grève a donc été élaboré par la jurisprudence.
C'est la Cour de cassation qui a donné une définition du droit de grève, malgré les souhaits exprimés par le Conseil constitutionnel, d'obtenir une définition légale.

■ « La grève est une cessation concertée du travail en vue d'appuyer des revendications professionnelles déjà déterminées auxquelles l'employeur refuse de donner satisfaction » (Soc. 17 janvier 1968, 6 mai 1989 ; Civ. 1re, 15 janv. 1991).

a › L'évolution du droit de grève

- Jusqu'en 1864, elle constitue un délit pénal ; à cette date est supprimé le délit de coalition ;
- jusqu'en 1946, elle est considérée comme une faute civile ;
- le *préambule de la Constitution de 1946* (repris par la Constitution de 1958), énonce : « le droit de grève s'exerce dans le cadre des lois qui le réglementent » ; mais le législateur n'a pas donné d'autres précisions, si ce n'est pour l'interdire à certaines catégories de personnels (cf. *infra*) ;
- la jurisprudence a dû alors pallier cette carence ; elle va distinguer, dès les années 1950 : « l'exercice normal du droit de grève » et « les mouvements illicites », qui n'entrent pas dans le cadre de la grève et peuvent donc être sanctionnés ;
- la grève est considérée par la Cour de cassation, depuis 1990, comme « une liberté publique, fondatrice du droit du travail » ;
- l'article L. 1132-2 du Code du travail, énonce qu'« aucun salarié ne peut être sanctionné... en raison de l'exercice normal du droit de grève ».

b › Définition de l'exercice normal du droit de grève

Le mouvement collectif qui ne satisfait pas à la définition de la grève constitue un mouvement illicite. Les salariés encourent une sanction disciplinaire pouvant aller jusqu'au licenciement. Le langage courant utilise abusivement le terme grève pour désigner des mouvements illicites. Ce sont des « faux amis ».

	Grève	Mouvements illicites (les « faux amis »)
La grève est une **cessation** du travail	• La grève suppose un **arrêt total du travail** et non pas une exécution fautive. • **Peu importe la durée de la cessation du travail.** Des arrêts de travail répétés et de courte durée (1/4 d'heure toutes les heures pendant plusieurs jours) constituent l'exercice normal du droit de grève, s'il n'y a pas eu désorganisation de l'entreprise.	• La « **grève de l'astreinte** » : des salariés, durant leur service, ont cessé d'exécuter leur seule obligation d'astreinte. Ce mouvement est illicite car la grève ne peut être limitée à une obligation particulière du contrat de travail. • La « **grève perlée** » : le ralentissement des cadences constitue une exécution fautive du contrat de travail et non une cessation du travail. C'est un mouvement illicite.

<table>
<tr><td>C'est un droit individuel exercé collectivement</td><td colspan="2">– La décision de faire grève ou non est un droit individuel, qui ne saurait résulter d'un vote.
– L'exercice du droit de grève est collectif.
Il peut cependant être exercé par une minorité de salarié et les syndicats de salariés n'ont pas le monopole du déclenchement de la grève.
Par exception, un seul salarié d'une entreprise peut faire grève s'il répond à un mot d'ordre national (Soc. 29 mars 1995) ou s'il est le seul salarié de l'entreprise (Soc. 13 nov. 1996).
– Le droit de grève n'est soumis à aucun délai de préavis dans le secteur privé.</td></tr>
<tr><td>Elle doit avoir un but professionnel</td><td>La grève a pour but de faire aboutir des revendications d'ordre professionnel : il peut s'agir de l'amélioration des conditions de travail, du paiement d'heures supplémentaires, de menaces sur l'emploi…

Le juge ne peut, sans porter atteinte au libre exercice d'un droit constitutionnellement reconnu, substituer son appréciation à elle des grévistes sur la légitimité ou le bien-fondé de ces revendications (Soc. 2 juin 1992)
La capacité de l'employeur à satisfaire les revendications sont sans incidence sur la légitimité de la grève (Soc. 23 nov. 2007).
L'exercice normal du droit de grève n'étant soumis à aucun préavis, sauf dispositions législatives le prévoyant, il nécessite seulement l'existence de revendications professionnelles collectives dont l'employeur doit avoir connaissance au moment de l'arrêt de travail, peu important les modalités de cette information (Soc. 22 oct. 2014).</td><td>• La « grève d'autosatisfaction » : ne constitue pas une grève le fait pour des salariés ne souhaitant plus travailler le samedi, de s'absenter 3 samedis de suite (Soc. 23 nov. 1978). Le droit de grève n'autorise pas les salariés à exécuter leur travail dans les conditions qu'ils revendiquent.
• La « grève de solidarité » : le mouvement pour obtenir la réintégration d'un collègue régulièrement licencié n'est pas une grève, sauf si elle s'accompagne de revendications professionnelles (ex. : maintien de l'emploi en cas de licenciement économique ; Soc. 2 juill. 2014 : la mobilisation destinée à soutenir des salariés grévistes menacés de licenciement pour faute lourde).
• La « grève politique » : à défaut de revendications professionnelles, c'est un mouvement illicite ; mais la distinction politique/non politique n'est pas toujours facile à faire, notamment lorsque le mouvement a une dimension nationale (ex. : la défense des retraites).</td></tr>
</table>

c › Les limites au droit de grève

• › Dans les services publics

Elle est réglementée par les articles L. 2512-1 et suivants du Code du travail ; l'objectif est de concilier le principe de « la continuité du service public » et l'intérêt des usagers, en instaurant notamment un préavis obligatoire.

Personnel concerné	Celui de l'État, des collectivités locales (communes de plus de 10 000 habitants), des organismes publics ou privés chargés de la gestion d'un service public (Air Inter, le CEA...).
Respect d'un préavis	L'organisation syndicale représentative doit faire parvenir, 5 jours avant le déclenchement de la grève, un préavis motivé à la hiérarchie ; « pendant la durée du préavis, les parties sont tenues de négocier ». Le non-respect du préavis constitue une faute lourde, généralement imputable au syndicat organisateur ; mais cette faute ne peut être imputée aux salariés grévistes dès lors que leur attention n'avait pas été attirée sur cette obligation.
Retenues sur salaire	Elles obéissent à un régime particulier (C. trav. art. L. 2512-5).
Réquisition	Le recours à la réquisition n'est justifié que si les perturbations portent une atteinte suffisamment grave soit à la continuité du service public, soit à la satisfaction des besoins de la population (CE 24 févr. 1961). L'employeur ne peut se fonder, sauf loi contraire, sur le règlement intérieur, même pour un motif de sécurité (Soc. 15 déc. 2009).
Interdictions	Différents textes interdisent le droit de grève aux militaires, magistrats, policiers, aux CRS et pompiers professionnels... Le droit de grève est encadré pour le personnel des sociétés de radio et de télévision.

Des règles particulières s'appliquent en ce qui concerne la **grève dans les transports publics de voyageurs**. Les usagers souffrent indiscutablement des grèves dans les transports, mais comment réglementer le droit de grève, déclaré « liberté publique », sans lui imposer des limites ?
Le droit de grève dans les transports était seulement régi par une loi du 31 juillet 1963 imposant un préavis de 5 jours avant le début de la grève. Des accords-cadres non contraignants, avaient été signés en 1996, en 2004 (SNCF) et en 2006.
Une loi sur « le dialogue social et la continuité du service public dans les transports publics » a été adoptée le 21 août 2007. Elle a été justifiée par la volonté de préserver les libertés d'aller et venir, d'accès aux services publics, la liberté du travail, du commerce et de l'industrie.
Cette loi concerne les transports publics terrestres de personnes.
Outre les règles applicables à la grève dans les services publics, le texte prévoit notamment que la direction doit assurer des dessertes prioritaires et déterminer différents niveaux de service, en fonction de l'importance de la perturbation. Le niveau minimal de service doit permettre la couverture des besoins essentiels de la population, prendre en compte, par exemple, ceux des personnes à mobilité réduite et garantir l'accès au service de l'enseignement les jours d'examens nationaux.

Pour permettre l'organisation de ce service minimum, les salariés sont tenus d'avertir leur employeur de leur intention de participer ou non au mouvement de grève, au moins 48 heures à l'avance. L'absence de déclaration peut entraîner des sanctions disciplinaires.

Ce mécanisme a été transposé dans les entreprises de transport aérien de passagers (Loi du 19 mars 2012 relative à l'organisation du service et à l'information des passagers dans les entreprises de transport aérien de passagers).

• › Par convention

Seule la loi peut réglementer le droit de grève. Une clause conventionnelle imposant un préavis est nulle ; seule la loi peut en imposer un (Soc. 7 juin 1995). Dans les entreprises du secteur privé, la grève peut donc être surprise, sans préavis.
De même, le règlement intérieur ne peut limiter le droit de grève, même pour des motifs impérieux de sécurité (Soc. 15 déc. 2009).

d › Les effets de l'exercice normal du droit de grève

1 › Pour les grévistes

« L'exercice du droit de grève ne peut justifier la rupture du contrat de travail, sauf faute lourde imputable au salarié » (C. trav. art. L. 2511-1).
Le contrat de travail est donc suspendu pendant toute la durée de la grève.
Cette suspension va avoir des conséquences.

• › Sur le salaire

- L'abattement doit être calculé proportionnellement à la durée de la grève (il n'en est pas de même dans les services publics) ; au-delà, il s'agirait d'une sanction pécuniaire interdite. La question s'est posée de savoir s'il convenait de calculer l'abattement d'après le temps de grève ou d'après l'arrêt de la production qui en est résulté (quelques minutes de grève peuvent entraîner un arrêt de production beaucoup plus long) ; la Cour de cassation, dans un arrêt du 16 mai 1989, a adopté la solution favorable aux grévistes ;
- La retenue sur salaire pour grève qui figure sur le bulletin de paie ne doit pas mentionner son origine (mais, par exemple, une mention neutre telle que « absence non rémunérée »).
- les employeurs ont parfois essayé de sanctionner les grévistes en prévoyant des « primes d'assiduité », qui étaient perdues en cas d'absence ; la jurisprudence sanctionne cette pratique, sauf si toutes les absences (maladie, formation...) entraînent le même effet.

• › Sur la maladie

Si le salarié gréviste tombe malade :
- *pendant* la grève, il sera considéré comme gréviste par l'employeur ;
- *avant* le déclenchement du mouvement de grève, il ne peut être considéré comme gréviste.

Le versement du salaire pour les journées de grève est parfois une condition de la reprise du travail, faisant l'objet de négociations (dans certains pays, les syndicats versent des indemnités aux grévistes, il n'en est pas de même en France) ; les indemnités qui pourraient être versées par les mairies ou les CE, seraient illégales. La période de grève n'est pas prise en compte pour le calcul des congés payés.

• › Sur le pouvoir disciplinaire de l'employeur

L'employeur ne peut sanctionner le gréviste qui exerce « normalement » le droit de grève. Le règlement intérieur est inopposable aux grévistes. L'employeur ne peut donc pas prononcer de sanctions.

Tout licenciement fondé sur l'exercice du droit de grève est nul de plein droit ; le salarié licencié peut demander et obtenir sa réintégration, y compris devant le juge des référés prud'homal. Il peut aussi obtenir des dommages et intérêts pour licenciement abusif.

• › Vis-à-vis de la sécurité sociale

Le gréviste conserve sa qualité d'assuré social.

2 › Pour les non-grévistes : droit au travail

- L'employeur doit assurer ses obligations ; il est tenu de donner aux non-grévistes les moyens d'effectuer leur travail et de payer leur rémunération ;
- l'employeur est « délié de ses obligations », s'il rapporte la preuve qu'il s'est trouvé dans « une situation contraignante », c'est-à-dire dans l'impossibilité de faire fonctionner l'entreprise (*ex.* : grève bloquant la chaîne, risques pour la sécurité, occupation des locaux, grève totale d'un secteur de production...).

Soc. 26 mars 2014 : « l'existence d'une situation contraignante de nature à libérer l'employeur de son obligation de fournir du travail au salarié est caractérisé lorsque la reprise du travail, après accord partiel entre la direction et les salariés grévistes sur certaines revendications, s'est effectuée dans des conditions anormales d'exécution des contrats de travail, les salariés ayant refusé de se soumettre à l'autorité de leur employeur qui n'avait plus ni la maîtrise des outils comptables de l'entreprise, ni le libre accès à ses locaux, dont les nouvelles clés n'ont été remises par les salariés à la direction qu'en mai 2011 ».

La preuve de l'impossibilité de fournir du travail doit être rapportée par l'employeur, sinon il doit payer leur salaire aux salariés qui s'étaient tenus à sa disposition (Soc. 30 sept. 2005).

- l'employeur peut procéder à des réductions de salaire, s'il y a chômage technique, partiel ou total, pour les non-grévistes, en raison de la réduction de la production.
- l'employeur peut être amené à aménager temporairement le travail des non-grévistes pour poursuivre l'activité de l'entreprise dans de bonnes conditions. L'employeur ne peut pas compenser la charge de travail inhabituelle subie par les salariés non-grévistes, par l'octroi d'une prime dont seraient, *de facto*, exclus les grévistes. En effet, a été jugée discriminatoire l'attribution d'une prime aux salariés selon qu'ils aient, ou non, participé au mouvement de grève (Soc. 1er juin 2010).

e › L'exercice anormal du droit de grève

• › La grève est abusive

« La grève est un droit et un droit ne peut être illicite ; il peut seulement exister un abus de droit » (rapport Waquet, 1993).
Le mouvement collectif répond donc à la définition de la grève, mais l'abus du droit de grève est caractérisé lorsque les méthodes employées par les grévistes tendent à désorganiser l'entreprise elle-même. La désorganisation de la production constitue une conséquence normale de la grève.

exemple :

Les débrayages répétés de courte durée : la répétition d'interruptions de travail ayant chacune le caractère d'une grève ne peut être considérée en principe comme un abus du droit de grève, sauf si elle procède d'une volonté de nuire à la situation économique de l'employeur.

La grève abusive constitue en principe une faute lourde.

• › Le gréviste a commis une faute lourde

Seule la faute lourde justifie le licenciement du salarié gréviste. Tout licenciement prononcé en l'absence de faute lourde est nul de plein droit.

- La faute lourde est une faute d'une particulière gravité, révélant l'intention de nuire (Soc. 8 févr. 2012).
- Il doit s'agir d'une faute *personnelle*, imputable au salarié (Soc. 4 nov. 1992).

exemples :

- **L'atteinte portée à la liberté du travail des non-grévistes** constitue une faute lourde, même si l'entrave est de faible ampleur. Commettent une faute lourde les grévistes d'une entreprise de transports en commun qui bloquent le départ de deux autobus, et mettent ainsi les non-grévistes dans l'impossibilité de travailler pendant cinquante minutes (Soc. 10 févr. 2009). De même, l'occupation du navire par les grévistes empêchait celui-ci de prendre le large, ce dont il résultait une entrave à la liberté du travail des salariés non grévistes (Soc. 8 oct. 2014).
  En revanche, la non-restitution par le salarié gréviste d'un véhicule de service mis à sa disposition ne peut justifier son licenciement si l'employeur ne prouve pas qu'il aurait pu remettre ce véhicule à une autre personne présente dans l'entreprise et

qu'ainsi le salarié gréviste avait porté atteinte à la liberté du travail des autres salariés de leur société ni que ce salarié avait agi avec intention de nuire (Soc. 8 févr. 2012).

- L'atteinte à la liberté du travail **par un « piquet de grève »** (devant l'entrée de l'entreprise) constitue aussi une faute lourde.
- **L'occupation des locaux** n'est pas considérée comme une faute lourde si elle ne s'accompagne pas d'une entrave à la liberté du travail (soc. 16 janv. 2013). Mais commet une faute lourde le salarié qui se maintient dans les lieux malgré une décision d'expulsion. Toutefois, l'expulsion n'est pas justifié lorsque l'occupation des locaux, sans dégradation ni violence, est intervenue en réaction à la fermeture d'un site décidée par l'employeur sans information ni consultation préalable des institutions représentatives du personnel (Soc. 9 mars 2011).

- **Les actes de séquestration** de dirigeants ou de cadres de l'entreprise, privés de la liberté d'aller et venir dans l'entreprise, caractérisent ainsi une faute lourde, même en l'absence d'actes de violences. Soc. 2 juillet 2014 : est justifié le licenciement du salarié gréviste qui a personnellement participé à l'action collective au cours de laquelle le directeur des ressources humaines avait été retenu de 11 heures 45 à 15 heures 30 dans son bureau, dont il n'avait pu sortir qu'après l'évacuation par les forces de l'ordre des personnes présentes.

Le juge ne peut aggraver la qualification de la faute retenue par l'employeur dans la lettre de licenciement. Le licenciement est donc automatiquement nul, dès lors que l'employeur n'a retenu que la qualification de faute grave dans la lettre de licenciement (Soc. 26 juin 2013).

• › Les conséquences de l'exercice anormal du droit de grève

Le licenciement pour faute lourde *(même une sanction plus légère suppose une faute lourde du gréviste)*	La faute lourde entraîne la rupture du contrat de travail sans préavis, ni indemnité de licenciement et de congés payés. L'employeur a la faculté de sanctionner différemment les salariés qui ont participé à une même faute ; c'est le principe de l'**individualisation des mesures disciplinaires** (Soc. 15 mai 1991), mais il ne doit pas faire de discrimination, notamment syndicale.	
Délit pénal	Des sanctions pénales sont possibles en cas de : – violation du droit de propriété ; – atteinte à la liberté du travail (*ex.* : séquestration...) – actes annexes : violences, voies de fait, destructions, dégradations...	
La mise en œuvre de la responsabilité civile *(Le tribunal compétent est le Conseil de prud'hommes, sauf en cas de poursuites pénales)*	**Contre les grévistes :** il s'agira souvent des « meneurs » ; les demandeurs peuvent être l'employeur ou les salariés non grévistes (en cas de perte de salaire) ; la responsabilité d'un salarié participant à une grève ne peut être engagée qu'à raison d'un préjudice découlant directement de sa participation personnelle à des actes illicites (Soc. 19 déc. 1990).	**Contre les organisations syndicales :** lorsque le syndicat a effectivement participé à des agissements constitutifs d'infractions pénales ou à des faits ne pouvant se rattacher à l'exercice normal du droit de grève (Soc. 9 nov. 1982).

> II Les mesures possibles de l'employeur face à un mouvement de grève

a › Des sanctions

• › Les sanctions disciplinaires

Seulement en cas de faute lourde du salarié gréviste.

• › Les actions en justice

– Demande de condamnation pénale, s'il y a eu délit ;
– expulsion en cas d'occupation ;
– dommages et intérêts s'il y a eu préjudice.

b › La poursuite de l'activité

L'employeur a le pouvoir de prendre des mesures pour organiser la production, face à un mouvement de grève :

Organiser différemment le travail des non-grévistes	– Allonger la durée du travail (recours aux heures supplémentaires), – ou les affecter à certaines tâches occupées par les grévistes.
Remplacer les grévistes	• **Est interdit :** le recours aux salariés sous CDD, des intérimaires ; ce principe concerne aussi bien l'embauche d'intérimaires à la suite du déclenchement de la grève que l'accroissement du volume de travail confié à des intérimaires embauchés avant le début du mouvement (Soc. 2 mars 2011). • **Est autorisé :** le recours à la sous-traitance et même, recourir à des bénévoles (Soc. 11 janv. 2000 : dans cette affaire, des chauffeurs, chargés de la collecte du lait auprès des producteurs, étaient en grève ; l'employeur a fait appel à plusieurs producteurs qui ont accepté, bénévolement, de conduire des camions à la place des grévistes).
Réquisitionner les grévistes	• L'employeur ne peut en aucun cas s'arroger le pouvoir de réquisitionner des salariés grévistes (Soc. 15 déc. 2009). • Le juge des référés n'a pas le pouvoir de condamner un salarié gréviste à exécuter son travail même pendant la durée d'un service minimum. • Le préfet peut décider de la réquisition de personnels grévistes, même dans une entreprise privée, lorsque :

– l'atteinte au bon ordre, à la salubrité, à la tranquillité et à la sécurité publique l'exige.
– l'activité présente une importance particulière pour le maintien de l'activité économique, la satisfaction des besoins essentiels de la population ou le fonctionnement des services publics lorsque les perturbations de la grève créent une menace pour l'ordre public (CE, 27 oct. 2010 – il s'agissait d'une grève dans un dépôt pétrolier).

L'arrêté préfectoral de réquisition ne peut prendre que des mesures imposées par l'urgence et proportionnées aux nécessités de l'ordre public.

C › Le *lock-out*

■ C'est une mesure de fermeture temporaire décidée par un employeur en réponse à un conflit collectif du travail (grève ou menace de grève).

Il n'existe pas, comme pour la grève, de « droit au *lock-out* » ; il n'est réglementé par aucun texte, ce sont les juridictions (et notamment la Cour de cassation) qui sont amenées à déterminer, dans des situations concrètes, la régularité ou l'irrégularité du *lock-out*.
En fait ce sont les non-grévistes qui sont défavorisés par le *lock-out*. Ils vont alors, afin d'obtenir leur salaire, évoquer une faute contractuelle à l'encontre de l'employeur. Celui-ci va essayer de prouver que le *lock-out* était licite.

• › Le *lock-out* est en principe illicite

– S'il est préventif ;
– s'il constitue un moyen de rétorsion ou de pression à l'égard des grévistes ;
– s'il constitue une mesure de sanction à la fin d'une grève.

Dans ce cas, l'employeur doit payer les salaires aux non-grévistes durant le *lock-out*.

• › Le *lock-out* est exceptionnellement licite

– S'il est justifié par la force majeure ou une situation contraignante rendant impossible la fourniture de travail aux salariés non grévistes (*ex.* : occupation des locaux par les grévistes, avec une ordonnance d'expulsion non exécutée par la force publique ; travail impossible en raison des arrêts bloquant l'activité…). La Cour de cassation a jugé par un arrêt du 4 juillet 2000 que l'entreprise « s'était trouvée du fait de la grève totale du secteur de production, dans une situation contraignante qui ne lui était pas imputable et rendait impossible la fourniture de travail aux non-grévistes » ;
– pour des raisons de sécurité (*ex.* : violences, risques d'accidents ; ex : Soc. 26 mars 2014).

> III
Le règlement des conflits collectifs

Le Code du travail a, depuis *1936*, prévu trois procédures de règlement des conflits collectifs du travail :
- la conciliation ;
- la médiation ;
- l'arbitrage.

Les grévistes et les employeurs préfèrent souvent rédiger lors de la reprise, un « procès-verbal de fin de conflit ». Le contenu de cet accord est libre ; il contient des dispositions prévoyant le paiement des jours de grève, la levée de sanctions… Cette négociation peut s'analyser comme une convention, un accord collectif (de façon certaine lorsqu'il est conclu par les délégués syndicaux) ou un accord atypique.

a › La conciliation (C. trav. art. 2522-1 à 2522-13)

Elle peut être conventionnelle ou légale.

• › La conciliation conventionnelle

C'est celle qui est mise en place en application des clauses d'une convention ou d'un accord collectif de travail.

• › La conciliation légale

Elle est prévue :
- lorsqu'il n'y a pas de procédure conventionnelle ;
- ou si celle-ci n'a pu fonctionner.

La procédure légale implique l'intervention d'une autorité publique :
- le préfet pour un conflit local ;
- le ministre chargé du Travail pour un conflit national.

Une commission de conciliation est constituée.

Elle est saisie par :	Elle comprend :
– une des parties ; – le préfet ; – le ministre chargé du Travail.	– des représentants de l'autorité publique ; – des représentants des employeurs et des salariés en nombre égal.

• › Les effets

- La commission invite les parties à se mettre d'accord ;
- un procès-verbal constate l'accord ou le désaccord ;
- s'il y a accord, il doit être obligatoirement exécuté ; il produit les mêmes effets qu'un accord collectif.

En cas d'échec de la conciliation, le conflit est soumis, soit à la procédure de médiation, soit à la procédure d'arbitrage.

b › La médiation (C. trav. art. 2523-1 à 2523-10)

La procédure de médiation peut être engagée par :
- le président de la commission de conciliation qui, dans ce cas, invite les parties à désigner dans un délai fixé, un médiateur ;
- ou, après l'échec d'une procédure de conciliation, par le ministre chargé du Travail, à la demande écrite et motivée de l'une des parties ou de sa propre initiative.

• › Le médiateur

- Il est désigné, soit par les parties, soit par l'autorité administrative, sur une liste de médiateurs et reçoit une indemnité forfaitaire variable.
- il convoque les parties et a les pouvoirs les plus larges pour recueillir toutes les informations nécessaires ;
- il propose un règlement du conflit, sous forme de recommandation.

Les parties remettent au médiateur un mémoire contenant leurs observations.

• › La recommandation

Après avoir essayé de concilier les parties, le médiateur leur soumet, dans le délai d'un mois à compter de sa désignation, et sous forme de *recommandation* motivée, des propositions :
- dans un délai de 8 jours, les parties peuvent notifier leur rejet ;
- au terme de ce délai, le médiateur constate l'accord ou le désaccord.

Les conclusions de la recommandation du médiateur, les rejets des parties et leurs motivations sont rendus publics, dans un délai de 3 mois, par le ministre chargé du Travail.

c › L'arbitrage (C. trav. art. 2524-1 à 2524-11)

Cette procédure peut être, soit prévue par une convention ou un accord collectif, soit résulter d'un accord commun entre les parties en conflit.

• › L'arbitre

- Il est choisi librement (ou selon des modalités établies d'un commun accord) par les parties ;
- il rend une sentence arbitrale.

• › La sentence arbitrale

- Elle doit être motivée.
- Elle a force obligatoire par son dépôt auprès de l'autorité administrative.
- Elle est susceptible d'un recours devant la cour supérieure d'arbitrage, dans un délai de 8 jours à compter de sa notification. Si la cour prononce l'annulation, l'affaire est renvoyée aux parties, qui peuvent désigner un autre arbitre.

La sentence arbitrale, comme les accords en cas de conciliation ou de médiation, est applicable le lendemain de son dépôt (les formalités sont les mêmes que pour un accord collectif).

• › La Cour supérieure d'arbitrage

Elle connaît des recours pour excès de pouvoir ou violation de la loi, formés par les parties contre les sentences arbitrales (C. trav. art. L. 2524-7 et s.).
Elle est composée de 4 conseillers d'État et de 4 hauts magistrats de l'ordre judiciaire et présidée par le vice-président du Conseil d'État.

Chapitre **22**

Les accidents du travail et les maladies professionnelles

> I Les accidents du travail

Pendant des siècles, les accidentés du travail n'étaient pas protégés par la loi. Il ne leur restait alors qu'à aller grossir la fraternité périlleuse de la « cour des miracles », ou à recourir à la mendicité ; la charité des églises leur venait aléatoirement en aide ou encore les premières « mutuelles » sous la forme de compagnonnages qui organisaient des secours.
Il fallut attendre la loi du 9 avril 1898 pour que les conséquences des accidents du travail soient prises en charge par la loi.
Selon l'OIT (Organisation internationale du travail), le nombre de personnes mourant chaque jour dans le monde d'accidents du travail ou de maladie professionnelle serait de 6 300.

> A Définitions et présomptions

a › L'article L. 411-1 du Code de la sécurité sociale

- « Est considéré comme accident du travail, quelle qu'en soit la cause, l'accident survenu par le fait ou à l'occasion du travail à toute personne salariée, ou travaillant à quelque titre ou en quelque lieu que ce soit, pour un ou plusieurs employeurs ou chefs d'entreprise » (CSS. art. L. 411-1).

b › La présomption d'accident du travail

- L'article L. 411-1 mentionne deux cas ; il s'agit de l'accident survenu :
  - « *par le fait du travail* » : par exemple, avoir le doigt arraché par une machine que l'on utilise ;
  - « *à l'occasion du travail* » : par exemple, glisser sur le sol dans un atelier.

Il y a aussi présomption d'accident du travail quand l'accident survient :
  - au temps et au lieu du travail ;
  - alors que le salarié se trouve sous la subordination de l'employeur.

Cependant, un accident survenu en dehors de ces cas mais « par le fait du travail » est considéré comme un accident du travail (Civ. 2e, 22 févr. 2007).

- Les autres conditions sont :
  - Une *date certaine* :

  un événement est survenu, entraînant une lésion ; mais il ne s'agit pas forcément d'un fait soudain et accidentel (au sens habituel du terme).
  - Une *lésion* :

  Elle peut être physique ou psychique (*ex.* : choc émotionnel après une agression – Civ. 2e, 15 juin 2004 ; dépression après une rétrogradation – Civ. 2e, 1er juill. 2003).

c › Les difficultés de qualification

Des cas particuliers n'ont pas manqué de se poser ; mentionnons notamment :

La question de la date certaine	
Vaccination imposée par l'employeur ou les textes, entraînant des séquelles.	Accident du travail (Soc. 2 avr. 2003 ; Civ. 2e, 14 sept. 2006, 25 mai 2004).
Dépression constatée par le médecin, 2 jours après que le salarié eut appris sa rétrogradation.	Accident du travail (Civ. 2e, 1er juill. 2003).
Malaise après une altercation au téléphone avec la hiérarchie.	Accident du travail (CA Versailles 14 mars 2000).

Le lien avec le travail	
Malaise mortel (infarctus sur les lieux du travail) alors qu'il n'est pas démontré que la cause était étrangère au travail ou motivée par une pathologie préexistante.	Accident du travail (Soc. 22 févr. 1996 ; 2 oct. 1995).
Meurtre d'un salarié par deux individus non identifiés.	Accident du travail (Soc. 15 juin 1995).

Le cas particulier du suicide	
Suicide sur le lieu de travail, la dégradation des conditions de travail ayant eu des conséquences sur la santé du salarié.	Accident du travail (Soc. 24 janv. 2002 ; Versailles 20 mai 2011 – cas d'un suicide chez Renault –).
Suicide en dehors du temps et du lieu de travail mais ayant un lien direct avec le travail (harcèlement moral).	Accident du travail (Civ. 2e, 22 févr. 2007).
Suicide motivé par des difficultés privées et personnelles.	Ce n'est pas un accident du travail (Civ. 2e, 18 oct. 2005).

Une mission professionnelle en France ou à l'étranger	Il y a présomption, tant pour les actes de la vie professionnelle que pour ceux de la vie courante.
Si le salarié a interrompu sa mission pour un motif personnel ou effectué une visite sans rapport avec son activité, dans un département autre que celui de son secteur.	Ce n'est pas un accident du travail (Soc. 19 juill. 2001 ; Civ. 2e, 20 sept. 2005).
Accident mortel de la circulation, alors que le salarié venait de quitter son domicile pour parcourir plusieurs centaines de kilomètres afin d'être à 9 heures sur le site où il devait exercer sa mission.	Accident du travail et non de trajet (Civ. 2e, 12 mai 2003).

d › La preuve

La présomption d'accident du travail sera établie lorsque le salarié apportera la preuve de l'événement, de sa survenance à l'occasion du travail et de la lésion qui en est résultée.
La présomption peut être renversée par l'employeur en prouvant que la lésion est étrangère au travail ; le doute profite au salarié.
Le non-respect des consignes et l'état d'ébriété n'ont pas été jugés suffisants pour écarter la présomption.

e › L'accident de trajet

Il est considéré comme un accident du travail s'il survient sur l'un des trajets suivants :

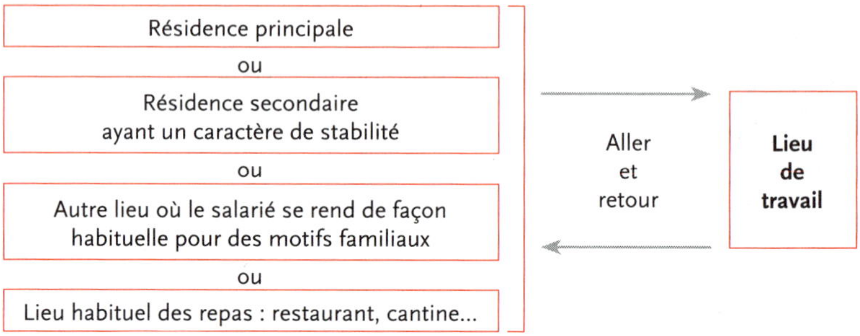

Le trajet commence dès que le salarié a quitté son habitation, y compris les dépendances (*ex.* : garage...) ; pour la fin du trajet, les dépendances sont également prises en compte.
Le salarié ne bénéficiera pas de la législation s'il s'écarte du trajet normal. Il en bénéficiera si l'interruption du trajet ou le détour sont motivés par des nécessités essentielles de la vie courante (*ex.* : aller chercher des enfants à l'école, faire des courses sans trop s'éloigner du chemin habituel) ou s'ils sont en rapport avec son activité professionnelle (simple détour et non pas déplacement important).
La jurisprudence tient compte également du temps normalement nécessaire à l'accomplissement du trajet en fonction des horaires de travail.
Notons que, en cas d'accident de trajet, le salarié n'est pas protégé contre le licenciement.

> B Les formalités à accomplir en cas d'accident du travail

a › La déclaration

– Par la victime –

Elle doit, sauf cas de force majeure, déclarer l'accident à son employeur dans un délai de 24 heures ; l'employeur remet à la victime une feuille d'accident comportant 3 volets.

– Par l'employeur –

Il doit déclarer tout accident dont il a eu connaissance dans un délai de 48 heures à la caisse primaire d'assurance maladie par lettre recommandée.
La caisse informe l'inspecteur du travail.
L'action en demande de prestations est prescrite après 2 ans.

b › La constatation médicale de l'accident

Le médecin, librement choisi par la victime, établit un certificat médical en 2 exemplaires qui doit mentionner : l'état de la victime, les suites probables de l'accident, la durée prévisible de l'incapacité temporaire (temps entre l'accident et la consolidation).

c › L'enquête

Elle est obligatoirement demandée par la caisse d'assurance-maladie :
- si la victime est décédée ;
- s'il y a risque d'incapacité permanente totale.

L'enquête est effectuée par un agent assermenté de la sécurité sociale : dans les cas graves l'inspecteur du travail et la police interviennent sur les lieux ; le procureur de la République se déplace généralement pour les cas mortels.

> C La protection des victimes

a › Pendant l'arrêt de travail

1 › La suspension du contrat de travail

Le contrat de travail est suspendu (C. trav. art. L. 1226-7) ; l'employeur ne peut résilier le contrat que s'il justifie :
- d'une faute grave du salarié ;
- ou de l'impossibilité de maintenir le contrat pour un motif non lié à la maladie ou à l'accident (*ex.* : fin de chantier).

L'employeur ne peut pas non plus mettre le salarié à la retraite pendant la durée de la suspension du contrat de travail (Soc. 7 mars 2007).
Si une rupture intervenait néanmoins, elle serait nulle ; une transaction faisant suite à un licenciement le serait également (Soc. 13 juill. 2010). Mais un arrêt de la chambre sociale du 30 septembre 2014 juge qu'une rupture conventionnelle peut être valablement conclue autour de la suspension.
La période de suspension est assimilée à un travail effectif notamment pour le calcul d'une prime d'ancienneté, d'une indemnité de licenciement ou le calcul des congés payés ; mais elle ne l'est pas pour les avantages liés à la présence du salarié dans l'entreprise et à un travail effectif (*ex.* : une prime de « 13e mois » – Soc. 17 oct. 2007).
Ces dispositions ne s'appliquent pas en cas d'accident de trajet.

2 › Les indemnités journalières

Elles sont versées en cas :
- d'interruption du travail jusqu'à la guérison complète ou l'attribution d'une rente d'incapacité permanente ou jusqu'au décès ;
- de rechute ou d'aggravation.

L'indemnité est égale à 60 % du salaire journalier de base pendant les 28 premiers jours et 80 % à partir du 29e jour. Il n'y a pas de délai de carence, l'indemnisation part du lendemain de l'arrêt de travail consécutif à l'accident. La journée de travail au cours de laquelle s'est produit l'accident est à la charge de l'employeur.

b › À l'issue de l'arrêt de travail

Une visite médicale est obligatoire après un arrêt de travail d'au moins 8 jours pour accident du travail ; elle doit avoir lieu au plus tard dans les 8 jours de la reprise du travail et marque la fin de la période de suspension du contrat de travail et de la protection contre le licenciement.

1 › L'obligation de réemploi ou de reclassement

- Si, à l'issue de la période de suspension, le salarié est déclaré *apte* par le médecin du travail :
  - « il retrouve son emploi ou un emploi similaire, assorti d'une rémunération au moins équivalente » (C. trav. art. L. 1226-8) ; si l'employeur le licencie, le licenciement est injustifié ; le tribunal saisi peut proposer la réintégration du salarié, avec maintien des avantages acquis. En cas de refus de réintégration par l'une ou l'autre partie, le tribunal octroie au salarié une indemnité qui ne peut être inférieure à 12 mois de salaire ; elle se cumule avec l'indemnité compensatrice de préavis et l'indemnité légale de licenciement.
- Si le salarié est déclaré *inapte* à reprendre l'emploi qu'il occupait précédemment :
  - l'employeur doit lui proposer un autre emploi approprié à ses capacités (les DP doivent être consultés préalablement – Soc. 25 mars 2015 – pour avis) ; l'emploi proposé doit être « aussi comparable que possible à l'emploi précédemment occupé, au besoin par la mise en œuvre de mesures telles que : mutations, transformations de postes ou aménagement du temps de travail » (C. trav. art. L. 1226-10). Dans les entreprises de 50 salariés et plus le médecin du travail formule des indications sur l'aptitude du salarié à bénéficier d'une formation destinée à lui proposer un poste adapté ;
  - lorsque, à l'issue du délai d'un mois à compter de l'examen médical, le salarié déclaré inapte n'est pas reclassé ou s'il n'est pas licencié, l'employeur doit lui verser le salaire correspondant à l'emploi que le salarié occupait avant la suspension de son contrat de travail ;
  - si l'employeur est dans l'impossibilité de proposer un autre emploi au salarié, il doit lui faire connaître par écrit les motifs qui s'opposent au reclassement avant d'engager la procédure de licenciement (à défaut, le salarié a droit à des dommages et intérêts) ;

- en cas d'impossibilité de reclassement ou de refus du salarié, l'employeur peut procéder à son licenciement ; celui-ci ouvre droit pour le salarié à :
  - une indemnité spéciale de licenciement égale au double de celle prévue en cas de licenciement pour motif personnel ;
  - une indemnité compensatrice d'un montant égal à celui de l'indemnité compensatrice de préavis.

Toutefois, ces indemnités ne seront pas dues si l'employeur établit que le refus du salarié est abusif ; mais, même dans ce cas, le salarié ne sera pas licencié pour faute mais pour inaptitude avec impossibilité de reclassement (Soc. 15 oct. 1997).

2 › Les droits envers la sécurité sociale

• › Les prestations en nature (frais de traitement)

- la règle est la gratuité des soins (il n'y a pas de ticket modérateur) ;
- la caisse règle directement les différents praticiens, selon le principe du tiers payant ;
- la caisse couvre également les frais d'hospitalisation, d'appareillage, de réadaptation ou de rééducation professionnelle.

• › Les modalités de fixation de la rente

› La date de consolidation

Un blessé ou un malade est « consolidé » quand son état de santé se stabilise et n'évoluera plus dans l'immédiat ; ce qui n'exclut pas une aggravation ultérieure.
La date est fixée par la caisse primaire, après avis du médecin de la caisse.

› Calcul de la rente

Le montant de la rente est calculé en pourcentage du salaire ; ce pourcentage est déterminé en fonction du taux d'incapacité selon la formule suivante :
Salaire corrigé × taux d'incapacité corrigé *(S. × x %)*

- Une majoration pour tierce personne est prévue pour les victimes dont le taux d'incapacité est d'au moins 80 %.
- Une conversion en capital peut être effectuée ; elle est :
- obligatoire si le taux est inférieur à 10 % ;
- facultative, dans les autres cas, après 5 ans.

Le capital nécessaire au versement de la rente sera versé par le responsable de l'accident (s'il y en a eu un ; *ex.* : accident de la circulation)

– *La prise en compte du salaire*

- Le salaire pris en compte est celui des 12 derniers mois précédant l'arrêt de travail ;

– pour obtenir le calcul de la rente, on ne prend pas en compte la totalité du salaire, mais le calcul se fait par tranches (la tranche la plus basse est prise en compte intégralement, les autres, dans une certaine proportion) ; ces tranches sont déterminées par rapport à un salaire minimum, fixé chaque année.

– *Correction du taux d'incapacité*

Le taux d'incapacité est tout d'abord fixé par une expertise médicale. Il est ensuite corrigé :
– si le taux retenu par le médecin expert est inférieur ou égal à 50 % : il sera divisé par 2 pour obtenir le taux corrigé. *ex. :* 40 % (taux médical) deviendra 20 % (taux de calcul) ;
– si le taux retenu par le médecin expert est supérieur à 50 %, le calcul s'établit de la même manière que pour le taux inférieur à 50 % ; il faut ajouter la partie qui excède 50 % en la multipliant par 1,5 (*ex. :* taux médical = 80 % ; taux de calcul = (50 %/2) = 25 % + (30 % × 1,5) = 45 % soit au total 70 %).

Les rentes sont exonérées de l'impôt sur le revenu.

• › La réparation du préjudice subi

Le préjudice réellement subi par la victime n'est donc pas réparé par l'allocation de dommages et intérêts, comme en matière d'accident corporel en dehors du travail ; sont, en droit commun, pris en compte la durée de l'ITT – incapacité totale temporaire –, le taux de l'IPP (incapacité permanente partielle), le « *pretium doloris* » (prix de la douleur), le préjudice esthétique, le préjudice d'agrément (si la victime ne peut plus pratiquer un loisir), la perte d'une chance (*ex. :* de promotion).

Cependant si l'employeur a commis une « faute inexcusable » ces trois derniers préjudices seront totalement réparés.

› Notion traditionnelle : la faute inexcusable de l'employeur

La faute doit être d'une **exceptionnelle gravité** (*ex. :* ne pas avoir fourni le matériel de protection obligatoire) ;

L'employeur devait avoir eu **conscience du danger** :
– Si le risque avait été signalé à l'employeur et qu'il n'ait pas tenu compte de cet avertissement, il a indubitablement commis une faute inexcusable.
– Dans d'autres cas, les juridictions prennent en compte la réglementation, les usages, le comportement de l'employeur.
– Les risques concernant l'usage ou la fabrication de l'amiante ont fait rebondir cette question ; les entreprises évoquant précisément que le danger était mal connu à l'époque et qu'elles n'en avaient pas conscience.

– *L'obligation de sécurité de résultat*

La Cour de cassation a rendu le 28 février 2002 une décision très commentée.
– La responsabilité des employeurs avait été retenue par les cours d'appel à

propos de maladies professionnelles dues à l'utilisation de **l'amiante** ; la Cour de cassation estime qu'elles ont bien jugé.

- Une obligation de sécurité de **résultat** est désormais exigée des employeurs : « en vertu du contrat de travail le liant à son salarié, l'employeur est tenu envers celui-ci d'une obligation de sécurité de résultat, notamment en ce qui concerne les maladies professionnelles contractées par ce salarié du fait des produits fabriqués ou utilisés par l'entreprise ». Il a été également jugé que l'employeur a une obligation de sécurité de résultat quant à la protection de ses salariés contre le tabagisme (Soc. 29 juin 2005) et en matière de harcèlement (Soc. 3 février 2010).

Dans le cadre d'un contrat, il est en effet classique de distinguer :

- les obligations de moyens : tout mettre en œuvre pour obtenir un résultat, mais sans avoir l'obligation de l'obtenir : (*ex.* : l'obligation du médecin) ; une faute doit être prouvée pour que la responsabilité du débiteur de cette obligation soit retenue ;
- les obligations de résultat : Le débiteur doit obtenir un résultat ; (*ex.* : le transporteur doit accomplir sa mission ; il sera responsable de la perte, du retard de la marchandise transportée, même s'il n'a pas commis de faute).

- Le manquement à cette obligation de résultat « *a le caractère d'une* ***faute inexcusable*** *au sens de l'article L. 452-1 du Code de la sécurité sociale, lorsque l'employeur avait ou aurait dû avoir conscience du danger auquel était exposé le salarié et qu'il n'a pas pris les mesures nécessaires pour l'en préserver* ».

Ont été retenues, par exemple, comme fautes inexcusables :

- l'absence de formation à la sécurité pour un salarié sur un poste à risques (Soc. 6 févr. 2003) ;
- des défaillances du management n'ayant pas pris en compte la souffrance ressentie par un salarié dans l'exécution de son activité professionnelle et à l'origine de son suicide (Versailles, 20 mai 2011) ; cette décision a, semble-t-il souligné la responsabilité des employeurs dans la prévention des risques psychosociaux (p. 253).

Le fait de retenir une faute inexcusable de l'employeur permet une meilleure indemnisation des victimes (prise en compte de certains préjudices) et renverse la charge de la preuve.

- *Les conséquences d'une « faute inexcusable »*

- La prise en compte de tous les préjudices. Les employeurs peuvent contracter une assurance pour couvrir ce risque.
- La majoration de la rente.
- La majoration de la cotisation accident du travail.
- Cette majoration ne peut être réduite en fonction de cette faute, mais seulement si le salarié victime a lui-même commis une faute inexcusable (Soc. 27 janv. 2004).

› La faute d'un tiers

Si un tiers est intervenu dans la commission du dommage (*ex.* : dans un accident de la circulation – faute commise ou présumée), les caisses, la victime ou l'employeur ont un recours contre lui.

› La faute inexcusable du salarié

Citée dans le Code de la sécurité sociale, elle peut être définie comme « la faute volontaire du salarié, d'une exceptionnelle gravité, exposant sans raison valable son auteur à un danger dont il aurait dû avoir conscience » (Civ. 2e, 27 janv. 2004).

> II
Les maladies professionnelles

Ce sont des maladies dues à la nature des travaux professionnels exercés. Elles sont inscrites dans des tableaux et définies avec précision.
La loi du 27 janvier 1993 a prévu 3 modes de reconnaissance d'une maladie professionnelle :

- la reconnaissance fondée sur la présomption d'origine professionnelle de toute maladie désignée dans un tableau et contractée dans des conditions mentionnées dans ce tableau ; il existe actuellement plus de 112 tableaux du régime général ; ils sont périodiquement révisés ;
- la possibilité de reconnaissance d'une maladie désignée dans un tableau mais dont la victime ne remplit pas une ou plusieurs conditions expressément prévues, si la victime peut établir un lien direct entre la maladie et son travail habituel ;
- la reconnaissance de maladie « hors tableaux », si la maladie est directement et essentiellement causée par le travail habituel de la victime et qu'elle a entraîné son décès ou une incapacité permanente d'au moins 25 %.

Pour ces deux derniers cas, la décision est prise par la caisse primaire d'assurance maladie, après avis d'un comité régional de reconnaissance des maladies professionnelles.

– Formalités à accomplir –

Le médecin choisi par le malade établit un certificat mentionnant : la nature de la maladie ; les manifestations (correspondant à celles qui sont mentionnées au tableau) ; les suites probables.
Le malade doit faire la déclaration à la caisse primaire dans les 15 jours.
L'action est prescrite après 2 ans.

Les prestations sont les mêmes que pour un accident du travail.

Le contentieux est soumis :
- Au contentieux technique de la sécurité sociale, en ce qui concerne l'incapacité permanente et le caractère professionnel d'une lésion.
- Au contentieux général pour tout autre litige (*ex* : caractère professionnel d'une lésion, mise en cause de la responsabilité contractuelle de l'employeur...).

– À propos de l'amiante –

Notons que, ces dernières années, s'est développé un contentieux important concernant les salariés exposés à l'amiante. Ils bénéficient d'un dispositif spécial de préretraite (p. 192).
Dans deux arrêts du 11 mai 2010, la chambre sociale de la Cour de cassation a admis la réparation d'un « *préjudice spécifique d'anxiété* » pour des salariés ayant travaillé dans un établissement ouvrant droit à la préretraite amiante ; la cour énonce qu'ils se trouvent, par le fait de l'employeur, « dans une situation d'inquiétude permanente face au risque de déclaration à tout moment d'une maladie liée à l'amiante » et sont amenés « à subir des contrôles et examens réguliers propres à réactiver cette angoisse ».
La chambre criminelle par arrêt du 24 juin 2014 a cassé l'arrêt d'une cour d'appel jugeant qu'il n'y avait pas lieu à poursuites : elle estimait que les articles R. 232-10 s. du Code du travail énonçait des mesures générales sur la propreté des lieux de travail mais non des mesures particulières afin de protéger du risque de l'amiante. Des mesures individuelles doivent être prises dans les cas appropriés pour respecter l'obligation particulière de sécurité prévue par la loi ou le règlement.
La Cour de cassation dans un arrêt du 25 septembre 2013 prend en compte « le préjudice d'anxiété » subi par les salariés qui ont été exposés à l'amiante. Elle précise que l'indemnisation de ce préjudice répare l'ensemble des troubles psychologiques, y compris ceux liés aux bouleversements dans les conditions d'existence. L'indemnisation du préjudice d'anxiété par l'amiante a posé un autre problème d'ordre juridique : celui du point de départ de la prescription de l'action en réparation. Des cours d'appel avaient jugé que la date de rupture des contrats de travail et la date de saisine de la juridiction prud'homale (19 sept. 2011) rendait irrecevable par prescription la demande des salariés. En effet, dans ce cas particulier, des employés avaient travaillé de novembre 1965 à décembre 1978 ; l'activité avait été reprise le 3 novembre 1982 et l'entreprise mise en liquidation judiciaire le 27 janvier 1989. Un arrêté du 7 juillet 2000 a inscrit l'entreprise sur la liste des établissements permettant la mise en œuvre de l'allocation de cessation anticipée d'activité des travailleurs de l'amiante pour une période allant de 1946 à 1989.
Toutefois, dans un arrêt du 3 mars 2015, la Cour ajoute que la reconnaissance d'une exposition directe à l'amiante ne suffit pas. Il faut que l'établissement donne droit à l'allocation de cessation anticipée des travailleurs de l'amiante (dit préretraite amiante).

Chapitre **23**

L'emploi

Les termes « emploi » et travail sont souvent synonymes, pourtant, l'acception de ce terme a changé. Évoquer l'emploi dans notre société, c'est évoquer les « problèmes » de l'emploi ; or, ils sont différents de ceux du travail, que le droit, objet de notre étude, s'attache à résoudre.

Depuis les années 1980 une « mobilisation » pour l'emploi est constamment annoncée ; une centaine de dispositifs ont été essayés ; le traitement social du chômage a été initié à la fin des années 1970 ; une politique de l'emploi s'est développée (stages, contrats en alternance, TUC, emploi-jeunes, « 35 heures »..., le tout assorti d'incitations à l'embauche pour les entreprises).

En 2004, le rapport Balmary et Marimbert avait mené une réflexion sur les moyens à mettre en œuvre pour mieux coordonner les services de l'emploi. Dans son prolongement, une première loi a été adoptée en janvier 2005 ; elle avait notamment défini un « service public de l'emploi » et établi de nouvelles règles concernant le contrôle et l'accompagnement des demandeurs d'emploi. Une loi *« relative à la réforme du service public de l'emploi »* a été promulguée le **13 février 2008**, dans le but annoncé de réduire le chômage, d'améliorer la prise en charge des demandeurs d'emploi et de simplifier leurs démarches.

Elle a notamment créé une Institution nationale publique dénommée « **Pôle emploi** ». Un contrôle renforcé a été mise en place en 2014 sur la situation réelle des chômeurs, à titre expérimental. Il pourrait être déployé dans tout le pays prochainement. Il y aurait 3,53 millions de personnes chômeuses. En juin 2015, le gouvernement a annoncé une prime à l'embauche de 4 000 € (sur 2 ans) pour l'embauche d'un premier salarié dans les petites entreprises.

> I Le service public de l'emploi et le placement des demandeurs d'emploi

> A Le service public de l'emploi

(C. trav. art. L. 5311-1 à L. 5314-6)

a › Missions (C. trav. art. L. 5311-1)

- « L'accueil, l'orientation, la formation et l'insertion ; il comprend le placement, le versement d'un revenu de remplacement, l'accompagnement des demandeurs d'emploi.
- L'aide à la sécurisation des parcours professionnels de tous les salariés ».

b › Composantes

Les services de l'État chargés de l'Emploi et de l'égalité professionnelle
Pôle emploi Direction générale et directions régionales
L'Association nationale pour la formation professionnelle des adultes (AFPA)
L'organisme gestionnaire du régime d'assurance chômage

Peuvent également participer au service public de l'emploi (C. trav. art. L. 5311-4) :
- des organismes publics ou privés dont l'objet est la fourniture de services de placement, d'insertion et d'accompagnement des demandeurs d'emploi ;

- des organismes liés à l'État par une convention relative à l'insertion des personnes rencontrant des difficultés sociales ou professionnelles particulières ;
- des entreprises de travail temporaire.

c › Organisation de Pôle emploi

Le principe du paritarisme est respecté.

• › Nature

Cette institution résulte de la fusion entre l'ANPE (agence nationale pour l'emploi), établissement public créé en 1967, et les Assedic (associations pour l'emploi dans l'industrie et le commerce).
C'est un établissement public à caractère administratif. Il est organisé en une direction nationale et des directions régionales.
- Il a la personnalité morale et l'autonomie financière ;
- il est géré par un conseil d'administration composé de représentants de l'État, des employeurs et des salariés. Son directeur est nommé par décret.

• › Missions

L'article L. 5312-1 du Code du travail lui assigne six missions :
- prospecter le marché du travail ; procéder à des offres et des demandes d'emploi, participer à la lutte contre les discriminations à l'embauche et pour l'égalité professionnelle ;
- accueillir, informer, orienter et accompagner les personnes à la recherche d'un emploi ;
- procéder aux inscriptions sur la liste des demandeurs d'emploi ;
- assurer le service de l'allocation d'assurance chômage pour le compte de l'organisme gestionnaire et des allocations de solidarité pour le compte de l'État ou du fonds de solidarité ;
- recueillir, traiter et diffuser les données relatives au marché du travail et à l'indemnisation ;
- mettre en œuvre toutes autres actions qui lui sont confiées par l'État, les collectivités territoriales et l'organisme gestionnaire du régime d'assurance chômage.

d › Autres intervenants

- Le *conseil national de l'emploi* : présidé par le ministre chargé de l'Emploi, il définit les orientations stratégiques des politiques de l'emploi, évalue les actions engagées ; il doit aussi être consulté sur les projets de lois et règlements relatifs à l'emploi et pour l'agrément des conventions d'assurance chômage. Il est composé de représentants de l'État, des organisations d'employeurs et de salariés, des collectivités territoriales.

- Les *conseils régionaux de l'emploi* : ils sont consultés sur l'organisation territoriale du service public de l'emploi dans les régions.
- Les *maisons de l'emploi* : au niveau d'une région, elles concourent à la coordination des politiques publiques et du partenariat entre les acteurs publics et privés qui agissent en faveur de l'emploi. Elles peuvent prendre la forme de groupements d'intérêt public.
- Les *missions locales pour l'insertion professionnelle et sociale des jeunes* : elles ont pour objet d'aider les jeunes de 16 à 25 ans en assurant des fonctions d'accueil, d'information, d'orientation et d'accompagnement ; elles participent aux maisons de l'emploi.

Le médiateur national est le correspondant du défenseur des droits.

Pour définir les priorités en matière d'emploi, assurer la coordination des moyens mis en œuvre, des conventions sont conclues :

- une convention tripartite pluriannuelle entre l'État, l'organisme gestionnaire de l'assurance chômage et Pôle emploi ;
- au niveau régional : une convention annuelle entre le préfet de région et Pôle emploi.

> B
Les « devoirs » du demandeur d'emploi

Les articles L. 5411-1 à L. 5412-2 du Code du travail définissent les « droits et obligations du demandeur d'emploi ».

Il doit demander son inscription sur la liste des demandeurs d'emploi auprès de l'institution publique, et doit renouveler périodiquement son inscription.

a › Recherche d'emploi

- Le demandeur d'emploi immédiatement disponible pour occuper un emploi est orienté et accompagné dans sa recherche par Pôle emploi ;
- il doit effectuer des actes « positifs et répétés » de recherche d'emploi et accepter les « offres raisonnables d'emploi » qui lui sont faites ;
- dans les 15 jours de l'inscription comme demandeur d'emploi, est élaboré avec Pôle emploi un « projet personnalisé d'accès à l'emploi » (PPAE) ; il mentionne notamment les actions que Pôle emploi s'engage à mettre en œuvre et la nature et les caractéristiques de l'emploi recherché, la zone géographique...

Sont radiés de la liste des demandeurs d'emploi, avec incidence sur le revenu de remplacement :

- ceux qui ne justifient pas d'actes de recherche positifs et répétés ;
- ceux qui, sans motif légitime, refusent deux offres raisonnables d'emploi ; ils seront alors radiés pendant 2 mois.

b › L'offre raisonnable d'emploi

Elle est définie lors du premier entretien. Pendant les 3 premiers mois, elle est constituée par « la nature et les caractéristiques de l'emploi ou des emplois recherchés, la zone géographique privilégiée et le salaire attendu, tels que mentionnés dans le projet personnalisé d'accès à l'emploi » (C. trav. art. L. 5411-6-2) ; par la suite, l'offre est considérée comme « raisonnable » si elle répond aux critères suivants :

Durée d'inscription comme demandeur d'emploi	Offre d'emploi
Après 3 mois d'inscription	– Compatible avec les qualifications et les compétences professionnelles ; – rémunéré au moins à 95 % du salaire antérieur.
Après 6 mois d'inscription	– Répondant aux mêmes critères de qualification et de compétences que ci-dessus ; – rémunéré à 85 % du salaire antérieur ; – entraînant, à l'aller comme au retour, un temps de trajet en transport en commun entre le domicile et le lieu de travail d'1 heure au maximum ou d'une distance à parcourir d'au plus 30 km.
Après un an d'inscription	– Compatible avec les qualifications et les compétences professionnelles ; – rémunéré au moins à hauteur du revenu de remplacement ; – qui répond aux mêmes conditions de trajet qu'après 6 mois.

Si le demandeur d'emploi suit une formation prévue dans le PPAE, ces durées (3 mois, 6 mois et un an) sont prorogées du temps de cette formation.

c › Contrôle et sanctions

Le revenu de remplacement peut être réduit, suspendu ou supprimé si le demandeur d'emploi est radié de la liste ou en cas de fraude ou de fausse déclaration.
Les allocations indûment versées peuvent être récupérées.
Une pénalité administrative de 3 000 € peut être prononcée en cas d'absence de déclaration ou de déclarations incomplètes, inexactes.
Ces décisions sont précédées d'une procédure contradictoire, au cours de laquelle le demandeur d'emploi sera entendu, il pourra être accompagné d'une personne de son choix.
Les agents chargés du contrôle sont des agents de Pôle emploi ; ils ont accès aux renseignements détenus par les administrations sociales et fiscales.

> II L'indemnisation des travailleurs involontairement privés d'emploi

> A Le chômage total

Les conditions d'indemnisation sont fixées par des conventions d'assurance chômage conclues entre les partenaires sociaux ; les deux dernières en date sont celles du 19 février 2009 et du 6 mai 2011 ; cette dernière concerne les salariés dont la fin de contrat est intervenue à compter du 1er juin 2011 ; elle est applicable jusqu'au 31 décembre 2013.
La convention de mai 2011 reprend la majorité des règles précédentes, sauf sur trois points :
- la possibilité, sous certaines conditions, de cumuler une pension d'invalidité avec l'allocation de chômage ;
- il n'est plus fait de distinction selon que le chômage est ou non qualifié de saisonnier ;
- elle prend en compte les modifications apportées par la loi du 9 novembre 2010 sur les retraites, celle-ci reporte progressivement l'âge légal d'ouverture des droits à la retraite de 60 à 62 ans. Elle reporte l'âge du droit à une retraite à taux plein, quelle que soit la durée d'assurance, de 65 à 67 ans.

Le travailleur involontairement privé d'emploi a droit à un revenu de remplacement. Selon les cas, ce revenu consiste en :

Une allocation d'assurance chômage	Des allocations de solidarité

a › Le régime d'assurance chômage

• › Financement

– Les cotisations patronales et salariales –

Le régime d'assurance chômage est financé par des cotisations à la charge des employeurs et des salariés, assises sur les salaires (rémunération brute, avec un plafond fixé à 4 fois le plafond de la sécurité sociale).

Taux d'appel des contributions et indemnisations depuis le 01 juillet 14

Taux global	Part employeur	Part salarié
6,40 %	4 %	2,40 %

Il faut y ajouter la contribution patronale au fonds national de garantie des salaires (FNGS) égale à 0,30 %, calculée dans la limite de 4 fois le plafond de la sécurité sociale (plafond mensuel : 3 170 € au 1er janv. 2015). Depuis le 1er juillet 2014, les contributions à l'assurance chômage sont dues sur les rémunérations des salariés âgés de 65 ans et plus.

– Contributions –

Lorsqu'un Conseil de prud'hommes a jugé un licenciement sans cause réelle et sérieuse, il doit condamner l'employeur à rembourser à Pôle emploi tout ou partie des allocations de chômage versées au salarié, du jour de son licenciement au jour du jugement, dans la limite de 6 mois d'allocations. Cette sanction ne s'applique qu'aux entreprises de 11 salariés et plus, pour les salariés ayant au moins 2 ans d'ancienneté.

• › L'Allocation d'assurance chômage, Allocation d'aide pour le retour à l'emploi (ARE)

– Conditions d'attribution –

Plusieurs conditions doivent être remplies pour avoir droit au revenu de remplacement :

La privation d'emploi doit être involontaire	– Licenciement ; – arrivée du terme d'un CDD ; – rupture pour cause économique ; – démission, mais pour motif légitime et reconnu comme tel par la commission paritaire de l'emploi (*ex.* : pour prendre un autre emploi, auquel il est mis fin pendant la période d'essai, démission pour suivre un conjoint...).
Inscription sur la liste des demandeurs d'emploi	Accomplissement des actes positifs et répétés, en vue de la recherche d'un emploi.
Affiliation à l'assurance chômage	Avec une affiliation d'une durée minimale (cf. *infra*).
Être physiquement apte à assurer un emploi	Les titulaires d'une pension d'invalidité de 2e ou 3e catégorie ne peuvent (sauf quelques exceptions) être indemnisés par l'assurance chômage (cependant, la convention d'assurance chômage de mai 2011 – cf. *supra* – prévoit, sous certaines conditions, la possibilité de cumuler l'allocation avec une pension d'invalidité). Le refus de se soumettre à une visite médicale est sanctionné par la suppression de l'allocation.

Âge limite (âge de la retraite)	– Le demandeur d'emploi doit être âgé de moins de 60 ans (âge porté progressivement à 62 ans) ; – cependant, s'il ne justifie pas à cet âge du nombre de trimestres requis pour bénéficier d'une retraite à taux plein, il peut percevoir les allocations jusqu'à ce qu'il atteigne ce nombre de trimestres ou, au plus tard, 65 ans (ou, progressivement, 67 ans).

– Durée d'indemnisation –

Elle est fonction de la durée d'affiliation au régime d'assurance chômage et de l'âge du demandeur d'emploi :

Durée d'affiliation	Âge du demandeur d'emploi	Durée d'indemnisation
122 jours ou 610 heures de travail au cours des 28 derniers mois	Moins de 50 ans (âge porté progressivement à 52 ans)	– Minimale : 112 jours – Maximale : 730 jours
122 jours ou 610 heures de travail au cours des 36 derniers mois	50 ans et plus (progressivement : 52 ans)	– Minimale : 122 jours – Maximale : 1 095 jours

– Montant (en fonction des anciens salaires, y compris les primes) –

L'allocation de chômage brute est égale au plus élevé des deux montants suivants :

– Soit 40,4 % du salaire journalier de référence (SJR)(1), plus une partie fixe revalorisée chaque année au 1er juillet (11,72 € au 1er juillet 2014) ;
– soit 57 % du SJR.

On retient le mode de calcul le plus avantageux. Le SJR est calculé sur les rémunérations soumises à cotisations des 12 derniers mois.

Montant minimum : 28,58 € par jour (au 1er juillet 2014 ; il était de 28,21 € un an avant). Le montant maximum ne peut être supérieur à 75 % du SJR.

– Allocations versées après un *délai de carence* déterminé à partir du nombre de jours correspondant aux indemnités compensatrices de congés payés et du montant des indemnités de rupture supra-légales (75 jours maxi pour la rupture pour motif économique, 180 jours dans les autres cas) ;
– après écoulement du délai de carence, le versement n'intervient qu'à la suite d'un *différé* de 7 jours.

– Régime des allocations –

– Elles sont soumises à l'impôt sur le revenu, à la CSG et à la CRDS (mais les allocataires non imposables peuvent être exonérés de CSG et CRDS si leur revenu n'excède pas une certaine limite) ;

(1) Le SRJ est calculé à partir du total des rémunérations soumises à cotisations au titre des 12 mois civils précédant le dernier jour travaillé et payé.

– elles sont saisissables et cessibles dans les mêmes proportions que le salaire ;
– non-cumul avec une indemnité compensatoire de salaire (Soc. 19 mars 2014).

– Cas particuliers de certains demandeurs d'emploi –

– Une activité réduite peut être reprise ou conservée, sous certaines limites ; le cumul entre le versement de l'allocation et l'exercice de l'activité réduite est limité à 18 mois. Le but de cette disposition est de ne pas pénaliser la réinsertion professionnelle ;
– sont indemnisés d'une manière spécifique les chômeurs saisonniers (*ex.* : travaillant dans les centres de loisirs et de vacances, dans le secteur agricole...) et les intermittents du spectacle ;
– les stagiaires de la formation professionnelle ont une rémunération d'un montant identique à l'ARE (Allocation d'aide au retour à l'emploi) et qui ne peut être inférieure à 20,48 € par jour (juill. 2014).

b › Le régime de solidarité

Il concerne les travailleurs involontairement privés d'emploi, qui ne peuvent pas ou plus bénéficier de l'assurance chômage.
Des conditions de ressources sont imposées aux bénéficiaires.

L'allocation de solidarité spécifique (ASS)	En bénéficient les demandeurs d'emploi : – ayant épuisé leurs droits à l'assurance chômage ; – bénéficiaires de l'assurance chômage âgés d'au moins 50 ans qui optent pour l'ASS. Ces personnes doivent satisfaire à des conditions d'activité antérieure et de ressources. Peuvent aussi en bénéficier les artistes non salariés, selon des conditions d'âge et d'activité antérieure. Elle est accordée pour une période de 6 mois renouvelable. Son montant est fixé par décret ; au 1er janvier 2015, il était de 16,25 € par jour. Elle est révisée une fois par an en fonction de l'évolution des prix. L'ASS est insaisissable et incessible. Elle peut être à taux plein ou réduit selon les ressources de l'allocataire. Elle peut être interrompue en d'absence de recherche d'emploi, si l'allocataire est en formation rémunérée ou perçoit des indemnités pour maladie, maternité...
L'allocation temporaire d'attente (ATA)	Bénéficiaires, en recherche d'emploi : – certaines catégories de ressortissants étrangers (ceux qui ont sollicité l'asile en France et qui ont demandé à bénéficier du statut de réfugié.) ; – les apatrides, pendant une durée déterminée ; – certaines catégories de personnes en attente de réinsertion ; – les anciens détenus, si leur détention a été supérieure à 2 mois. Le montant est de 11,20 € par jour (janvier 2013). L'ATA est insaisissable et incessible. Elle est versée pendant 12 mois.

> B
Le chômage partiel[1]

Selon l'article L. 5122-1 du Code du travail :

- « Les salariés sont placés en position de chômage partiel... s'ils subissent une perte de rémunération imputable :
  - soit à la fermeture temporaire de leur établissement ou partie d'établissement ;
  - soit à la réduction de l'horaire habituel de travail pratiqué dans l'établissement ou partie d'établissement en deçà de la durée légale du travail... » ;
  - en cas de réduction collective de l'horaire de travail, les salariés peuvent être placés en position d'activité partielle individuellement et alternativement (loi du 14 juin 2013).

La réduction ou la suspension temporaire d'activité peut être due à la conjoncture économique, des difficultés d'approvisionnement en matières premières, en énergie, un sinistre, des intempéries... Elle doit être temporaire et collective.

Ont été prises au début de l'année 2009 des dispositions pour faciliter le recours au chômage partiel (plutôt qu'au chômage total).

Il y a chômage partiel total lorsque :
- l'arrêt de travail se prolonge au-delà de 6 semaines ;
- le contingent annuel d'heures indemnisables (cf. *infra*) est déjà atteint.

Il existe un double système d'indemnisation :[2]

	Allocation spécifique d'aide publique	Indemnisation conventionnelle complémentaire (ICC)
Bénéficiaires	– Les salariés, sur demande préalable de l'entreprise ; – les apprentis.	Les salariés d'une entreprise relevant d'une branche d'activité représentée au MEDEF ou d'un accord professionnel particulier. La réduction des horaires peut résulter de la conjoncture économique, de difficultés d'approvisionnement.
Exclusion	– Fermeture due à un conflit collectif [1] ; – chômeurs saisonniers ; – salariés travaillant sur la base d'un forfait annuel en heures ou en jours lorsque le chômage partiel se traduit par une réduction d'horaires ;	Les salariés qui ont refusé un travail de remplacement avec une rémunération équivalente ou des heures de récupération.

(1) Il y aurait 1,8 million de travailleurs en activité réduite.

(2) Cependant, dans le cas d'un *lock out* se prolongeant plus de 3 jours, le versement de l'allocation peut être autorisé par une décision du ministre du Travail.

	– salariés dont la suspension d'activité se prolonge au-delà de 6 semaines ; ils sont alors en chômage partiel total.	
Montant	Pour chaque heure indemnisable : – 4,84 € (entreprises de 250 salariés au plus) ; – 4,33 € pour les entreprises de plus de 250 salariés.	Chaque heure est rémunérée à hauteur de 60 % du salaire horaire brut avec un minimum garanti de 6,84 € par heure.
Durée	Dans la limite d'un contingent annuel de 1 000 heures (ce contingent peut être dépassé sur décision ministérielle dans des cas exceptionnels). Au-delà du contingent, s'il y a fermeture de l'établissement, les salariés peuvent être placés en situation de chômage partiel ou total.	
Versement	Par l'employeur.	Par l'employeur.
Participation de l'État	Remboursée à l'employeur par l'État.	Prise en charge partielle par l'État, sous certaines conditions.

Une rémunération mensuelle minimale est garantie aux salariés, correspondant au montant mensuel du SMIC.

> C
Les emplois multiples

Certains salariés ont plusieurs employeurs (ex. service à la personne). S'ils perdent involontairement un ou plusieurs de leurs emplois, ils sont désormais mieux indemnisés. Il sera possible de cumuler allocation et revenus, suivant un calcul précis. L'allocation-chômage est calculée selon une formule précise en tenant compte du salaire journalier de référence et d'une indemnité calculée selon l'importance de l'activité perdue. La durée de l'indemnisation sera, comme pour les autres cas, de 2 ans, 3 ans pour les 50 ans et plus. Depuis le 1er octobre 2014, les salariés sont indemnisés même si l'activité perdue représente moins de 30 % de leurs revenus. Si un deuxième emploi est perdu, la durée d'indemnisation augmente.

> III
Les contrats spécifiques en faveur de l'emploi

Dans le cadre des politiques de l'emploi, les dispositifs se sont multipliés depuis plusieurs années. Ils permettent aux employeurs de bénéficier d'avantages ou d'aides quand ils procèdent à des embauches. Ces incitations peuvent avoir pour but de favoriser :
- l'embauche de publics spécifiques : jeunes, titulaires des minima sociaux, chômeurs de longue durée... ;
- la création d'entreprise par des demandeurs d'emploi ;
- l'emploi en général : allégements de charges sociales et fiscales dans certaines zones géographiques (zones « sensibles », collectivités d'Outre-mer...) ou secteurs d'activités.

Sont présentés ci-dessous les contrats s'adressant à toutes les catégories de demandeurs d'emploi (les contrats concernant spécifiquement les jeunes sont exposés page 43 et s.).

a › Le contrat de professionnalisation

Objectifs	– Favoriser l'insertion ou la réinsertion professionnelle, en associant des enseignements généraux, professionnels et technologiques.
Bénéficiaires	– Personnes âgées de 16 à 25 ans afin de compléter leur formation initiale ; – demandeurs d'emploi âgés de 26 ans et plus ; – bénéficiaires du RSA, de l'allocation aux adultes handicapés (AAH) ou personnes ayant bénéficié d'un contrat unique d'insertion, sous certaines conditions (notamment absence de certains diplômes).
Employeurs	Ceux qui sont assujettis au financement de la formation professionnelle. Sont exclus : l'État, les collectivités locales et leurs établissements publics administratifs (EPA). Les entreprises de travail temporaire peuvent conclure des contrats de professionnalisation à durée déterminée ; les activités professionnelles sont alors exécutées dans le cadre des missions de travail temporaire. Deux employeurs peuvent conclure conjointement un contrat de professionnalisation, pour l'exercice d'activités saisonnières (loi du 28 juillet 2011).
Forme du contrat	Il doit être établi par écrit et déposé auprès de la DIRECCTE.
Durée	• Il peut être conclu sous forme d'un CDI ou d'un CDD, à temps plein ou à temps partiel. Il peut comporter une période d'essai.

	– *Contrat à durée déterminée :* – durée minimale comprise entre 6 et 12 mois (jusqu'à 24 mois pour les personnes sorties du système éducatif sans qualification professionnelle reconnue ou lorsque la nature des qualifications visées l'exige). L'action de professionnalisation se confond alors avec le contrat ; – il peut être renouvelé une fois si le bénéficiaire n'a pu obtenir la qualification envisagée en raison de l'échec aux épreuves d'évaluation de la formation suivie, de la maternité, de la maladie, d'un accident du travail ou de la défaillance de l'organisme de formation ; – *Contrat à durée indéterminée :* – il débute par une action de professionnalisation (durée minimale : la même que pour un CDD) ; – un deuxième contrat peut être conclu avec le même employeur pour l'acquisition de certaines compétences spécifiques, une qualification supérieure, ou en cas d'échec, de maladie...
Durée du travail	Elle ne peut dépasser la durée hebdomadaire de travail pratiquée dans l'entreprise, le temps passé en formation étant inclus.
Formation	– Les actions d'évaluation et d'accompagnement et les enseignements généraux, professionnels et technologiques doivent représenter entre 15 % et 25 % de la durée du contrat, avec un minimum de 150 heures (cette durée peut être portée au-delà de 25 % dans certains cas) ; – les actions de professionnalisation (en entreprise) ont une durée comprise entre 6 et 12 mois ; cette durée peut être allongée jusqu'à 24 mois pour les bénéficiaires de 16 à 25 ans ou lorsque la nature des qualifications l'exige.
Rémunération	Elle est fonction de l'âge et du niveau de formation du bénéficiaire (entre 55 % et 80 % du SMIC). Le titulaire âgé d'au moins 26 ans perçoit une rémunération qui ne peut être inférieure au SMIC.
Statut du salarié	Les salariés sous contrat de professionnalisation sont soumis aux dispositions applicables aux autres salariés de l'entreprise, dans la mesure où elles ne sont pas incompatibles avec les contraintes liées à leur formation ; ils ne sont pas pris en compte dans le calcul de l'effectif.
Aides à l'employeur	– Exonération ou allégement de cotisations patronales de sécurité sociale (dans certaines limites) ; – prise en charge (sous conditions) de certaines dépenses de formation. Une aide peut être accordée pour l'embauche de demandeurs d'emploi âgés de 45 ans et plus. Le montant de l'aide est fixé à 2 000 € ; elle est gérée par Pôle emploi (décr. 15 mai 2011).

b › Le contrat unique d'insertion (CUI)

Créé en 2008, il se déploie depuis 2010. Il a pour but de favoriser le retour à l'emploi de personnes en difficultés. Une loi du 26 octobre 2012 est venue compléter le dispositif. Les emplois d'avenir s'inscrivent dans le cadre juridique du contrat unique d'insertion (v. p. 412)

Employeurs concernés	– *Secteur marchand :* tout employeur du secteur privé, établissements publics industriels et commerciaux, groupements d'employeurs... Par ailleurs, l'employeur ne doit pas avoir procédé à un licenciement économique dans les 6 mois ni embauché une personne en CUI après avoir licencié un salarié en CDI ; i l doit aussi être à jour de ses cotisations sociales. – *Secteur non marchand :* collectivités territoriales, organismes de droit privé à but non lucratif, personnes morales chargées de la gestion d'un service public...
Bénéficiaires	Personnes sans emploi rencontrant des difficultés sociales et professionnelles particulières d'accès à l'emploi.
Durée du contrat	Il peut être conclu pour une durée déterminée (6 mois minimum) ou indéterminée ;
Formalités	Sa mise en œuvre suppose la conclusion de 2 conventions : – une convention annuelle entre le département et l'État ; – une convention individuelle entre l'employeur, le salarié et l'État ou le président du conseil général pour les bénéficiaires du RSA.
Durée du travail	Sauf exceptions, le CUI ne peut être conclu pour une durée inférieure à 20 heures par semaine.
Suspension ou rupture du contrat	– *Suspension* à la demande du salarié, en accord avec son employeur, pour : – effectuer une évaluation en milieu de travail ou une action concourant à son insertion professionnelle ; – ou pour accomplir une période d'essai concernant une offre d'emploi pour un CDI ou un CDD d'au moins 6 mois ; en cas d'embauche, le CUI est rompu sans préavis. – *Rupture* du contrat : – par l'employeur : elle est soumise au droit commun ; – par le salarié : – CDD : le salarié peut rompre le contrat avant son terme pour être embauché dans le cadre d'un CDD d'au moins 6 mois ou en CDI ou pour suivre une formation conduisant à une qualification ; – CDI : rupture possible à tout moment, en respectant un préavis.

L'employeur bénéficie d'une aide financière ; la décision d'attribution est prise par le président du conseil général par le recteur pour un emploi d'avenir professeur.

C › Le contrat à durée déterminée « senior »

Sa particularité tient au public visé, aux situations dans lesquelles il peut y être recouru ; sur les autres points, ce contrat relève des dispositions applicables à tous les CDD.

Bénéficiaires	Personnes âgées de plus de 57 ans inscrites comme demandeurs d'emploi depuis plus de 3 mois ou bénéficiant d'une convention de reclassement personnalisée.
Employeurs	– Appartenant au secteur privé (à l'exception des professions agricoles) ; – entreprises publiques, établissements publics à caractère industriel et commercial ou assurant une mission de service public.
Le contrat	– Il peut être conclu pour une durée maximale de 18 mois et être renouvelé une fois ; sa durée totale, renouvellement compris, ne peut excéder 36 mois ; – le salarié bénéficie des mêmes droits que les autres salariés de l'entreprise ; – par exception aux règles applicables aux autres contrats conclus dans le cadre des mesures pour l'emploi, le salarié a droit, à l'issue du contrat, à l'indemnité de fin de contrat (10 % de la rémunération brute totale).

d › Le Contrat d'appui au projet d'entreprise (CAPE)

C'est un contrat conclu entre une personne morale à but lucratif ou non (entreprise, association, collectivité territoriale...) qui s'engage à fournir une « aide particulière et continue » à une personne physique souhaitant créer ou reprendre une activité économique. Ses modalités sont précisées par le Code de commerce (art. L. 127-1).

- Le contrat (obligatoirement écrit, à peine de nullité) est conclu pour une durée d'un an, renouvelable deux fois ; il doit déterminer les engagements des parties ;
- la personne morale responsable doit informer l'Urssaf et Pôle emploi ;
- la personne physique bénéficie des dispositions relatives à l'hygiène et à la sécurité, aux accidents du travail et d'une affiliation au régime général de sécurité sociale et à l'assurance chômage.

e › Les emplois d'avenir

Le taux de chômage des jeunes étant en constante augmentation, une loi dite « portant création des emplois d'avenir » a été votée le 26 octobre 2012.
C'est le dernier né des contrats aidés. 150 000 emplois d'avenir ont été ainsi créés en deux ans.

Bénéficiaires	• Les jeunes de 16 à 25 ans : – qui quittent le système scolaire sans diplôme ; – ou avec des diplômes peu qualifiants et qui sont en recherche d'emploi depuis 6 mois, dans l'année précédente ; – qui habitent dans des zones « sensible » ; – qui sont à « Bac +3 » et qui sont en recherche d'emploi depuis 12 mois, dans les derniers 18 mois. • Les handicapés de moins de 30 ans

Employeurs	– Personnes morales de droit public, sauf l'État ; – les organismes privés à but non lucratif chargés de la gestion d'un service public ;
	– des groupements d'employeurs qui organisent des parcours d'insertion et de qualification ; – des « emplois d'avenir professeurs » sont proposés à des étudiants qui s'engagent à présenter les concours d'enseignants.
Le contrat	• Forme : signé par le salarié, l'employeur et le prescripteur (mission locale ou Pôle emploi). – C'est un CUI ou un CDD de 3 ans ou de 1 an renouvelable jusqu'à 3 ans ; – des accords-cadres doivent être signés avant la fin de l'année.
Obligations de l'employeur	– Verser un salaire au moins égal au SMIC ; – assurer un tutorat.
Aide de l'État	Pendant 12 à 36 mois (parfois 60 mois) : 75 % du SMIC.
Suivi personnalisé	Il est assuré par Pôle emploi ; par Cap emploi pour les handicapés.

> IV
Le Revenu de solidarité active (RSA)

Depuis le 1er juin 2009, le RSA a remplacé le revenu minimum d'insertion (RMI) et l'allocation de parent isolé (API). Il vise à assurer aux bénéficiaires des moyens convenables d'existence et à apporter une incitation financière à ceux qui reprennent un emploi.
Le RSA[1] va fusionner avec la PPE en 2016 et sera remplacé par la prime d'activité.

Ses principales modalités sont les suivantes :

Bénéficiaires	Toute personne : – âgée de plus de 25 ans ou assumant la charge d'un ou plusieurs enfants nés ou à naître ; – de 18 à 25 ans ayant exercé une activité professionnelle minimale, dans les 3 mois précédant la demande ; – française ou titulaire, depuis au moins 5 ans, d'un titre de séjour autorisant une activité professionnelle ; – résidant en France de manière stable et effective. Sont exclus les élèves, étudiants, stagiaires.

(1) Montants au 1er janvier 2015 :
– personne seule : 513,88 € par mois ;
– deux personnes : 770,82 € ;
– trois personnes : 924,99 €.

Conditions de ressources	Il s'agit de l'ensemble des ressources des membres du foyer. Il est tenu compte de la moyenne mensuelle des ressources perçues au cours des 3 mois précédant la demande. Sont pris en compte les revenus professionnels, ceux procurés par des biens (loyers…) ou capitaux (intérêts de sommes d'argent placées…). Sont exclues certaines prestations familiales (allocation d'éducation d'enfant handicapé, allocation de rentrée scolaire), le capital décès. Le bénéficiaire a l'obligation de faire valoir ses droits à créance (*ex.* : pension alimentaire, prestations sociales).
Montant	Le RSA est conçu comme un complément de revenus permettant de porter les ressources du foyer au niveau d'un « revenu garanti » ; Le RSA (1) « socle » est un montant forfaitaire minimum, majoré selon la composition du foyer ; il correspond à l'ancien RMI. Une majoration est prévue pour les personnes isolées ayant un ou plusieurs enfants à charge et pour les femmes enceintes. Le paiement est assuré, dans chaque département, par les caisses d'allocations familiales ou les caisses de la mutualité sociale agricole.
Cumul du RSA avec des revenus du travail	En cas d'activité d'un ou de plusieurs membres du foyer, le revenu garanti au titre du RSA est calculé en faisant la somme : – de 62 % des revenus professionnels ; – et du montant « socle » du RSA (cf. supra).
Insertion des bénéficiaires	En contrepartie du droit au RSA, l'allocataire a le devoir de s'insérer socialement et professionnellement ; dans ce but, il a droit à un accompagnement.
Droits connexes	L'allocataire du RSA bénéficie : – de la couverture maladie (CMU de base) et accidents du travail ; – en fonction de son niveau de ressources, de l'exonération de la taxe d'habitation et, à partir de 2012, de la redevance audiovisuelle.

Les entreprises qui créent des activités dans les bassins d'emploi à redynamiser bénéficient de certains avantages fiscaux (CGI).

> V

La prime d'activité

Annoncée en mars 2015 par le Premier ministre, elle a pour but :
- d'aider les salariés les plus modestes ;
- d'inciter les chômeurs à trouver un emploi.

Elle fusionne la prime pour l'emploi et le RSA et les remplace.
Cette prime sera versée par les CAF auxquelles déclaration devra être faite par

les bénéficiaires tous les 3 mois. 4 à 5 millions d'actifs seraient concernés (y compris les travailleurs précaires) :

- 1 400 € pour une personne seule ;
- 2 200 € pour une personne avec un enfant, ou un couple ou un seul des deux travaille ;
- 2 900 € pour un couple travaillant avec 2 enfants.

Annexe
Le travail et la loi, extrait du journal *Le Monde*, 16 juin 2015

Robert Badinter, *est professeur honoraire à l'université Paris-I-Panthéon-Sorbonne. Ancien garde des sceaux, ancien président du Conseil constitutionnel et ancien sénateur socialiste. Il est l'auteur de nombreux ouvrages dont « L'Abolition » (Fayard, 2000).*

Antoine Lyon-Caen, *est professeur de droit du travail à l'université de Paris-Ouest-Nanterre. La Défense, directeur d'études à l'École des hautes études en sciences sociales (EHESS) et directeur de la « Revue de droit du travail ». Il est notamment l'auteur du « Nouveau Code du travail » (Dalloz, 2009).*

I. Droits fondamentaux

ARTICLE 1 : Les droits fondamentaux de la personne sont garantis dans l'entreprise

ARTICLE 2 : Le respect de la dignité des personnes est assuré dans l'entreprise.

ARTICLE 3 : L'employeur veille dans l'entreprise au respect des dispositions légales interdisant les discriminations, notamment à raison de l'origine, des opinions, de la religion, de l'âge, du sexe, de l'orientation sexuelle, de l'état de santé ou du handicap physique.

ARTICLE 4 : Toute mesure qui porte atteinte dans l'entreprise à l'égalité entre les femmes et les hommes est nulle.

ARTICLE 5 : Les différences de traitement entre salariés dans l'entreprise ne sont admissibles qu'à condition de répondre à un but légitime.

ARTICLE 6 : Il est interdit d'employer un mineur de moins de 16 ans, sauf si le travail prend place dans une formation professionnelle ou alterne avec elle.

ARTICLE 7 : Le harcèlement moral ou sexuel est interdit et sa victime protégée.

ARTICLE 8 : L'employeur a le pouvoir d'organiser le travail dans l'entreprise. Il prend les mesures nécessaires pour garantir la sécurité, protéger la santé physique et mentale des salariés et assurer l'adaptation du travail à la personne du salarié.

II. Formation et exécution

ARTICLE 9 : Le contrat à durée indéterminée est la forme normale de la relation de travail. Le contrat à durée déterminée permet de répondre aux besoins temporaires de l'entreprise.
ARTICLE 10 : Il est interdit de mettre un salarié à la disposition d'une autre entreprise, dans un but lucratif, sauf dispositions législatives expresses.
ARTICLE 11 : Les procédures de recrutement respectent la dignité et la vie privée du candidat.
ARTICLE 12 : Le salarié a droit, lors de son embauche, à une information complète et écrite sur les éléments essentiels de la relation de travail.
ARTICLE 13 : Toute embauche d'un salarié donne lieu à déclaration aux organismes de sécurité sociale.
ARTICLE 14 : Tout contrat à durée indéterminée peut comporter une période d'essai raisonnable.
ARTICLE 15 : Le contrat de travail se forme et s'exécute de bonne foi.
ARTICLE 16 : L'employeur assure au salarié les moyens d'effectuer son travail. Le salarié exécute avec diligence la prestation convenue.
ARTICLE 17 : L'employeur assure l'adaptation des salariés à l'évolution de leur emploi. Il veille, notamment par une formation continue, au maintien de leur capacité à occuper un emploi.
ARTICLE 18 : Toute évaluation professionnelle est respectueuse de la dignité et de la vie privée du salarié.
ARTICLE 19 : Le transfert d'une entreprise emporte transfert du contrat de travail.
ARTICLE 20 : La grossesse et la maternité ne peuvent justifier d'autres mesures que celles requises par l'état de santé de la femme. La grossesse ouvre droit à un congé qui se poursuit au-delà de l'accouchement.
ARTICLE 21 : Le salarié bénéficie de congés qui lui permettent de concilier sa vie au travail avec sa vie personnelle, familiale et civique.
ARTICLE 22 : L'incapacité au travail médicalement constatée justifie des arrêts de travail. Elle ouvre la voie à un licenciement en cas d'impossibilité de retour à l'emploi.
ARTICLE 23 : La maladie grave du salarié justifie ses absences pour traitement médical.
ARTICLE 24 : Le salarié victime d'un accident du travail ou d'une maladie professionnelle bénéficie de garanties spécifiques.

III. Ruptures

ARTICLE 25 : Tout licenciement requiert de l'employeur qu'il informe le salarié de son projet, recueille ses observations et dispose d'un motif réel et sérieux pour y procéder.
ARTICLE 26 : Le licenciement requiert un préavis et ouvre droit au versement d'une indemnité, sauf faute grave du salarié.
ARTICLE 27 : Le salarié peut, sous réserve de l'abus, librement mettre fin au contrat à durée indéterminée.
ARTICLE 28 : Nul ne peut être écarté de son emploi en raison de son âge ou de sa vocation à percevoir une pension de retraite sauf dispositions législatives expresses.
ARTICLE 29 : L'employeur et le salarié peuvent mettre fin, d'un commun accord, au contrat de travail en concluant une convention homologuée par l'autorité administrative.
ARTICLE 30 : Toute rupture s'accompagne de la délivrance par l'employeur de documents attestant des fonctions exercées par le salarié et des sommes réglées lors de son départ.

IV. Discipline

ARTICLE 31 : L'employeur qui entend prononcer une sanction disciplinaire doit faire connaître au salarié les faits reprochés, susciter et recueillir ses observations et motiver sa décision.

V. Durée du travail

ARTICLE 32 : Le temps de travail effectif est le temps pendant lequel le salarié est à la disposition de l'employeur et se conforme à ses directives. Le temps de repos est le temps libre de toute subordination.

ARTICLE 33 : Afin de préserver la santé du salarié ainsi que sa vie privée et familiale, la durée quotidienne et la durée hebdomadaire de travail effectif ne peuvent dépasser les limites fixées par la loi. Ces limites sont susceptibles de dérogation par voie d'accord collectif et, à titre exceptionnel, par décision de l'administration, dans les conditions prévues par la loi.

ARTICLE 34 : Tout salarié bénéficie d'un repos quotidien d'une durée minimale fixée par la loi. Celle-ci prévoit les conditions dans lesquelles cette durée peut être réduite à titre exceptionnel. Dès que le temps de travail quotidien atteint une durée déterminée par la loi, le salarié bénéficie d'un temps de pause raisonnable.

ARTICLE 35 : Il est interdit de faire travailler un salarié plus de six jours par semaine. Le repos hebdomadaire est donné le dimanche sauf dérogation dans les conditions déterminées par la loi.

ARTICLE 36 : Le travail de nuit n'est possible que s'il est nécessaire pour assurer la continuité d'une activité économique ou d'un service d'utilité sociale et si la protection de la santé et de la sécurité du salarié est prise en considération. Sa mise en place requiert une convention ou un accord collectif, ou, à titre exceptionnel, une autorisation administrative.

ARTICLE 37 : Tout salarié a droit, chaque année, à un congé payé à la charge de l'employeur. La durée de ce congé et ses modalités sont fixées par la loi. La période de prise des congés payés est fixée par les conventions et accords collectifs, et, à défaut, par l'employeur dans le respect des usages.

ARTICLE 38 : La durée normale du travail effectif est établie par les conventions et accords collectifs et, à défaut, par la loi. Les heures de travail accomplies au-delà de la durée normale ne peuvent dépasser une limite fixée par convention ou accord collectif, ou à défaut, par décret. Elles donnent lieu à une rémunération majorée. Le calcul de la durée normale de travail s'effectue par périodes hebdomadaires, sauf si les conventions et accords collectifs en disposent autrement.

ARTICLE 39 : Une durée du travail inférieure à la durée normale peut être établie d'un commun accord entre l'employeur et le salarié. L'accord détermine les horaires de travail et les conditions de leur éventuelle variation. Le salarié à temps partiel bénéficie de droits reconnus au salarié dont la durée de travail est normale. Il a droit à une rémunération déterminée proportionnellement à celle de ce salarié.

ARTICLE 40 : L'employeur et le salarié disposant d'une liberté d'organisation de son travail peuvent convenir d'une rémunération mensuelle forfaitaire incluant le paiement d'un nombre déterminé d'heures supplémentaires. Ils peuvent aussi convenir d'une durée forfaitaire de travail dans l'année, à condition que la convention ou l'accord collectif applicable garantisse le respect du droit au repos et à la protection de la santé du salarié.

VI. Rémunération

ARTICLE 41 : Tout salarié a droit à un salaire lui assurant une vie libre et digne. Le salaire est proportionné à l'ampleur et à la qualité du travail.
ARTICLE 42 : La rémunération du salarié est mensuelle et indépendante, pour un horaire de travail effectif déterminé, du nombre de jours travaillés par mois.
ARTICLE 43 : Les sommes dues à titre de rémunération sont saisissables ou cessibles dans les proportions et selon des seuils déterminés par décret.
ARTICLE 44 : L'action en paiement du salaire se prescrit par trois ans à compter du jour où le salarié a connu les faits lui permettant de l'exercer.

VII. Litiges du travail

ARTICLE 45 : La juridiction du travail est compétente pour connaître tout différend né à l'occasion de la conclusion, de l'exécution ou de la rupture d'un contrat de travail.
ARTICLE 46 : Toute mesure prise à l'égard d'un salarié pour avoir saisi la justice d'un différend est nulle.
ARTICLE 47 : Toute mesure prise à l'égard d'un salarié pour avoir témoigné dans un litige du travail est nulle.
ARTICLE 48 : L'action en justice relative à une discrimination obéit à des règles de preuve adaptées à la situation du salarié.

VIII. Défense des intérêts du salarié

ARTICLE 49 : Tout salarié a droit à voir ses intérêts défendus par un syndicat de son choix.
ARTICLE 50 : Tout salarié a droit à participer à l'élection d'un représentant qui assure la défense de ses intérêts dans l'entreprise. Les modalités de l'élection du représentant et ses pouvoirs sont fixés par la loi.

Index alphabétique

> D

> E

> F

> G

> H

> I

> J

> L

> M

Composition PCA / CMB
44400 Rezé

713673, 714859 (I) OSB-P 60g CMB (CDR)
Dépôt légal : août 2015
Achevé d'imprimer sur les presses de
LEGO S.P.A.
Imprimé en Italie